HEINRICH UND MARIE SIMON

# Geschichte der jüdischen Philosophie

UNION VERLAG BERLIN

# Inhalt

# Vorbemerkung

Da sich die vorliegenden Ausführungen vornehmlich an philosophiehistorisch Interessierte wenden, darf ein gewisses Maß an Vertrautheit mit dem philosophischen Fachwortschatz erwartet werden. Die Kenntnis semitischer Sprachen und jüdischer Realien wird nicht vorausgesetzt. Darum haben die Autoren bewußt auf die Verwendung von Termini verzichtet, die nicht allgemein verständlich sind, und dafür deutsche Äquivalente benutzt. Hebräische und arabische Buchtitel erscheinen in der Regel nur in übersetzter Form. Bei der Darstellung philosophischer Lehrmeinungen wurden bloß dann Belegstellen angeführt, wenn Übersetzungen der Texte in moderne europäische Sprachen vorliegen. Auch das Literaturverzeichnis berücksichtigt nur Werke, die allgemein zugänglich sind. Im Hinblick auf den prospektiven Leserkreis haben Übersetzungen ins Deutsche, wofern sie sinngetreu sind, insofern Vorrang, als sie auch dann genannt werden, wenn sie durch neuere Übertragungen in andere europäische Sprachen wissenschaftlich überholt sind. Arabische und hebräische Textausgaben wurden nicht bibliographisch erfaßt: Der Fachmann im engeren Sinne kennt sie ohnehin, dem Laien nützen solche Angaben nicht. Entsprechende Überlegungen haben uns auch bei dem schwierigen Problem der Schreibung von Eigennamen geleitet: Um zu erreichen, daß der Leser, geprägt durch die Phonetik der deutschen Muttersprache, die Namen einigermaßen korrekt aussprechen kann, wurde absichtlich inkonsequent verfahren. Für das Hebräische existiert keine einheitliche, verbindliche Transkription. Sofern hebräische Namen im Deutschen geläufig sind, wurden diese üblichen Formen verwendet; sonst entsprechen die Umschriften der Aussprache der betreffenden Buchstaben im Deutschen. Bei arabischen Wörtern wurde auf die wissenschaftliche Umschrift verzichtet, da die Verwendung diakritischer Zeichen den Druck erschwert und für den Laien der Erklärung bedurft hätte. Nur das stimmhafte s wurde in arabischen Wörtern durch die Schreibung mit z vom stimmlosen unterschieden. Zu beachten ist, daß es in den semitischen Sprachen zwei k-Laute gibt, die durch k bzw. q wiedergegeben werden; ch ist stets (nicht nur nach a, o, u) als Ach-Laut zu sprechen.

Das Buch ist das Resultat gemeinsamer Arbeit, bei der der Anteil des einzelnen auch für die Autoren nicht mehr rekonstruierbar ist. Im ersten Entwurf hat Marie Simon die Teile „Antike“ und „Neuzeit“ vorgelegt, Heinrich Simon den Teil „Mittelalter“. Als Ergebnis ständiger Diskussionen entstand die Endfassung, so daß beide Verfasser diese zu verantworten haben.

# Was ist jüdische Philosophie?

Nicht unbedacht, aber auch nicht ohne Bedenken ist der Gegenstand, der hier behandelt werden soll, als jüdische Philosophie bezeichnet worden; denn die Benennung ist so problematisch wie die Sache selbst. Ältere Autoren haben mit unreflektierter Selbstverständlichkeit von jüdischer Philosophie gesprochen, um heterogene philosophische Lehrmeinungen mit gemeinsamen Merkmalen auf diese Weise zusammenzufassen.

Bevor auf die Problematik der Bezeichnung eingegangen wird, muß das zu Bezeichnende umrissen, d. h. historisch eingeordnet werden. Was wir als jüdische Philosophie bezeichnen wollen, entstand und entfaltete sich in hellenistischer Zeit in Alexandria, vom jüdischen Zentrum Jerusalem her gesehen, an der Peripherie. Die Assimilation an die Kultur der Griechen ermöglichte das Anknüpfen an ihre Philosophie, freilich unter Einbeziehung der jüdischen Religionslehren. Die jüdisch-alexandrinische Philosophie, deren Texte in griechischer Sprache geschrieben sind, erlosch mit dem hellenistischen Judentum.

Ein neuer Ansatz, ein neuer Aufschwung der jüdischen Philosophie ist im Mittelalter im islamischen Bereich zu verzeichnen. Sie erlebte dort ihre Hochblüte. Die Juden, weitgehend in die Wirtschaft der Umwelt integriert, wurden nachhaltig durch deren Kultur beeinflußt und übernahmen das Arabische als Umgangs- und Wissenschaftssprache. Islamische Philosophie gab nicht nur den Anstoß für das Entstehen arabischsprachiger jüdischer Philosophie, sondern bildete auch noch dann die Quelle ständiger Anregung, als in christlicher Umgebung die Texte hebräisch abgefaßt wurden. Daß das philosophische Schrifttum für die eigene Gemeinschaft bestimmt war, schließt nicht aus, daß es über diese hinaus wirkte: Lateinische Übersetzungen vermittelten den Einfluß auf die christliche Scholastik.

Die Dialektik von Kontinuität und Diskontinuität bringt es mit sich, daß eine durch die Emanzipation um die Wende des 18. zum 19. Jahrhundert bewirkte Zäsur erlaubt, wiederum von einem neuen Ansatz zu sprechen. In dieser nachemanzipatorischen Periode entwickelt sich jüdische Philosophie unter dem Einfluß der Philosophie der Wirtsvölker und in ihrer Sprache. Die Texte sind zunächst vor allem deutsch.

„Is there a Jewish Philosophy?" nennt Leon Roth einen Aufsatz. Seine Antwort ist verneinend; als bedeutsam erachtet er die Tatsache, daß Julius Guttmann seinem bis heute grundlegenden Werk den Titel „Die Philosophie des Judentums" (München 1933), nicht aber „Jüdische Philosophie" gegeben hat. Roths Abhandlung bildet das erste Kapitel eines Sammelwerkes, das „Jewish Philosophy and Philosophers" betitelt ist (hrsg. von R. Goldwater, London 1962) und dadurch als seiend voraussetzt, was der die Sammlung einleitende Aufsatz als nichtexistent deklariert. Guttmann spricht allerdings, mag auch die Formulierung des Titels seines Werkes so programmatisch sein, wie Roth annimmt, in den Überschriften der Einzelabschnitte wieder und wieder von „jüdischer Philosophie"; er mißt der Terminologie keine entscheidende Bedeutung bei.

Für die Eingrenzung des Gegenstandes ist es ohne wesentlichen Belang, ob er als „jüdische Philosophie" (so z. B. die folgenden Titel: S. Munk, Mélanges de philosophie juive et arabe, Paris 1859; D. Neumark, Geschichte der jüdischen Philosophie des Mittelalters, Berlin/Leipzig 1907–1928; G. Vajda, Jüdische Philosophie, Bern 1950; A. Altmann, Jewish Philosophy, in: History of Philosophy Eastern and Western, Band 2, hrsg. von S. Radhakrishnan, London 1953), „Philosophie des Judentums" (vgl. J. Guttmann, Die Philosophie des Judentums, München 1933), „Philosophies of Judaism" (so der Titel der englischen Version des vorgenannten Werkes von Guttmann, London 1964; E. Berkovits, Major Themes in Modern Philosophies of Judaism, New York 1974. Deutsch etwa „Philosophische Systeme des Judentums"), „jüdische Religionsphilosophie" (z. B. D. Kaufmann, Geschichte der Attributenlehre in der jüdischen Religionsphilosophie des Mittelalters, Gotha 1877; S. Horovitz, Die Psychologie der jüdischen Religionsphilosophen des Mittelalters, Breslau 1898–1912) oder „Geschichte der Philosophie im Volke Israel" (so der rückübersetzte Titel der hebräischen Version des genannten Werkes von Neumark, New York/Warschau – Philadelphia 1921–1929) bezeichnet wird. Der Streit um Worte oder sogar um Wörter wird weitgehend unabhängig davon geführt, welche Lehren nach dem jeweiligen Ermessen der Autoren einzubeziehen sind.

Der Versuch, den Gegenstand zu bestimmen, stößt auf Schwierigkeiten, weil sowohl „Philosophie" als auch „das Jüdische" definiert werden müssen, bevor die Frage nach der Besonderheit der Koinzidenz beider gestellt werden kann.

Obwohl der Gegenstand der Philosophie im Laufe der historischen Entwicklung Veränderungen unterliegt, so daß nicht stets dasselbe den Inhalt dessen bildet, was unter „Philosophie" begriffen wird, gibt es doch eine Konstanz der Intentionen derjenigen, die Philosophie betreiben: Generell wird von der Prämisse ausgegangen, die Welt und die Dinge in ihr seien mit

Hilfe des menschlichen Verstandes erkennbar und die Aufgabe der Philosophie bestehe in diesem rationalen Erfassen der Realität. Wer allerdings die Fähigkeit des Menschen, mittels der Ratio zu erkennen, bestreitet und entweder die Unmöglichkeit oder die Grenzen eines solchen menschlichen Unterfangens zu erweisen sucht, indem er sich seinerseits dazu der Ratio bedient, ist gerade durch diese Frontstellung gegen die Philosophie ebenfalls als Philosoph zu klassifizieren.

Nicht leicht sind die Fragen zu beantworten, wer Jude, wer oder was jüdisch, was Judentum ist. Es ist nicht nur der geschichtliche Wandel über mehrere Menschheitsepochen und Kulturen hinweg ins Auge zu fassen, sondern auch zu berücksichtigen, daß bei einem Begriff, der eine Jahrtausende währende Entwicklung umfaßt, jeweils andere Merkmale in den Vordergrund treten können. Sind die Juden als Rasse, als Volk oder als Religionsgemeinschaft zu definieren? Wir können uns nicht damit begnügen, festzustellen, daß, wie Schoeps meint, keiner der genannten Begriffe die Juden adäquat definiere, daß die jüdische Existenz einen Sonderfall der Geschichte darstelle (H. J. Schoeps, Die Religion der Juden, in: Judentum, hrsg. von F. Böhm und W. Dirks, Wiesbaden 1965, S. 373). Indem man die Einzigartigkeit der Juden, die Unvergleichbarkeit ihres Schicksals betont, wird der außenstehende Betrachter unmittelbar zu einer emotionellen Stellungnahme genötigt, die die Wahrheit zu finden erschwert und wissenschaftliche Erkenntnis vereitelt.

Ob und inwieweit es allerdings überhaupt möglich ist, in einer Epoche, die noch unter dem Eindruck der fast vollkommenen Vernichtung des mittel- und osteuropäischen Judentums steht, ein nicht durch Emotionen bestimmtes Interesse an der hier behandelten Problematik bei demjenigen vorauszusetzen, der sich mit ihr vertraut machen will, ist eine offene Frage. Sicher ist allerdings, daß die Überwindung der faschistischen Rassendoktrin mit ihrer Verteufelung der Juden – in Nazimanier würde man besser sagen *des* Juden, weil die negative Wertung durch die Leugnung der Individualität leichter zu bewerkstelligen ist – nicht in ihrer Umkehrung, einem subjektiv gut gemeinten, aber ebenso unberechtigten Philosemitismus bestehen kann, sondern nur in sachlicher Haltung, in dem Versuch des Verstehens und der kritischen Würdigung.

Wir können den Begriff der Rasse a limine als für unser Vorhaben irrelevant beiseite lassen. Für die Biologie ist es legitim, rassebedingte Unterschiede zwischen Menschengruppen zu erforschen, solange daraus keine wertenden Schlüsse gezogen werden. Daß die Juden keine einheitliche Rasse repräsentieren, ist erwiesen. Doch vor allem muß betont werden, daß Denkinhalte nicht durch biologische Varianten innerhalb der Menschheit bestimmt sind; geistige Prozesse müssen im historischen Rahmen begriffen, auf Grund der gesellschaftlichen Bedingungen erklärt werden. Nicht das sogenannte jüdische Blut, sondern das jüdische Milieu und die Tradition, die man übrigens erwerben muß, um sie zu besitzen, wirken auf das Bewußtsein und können auch philosophischen Ausdruck finden. Was Bänsch zur Literatur von Juden mit speziellem Bezug auf Else Lasker-Schüler allen denjenigen Interpreten entgegnet, die das Jüdische ihrer Dichtung aus ihrem „Blut" herleiten, gilt mutatis mutandis für die Philosophie. Gewöhnlich wird das Werk der Dichterin „als biologisch tradierte Erbschaft aus der Zeit der Psalmisten hingestellt", sagt Bänsch (S. 21) und zitiert die Berufung auf „die Stimme eines tiefer in ihr ruhenden, aus altem Blut und Erbe überkommenen Seins" (S. 57) sowie die Behauptung, Lasker-Schüler enthalte „den Geist, der einst über den großen Nationen des Orients lag, praeexistent in sich" (S. 61). Er selbst betrachtet den Orient in der Dichtung als „poetisches Phänomen" (S. 63) und weist in seiner paradigmatischen Untersuchung nach, „daß der Ort dieser scheinbar direkten Archaik aus Orient eben deutsch-europäische Moderne ist" (S. 60); im einzelnen zeigt er die literarisch-kompilative Herkunft von Bildern, die angeblich „einer Rückerinnerung aus den Tiefen des Blutes" entstammen, aber „ausgerechnet . . . einer islamischen Kulturstufe" angehören, „die von den Tagen der hebräischen Erzväter ebenso weit entfernt ist wie die moderne westliche Zivilisation von den Zeiten der Karolinger" (S. 65). (D. Bänsch, Else Lasker-Schüler, Stuttgart 1971)

Ob die Juden eine nationale oder eine religiöse Gemeinschaft oder aber beides seien, ist eine moderne Problemstellung, die in die Verhältnisse der Antike und des Mittelalters erst nachträglich hineinprojiziert wird. Je nach dem Grad der Bereitschaft der Juden, sich völlig an die Gesellschaft, innerhalb deren sie leben, zu assimilieren, und im Maße der Möglichkeiten, die die Gesellschaft dazu bietet, wird die Frage von Juden selbst und von ihrer Umwelt unterschiedlich beantwortet. In der Antike und im Mittelalter bilden die Juden geschlossene, wenngleich nicht gegen die Umwelt abgeschlossene Gemeinschaften; sie leben abgegrenzt, wiewohl nicht abgeriegelt von denjenigen Völkern, in deren Staaten sie ökonomisch und politisch in größerem oder geringerem Maß integriert sind. Bei der eigenständigen jüdischen Existenz spielen sowohl ethnische als auch religiöse Faktoren eine Rolle. Die Juden der Antike und des Mittelalters sind Volksgruppe und Religionsgemeinschaft in einer unauflöslichen Verbindung. Das Gewicht der beiden Bestandteile des Judeseins ist allerdings – wenigstens in den Augen der Umwelt – unterschiedlich. Der Antike ist es selbstverständlich, daß ethnische Gruppen sich auch in ihren religiösen Vorstellungen, vor allem in ihrer kultischen Praxis voneinander abheben. So werden auch die Juden als Volk angesehen, das wie alle anderen eine eigene Religion besitzt. Die Bezeichnung Juden steht daher parallel zu anderen Völkernamen, wie Babylonier, Ägypter und Griechen. Diese Feststellung trifft nicht nur für die Zeit jüdischer Eigenstaatlichkeit zu, sondern gilt auch nach deren Ende.

Obgleich in der Zerstreuung lebend, erhielten sich die Juden als Volk unter Völkern dank der Religion, die sich grundsätzlich von den Religionen der Umwelt unterschied. Die schriftlich fixierte monotheistische Lehre, die Moralkodex und Welterklärung einschließt, richtete durch ihre Eigenart Schranken gegen die Umwelt auf. Diese Einhegung sicherte den Fortbestand der jüdischen Identität, indem sie Assimilation nur so weit gestattete, wie sie nicht zur Selbstaufgabe führte. Die nie völlig geschwundenen Hoffnungen auf die Wiedererlangung nationaler Selbständigkeit, die Gemeinsamkeit der religiösen Lehre und kultischen Praxis bewirkten, daß das Bewußtsein der Zusammengehörigkeit größeres Gewicht hatte als die Tendenzen der Differenzierung, die sich aus dem Zusammenleben mit verschiedenen Völkern und der fortschreitenden Anpassung an deren Sprachen und Kulturen ergaben. Die Unterschiede zwischen den einzelnen jüdischen Gruppen wirkten zwar als zentrifugale Kraft, vermochten jedoch die Einheit der Judenheit nicht zu sprengen.

Bei allen grundsätzlichen Unterschieden zwischen der antiken und der mittelalterlichen Gesellschaft bleibt auch im Mittelalter der Abstand der jüdischen Bevölkerung von ihrer Umwelt erhalten. Unser Blick richtet sich selbstverständlich nur auf das Abendland und diejenigen Gebiete, die man in Europa unter dem Begriff Morgenland zusammenfaßte, auf die Länder also, in denen die Nachfolgereligionen des Judentums, das Christentum und der Islam, jeweils religiöses Bekenntnis der Mehrzahl der Bevölkerung waren, denn außerhalb dieser beiden Herrschaftsgebiete existierten nennenswerte jüdische Ansiedlungen nicht. Christentum und Islam stellen jeweils die herrschende Religion und die Religion der Herrschenden dar. Wie sich die staatlichen Gebilde des Morgenlandes als islamisch verstehen, wobei weltliche und geistliche Gewalt rechtlich eine Einheit bilden, so sehen sich die Staaten Europas als christlich an. Die Juden, ökonomisch weitgehend in die Gesellschaft integriert, bilden jeweils Minderheiten, die sich dadurch, daß sie nicht im Besitz eines Glaubens sind, den die Obrigkeit als den allein wahren erachtet, von der Mehrheit unterscheiden und die auf Grund dieser Besonderheit benachteiligt sind. Religionszugehörigkeit im Sinne der Einbettung des Individuums in ein entsprechendes Bekenntnis und des Praktizierens eines bestimmten Rituals wurde prinzipiell von jedem Menschen gefordert. Dazu gehörte selbstverständlich auch die Anerkennung der unterschiedlichen Offenbarungslehren als Wahrheiten, denen der einzelne verpflichtet war. Jude ist im Mittelalter folglich ein Korrelatbegriff zu Christ bzw. Moslem; die Religionszugehörigkeit gilt als das Kriterium des Judeseins. Wer eine andere Religion annahm, schied aus der jüdischen Gruppe aus und ging dadurch nicht nur andere religiöse, sondern vor allem auch andere soziale Bindungen ein. Damit, daß die Religion als Unterscheidungsmerkmal der Juden von ihrer Umwelt in den Vordergrund tritt, hört die jüdische Gemeinschaft allerdings nicht auf, eine in sich sozial differenzierte separate ethnische Minderheit zu sein, insgesamt meist negativ privilegiert und häufig kollektiven Verfolgungen ausgesetzt. Das Bewußtsein der Zugehörigkeit zu einem einheitlichen jüdischen Volk bleibt lebendig als Erinnerung an die eigene nationale Vergangenheit, von der im Bibeltext immer wieder die Rede ist, und als Hoffnung auf die Wiederherstellung der verlorenen Eigenstaatlichkeit, eine Erwartung, die gleichfalls Bestandteil der religiösen Verheißung darstellt. Wie sich im Mittelalter alle politischen und sozialen Prozesse unter religiöser Hülle vollziehen, so hört auch die ethnische Komponente als Wesensmerkmal des Jüdischen nicht zu bestehen auf, die Vorstellung vom Volk Israel ist als Bestandteil der Religion aufbewahrt. In der Antike und im Mittelalter sind also die Juden sowohl ethnische als auch religiöse Gemeinschaft; als charakteristisches Kennzeichen steht im Altertum die Volkszugehörigkeit, im Mittelalter das religiöse Bekenntnis dabei im Blickpunkt.

Die bürgerliche Gleichstellung der Juden, die in Mittel- und Westeuropa mit dem Zerbrechen der feudalen Gesellschaftsordnung einsetzte, führte dazu, daß die Besonderheit der Juden sich abschwächte und in einem eingeengten Sinn gefaßt wurde. Während sie Angehörige und Staatsbürger der entstehenden Nationen wurden – daß die Gleichberechtigung de jure meist nur allmählich, de facto kaum je restlos erreicht wurde, ist in unserem Zusammenhang nicht im einzelnen zu erörtern –, blieben sie Angehörige einer eigenen Konfession. Dabei stand es im Laufe der Zeit zunehmend im Ermessen des einzelnen, darüber zu entscheiden, wie weit er die Religion praktisch ausüben und in welchem Maß er sich zu ihren Lehren bekennen wollte. Die Religion reglementierte das Leben des Menschen nicht mehr in allen Einzelheiten, sofern nicht das Individuum sie auf Grund freier Willensentscheidung dazu legitimierte. Die weitgehende Trennung des öffentlichen und des privaten Bereichs beschränkte das Judesein auf die häusliche Sphäre. Der Begriff des Staatsbürgers jüdischen Glaubens, einer Person, die sich nicht hinsichtlich ihrer Nationalität, sondern nur in bezug auf ihre Konfession von der Umwelt unterscheidet, wurde zu einer weithin akzeptierten Realität; nur in religiöser Beziehung, d. h. partiell, wahrten die Juden ihre Identität. Demgegenüber verlief in Osteuropa die Entwicklung anders. Die Juden, die sich von ihrer Umwelt durch eine eigene Sprache, das Jiddische, unterschieden, bildeten eine separate kulturelle Gemeinschaft und sahen ihre Identität weitgehend unter dem Aspekt nationaler Eigenständigkeit. Für die heutige Zeit ist sowohl das Bekenntnis zu einem religiös verstandenen als auch zu einem national gefaßten Judentum ausreichend, um eine Person als

Juden zu klassifizieren oder eine entsprechende Selbstdefinition zu ermöglichen. Anders als in der Antike und im Mittelalter ist die Einheit der beiden Komponenten keine Selbstverständlichkeit mehr.

Was folgt aus diesen Überlegungen für die Bestimmung des Begriffs jüdische Philosophie? Grenzt sich jüdische Philosophie gegen griechische, arabische, deutsche, englische usw. ab oder gegen christliche, islamische, buddhistische? Unseres Erachtens ist die Frage falsch gestellt, weil sie nicht global, sondern nur historisch differenzierend beantwortet werden kann. Ob z. B. die Bezeichnungen englische oder griechische Philosophie bedeuten sollen, daß die philosophischen Werke in englischer oder griechischer Sprache verfaßt sind, oder ob sie die kulturelle bzw. ethnische Zugehörigkeit der Autoren anzeigen sollen, ist ebenfalls nicht pauschal zu beantworten. Die übliche Terminologie ist durchaus nicht konsequent. Der Ausdruck „griechische Philosophie" umfaßt sowohl sprachliche als auch kulturelle Aspekte. Die Werke sind in griechischer Sprache verfaßt und gehören zum Kulturkreis der griechischen Antike. Die ethnische Zugehörigkeit der Denker spielt keine Rolle; Philosophen, die ihrer Herkunft nach keine Griechen waren, wie z. B. Zenon von Kition oder der Syrer Jamblichos, gehören in den Rahmen der griechischen Philosophie. Jüdische Philosophie hat sich zuerst im Hellenismus unter griechischem Einfluß herausgebildet und ist sprachlich und kulturell Bestandteil griechischer Philosophie. Ihre Besonderheit liegt darin, daß sie jüdische Religion mit griechischer Philosophie zu verbinden sucht. Durch diesen spezifischen Inhalt steht die jüdische Philosophie nicht nur innerhalb der griechischen Philosophie, sondern zugleich auch in der Kontinuität der jüdischen Geschichte.

Die an die antike Überlieferung anknüpfende Philosophie des Orients im Mittelalter wird oft als arabische Philosophie bezeichnet. Wählt man diesen Namen, werden die Grenzen anders gezogen als bei der Verwendung von „griechisch" zur Kennzeichnung antiker Philosophie. Das Arabische, das häufig das „Latein des Orients" genannt wird, bildet die sprachliche Gemeinsamkeit von Autoren, die sich in ihrer ethnischen Zugehörigkeit unterscheiden; die umfassende Kultur der durch den Islam geeinten Völker pflegt man meist nicht als „arabisch" zu bezeichnen. Der Terminus „arabische Philosophie" wird jedoch, obwohl er die Gemeinsamkeit der Sprache betont, immer in einer Weise verwendet, daß die philosophischen Werke der Juden, die wie die Literatur ihrer Umwelt in Arabisch verfaßt sind, ausgeschlossen bleiben. Nur solche Denker werden einbezogen, die gleichzeitig Mohammedaner waren, so daß arabische und islamische Philosophie des Mittelalters denselben Gegenstand bezeichnen. Jüdische Philosophie ist daher von arabischer geschieden, obwohl beide sprachlich übereinstimmen.

Daß die von Klerikern getragene europäische Philosophie des Mittelalters in lateinischer Sprache verfaßt ist, hat auf ihre zusammenfassende Benennung keinen Einfluß ausgeübt; als lateinische Philosophie wird sie nicht bezeichnet. Von der europäischen Scholastik sind die Texte der jüdischen Philosophie in den christlichen Ländern auch sprachlich abgehoben. Hier ist jüdische Philosophie in Hebräisch verfaßt.

Für die Neuzeit bedeuten Bezeichnungen wie deutsche oder englische Philosophie die Einbettung in die Nationalkultur. Obgleich philosophische Problematik keine nationalen Schranken kennt, kann doch der Stand der gesellschaftlichen Entwicklung eines Landes auch die Entwicklung der Philosophie hemmend oder fördernd beeinflussen und auf die Behandlung bestimmter Probleme hinlenken, andere dagegen in den Hintergrund treten lassen. Die Sprache der Philosophie ist im Regelfall die Landessprache. Trotzdem wird eine lateinisch geschriebene philosophische Abhandlung nicht aus diesem Grunde aus dem Bereich der deutschen oder englischen Philosophie ausgeschlossen werden. Jüdische Philosophie teilt in der Neuzeit, besonders in Mittel- und Westeuropa, die Sprache der Umwelt und entbehrt im allgemeinen des eigenen sprachlichen Ausdrucks, so daß eine Abgrenzung unter sprachlichem Aspekt unmöglich ist.

Die jüdische Philosophie ermangelt der sprachlichen Einheitlichkeit: Werke können in hebräischer Sprache verfaßt sein, aber auch in den Sprachen der Länder, in denen die Juden jeweils lebten. Allerdings muß der Philosoph Jude sein im Sinne dessen, was die Zeit jeweils darunter verstand, und er muß Probleme behandeln, die für die jüdische Gruppe jeweils relevant sind. Der jüdische Philosoph wendet sich also an die eigene Gemeinschaft.

Stellt man jüdische Philosophie christlicher und islamischer gegenüber, so werden zunächst nur die mittelalterlichen Verhältnisse ins Auge gefaßt, unter denen die religiöse Zugehörigkeit zum unterscheidenden Merkmal wird. Häufig ist daher betont worden, die jüdische Philosophie sei als Religionsphilosophie zu charakterisieren. Eine solche Bestimmung gewährt in der Tat die Möglichkeit, eine kontinuierliche Entwicklungslinie von der Antike bis zur Neuzeit zu zeigen. Die antike jüdische Philosophie ist griechisch und jüdisch; der jüdische Aspekt ist durch die spezifischen religiösen Voraussetzungen bedingt. Die mittelalterliche jüdische Philosophie ist dadurch gekennzeichnet, daß sie in begrifflichem Gegensatz zu islamischer und christlicher Philosophie steht, sie nichtislamisch bzw. nichtchristlich ist. Die moderne jüdische Philosophie ist in der Regel auf die Religion als philosophischen Gegenstand eingeschränkt und geht von der Voraussetzung aus, das Judentum sei als bloße Konfession zu verstehen. Als Staatsbürger eines mittel- oder westeuropäischen Staates konnte ein jüdischer Philosoph philosophische Probleme mit der gleichen Voraussetzungslosigkeit und Gedankenfreiheit erörtern wie jeder Nichtjude, nur bei der philosophischen Behandlung religiöser Probleme gab es Unterschiede. Daher ist für die Neuzeit ein philosophierender Jude nicht mit einem jüdischen Philosophen identisch. Wie das Judentum seine Anhänger nur partiell bestimmt, so ist ein Jude, der sich der Behandlung philosophischer Probleme widmet, nur in dem Maße auch jüdischer Philosoph, als er sich mit der jüdischen Religion bzw. der so oft gestellten Frage nach der jüdischen Existenz beschäftigt und sich bewußt in die historische Kontinuität jüdischer Tradition stellt.

So verlockend es ist, jüdische Philosophie, wie es Guttmann tut (vgl. z. B. S. 10: „Die jüdische Philosophie ist . . . Philosophie des Judentums . . . Sie ist Religionsphilosophie . . .“), durchgängig als Religionsphilosophie zu qualifizieren und auf diese Weise zu einhelliger Charakterisierung und klarer Definition zu gelangen, so ist doch dieser Weg nicht gangbar. Die übliche und sinnvolle Einteilung der Leistungen des Mittelalters in christliche, islamische und jüdische Philosophie darf nicht dazu verführen, in jener Epoche ausschließlich Religionsphilosophie zu erwarten. Die Bezeichnungen sind verkürzte Ausdrücke und meinen jene Lehren, die in einer Zeit, in der die Religionen eine dominierende Rolle spielten, an das Christentum, den Islam oder das Judentum gebunden waren; in den philosophischen Systemen aber werden mannigfaltige Probleme behandelt, die, wie z. B. logische, erkenntnistheoretische oder ontologische, nicht unter Religionsphilosophie zu subsumieren sind.

Die zentrale Frage alles mittelalterlichen Philosophierens bezieht sich auf das Verhältnis von Vernunft und Offenbarung, Religion und Philosophie, auf deren Widerspruch und die Möglichkeit ihrer Vereinbarkeit. Daß metaphysische Problematik im Überschneidungsfeld von Philosophie und Theologie liegt, bedingt nicht Übereinstimmung, sondern läßt häufig gerade dort die Widersprüche aufbrechen. Im islamischen Bereich stand Philosophie weitgehend im Gegensatz zur Religion, ohne daß die Philosophen die religiöse Praxis mißachteten oder verletzten. Dem christlichen Abendland galten philosophische Lehren nicht selten als häretisch. Trotzdem gehören auch die Ansichten derjenigen Denker, gegen die die islamische oder christliche Orthodoxie Einwände erhob, zur islamischen bzw. christlichen Philosophie.

Dadurch, daß die gemeinsame Religionsbindung bei den Juden die fehlende politische Unabhängigkeit ersetzen mußte und die Juden als Minorität meist in Abwehrstellung gegen eine sie bedrohende Umwelt standen, ist bei ihnen das bewußte Festhalten an religiöser Eigenart oft ausgeprägter als bei anderen Gruppen. Wenn man jedoch alle philosophischen Leistungen von Juden im Mittelalter zusammenfassen will, so sollte man den Begriff Religionsphilosophie vermeiden, weil uns Werke vorliegen, in denen jüdische Religionslehren nicht berührt werden, die aber trotzdem in den Bereich der jüdischen Philosophie gehören: Im Mittelalter ist der philosophierende Jude gleichzeitig immer jüdischer Philosoph, er läßt sich in einen anderen gesellschaftlichen Rahmen als den jüdischen nicht einordnen. Die jüdische Tradition wirkt prägend; immer ist die Religionslehre die Basis, auch dann, wenn sie nicht Gegenstand der Reflexion ist. Darum ist es zweckmäßig, nicht von Religionsphilosophie, sondern von einer an Religion gebundenen Philosophie zu sprechen, einer Philosophie, die sich auch dann, wenn die Lehren des Judentums nicht explizit behandelt werden und das Problem der Vereinbarkeit von Religion und Philosophie nicht zur Debatte steht, mit den Vorstellungen der jüdischen Religion in Einklang bringen läßt. Da im Judentum keine zentrale Instanz je bestand, die autoritativ über die Auslegung der Offenbarungslehren befinden konnte, blieb für die Philosophie ein relativ breiter Spielraum erhalten.

Die Eigenart jüdischer Philosophie kommt am deutlichsten im Mittelalter zum Ausdruck, in der Menschheitsepoche, in der die Religionen eine dominierende Rolle im geistigen und politischen Leben spielten. Philosophie ist im Mittelalter nie voraussetzungslos, sondern immer an Religion gebunden bzw. durch sie gebunden. Gerade dadurch, daß die jüdische Philosophie die Problematik des Verhältnisses von Vernunft und Offenbarung mit der Philosophie der nichtjüdischen Umwelt teilt, ist die inhaltliche Differenz am klarsten ausgeprägt, da die je verbindlichen Offenbarungslehren voneinander abweichen. Infolgedessen kommt in dieser Epoche jüdische Philosophie ganz zu sich selbst, und die denkerischen Leistungen des Mittelalters sind Inbegriff jüdischer Philosophie überhaupt. So steht folgerichtig bei der Darstellung jüdischer Philosophie dieser historische Abschnitt im Zentrum, während Antike und Neuzeit Vor- und Nachspiel liefern.

Im Mittelalter bewirkt die Exklusivität der Religionen, daß die Juden als Volksgruppe eng zusammengeschlossen auf dem Boden der eigenen Tradition stehen und in ihrer gesamten Existenz vom Judentum bestimmt sind. Daß in dieser Epoche jüdische Philosophie sich deutlicher von der Philosophie der Umwelt abhebt als in der Antike, erklärt sich aus den anders gezogenen Grenzen der jeweiligen jüdischen Sonderexistenz.

Die antike jüdische Philosophie ist in Alexandria, einem Schmelztiegel der antiken Welt, entstanden und wurde von Juden getragen, die in starkem Maße hellenisiert, durch griechische Kultur geprägt waren. Daher ist das, was uns an jüdischer philosophischer Literatur erhalten blieb, griechisch und jüdisch zugleich, läßt sich sowohl in den Rahmen der griechischen als auch der jüdischen Philosophie stellen und unter beiden Aspekten betrachten. Die griechische Philosophie bekommt bei den alexandrinischen Juden einen spezifischen Inhalt durch die Bindung an den jüdischen Monotheismus und enthält dadurch ein zusätzliches Element, das sie über die rezipierten Anschauungen hinausgehen läßt. Diese jüdische Zutat ist aus zeitgenössischer griechischer Sicht dem eigenen philosophischen Denken nicht konträr, wenngleich an den personalen Gottesbegriff nicht angeknüpft wird. Daher ist jüdisch-alexandrinische Philosophie für die synkretistische Kultur des Hellenismus, der insgesamt als Epoche des religiösen Suchens zu kennzeichnen ist, auf weite Strecken integrierbar, während auf der Basis des Judentums errichtete Philosophie im Mittelalter Lehrgebäuden gegenübertritt, die sich in der Sphäre anderer Religionen entwickelt haben.

In der Moderne ist jüdische Philosophie auf ein Teilgebiet beschränkt, nämlich ausschließlich auf den Bereich, in dem Juden ihr Judentum in säkularer Welt überhaupt noch realisieren können. Nur innerhalb dieser Grenzen ergibt sich die Möglichkeit jüdischer Spezifik auf philosophischem Gebiet. So wird die Frage, wie jüdisches Leben des einzelnen und der Gruppe in der bestehenden Gesellschaft möglich sei, als existentielles Problem auch ein philosophisches. Daher konzentriert sich jüdische Philosophie auf die religiöse Sphäre und ist vor allem Religionsphilosophie, die, aufbauend auf bewußt gesetzten religiösen Prämissen, jüdischer Existenz ihren Sinn zu geben sucht. Die Grenzen zur Theologie sind fließend, da so verstandene Religionsphilosophie als Teil der Philosophie wie der Theologie begriffen werden kann. Nur auf diesem Teilgebiet artikuliert sich jüdische Besonderheit philosophisch; lediglich als Volkszugehörigkeit verstandene jüdische Identität findet ihren ideologischen Ausdruck in politischer Theorie.

Wenn wir jüdische Philosophie als eine an die jüdische Religion gebundene Philosophie verstehen, wird, wenn eine solche Bindung nicht besteht, von jüdischer Philosophie nicht zu sprechen sein. Scheidet gar ein Denker aus der jüdischen Gemeinschaft aus, so ist er nicht als jüdischer Philosoph zu erachten. Folglich gehört Spinoza, der unter Bedingungen lebte, die die Möglichkeit boten, unabhängig von institutionalisierter Religion zu existieren und relativ frei zu philosophieren, nicht in die Geschichte der jüdischen Philosophie, sondern in die der philosophischen Entwicklung Europas, unerachtet seiner Kenntnis und Verwertung jüdischer Quellen.

Moses Mendelssohn, der im Gegensatz zu Spinoza der angestammten Religion die Treue hielt, ist ebenfalls im Grunde nicht als jüdischer Philosoph zu klassifizieren: Nur eines seiner religionsphilosophischen Werke – Jerusalem oder über religiöse Macht und Judentum – kann in den Kontext der jüdischen Philosophie einbezogen werden. Sein Wirken als Philosoph steht im Rahmen der deutschen Aufklärung des 18. Jahrhunderts; er behandelt philosophische Probleme im Einklang mit den Zeittendenzen. Auf der anderen Seite sind seine einflußreiche Tätigkeit und nachhaltige Wirkung als Reformer des Judentums nicht philosophisch. (Es versteht sich am Rande, daß nicht alles theoretische Schrifttum zu Problemen des Judentums unter Philosophie zu subsumieren ist.) Obwohl erst nach Mendelssohns

Lebzeiten die Juden in Deutschland Bürgerrechte erhielten, wird von ihm die späterhin charakteristische Einschränkung des Jüdischen auf die Sphäre der persönlichen Lebensführung vorweggenommen. Judesein im Sinne der Zugehörigkeit zu einer konfessionellen Korporation wird zur Privatangelegenheit, die die Betätigung im öffentlichen Rahmen kaum tangiert. Unter solchen Umständen wird Bekenntnis zum Judentum in der Philosophie nur dann manifest, wenn es Gegenstand der Reflexion ist.

Es wurde versucht, den Begriff jüdische Philosophie historisch differenziert zu präzisieren und die Bezeichnung als geeignet zu rechtfertigen. Damit ist die Frage, wie die Grenze zwischen jüdischer Philosophie und anderen geistigen Strömungen im Judentum zu ziehen ist, noch nicht beantwortet. Die verschiedenen Darstellungen des Gegenstandes decken sich weitgehend hinsichtlich eines Kanons des eindeutig der jüdischen Philosophiegeschichte Zugehörigen, dehnen aber nach jeweiligem Ermessen den Begriffsumfang des Philosophischen verschieden weit aus. Nur wenn man von Idealtypen im Sinne Max Webers ausgeht, bereitet die Zuordnung keine Schwierigkeiten, die Wirklichkeit der literarischen Überlieferung aber verwischt die Trennungslinien, die theoretisch zwischen philosophischen und Nachbargebieten zugehörigen Texten zu ziehen wären. So entbehrt, um nur ein für unseren Zusammenhang relevantes Beispiel zu nennen, die jüdische religiöse Mystik, die Kabbala, nicht philosophischer Züge, bleibt von philosophischen Gedanken ebensowenig frei, wie die Philosophie oft mystische Komponenten enthält. Trotz des Überschneidungsfeldes sind im Rahmen des Judentums Philosophie und Mystik unterschiedliche Betrachtungsweisen der Welt. Die grundlegenden Arbeiten Scholems zur jüdischen Mystik machen deutlich und betonen auch explizit, daß jüdische Mystik und jüdische Philosophie wesensverschiedene geistige Phänomene darstellen. Deshalb gehört die Kabbala als Erscheinungsform religiösen Denkens nicht in den Rahmen des von uns zu Behandelnden; ihre philosophischen Elemente bleiben, da sie nicht das Wesen der jüdischen Mystik ausmachen, unberücksichtigt, während es andererseits unerläßlich ist, mystische Züge philosophischer Systeme in die Darstellung einzubeziehen.

Schließlich soll noch darauf hingewiesen werden, daß das Selbstverständnis der Denker für die Einordnung ihrer Werke nicht entscheidend ist. Gingen wir von diesem Kriterium aus, so wären wir genötigt, Maimonides, den nach der communis opinio jüdischen Philosophen par excellence, außer Betracht zu lassen, denn er selbst verstand unter Philosophie die Lehren und Methoden des Aristoteles und seiner Anhänger. Den Anspruch unbedingter Geltung dieser Philosophie bestritt er auf Grund seiner Überzeugung von der absoluten Wahrheit der jüdischen Religion und erachtete sich daher nicht als einen Philosophen.

# I.
# Jüdische Philosophie in der Antike

Der geistige Beitrag, den das jüdische Volk in der Antike zur Weltkultur geleistet hat, besteht in einem Schrifttum, das unter dem Namen Bibel zusammengefaßt wird. Der hebräische Bibeltext, der sich aus historischen Nachrichten und Gesetzesvorschriften, Erzählungen, Weisheitslehren, Prophetie und Liedern zusammensetzt, enthält auch ethische Maximen und kosmologische Aussagen und behandelt daher unter vielen anderen auch Probleme von philosophischer Relevanz. Ihren Gedankenreichtum vermittelt die Bibel nicht als logifiziertes System, nicht durch Argument und Beweis, sondern durch Schilderung, Bild und Gleichnis. Daß die Bibel kein philosophisches Buch ist, bestreitet niemand; das schloß und schließt aber nicht die Möglichkeit aus, im Rahmen der Fachphilosophie an ihre Inhalte anzuknüpfen. Es ist eine legitime Möglichkeit, inhaltlich geeignete Passagen der Bibel, wie etwa den Bericht von der Weltschöpfung, die Geschichte vom paradiesischen Baum der Erkenntnis des ersten Buches Mosis, der Genesis, oder die Formulierung von Verhaltensnormen im Dekalog, auf philosophische Kategorien zu ziehen, also Philosophie auf biblische Überlieferung anzuwenden. Das ist jedoch nicht nur im Falle der Bibel möglich, sondern es gilt generell für Literatur, daß sich zugrunde liegende weltanschauliche Vorstellungen herauspräparieren und systematisieren lassen. Im Rahmen unseres Themas geht es nicht um angewandte Philosophie, sondern um Philosophie im eigentlichen Sinne.

Philosophie als Wissenschaft ist griechischen Ursprungs, jedenfalls innerhalb derjenigen Welt, auf die die europäischen Kulturtraditionen zurückgehen, d. h. eines orbis terrarum, dessen Zentrum das Mittelmeer bildet. Philosophische Ansätze im Fernen Osten sind für die von uns behandelte Thematik irrelevant. Erst seit der Begegnung von Judentum und Griechentum in der hellenistischen Epoche gibt es jüdische Philosophie. Daß Philosophie als Wissenschaft eine Schöpfung des griechischen Geistes, der reine Monotheismus Leistung der Juden ist, sind historische Tatsachen, die wir hinnehmen müssen, ohne daraus Werturteile über antike Völkerschaften herzuleiten.

Teile des hebräischen Bibeltextes sind relativ spät, d. h. in hellenistischer Zeit entstanden. Ob sich in diesen späten Texten Einflußspuren griechischer

Philosophie finden, ist daher eine berechtigte Frage. Das Buch Kohelet, in Luthers Übersetzung als Prediger Salomo bezeichnet, ist dasjenige biblische Buch, das auf Grund seines Inhalts eine solche Frage nahelegt, denn hier werden Probleme erörtert, die auch in der nacharistotelischen griechischen Philosophie behandelt werden. Ob Kohelet griechische Einflüsse zeigt, ist viel diskutiert und namentlich im vorigen Jahrhundert mit kategorischem Ja oder Nein beantwortet worden. Entweder wurden, um es zugespitzt zu formulieren, alle Reflexionen, die sich in diesem hebräischen Text finden, als griechisch beeinflußt zu erweisen gesucht, oder die Möglichkeit des Vorhandenseins griechischen Gedankengutes in den heiligen, göttlich inspirierten Schriften wurde prinzipiell ausgeschlossen und das Eindringen nichtjüdischer Elemente entschieden bestritten. Entweder die eine oder die andere Komponente der sogenannten abendländisch-christlichen Kultur wurde in tendenziöser Weise überbetont: Griechenland als Wiege abendländischer Kultur oder „ex oriente lux". Diese Kontroversen konnten in unserem Jahrhundert weitgehend aufs rechte Maß gebracht werden.

Durch die Epiloge zum Buch Kohelet wissen wir, daß der Autor ein Weiser war, der dem Volk Erkenntnis vermittelte. Das Wort „Kohelet", kein Eigenname, sondern eine Funktionsbezeichnung, ist von Kahal = Gemeinde oder Versammlung herzuleiten und deutet ebenfalls auf die Wirksamkeit als Weisheitslehrer hin. Der Verfasser zitiert keine griechischen Denker, so daß offenbleibt, ob er ihre Werke kannte, und seine Ansichten stimmen mit keiner der hellenistischen Philosophenschulen so überein, daß Abhängigkeit zu erweisen oder auch nur zu vermuten wäre, und doch bewegen ihn die Fragen, die für alle philosophischen Richtungen der Zeit die dringlichsten sind: das Todesproblem, die Fragen nach dem Sinn des Lebens und nach der Glücksmöglichkeit des Menschen. Er antwortet auf diese Problemstellungen als Jude; seine Grundhaltung ist von hellenistischem Eudaimonismus geprägt, und der Inhalt seiner Gedanken folgt der Tradition jüdischer Weisheit, die lange vor der jüdisch-griechischen Kulturbegegnung entstanden war. Die Form, in der Kohelet als alter Mann die Summe seiner Lebensweisheit zieht, ist nicht philosophische Abhandlung, sondern Dichtung, eine der schönsten in hebräischer Sprache.

Offensichtlich vertraut mit griechischer Philosophie waren diejenigen griechischschreibenden Juden, deren Texte in die Septuaginta, die griechische Bibel, aufgenommen wurden, während sie im hebräischen Bibelkanon nicht enthalten sind, weil dieser ausschließlich genuin hebräische Schriften umfaßt. So findet in der „Sapientia Salomonis" die Vertrautheit mit griechischer Philosophie ihren deutlichen Niederschlag: Das zeigt sich an der Zitation der vier Platonischen Kardinaltugenden und an den näheren Bestimmungen des Weisheitsbegriffes, der zwar aus der jüdischen Tradition stammt, hier aber anscheinend seine Prägung durch dasjenige empfängt, was die Stoiker vom Pneuma aussagen. Der Polemik gegen den Götzendienst, die dieser Text enthält, haben erwiesenermaßen entsprechende Ausführungen von Poseidonios als Vorlage gedient, dessen Philosophie überhaupt das wichtigste Anknüpfungsmaterial bildete. Dennoch bleibt griechische Philosophie diesem in seinem Gehalt echt jüdischen Weisheitsbuch äußerlich. Es repräsentiert den Versuch, jüdische Inhalte in den Formen griechischer Philosophie darzulegen, und beansprucht darum, als Vorläufer der spezifisch jüdisch-hellenistischen Philosophie anerkannt zu werden. Es ist generell für die Literatur der griechischschreibenden Juden charakteristisch, daß sie versuchen, die eigene Überlieferung auf Begriffe der griechischen Kulturwelt zu bringen.

Der Verfasser der Sapientia benutzte Elemente der griechischen Philosophie, um den überlieferten Gedanken seines Volkes Ausdruck zu verleihen, vermutlich in der Absicht, seinen Glaubensgenossen seine weltmännische Bildung zu zeigen und das verlockende Fremde dem Judentum zu assimilieren, damit dieses sich nicht an das Fremde verliere.

Offensichtlich setzte er seine eigene griechische Bildung auch bei seinem Leserkreis voraus. So erwähnt er – und zwar ohne eine Erklärung für nötig zu halten – den Hades; vom Lethestrom und von der Nymphe ist die Rede; er spricht von Prytanen und nennt das Manna, jenes Himmelsbrot, das den Israeliten nach biblischer Überlieferung während ihrer Wüstenwanderung zuteil geworden war, Ambrosia, die Nahrung der griechischen Götter. Dieses letzte Beispiel zeigt deutlich, wie Realien des Judentums durch griechische Begriffe ausgedrückt werden: Aus der Welt des griechischen Geisteslebens nimmt der Verfasser die Terminologie und kaum mehr als diese, um sein religiöses Anliegen in einer Form vorzutragen, die von seiner Lesergemeinde als auf der Höhe der Zeit stehend akzeptiert wird. Es kommt seinen polemischen wie apologetischen Absichten entgegen, auf diese Art implizite zu verstehen zu geben, daß die Erkenntnisse der Griechen bereits im Judentum enthalten seien; dadurch soll die griechische Kultur für die Juden an Attraktivität verlieren. Wir dürfen auf Grund des Gesamteindrucks annehmen, daß dies dem Schriftsteller voll bewußt war. Obgleich er durch die griechische Philosophie nicht wesentlich beeinflußt war und sich lediglich aus Gründen der Zweckmäßigkeit der damals kursierenden philosophischen Schlagworte bediente, kannte er doch philosophische Problemstellungen und akzeptierte sie, um theoretische Fragen im Sinne des Judentums zu beantworten.

Ein mehr als nur oberflächlicher Einfluß griechischen Denkens zeigt sich in der Aufnahme der Platonischen Vorstellung des Dualismus von Leib und Seele, bei dem der Körper gegenüber der Seele abgewertet wird. Auch die

These, Gott habe die Welt aus formloser Materie geschaffen, ist durch griechisches Denken bestimmt, das das Seiende auf zugrunde liegende Prinzipien zurückzuführen sucht. Die philosophischen Begriffe Materie und Form sind dem biblischen Judentum fremd; der Bericht des 1. Buches Mosis, der die Weltschöpfung durch Gott darstellt, läßt es völlig offen, wie diese göttliche Tätigkeit zu verstehen ist. So ist die Vorstellung von einer formlosen Materie nicht jüdischen Ursprungs, aber sie widerspricht auch nicht der biblischen Aussage.

Das Denken des Autors der Sapientia ist aus jüdischen und griechischen Quellen gespeist, und manches wörtliche Zitat aus hellenistischer Literatur läßt sich seinem Inhalt nach auch aus jüdischer Tradition herleiten. Das ist auf gedankliche Übereinstimmungen oder Ähnlichkeiten zurückzuführen, die schon ohne gegenseitige Kenntnisnahme bestanden und sowohl von griechischen als auch von jüdischen Schriftstellern festgestellt und begrüßt wurden: Es gab einen tatsächlichen oder wenigstens eingebildeten Konsensus zwischen den dem Monotheismus verpflichteten Juden und den griechischen Philosophen, die den Glauben an menschengestaltige Götter ignorierten, bekämpften oder umdeuteten, aber in jedem Falle dokumentierten, daß der anthropomorphistische Polytheismus nicht mehr naiv hingenommen wurde.

Unter Verzicht auf weitere Beispiele aus der jüdischen Weisheitsliteratur, die das Bild nicht ändern würden, das wir durch das hebräische Buch Kohelet und das griechische der Weisheit Salomos gewinnen, ist zu konstatieren, daß eben diese Literatur sich eng mit Philosophie berührt, nicht aber im strengen Sinne mit ihr identisch ist.

Als ersten jüdischen Philosophen nennt die Überlieferung Aristobul, der wahrscheinlich schon Vorläufer hatte, doch kennen wir ihre Namen nicht und wissen nichts von ihrem Wirken. Die Informationen, die wir über Aristobul besitzen, sind außerordentlich spärlich und von geringer Zuverlässigkeit. Seine Werke sind uns nicht erhalten, und wir sind ausschließlich auf sekundäre Quellen angewiesen, die der mehrere Jahrhunderte jüngeren Kirchenväterliteratur entstammen. Nach den Aussagen von Clemens Alexandrinus und des sich auf ihn weitgehend stützenden Eusebios lebte Aristobul um die Mitte des zweiten Jahrhunderts v. u. Z. in Alexandria. Daß er als Peripatetiker bezeichnet wird, besagt in der hellenistischen Periode wegen des allgemein verbreiteten Eklektizismus nicht viel für die Lehrmeinungen, die Aristobul vertreten hat, macht aber hinlänglich deutlich, daß er an griechische Kultur assimiliert war und sich mit philosophischer Problematik befaßte.

Der Gegenstand, den Aristobul in seinem Werk behandelte, war die Erklärung des Pentateuchs in seiner griechischen Version, wie sie die Septuaginta bietet. Ob es sich um einen fortlaufenden Bibelkommentar gehandelt oder ob Aristobul den Text unter philosophischen Gesichtspunkten systematisiert hat, läßt sich nicht mit Sicherheit entscheiden, doch spricht die Tatsache, daß er als Peripatetiker bezeichnet wurde, dafür, daß seine Schrift in der Form philosophischer Abhandlungen gehalten war.

Anscheinend hat sich Aristobul mit seinem Werk an die hellenisierten, griechischsprechenden Juden gewandt; um sie in ihrem Glauben zu stärken und um zu verhindern, daß der Assimilationsprozeß zur Selbstaufgabe führte, wollte er deutlich machen, daß die Lehren der griechischen Philosophie im Pentateuch enthalten seien. Das, so meinte er, werde klar, wenn man die biblischen Texte recht interpretiere. Aus den überlieferten Fragmenten wird ersichtlich, daß Aristobul in seinen Interpretationen des Bibeltextes sich der stoischen Allegorese bediente. Wie die Stoiker mit dieser Methode die Homerischen und Hesiodischen Götter umdeuteten, so erklärt Aristobul die Anthropomorphismen der biblischen Gottesdarstellung als Allegorien.

Eusebios informiert uns, daß Aristobul nicht nur die Übereinstimmung der Lehren griechischer Philosophie mit denen der Bibel behauptet habe, sondern auch zeigen wollte, daß Pythagoras, Sokrates und Platon von Moses beeinflußt gewesen seien. Ob es Aristobul in erster Linie um den Nachweis der Übereinstimmung von biblischen Lehren und griechischer Philosophie ging oder ob der Akzent auf dem Nachweis der Überlegenheit und der Priorität des Judentums gegenüber den Erkenntnissen der Griechen lag, läßt sich bei der Spärlichkeit der uns zur Verfügung stehenden Informationen nicht mit Sicherheit sagen. Der Nachweis, daß die griechische Weisheit von der Bibel abhängig sei, ist ein wesentliches Anliegen des Eusebios, der in seiner Praeparatio evangelica die Überlegenheit des Christentums über das Heidentum erweisen wollte. In diesem Zusammenhang bringt er Zitate aus Aristobuls Werk, doch läßt es sich nicht erweisen, ob diese polemische Haltung gegenüber der griechischen Kultur, die Eusebios zum Ausdruck bringt, auch für Aristobul entscheidend gewesen ist, aus dessen Werk er Zitate anführt, die für seine Zielstellung passend sind, aber darum für Aristobuls Intentionen nicht unbedingt repräsentativ sein müssen.

Um zu zeigen, daß sowohl die griechischen Philosophen als auch die alten Dichter die Bibel gekannt und benutzt haben, zitiert Aristobul Verse, als deren Autoren er Homer, Hesiod und andere Dichter nennt, die jedoch unecht sind. Diese Tatsache führte dazu, das im ganzen undeutliche und ungenaue Bild des Aristobul negativ zu bewerten, obwohl wir nicht wissen, ob er selbst derartige Falsifikate verfertigt hat oder ob er Material verwandte, das allgemein verbreitet war. Daß allerdings Aristobul für ein jüdisches Publikum schrieb, das zwar griechisch sprach, aber mit griechischer Kultur nicht voll vertraut war, wird gerade durch solche unechten Verse erhärtet; griechischen Gebildeten hätten solche Scheinbeweise kaum eingeleuchtet, weil sie ihre Dichter kannten und untergeschobene Verse als spätere Hinzufügungen durchschaut hätten.

Die Gestalt Aristobuls wird aus den wenigen Fragmenten, die erhalten sind, nicht plastisch. Wir wissen auch nichts von den Wirkungen seiner Lehren. Hellenistisch-jüdische Bibelausleger, die dem Vorbild des Aristobul folgen sowohl in der allgemeinen Tendenz, biblische Überlieferung und Lehren griechischer Philosophen in Einklang zu bringen, als auch in der Methode der Allegorese, kennen wir nicht einmal dem Namen nach. Erst geraume Zeit später zeigt sich ein neuer Versuch, griechische Philosophie und jüdische Lehre zu vereinen; dieses Bestreben manifestiert sich im Werk des Philon aus Alexandria. Daß Aristobul nicht ohne Nachfolger blieb und Philon folglich an eine im alexandrinischen Judentum lebendige Tradition anknüpfen konnte, gilt als sicher, zumal da sich Philon selbst, namentlich für die allegorische Bibelerklärung, auf Vorgänger beruft.

Philons Werk stellt die Zusammenfassung und den Höhepunkt aller Tendenzen des hellenistisch-jüdischen Geisteslebens dar. Daß die Resultate seiner umfangreichen schriftstellerischen Tätigkeit zum größten Teil erhalten blieben, beruht nicht auf Zufall, sondern ist vor allem der überragenden Bedeutung zuzuschreiben, die sein Wirken im alexandrinischen Judentum und für den Gang der philosophischen Entwicklung im allgemeinen gehabt hat. Die Philonische Philosophie stellt eine Mischung von griechischem und jüdischem Erbe dar. Dabei ist Mischung nicht im Sinne einer mechanischen Vermengung zu verstehen, bei der sich die Bestandteile wieder trennen lassen, sondern wir haben es gleichsam mit einer chemischen Verbindung zu tun, die eine neue, eigenständige Qualität darstellt. Da Philon Grieche und Jude in untrennbarer Einheit war und sein philosophisches Werk durch diesen Synkretismus geprägt ist, hat es seinen Platz sowohl im Rahmen der griechischen als auch der jüdischen Philosophie.

Über die Person des Philon aus Alexandrien, der in der Literatur auch als Philon Judaios bezeichnet wird, wissen wir relativ wenig. Er ist etwa um das Jahr 20 v. u. Z. geboren und gehörte einer der wohlhabendsten und angesehensten jüdischen Familien Alexandrias an. Philon genoß die typische Ausbildung, wie sie im hellenistischen Griechentum für die Oberschichten üblich war. Es wird ihm großer Lerneifer nachgerühmt, und mehr als alle Künste und Wissenschaften zog ihn die Philosophie an. Doch höher als die Philosophie bewertete er das Judentum, das er als die wahre Weisheit bezeichnete. Seine Ausbildung war eine doppelte, denn parallel mit der griechischen Bildung, in der er völlig heimisch war, eignete er sich die Kenntnis der jüdischen Tradition an. Die hebräische Sprache war ihm wahrscheinlich nicht unbekannt, doch war sie ihm unvertraut. Wie seine jüdischen Landsleute las er die Bibel in griechischer Übersetzung.

Es wird in Philons Werk angedeutet, daß er, wie wahrscheinlich eine Reihe von privilegierten Angehörigen der jüdischen Gruppe, in Alexandria das Bürgerrecht besaß. In der jüdischen Gemeinde seiner Heimatstadt war er in führender Position – vielleicht als Mitglied des Rates – tätig. Für das Ansehen, das Philon in seiner Gemeinde besaß, zeugt die Tatsache, daß er im Jahre 40 u. Z. von den Juden Alexandrias an der Spitze einer Delegation nach Rom entsandt wurde, um bei Kaiser Caligula gegen Verfolgungen zu protestieren, die im Zusammenhang mit dem Versuch der römischen Behörden entstanden waren, in den Synagogen Kaiserbilder aufzustellen, woraufhin es zu Auseinandersetzungen zwischen Heiden und Juden in Alexandria gekommen war. Philon hat über diese Mission, die erfolglos verlief, einen Bericht verfaßt, aus dem ein größeres, in sich zusammenhängendes Bruchstück erhalten geblieben ist. Daß er zur Zeit seines Aufenthaltes in Rom bereits in vorgerücktem Alter stand, sagt er selbst; er soll ein Alter von etwa 70 Jahren erreicht haben.

Philons Wirken zielte darauf ab, das Judentum als die wahre Weisheit zu erweisen; griechische Philosophie ist ein Mittel zu diesem Zweck. Diese Grundeinstellung legte es den Kirchenvätern und nach ihnen vielen mittelalterlichen Denkern nahe, auf Philons Darlegungen zurückzugreifen, um für die These, die Philosophie sei die Magd der Theologie, argumentieren zu können. Die so verstandene Beziehung zwischen beiden Disziplinen legitimiert rationales Denken und weist es zugleich in die Schranken.

Unerachtet der durch die jüdischen Grundlagen bedingten Besonderheit fügen sich die Lehren Philons in den Rahmen der zeitgenössischen griechischen Philosophie und sind aus der Kultur der Epoche zu erklären: Der Hellenismus ist eine Periode des religiösen Suchens; die damals herrschenden philosophischen Richtungen besaßen weitgehend den Charakter lebensreglementierender Glaubenswahrheit und eigneten sich eben darum für Philons Zwecke. Dem Zeitgeschmack entsprach auch sein blumiger, an Platon geschulter Stil. Der Denker knüpfte an Platonische, stoische und neupythagoreische Lehren an und griff auch gelegentlich auf Elemente der skeptischen Philosophie zurück. Er schöpfte aus vielen früheren und zeitgenössischen griechischen Quellen, rezipierte das Material aber nicht wahllos: Den Hedonismus Epikurs bekämpfte er nachdrücklich, darin einig mit den Stoikern. In erster Linie stützte er sich auf platonisch-stoisches Erbe. Das antiepikureische Pathos dieses Juden, der für maßvolle Askese eintrat, empfahl seine Lehren späteren christlichen Theoretikern.

Daß diese Philosophie auf die Herausbildung der christlichen Dogmatik einwirken konnte und späteren christlichen Denkern willkommen war, beruht vor allem darauf, daß Gott für Philon Ziel alles Wissens ist; Gott ist der feste Grund seines Weltbildes.

Philons Werke sind uns in ihrer Mehrzahl erhalten, das meiste im griechischen Original, einiges in armenischer Übersetzung. Den größten Teil des Gesamtwerkes machen die philosophisch-exegetischen Schriften aus, Erklärungen des Pentateuchs mit den Methoden griechischer Philosophie. Sie sind für ein jüdisches Publikum bestimmt und dienen, wie schon bei Aristobul, der philosophisch fundierten Begründung für die unwiderlegliche Wahrheit der eigenen Religion. Philon will erweisen, daß die jüdische Tradition der verlockenden griechischen Geistigkeit nicht nur ebenbürtig, sondern sogar überlegen sei, daß man griechische Hochkultur mit jüdischem Wesen so vereinen könne, daß Assimilation nicht zur Aufgabe der Identität führt. Zweifellos war Philon ein assimilierter Jude, gewissermaßen ein griechischer Staatsbürger jüdischen Glaubens. Seine jüdische Tradition war vornehmlich die Bibel in griechischer Version, die Septuaginta, deren Text er für wörtlich inspiriert erachtete. Er folgt dem griechischen Text, der nicht nur Übersetzung, sondern zugleich auch Interpretation ist, selbst dort, wo dieser Text vom hebräischen Original abweicht, und übernimmt sogar Übersetzungsfehler. Der Synkretismus zeigt sich eben gerade daran, daß Philon die jüdische Tradition sozusagen durch die hellenistische Brille sah: Moses war für ihn ein Philosoph. Die Verwandtschaft von jüdischer und griechischer Geistigkeit wurde nicht nur von Juden behauptet; auch nichtjüdische griechische Schriftsteller der Zeit betrachteten die Juden ihrer nicht polytheistischen Religion wegen als eine Art Philosophen.

Philon bedient sich für seine Pentateuchinterpretation der Allegorese, die er als Methode von den Stoikern übernimmt und die auch schon bei seinen jüdisch-hellenistischen Vorläufern eine Rolle gespielt hatte. Aber die allegorische Schrifterklärung hat für Philon eine ganz andere Bedeutung als die allegorische Mythendeutung für seine stoischen Vorbilder. Wollten die Stoiker die alten Mythen, an die der aufgeklärte Hellene nicht mehr glaubte, zugleich akzeptabel und für die eigenen Zwecke nutzbar machen, so will Philon menschliche Erkenntnis und göttliche Offenbarung zur Einheit binden. Daß Philon sich als erster systematisch bemüht, diese Einheit zu stiften, verleiht ihm Bedeutung als Initiator einer Problemstellung, an der in der Folgezeit keine an Offenbarungsreligion gebundene Philosophie vorbeigehen kann. Die denkerische Leistung im einzelnen ist weniger gewichtig als die historische Wirksamkeit aufs Ganze gesehen.

Es ist notwendig, das System Philons vom Gottesbegriff her aufzurollen, denn die Ansichten des Philosophen von den einzelnen Wissensgebieten sind nicht der Grund seiner Gottesvorstellung, sondern deren Folge. Für die griechische Philosophie, in deren Kontext Philons Lehren zu sehen sind, stellt dieser Ansatz ein Novum dar. Wie alle hellenistischen Philosophen exemplifizierte Philon seine Ethik am Modell des Weisen, betonte jedoch, der vollendete Weise betrachte Gott als den einzigen Gegenstand seines Wissens. Gott allein ist das Gute, Vollkommene, ursprünglich Wirkliche im Gegensatz zum Endlichen, das unvollkommen und unwirklich ist, denn der Grund des Endlichen ist die Materie, die, wie später im Neoplatonismus, mit dem Nichtseienden, dem Bösen gleichgesetzt wird. Das Gottesproblem vermag allerdings Philon nicht widerspruchsfrei zu behandeln: Da nämlich Gott über die Welt absolut erhaben und durch seine Vollkommenheit unendlich ist, mußte es Philon als unzulässig erscheinen, endliche Bestimmungen auf Gott zu übertragen. Als notwendige Folge davon ergibt sich, daß über Gott nichts Positives mehr ausgesagt werden kann und die Theologie sich in Verneinungen erschöpfen muß. Diese Konsequenz hat Philon tatsächlich gezogen; deshalb wird er als Begründer der negativen Theologie bezeichnet, jener Richtung, die die Attributenlosigkeit Gottes lehrt. Diese negative Theologie widerspricht aber andererseits der theologischen Ausgangsposition, nach der Gott, und nur er, das schlechthin Wirkliche sei. So finden wir bei Philon nebeneinander die Behauptung, Gott seien alle Prädikate abzusprechen, und die Auffassung, Gott seien alle jene Eigenschaften beizulegen, die aus seiner absoluten Vollkommenheit herzuleiten sind. Dieser systemimmanente Widerspruch wird von Philon nicht aufgehoben.

Prävalent für ihn selbst, aber auch im Hinblick auf die philosophiegeschichtliche Wirkung, ist die negative Theologie; denn Philon geht von dem krassen Gegensatz Gottes und der Welt aus, Gott als der Ungewordene und der Unvergängliche ist mit nichts Gewordenem und Vergänglichem vergleichbar. Ein so erhabener Gott kann keine Eigenschaften besitzen, und deshalb formuliert Philon, Gott sei eigenschaftslos. Da jeder Name eine Eigenschaft bezeichnet, kann Gott kein Name beigelegt werden. Was sich nicht bezeichnen läßt, ist unbegreiflich, folglich ist das Wesen der Gottheit unfaßbar. Wir können nur wissen, daß Gott ist; was er ist, kann niemand ergründen. Von Gott ist nur auszusagen, daß er das absolute Sein ist, erhaben über alle dem Menschen vorstellbaren Vollkommenheiten, auch über Tugend und Weisheit. So steht der Gottesbegriff im Zentrum des Philonischen Philosophierens als Grund alles Seins und Ziel des ethischen und theoretischen Bemühens des Menschen. Eben darum wird Philon häufig mit vollem Recht als der erste Theologe bezeichnet.

Sein Gott, dessen Transzendenz strengstens gewahrt wird, ist der Gott der jüdischen Bibel, der nicht nur mit den Methoden der griechischen Philosophie gefaßt, sondern von vornherein in ihrem Lichte gesehen wird. Der konsequent durchgehaltene Dualismus zwischen Gott und Welt erfordert eine Antwort auf die Frage, wie bei der absoluten Überweltlichkeit Gottes sein Eingreifen in die Welt, wie eine Wirkung des Unendlichen auf das Endliche möglich ist. Eine unmittelbare Berührung Gottes mit der nichtigen und zugleich bösen Materie ist für Philon nicht denkbar. Es müssen daher Instanzen zwischen Gott und der sichtbaren Welt angenommen werden, die die Einwirkung Gottes auf die Welt vermitteln. Hier gerät der Philosoph an eine Grenze, wo der extreme Dualismus im Begriff ist, in sein Gegenteil umzuschlagen. Je schroffer nämlich der Gegensatz zwischen dem abstrakten Gott und der materiellen Welt, je größer der Abstand zwischen dem Menschen und dem Gegenstand seiner religiösen Sehnsucht und Verehrung, desto mehr macht sich das Bedürfnis geltend, das so weit voneinander Getrennte durch Zwischenglieder wieder zu vermitteln. Die aus diesem theoretischen Bedürfnis eingeführten Mittelwesen dienen auch einem praktischen Zweck: Sie sind die Mittler, durch deren Hilfe der Mensch aus seiner Niedrigkeit zum Höchsten emporgeleitet werden kann. Diese Mittelwesen sind in klassischer Weise synkretistisch. An ihnen zeigt sich eine unauflösbare Verschmelzung von hellenischem und jüdischem Erbe. Aus Gott gehen „Kräfte" hervor; diese (stoischen) „Kräfte" identifiziert Philon mit Platonischen Ideen und setzt sie mit den Engeln der jüdischen Religion gleich.

Das stoische und Platonische Erbe kann aber von Philon nicht einfach übernommen, sondern muß transformiert werden. Die stoischen Wirkkräfte mußten für Philons Zwecke sowohl ihrer feurigen Materialität als auch ihrer pantheistischen Funktion entkleidet werden; das suchte er durch ihre Verschmelzung mit den transzendenten Platonischen Ideen zu erreichen.

Nicht erst Philon hat Platonisches und stoisches Erbe zusammengebracht, sondern er fand Verschmelzungen schon vor; sie waren typisch für die Zeit. Vor allem diente ihm die verschiedene Traditionen zusammenfassende Philosophie des Poseidonios in mannigfachen Beziehungen als Anknüpfungsmaterial.

Über die Entstehung der Wirkkräfte äußert sich Philon nur recht unbestimmt. Wir dürfen seine Andeutungen wohl dahingehend verstehen, daß sie aus Gott emaniert sind. Genauere Mitteilungen über diesen Emanationsvorgang fehlen. Es gibt unendlich viele dieser Kräfte, jedoch bleibt unklar, in welchem Verhältnis sie zueinander stehen. Als die beiden Hauptkräfte bezeichnet Philon die göttliche Macht und die göttliche Güte: Durch die Güte ist alles geschaffen, durch die Macht wird alles beherrscht. Diese Kräfte, die Mittelwesen, erscheinen nicht nur als nebengeordnet, sondern es gibt auch Unterordnungsverhältnisse wie bei Gattung und Art. Die Mittelwesen sind als Kräfte Gottes geistiger Natur und werden mit den Ideen Platons gleichgesetzt; unter anderem Aspekt aber erscheinen sie als personifiziert: Sie umgeben Gott wie ein Hofstaat den Regenten. Als dienstbare Geister und Werkzeuge des göttlichen Willens können sie sogar dem Menschen erscheinen, wie es nach Philons Meinung dem Stammvater Abraham widerfahren war. Der Mensch kann die Mittelwesen anrufen, sie sind jene reinen Seelen, die von den Griechen Dämonen und von Moses Engel genannt werden. Sie haben ebenso an Gott teil wie an der Welt; in dialektischer Weise gehören sie zu Gott und sind doch von ihm verschieden.

Gleichsam der Wagenlenker, dem die übrigen göttlichen Kräfte zu gehorchen haben, ist der Logos. Über diesen von den Stoikern übernommenen Begriff volle Klarheit zu gewinnen ist deshalb nicht möglich, weil Philon selbst offenbar nicht das Bedürfnis nach Klarheit und Eindeutigkeit hatte. Je schwieriger und widerspruchsvoller seine Gedanken, desto bildhafter und blumenreicher ihre Darlegung. Der Logos wohnt Gott inne als seine Weisheit, die zugleich Quelle des Logos ist, während auch der Logos als Quelle der Weisheit bezeichnet wird; der Logos ist zeugende Vernunftkraft Gottes, andererseits aber von Gott verschieden als die aus ihm heraustretende Vernunft, als sein selbständiges Abbild: So bezeichnet ihn Philon als zweiten Gott. Es fehlte später nicht an Versuchen, ein christlich verstandenes Vater-Sohn-Verhältnis in Philons Philosophie hineinzuinterpretieren. So aufgefaßt, bot sich hier dem Christentum ein für die Rezeption geeigneter Stoff.

Der Logos ist geistig und doch zur Person hypostasiert. Er ist erkennbar, während der als eigenschaftslos begriffene Gott sich der Erkennbarkeit entzieht. Durch ihn hat Gott die Welt gebildet; der Logos stellt das Lebensprinzip der Welt dar und ist insofern mit Gott identisch, er ist aber von Gott verschieden als sein Hohepriester, der durch seine Fürbitte zwischen Gott und den Menschen mittelt. Da die wirkenden Kräfte Gottes von Philon als Engel aufgefaßt werden, erscheint der Logos als deren oberster, gleichsam als Erzengel. Der Denker hält seine Logoslehre für genuin jüdisch und glaubt, sie aus der Bibel herausgelesen zu haben. Daß er tatsächlich griechische Philosopheme in die jüdischen Texte hineingelesen hat, macht er sich offenbar nicht bewußt.

Als weltimmanenter Gott ist der Logos die Wohnstätte des streng transzendenten Gottes. Der aufs schärfste zugespitzte Dualismus drängt auf Überwindung: Die Logoslehre überbrückt die Kluft zwischen Gott und Welt, und zwar durch eine ganze Hierarchie von Mittelwesen, die die Übergänge von der Einheit zur Vielheit, vom Unveränderlichen zum Veränderlichen, vom Immateriellen zum Materiellen, vom Geistigen zum Sinnlichen, vom Guten zum Bösen stiften. Diese Stufen stehen in einem von oben nach unten gehenden Ursach-Wirkungsverhältnis, so daß die Sinnenwelt als aus Gott hervorgegangen erklärt werden kann, ohne Gott mit der unreinen Materie zusammenzubringen, denn das wäre mit der Grundkonzeption Philons unvereinbar gewesen.

Der Mensch erkennt Gott an seinen Wirkungen mit Hilfe der Wissenschaften, deren Fundament die sinnliche Wahrnehmung ist. Aber auf diesem Wege gelangt man nie zur vollen Erkenntnis Gottes, die vielmehr nur im Zustand der Ekstase möglich ist; sie kommt durch Erleuchtung zustande, die nicht mehr erklärbar, sondern nur erlebbar ist. So münden Philons rationale Konstruktionen schließlich in Mystik.

Das Streben nach der Anschauung Gottes ist der einzige Weg zum Glück, das für Philon wie für alle seine griechischen Zeitgenossen das philosophische Ziel darstellt. Aber das Besondere bei ihm besteht darin, daß das Glück in Gott liegt. So ist sein ganzes Denken und Trachten auf Gott hingeordnet, und darin liegt die unerbittliche Folgerichtigkeit seiner Lehre im großen und ganzen, unerachtet aller Inkonsequenzen und Widersprüche im einzelnen.

Den Wissenschaften wird nicht rundweg der Wert abgesprochen – als wertvollste gilt ihm die Philosophie –, aber sie sind doch insofern nur von untergeordneter Bedeutung, als sie der rationalen Untermauerung der Theologie zu dienen haben. Da nun die Sinne, wie Philon sagt, die Gehilfen der Vernunft sind, so haben auch sie ihre Bedeutung im Weltganzen, wenngleich grundsätzlich die Sphäre der Sinne abgewertet und wie schon bei Platon der Körper als Kerker der Seele aufgefaßt wird. Asketische Tendenzen sind Philon nicht fremd, aber ihm gilt Askese doch als primitivstes Mittel auf dem Wege des Fortschreitens zur Tugend. Seine Ethik folgt im wesentlichen der stoischen, wenngleich das ethische Ziel für ihn ein anderes sein muß als für die Stoiker, weil es religiös gegründet ist im Sinne der Spezifik jüdischer Tradition. Die nächstliegende sittliche Aufgabe des Menschen ist seine Selbsterkenntnis; sie führt zu der Einsicht in die eigene Unvollkommenheit, in die Nichtigkeit des Menschenwesens, während allein Gott als Inbegriff aller Vollkommenheit erscheint.

Nach seinem Selbstverständnis war Philon in erster Linie Bibelausleger; seine Werke waren vermutlich ursprünglich zum größten Teil Synagogenvorträge, in denen er die Wahrheit der Bibel zu beweisen suchte. Die Methode, deren er sich bedient, ist die Allegorese, die wir bereits bei Aristobul angewendet sahen und die sich in der Septuaginta schon angedeutet hat, indem dort die Tendenz erkennbar ist, die Übersetzung so zu fassen, daß anthropomorphistische und anthropopathische Züge gemildert werden. Daß Philon die jüdische Tradition bereits im Licht griechischen Denkens sieht, macht er sich offenbar nicht bewußt, wenn er versucht, mit Hilfe dieser Methode die Übereinstimmung der Heiligen Schrift und der griechischen Philosophie nachzuweisen. Konsequenter als je zuvor muß nach seiner Meinung der Wortlaut der Bibel als Allegorie aufgefaßt, ein verborgener tieferer Sinn angenommen und schließlich aufgesucht und gefunden werden.

Die Technik der von den Stoikern entlehnten allegorischen Auslegung basiert auf der Antithese von unkritischer, auf die Oberflächenerscheinung der Dinge gestützter Meinung (Doxa) und Wahrheit (Aletheia), wie sie sich bereits in dem großen Lehrgedicht des Parmenides findet. Für Philon entspricht der äußere Sinn der Worte der Doxa, ihr verborgener, geheimer, tiefer Sinn der Aletheia. In der Hauptsache dient seine Allegorese der Aufhebung von Anthropomorphismen der Gottesvorstellung. Gott, so meint er, könne doch nicht hierhin und dorthin gehen oder Füße haben, um vorwärts zu schreiten, er, der ungeschaffene Erzeuger aller Dinge, dessen Wirken das All erfülle. Die anthropomorphistische Darstellung der Bibel sei mit Rücksicht auf die Schwäche des in die Sinnenwelt verstrickten Menschen erfolgt, es sei jedoch möglich und nötig, den hinter den Formulierungen stehenden wahren Sinn zu ermitteln. Andere Beispiele für die Allegorese Philons sind die Auffassung, unter dem Baum des Lebens sei die Gottesfurcht zu verstehen, Kain bedeute die Sophistik, Rahel die Sinnlichkeit. Doch wird trotzdem dem Wortlaut des Textes von Philon nicht seine Bedeutung abgesprochen: Der äußere und der innere Sinn gehören zusammen wie Leib und Seele; meist gelten beide gleichermaßen, jeder auf seiner Ebene. So wird es verständlich, daß Philon nach zwei Seiten Auseinandersetzungen führt. Einerseits kämpft er gegen diejenigen, die sich an den Buchstaben klammern und denen jede Art der Interpretation als Ketzerei erscheint, auf der anderen Seite aber wendet er sich gegen die, die dem tieferen Sinn den Wortsinn opfern wollen. Die Konsequenz einer solchen Haltung wäre nämlich letzten Endes das Aufgeben des gesamten Zeremonialgesetzes, selbst der Gottesdienst im Tempel würde sinnlos und das ganze Brauchtum verlöre jede Bedeutung. Diese extremen Symboliker, die es zu Philons Zeiten ebenso gab wie die Buchstäbler, drohten das positive Judentum aufzuheben, indem sie alle Lehren und Gebote zu bloßen Symbolen verblassen ließen. Nichts lag Philon ferner als das, war es doch gerade sein Bestreben, das positive Judentum theoretisch zu untermauern. Für ihn gelten in der Regel Wortsinn und Geheimsinn nebeneinander, nur bei den gröbsten Anthropomorphismen wird auf den Wortsinn verzichtet, andererseits soll nicht jeder einzelne Satz des Pentateuchs allegorisch gedeutet werden, wenngleich Philon im Prinzip einräumt, daß eine solche Deutung in jedem Fall möglich sein müsse, da hinter jedem Satz, hinter jeder Floskel ein tieferer Sinn stecke. Namentlich bei historischen Angaben betont Philon die Richtigkeit des Wortsinns, bietet aber mit Hilfe der Allegorese den verborgenen, tieferen Sinn.

Die Methode der allegorischen Mythendeutung wendet Philon wie die Stoiker auch auf die Werke der griechischen Dichter an. Auf diese Weise rettet er für sich und andere Juden griechischer Bildung die hellenische Kultur trotz ihrer polytheistischen Grundlagen. Von dieser Position her kann er sogar der griechischen Religion einen gewissen Wahrheitsgehalt zugestehen. Dabei ist er großzügiger als die übrigen uns bekannten jüdischen Autoren seiner Zeit, die sich offenbar an den jüdischen Volksglauben gebunden fühlten, nach dem die griechischen Götter als böse Dämonen aufgefaßt wurden. Philon hingegen interpretiert sie nach stoischem Vorbild als vergottete bedeutende Männer der Vorzeit. Zwar hält er die polytheistischen Religionen für irrig und den jüdischen Monotheismus für die einzig wahre Religion, aber er gesteht dem Polytheismus trotzdem mitunter eine relative Wahrheit zu: Wenn man nämlich die Mythen als Allegorien auffaßt, so steckt in ihnen ein wahrer Kern, der den Ansichten des Judentums entspricht. Die Toleranz des Autors geht sogar so weit, daß er nachdrücklich untersagt, die vielen Götter zu verfluchen.

Philon ist nicht nur der wichtigste für uns greifbare Vertreter der griechisch-jüdischen Kultursymbiose, sondern er war auch mit an Sicherheit grenzender Wahrscheinlichkeit in der Tat deren bedeutendster Exponent. Sein Versuch einer Synthese von jüdischer Religion und griechischer Zivilisation bildet den Gipfel der jüdischen Philosophie der Antike und zugleich ihren Endpunkt. Die weitere Entwicklung der jüdischen Philosophie vollzieht sich nicht auf der Linie der von Philon zu ihrem Höhepunkt geführten Tradition. Die jüdisch-griechische Symbiose, die sich trotz aller Spannungen in Alexandria entwickelte, blieb für die jüdische Geschichte eine Episode ohne weiterwirkende Konsequenzen. Das Judentum konzentrierte seine geistigen Kräfte in den folgenden Jahrhunderten auf den Ausbau seiner Religionslehren und auf die Reglementierung seiner besonderen Lebensformen, die in der palästinensischen und babylonischen talmudischen Literatur kodifiziert wurden. Auf diese Weise wurde eine Abgrenzung von der nichtjüdischen Umwelt vollzogen, und Philons tolerante oder sogar assimilatorische Philosophie geriet nicht nur deswegen in Vergessenheit, weil die Kenntnis des Griechischen bei späteren jüdischen Generationen nicht mehr vorhanden war.

Philons Lehren stehen in der Kontinuität der griechischen Philosophie und haben in diesem Rahmen erhebliche Wirkungen gezeitigt. Der Neoplatonismus knüpft an seine Theorien an; viele durch Plotin ins Weite fruchtbar gemachte Lehren, wie die Konzeption einer stufenförmig aufgebauten intelligiblen Welt, finden sich bei Philon schon vorgebildet. In starkem Maße hat Philons Philosophie auf christliches Denken eingewirkt, das ebenfalls in der ausgehenden Antike vor der Aufgabe stand, religiösen Glauben zu griechischer Philosophie in Beziehung zu setzen. Der Neoplatonismus, der Philonisches Erbe bewahrte, wurde im Mittelalter von den Arabern rezipiert, an deren Lehren spätere jüdische Philosophie anknüpft, so daß durch viele Vermittlungen Philons Denken auch in der jüdischen Philosophie späterer Epochen weiterwirkt. Alle religiös gebundenen Philosophien der Folgezeit, die sich im Rahmen des Judentums, des Christentums und des Islams entwickeln, haben Prinzipien der Offenbarungsreligion, von denen Philon sagt, daß die Philosophie sie anerkennen müsse, in ihrem Denken berücksichtigt: die Existenz Gottes, seine Einheit, die göttliche Vorsehung, die Weltschöpfung und die Offenbarung eines Gesetzes. Auf diese Weise wurde das fortgesetzt, was Philon initiiert hatte. Mithin war seinem Grundanliegen eine größere Wirksamkeit beschieden als seinen oft widerspruchsvollen und in der Begriffsgebung schillernden Problemlösungen.

In der jüdischen Geistesgeschichte fand das Wirken Philons, Ausdruck der griechisch-jüdischen Symbiose in ihrer alexandrinischen Spezifik, keine Nachfolge. Obwohl in Alexandria sich die Geschichte griechisch sprechender und in hellenischem Sinne gebildeter Juden bis zu der Zeit fortsetzte, da die Stadt dem Byzantinischen Reich verlorenging und von den Arabern erobert wurde (642 bzw. endgültig 646), ist es nicht bezeugt, daß Juden auf dem von Philon beschrittenen Weg weitergegangen wären. Auch Palästina war in nicht geringem Maße hellenisiert, die griechische Sprache war dort weithin bekannt, so daß an Philons Lehren hätte angeknüpft werden können.

Jedoch hat es vom 1. bis zum 9. Jahrhundert innerhalb des Judentums keine Philosophie gegeben; die jüdische Philosophie des Mittelalters setzt die der Antike nicht fort, sondern stellt einen neuen Ansatz dar. Für diese Diskontinuität lassen sich zwar Gründe anführen, doch fehlt es am zureichenden Grunde. Kurze Zeit nach Philons Wirken wurde infolge der Zerstörung des Tempels in Jerusalem und des jüdischen Staates durch die Römer das Verhältnis der Juden zur griechisch-römischen Umwelt entscheidend beeinträchtigt. Für unseren Zusammenhang ist an diesen historischen Tatsachen zweierlei wesentlich: Dem Tempelkult, der trotz der prinzipiellen inneren Verschiedenheit von allen anderen antiken Kulten immerhin äußerlich mit ihnen die Verehrung der Gottheit durch das Darbringen von Opfern gemein hatte, war nun die Basis entzogen. Die Ersetzung des jüdischen Opferkultes durch einen – auch schon vorher daneben praktizierten – geistigen Gottesdienst betender Gemeinden hebt die spezifische Form jüdischer Gottesverehrung von den Kulten der Antike schroff ab und verwehrt hinfort die Möglichkeit, das Judentum als eine den verschiedenen im Hellenismus verbreiteten Kulten analoge Form der religiösen Praxis zu sehen und im übrigen die Gemeinsamkeit der griechischen Kultur zu betonen.

Gerade der Verlust der Eigenstaatlichkeit führte zu einer Entwicklung des Judentums, die durch die Betonung der geistigen Besonderheit gekennzeichnet ist; die Auseinandersetzung mit der griechisch-römischen Umwelt war hinfort von dem Bestreben geleitet, den nicht mehr bestehenden Staat durch ein eigenes, in sich selbst ruhendes Reich des Geistes zu ersetzen. In den Mittelpunkt trat das Studium der Lehre, ihre Ergänzung und Ausgestaltung zu einem verpflichtenden System von Vorschriften für das Verhalten des einzelnen. Für mehrere Jahrhunderte konzentrierte sich die geistige Kraft der intellektuellen Vertreter des Judentums auf die Aufstellung von Lehrsätzen zur Reglementierung aller Lebensbereiche und auf die Diskussion und Auslegung dieser Verhaltensnormen. Das Ergebnis dieser geistigen Arbeit hat sich vor allem im Talmud niedergeschlagen. Zwar ist auch philosophisches Gedankengut in die talmudischen Erörterungen eingeflossen, das aus griechischen Quellen stammte, doch sind philosophische Fragestellungen nicht das Anliegen der Talmudgelehrten; nicht das Wesen des Judentums steht zur Diskussion, sondern die religiöse und darüber hinaus die gesellschaftliche Praxis. Insgesamt war die Haltung der jüdischen Gelehrten gegenüber der griechischen Weisheit ablehnend und durch das Besinnen auf die eigenen Traditionen bestimmt; die Hinwendung zu den eigenen Werten und die Betonung der geistigen Autarkie stimulierten die Abwendung vom Fremden, der griechischen Kultur und damit auch der Philosophie.

Philons Philosophie scheint allerdings trotzdem unterschwellig weitergewirkt zu haben, denn in arabischer Zeit ist bei orientalischen Juden eine gewisse Kenntnis seiner Logoslehre festzustellen. Im großen wirksam geworden ist sein Denken jedoch außerhalb des Judentums. Das Christentum, das monotheistische jüdische Vorstellungen bewahrte, aber durch das Abstreifen des jüdischen Zeremonialgesetzes und das Aufgeben der nationalen Basis in stärkerem Maße der heidnischen Umwelt entgegenkam, hat, als es sich ausbreitete, festigte und seine Glaubenslehren systematisch ausbaute, nicht nur allgemein griechische Philosophie und Bildung aufgenommen, sondern in starkem Maße gerade an Philon angeknüpft; denn dieser hatte den Weg gezeigt, auf dem monotheistische Religion und griechische Philosophie zusammengebracht werden konnten, und überdies bot seine Logoslehre auch Möglichkeiten, im Sinne der vom Christentum behaupteten Trinität umgedeutet zu werden. Die dogmatische Ausgestaltung des Christentums erfolgte zunächst in Alexandria, und man kann vermuten, daß die Kirchenväter an eine noch existente Philonische Tradition anknüpfen konnten. Nur als integraler Bestandteil griechischer Philosophie in christlicher Interpretation ist dann im Mittelalter durch die arabische Vermittlung auch Philonisches Gedankengut in die spätere jüdische Philosophie eingeflossen, ohne daß der Autor namentlich bekannt war, der erst im 16. Jahrhundert in jüdischen Quellen wieder genannt wird.

# II.
# Jüdische Philosophie im Mittelalter

## 1. Voraussetzungen und Anfänge

Einen neuen Anfang nahm das systematische Philosophieren bei den Juden im Herrschaftsgebiet des Islams und unter dem Einfluß der dort vorhandenen geistigen Strömungen. Vom 8. Jahrhundert an entwickelten sich innerhalb des Islams Bestrebungen, die bis dahin weitgehend unreflektierten religiösen Vorstellungen geistig zu durchdringen. Diese Tendenzen werden insgesamt als Kalam (Gespräch) bezeichnet, und es wird darunter die verstandesmäßige Diskussion von Glaubenssätzen gefaßt. Im Mittelpunkt dieser Erörterungen stehen zwei Fragen, die der Einheit Gottes und die seiner Gerechtigkeit. Diejenigen Gelehrten, die diese Behauptung der göttlichen Einheit und Gerechtigkeit zum Kern ihrer Ansichten machten, werden als Mutaziliten (sich Absondernde) bezeichnet. Später bedienten sich auch ihre Gegner der gleichen Methoden, um den traditionellen Standpunkt aufrechtzuerhalten, so daß sowohl die rationalistische islamische Theologie als auch die Argumentation der Traditionalisten als Kalam bezeichnet wird. Diese Problematik, die mit einem großen Aufwand an Scharfsinn und Spitzfindigkeit diskutiert wurde, ist keineswegs so fern von gesellschaftlichen Bezügen, wie das auf den ersten Blick zu sein scheint. Sicher ging es den islamischen Gelehrten, die diese Diskussion initiierten, auch darum, einer von Anthropomorphismen gereinigten Gottesvorstellung Geltung zu verschaffen, und zwar gegenüber einer Orthodoxie, die die Lehren des Korans völlig wörtlich nahm. Jedoch sind die behandelten Fragen hinsichtlich ihres Entstehens und auch in bezug auf ihre Konsequenzen eng mit der gesellschaftlichen Situation verknüpft. Die Behauptung der absoluten Gerechtigkeit Gottes führt zur Beschränkung göttlicher Allmacht. Gott kann nicht anders als gerecht handeln, seine Handlungen zielen notwendig auf das Heil des Menschen, auf die Belohnung des Guten und auf die Bestrafung des Bösen ab. Demgegenüber wird die Freiheit des menschlichen Willens betont, denn nur unter der Voraussetzung, daß der Mensch frei über seine Handlungen entscheiden kann, entspricht der göttliche Lohn bzw. die göttliche Strafe, die der Mensch erfährt, den Anforderungen der Gerechtigkeit. Wäre alles vorherbestimmt, dann dürfte Gott den Menschen nicht für seine

Taten verantwortlich machen. Bereits vor dem Aufkommen des Kalam hat die Frage der Prädestination bzw. der menschlichen Eigenverantwortlichkeit innerhalb des Islams eine Rolle gespielt, als die Herrschaft der Omaijaden ihrem Ende entgegenging und der Staat sich in seiner Struktur änderte, indem er von einem arabischen zu einem islamischen Reich wurde, in dem die Bekenner des Islams, unabhängig von ihrer völkischen Zugehörigkeit, die führende Position einnahmen und den bis dahin herrschenden arabischen Blutadel ablösten. Die omaijadischen Kalifen sahen ihren Herrschaftsanspruch als durch die göttliche Vorherbestimmung legitimiert; dieser von Gott sanktionierten politischen Ordnung sollten sich die Untertanen zu fügen haben. Es entbehrte daher nicht der politischen Brisanz, wenn in der ausgehenden Omaijadenzeit Theologen auftraten, die gegenüber der Prädestination die Verantwortung des Menschen für sein Handeln, die „Schöpfung der Taten" betonten. An solche Lehrmeinungen knüpften die Mutaziliten an und suchten sie mit rationalen Methoden zu beweisen.

Die These, daß Gott einer sei, scheint auf den ersten Blick unproblematisch zu sein. Daß Religionen, wie das Judentum und in seinem Gefolge dann das Christentum und der Islam, von der Vorstellung des einen Schöpfergottes ausgehen, der dem Menschen personal gegenübersteht, unterscheidet diese Religionen von polytheistischen Anschauungen. Die Behauptung der Unsichtbarkeit und Unkörperlichkeit dieses Gottes hatte den Einheitsbegriff, ohne ihn exakt präzisieren zu wollen, bereits dahingehend gestaltet, daß er anderes als bloß numerische Einheit bedeutete. Trotzdem sind Bibel und Koran voller Aussagen über Gott, die in Analogie zu menschlichen Eigenschaften formuliert sind. Die Tatsache, daß das Christentum den Begriff der Trinität, des einen Wesens in drei Personen, herausbilden konnte und dabei sich für berechtigt hielt, diese Anschauung als mit dem Monotheismus in Einklang stehend zu erachten, weist darauf hin, daß die Vorstellungen von dem, was unter der Einheit Gottes zu verstehen sei, recht vage waren. Nicht nur durch die christlichen Lehrmeinungen, mit denen der Islam konfrontiert wurde, sondern vielleicht in noch stärkerem Maße durch die dualistischen Vorstellungen des Zoroastrismus in Persien ist der Islam zur verstandesmäßigen Durchdringung seiner Ansichten von der göttlichen Einheit gekommen, und die mutazilitischen Vertreter des Kalam haben versucht, alle Anthropomorphismen aus dem Gottesbegriff auszuschalten, indem sie die Existenz von göttlichen Attributen bestritten. Jede Gott zugeschriebene Eigenschaft macht ihn zu einem zusammengesetzten Wesen, und da man solche Attribute des ewigen, keiner Veränderung unterworfenen Gottes gleichfalls als ewig ansehen müßte, ergäbe sich eine Pluralität, die der behaupteten Einheit widerspräche. So lehnt der mutazilitische Kalam mit der Betonung der göttlichen Einheit jegliches zu Gottes Wesen hinzutretende Attribut strikt ab, während die traditionelle islamische Orthodoxie an ewigen Attributen Gottes keinen Anstoß nahm. Die Auseinandersetzungen über die göttliche Einheit, die im Islam geführt wurden, sind nicht als bloße spitzfindige Haarspaltereien abzutun, obgleich sie sich weitgehend in solcher Richtung entwickelten. Im Anfang stand das Bemühen, mit der Hilfe des Verstandes zu einer reineren Gottesvorstellung zu gelangen. Das Problem hatte durchaus auch einen Bezug zur gesellschaftlichen Praxis, denn eines der von der islamischen Orthodoxie behaupteten ewigen Attribute war das Wort, die Rede Gottes. Unter der Voraussetzung der Ewigkeit des göttlichen Wortes wurde der Koran, der Gottes Wort enthält, zu etwas, das wie Gott ewig und unerschaffen ist. Die Leugnung der ewigen Attribute machte das heilige Buch demgegenüber zu etwas Geschaffenem, und dadurch wurden gewisse Möglichkeiten kritischer Betrachtung angebahnt.

Der Kalam hat sich innerhalb des Islams in einer Zeit entwickelt, in der tiefgreifende gesellschaftliche Veränderungen im Reich der Kalifen vor sich gingen. Äußerlich ist dieser Prozeß durch die Ablösung der Omaijadendynastie durch die Abbasiden gekennzeichnet. Doch bedeutet dieser dynastische Wechsel zugleich das Ende der Vorherrschaft der Araber innerhalb des Staates; die führenden Positionen wurden nun weitgehend durch Angehörige anderer Völker eingenommen. Im Zusammenhang damit steht eine umfassende Bewegung der Aufnahme hellenistischen Kulturgutes. Das Kalifenreich, das sich im Laufe von weniger als einem Jahrhundert zur Weltmacht entwickelt hatte, erwuchs auf einem Boden, der zum großen Teil der Schauplatz der Kulturbegegnung zwischen Griechenland und dem Orient gewesen war. Diese Traditionen waren durch die arabische Eroberung nicht ausgelöscht. Wenngleich die neuen Machthaber ihnen zunächst verständnis- und interesselos gegenüberstanden, ließen sie doch die vorgefundene Kultur im Grunde unangetastet. Die Fortsetzung philosophischer Traditionen der griechischen Antike ist besonders greifbar innerhalb der Gruppen der orientalischen Christen, wo sowohl im Zusammenhang mit den Naturwissenschaften auch Philosophie gepflegt wurde als auch die christliche Theologie in der Entwicklung ihrer Dogmatik insgesamt philosophische Vorstellungen aufgenommen hatte und philosophische Methoden auf die Erörterung theologischer Problematik anwandte. Obwohl der mutazilitische Kalam eine innerislamische Entwicklung darstellt, dürften doch seine Ideen und die Methoden ihrer Behandlung auf Anregungen beruhen, die in der syrischen Kirche vorgebildet sind und damit letztlich auf griechisches philosophisches Denken zurückgehen. Es ist mit Recht darauf hingewiesen worden, daß nicht zufällig die Blütezeit der Mutazila gleichzeitig die Epoche ausgedehnter Übersetzungstätigkeit ist, in der vornehmlich wissenschaftliche Literatur und damit im Zusammenhang auch philosophische Werke aus dem Griechischen ins Arabische – teils über das Medium des Syrischen, teils, und später ausschließlich, direkt – übertragen wurden. Der Beginn des Kalam liegt allerdings zeitlich etwas früher, und die Anregungen griechischen Denkens sind infolgedessen nicht konkret greifbar. Doch liegen sie im hellenistischen Gesamtklima des Raumes und der Zeit. Nicht nur lebten die Muslime in ständigem Kontakt mit Gruppen, die in der griechischen Kulturtradition standen und die auch im öffentlichen Leben eine Rolle spielten, sondern man muß auch berücksichtigen, daß die Ausbreitung des Islams weitgehend durch Übertritte von Nichtarabern zur herrschenden Religion erfolgte; bei solchen Konversionen blieb natürlich der geistige Hintergrund der betreffenden Personen weiterhin wirksam. Daß also der Kalam als innerislamische Bewegung entstand, besagt nichts dagegen, daß er durch Vorstellungen geprägt wurde, die aus Kreisen stammten, die außerhalb des Islams standen oder auch früher einmal gestanden hatten. Auf die Umgestaltung, die mit dem Aufkommen der Abbasidenherrschaft im Kalifenreich vor sich geht, hier näher einzugehen, würde den Rahmen sprengen. Zweifellos ist die Aneignung des antiken Erbes sehr bedeutungsvoll gewesen. Allerdings scheint die Formulierung Franz Rosenthals, daß durch die bewußte Übernahme antiker Wissenschaft „das, was wir die islamische Kultur nennen, erst eigentlich geschaffen" wurde (Das Fortleben der Antike im Islam, Zürich–Stuttgart 1965, S. 28), eine ungerechtfertigte Unterschätzung anderer Einflüsse auf die islamische Kultur, etwa aus Persien und Indien, darzustellen. Für die Entwicklung des philosophischen Denkens innerhalb des Islams und im Gefolge dann auch innerhalb des Judentums sind allerdings diese Einflüsse aus der griechischen Antike die wesentlichen.

Das rege geistige Leben, das sich im Abbasidenreich entfaltete, die Diskussion der verschiedensten Ideen hat auch – und das interessiert uns in unserem Zusammenhang – die jüdische Gruppe einbezogen. Zum geistigen Zentrum des Judentums hatte sich Babylonien entwickelt, wo sich die maßgeblichen jüdischen Hochschulen befanden. Palästina hatte seine führende Rolle innerhalb der jüdischen Gemeinschaft nicht bereits durch die Zerstörung des Tempels und das Aufhören des eigenen jüdischen Staates verloren, sondern erst zu einer Zeit, als die herrschende römische Macht christlich geworden war und die Juden im römischen Reich auf Betreiben der Kirche in steigendem Maße unterdrückt wurden. Demgegenüber entfaltete sich das jüdische Leben in Babylonien freier, und die jüdische Gemeinschaft genoß sowohl während der Herrschaft der Perser als auch später im Kalifat eine weitgehende Autonomie. Daß bei einer so globalen Betrachtung, wie wir sie notgedrungen anstellen müssen, die wechselvollen Schicksale der Juden in Babylonien nicht berücksichtigt werden können, darf nicht dazu führen, die Verhältnisse zu idealisieren. Insgesamt war die Lage günstiger, das heißt aber nicht, daß sie immer günstig war. Die Juden Babyloniens siedelten geschlossen und unterstanden einem Exilsfürsten, der seinen Stammbaum auf das davidische Königshaus zurückführte. Dieser Exilarch stand dem Souverän gegenüber in einem Vasallenverhältnis.

Die geistige Aktivität der Juden Babyloniens hatte sich zunächst auf den Ausbau und Abschluß des Talmuds konzentriert. Neue Entwicklungen traten in der gleichen Zeit ein, in der im Islam sich der Kalam herausbildete. Im 8. Jahrhundert entstand eine Reihe von Sondergruppen innerhalb des Judentums, bzw. derartige Gruppierungen traten aus ihm heraus. Die meisten von ihnen waren kurzlebig und ohne nachhaltige Bedeutung; eine allerdings hat historisch und, was in unserem Zusammenhang bedeutungsvoll ist, auch in der philosophischen Entwicklung zeitweilig eine beachtliche Rolle gespielt. Das sind die sogenannten Karäer, die es heute noch gibt, obgleich nur als unwesentliche Reste. Ihr Name Karäer (Anhänger der Schrift) beruht darauf, daß sie nur die Bibel, die Heilige Schrift, als verbindlich erachten und die mündliche Lehre, die in der Mischna kodifiziert und im Talmud interpretiert war, ablehnen. Das Karäertum hat in den Anfängen mit seiner Forderung der Rückkehr zur reinen biblischen Lehre durchaus Parallelen zu reformatorischen Bestrebungen in anderen Religionen. Es ist sicher kein Zufall, daß im Anfang der von Luther initiierten Reformation des Christentums die deutsche Bibelübersetzung steht, also auch hier der Versuch, zu den Quellen zurückzukehren. Ebenso artikuliert sich der Humanismus der Renaissance im Rückgriff auf voraristotelische Philosophie. Häufig steht intendierte Erneuerung in dialektischer Beziehung zur Rückbesinnung auf die Ursprünge.

Der Hinweis auf derartige Parallelen sollte indessen nicht zu dem Schluß führen, das Karäertum habe tatsächlich eine Reformation des Judentums herbeigeführt. Die in älterer Literatur häufig vertretene Ansicht, daß den Karäern ein neuer geistiger Aufschwung des Judentums zu verdanken gewesen sei, daß sie durch die Beschäftigung mit der Bibel den Grund für die hebräische Sprachwissenschaft und für die Fixierung eines authentischen Bibeltextes legten, wird heute mit guten Gründen zurückgewiesen. Das Verdienst der Karäer auf diesen Gebieten besteht nur darin, daß ihr Auftreten das Interesse des rabbinischen Judentums an diesen Problemen stimulierte. Die Karäer leiteten ihre Bewegung von den Sadduzäern der biblischen Zeit her, die ebenfalls die mündliche Lehre abgelehnt und sich auf das geschriebene Gotteswort allein gestützt hatten. Dieser behauptete Zusammenhang ist kaum nachweisbar, doch ist das unterschwellige Fortleben von Traditionen, die sich vom offiziellen Judentum unterschieden, möglich. In unserem Zusammenhang interessiert es, daß gerade in karäischen Kreisen sich eine Kenntnis Philonischer Gedanken nachweisen läßt: Benjamin von Nahawend, eine maßgebliche karäische Autorität der ersten Hälfte des 9. Jahrhunderts bedient sich nicht nur der allegorischen Bibelerklärung, sondern entwickelt auch Vorstellungen einer vermittelten Beziehung Gottes zur Welt: Gott habe die Welt nicht direkt geschaffen, sondern dies sei durch einen Engel geschehen; nur die geistige Welt stamme unmittelbar von Gott. Ebenfalls vertrage es sich seiner Meinung nach nicht mit dem Gottesbegriff, wenn wir einen direkten Kontakt Gottes mit dem Menschen annehmen wollten. Auch die Offenbarung am Sinai und die Inspiration der Propheten sei durch einen von Gott damit beauftragten Engel vermittelt worden.

Die relativ starke Verbreitung der Karäer in den ersten Jahrhunderten nach dem Entstehen dieser Gruppierung legt die Vermutung nahe, daß die Bewegung – wenigstens in ihren Anfängen – soziale Wurzeln hatte, daß sich hier eine Gegnerschaft gegen die im Judentum herrschenden Kreise manifestierte, aber die Quellenlage gestattet es nicht, über diese vage Vermutung hinauszugehen. Die Information, daß die Gründung der karäischen Sekte infolge von Streitigkeiten um die Nachfolge im Exilarchat erfolgte, erklärt nur den vordergründigen Anlaß, nicht aber die Dauerhaftigkeit und Ausdehnung dieser Bewegung. Doch was auch immer zum Entstehen des Karäertums geführt haben mag, so steht jedenfalls fest, daß die Bewegung als geistige Kraft sehr schnell ihre Bedeutung einbüßte, weil die versuchte Rückkehr zur Bibel keine Erneuerung, sondern eine sektiererische Verknöcherung und eine Erschwerung der Religionsausübung herbeiführte. Die Parallele zu Reformation und Renaissance gilt höchstens für den Ansatz. Die Ablehnung der mündlichen Lehre und der talmudischen Entwicklung des Judentums führte bei den Karäern nicht zum Abbau der vielen Vorschriften, die das Leben des Menschen reglementierten, sondern zur Schaffung eines anderen Verhaltenskodex. Auch bei ihnen stand die religiöse Praxis im Vordergrund, nicht aber Fragen, die wir heute als weltanschaulich bezeichnen würden. Wäre es anders gewesen, dann hätte eine Verselbständigung der karäischen Bewegung und eine endgültige Trennung von den Rabbaniten kaum stattgefunden, denn den Interpretationen dessen, was als religiöse Grundvoraussetzungen vom Menschen zu akzeptieren war, gab das Judentum – anders als die christliche Religion – einen breiten Spielraum, weil es niemals eine verbindliche Dogmatik ausgebaut hat.

Die Vorschriften des Talmuds bezogen sich auf eine minutiöse Festlegung der Religionsausübung und eine Regelung aller gesellschaftlichen Beziehungen der Menschen untereinander. Es ist mit Recht häufig betont worden, daß der Talmud nach dem Verlust staatlicher Selbständigkeit eine Art geistigen transportablen Gemeinwesens für die Juden bildete, und so stellt die Arbeit vieler Generationen von Gelehrten an der Ausgestaltung der talmudischen Vorschriften eine Weiterentwicklung des Judentums und eine Anpassung an gesellschaftliche Verhältnisse dar, die anders als in der Antike waren. Nachdem jedoch die Kodifizierung abgeschlossen war, bedeutete diese Fixierung zugleich eine Verfestigung der Lebensformen, deren Starrheit erst mit der Emanzipation, der vollständigen oder teilweisen Integration der Juden in ihre nichtjüdische Umwelt, gelockert wurde.

Unter dem Einfluß des sich im Islam entwickelnden Kalam hat sich das Judentum, sowohl die Rabbaniten als auch die Karäer, mit den religiösen Grundfragen, mit den Vorstellungen von Gott und seinem Wirken, beschäftigt und die Glaubensansichten rational zu begründen gesucht. Alle jüdischen Vertreter des Kalam, deren Ansichten uns überliefert sind, gehören der mutazilitischen Richtung an, d. h., sie bejahen und betonen die absolute Einheit Gottes und die menschliche Willensfreiheit. Maimonides als Vertreter aristotelischer Philosophie hat im Rahmen seiner polemischen Auseinandersetzung mit den Lehren des Kalam die Meinung vertreten, die Juden hätten sich den mutazilitischen Ansichten darum angeschlossen, weil diese als erste auftraten und darum auch zuerst in jüdischen Kreisen bekannt wurden. Die zeitliche Priorität der Mutazila sei dafür verantwortlich, daß die islamische Reaktion gegen die mutazilitische Position, die sich dann ebenfalls der Methoden des Kalam bediente, im Judentum nicht rezipiert wurde. Gegen diese Ansicht ist mit Recht eingewandt worden, daß gerade die Behauptung der Einheit Gottes und die der menschlichen Willensfreiheit mit den herrschenden jüdischen Lehren so sehr übereinstimmen, daß die jüdischen Gelehrten eher geneigt waren, rationale Argumente zur Begründung solcher Thesen zu rezipieren als die Versuche ihrer Widerlegung, daß also der Anschluß an mutazilitische Positionen kein Ergebnis bloßen Zufalls darstellt, sondern inhaltlich motiviert ist.

Vor allem von den Karäern wurde sogar – vermutlich nicht unberechtigt – die jüdische Herkunft der mutazilitischen Grundthesen behauptet, und aus diesem Grunde hielten sie jahrhundertelang am Kalam fest und bekämpften mit seinen Argumenten die Rabbaniten, nachdem diese den Kalam überwunden und sich anderen Systemen zugewandt hatten.

## *Chiwi aus Balch*

Gleichzeitig mit dem Versuch, die religiösen Lehren des Judentums rational zu durchdringen und zu begründen, hat es indessen auch Tendenzen gegeben, mit Hilfe des Verstandes den Glauben überhaupt in Frage zu stellen. Im Judentum zeigte sich das in den Bestrebungen des Chiwi aus Balch.

Die Ansichten des Chiwi aus Balch, der in der zweiten Hälfte des 9. Jahrhunderts lebte, kennen wir nur aus den Widerlegungen seiner Behauptungen. Saadia hat eine gegen Chiwi gerichtete Schrift in hebräischer Reimprosa verfaßt, die uns teilweise erhalten ist. Danach hat Chiwi, der als Häretiker bezeichnet wird, eine gereimte Polemik gegen die Bibel geschrieben, in der er 200 Fragen und Einwände zusammenstellte und auf Textwidersprüche hinwies. Die Schrift Chiwis ist wahrscheinlich arabisch geschrieben gewesen, möglicherweise aber auch in Aramäisch. Etwa ein Drittel dieser kritischen Einwände läßt sich rekonstruieren, so daß sich ein Bild – wenngleich wahrscheinlich ein nicht unbedingt objektives – ergibt. Chiwi erklärt u. a., es gebe in der Bibel Beispiele, die der behaupteten Gerechtigkeit Gottes widersprechen. Gott sei ungerecht, ohne Mitleid und begünstige das Übel. Er sei weder allwissend noch allmächtig; es mangele ihm an Konsequenz und er ändere seine Meinung. Chiwi weist auf die Anthropomorphismen der biblischen Gottesvorstellung hin, bestreitet die Wunder, von denen in der Bibel berichtet wird, und betont die Sinnlosigkeit vieler Vorschriften. Er wendet sich gegen die These einer Schöpfung aus dem Nichts und spricht dem Menschen den freien Willen ab.

Obwohl die Argumente, die Chiwi vorbringt, meist nicht originell sind, ist sein Werk darum von Bedeutung, weil er anscheinend der einzige jüdische Häretiker gewesen ist, der eine derartige Liste von Einwänden zusammenstellte. Seine rationalistische Bibelkritik, deren Quellen vermutlich im Zoroastrismus – vielleicht vermittelt durch islamische Häretiker – zu suchen sind, ist zwar nicht philosophisch schöpferisch, doch hat sie zum Nachdenken angeregt und dazu geführt, daß das Judentum sich genötigt sah, seinerseits die Ratio in den Dienst der Apologetik zu stellen und seine Lehrmeinungen mit den Mitteln der Philosophie zu begründen. Daß Chiwis Argumentation nicht ohne Wirkung gewesen ist, bezeugt die Tatsache, daß die Widerlegung seiner Schrift durch Saadia etwa 60 Jahre später erfolgte. Also muß eine Wirkung noch spürbar gewesen sein. Abraham ibn Daud berichtet, zur Zeit Saadias hätten die Ansichten Chiwis einen Einfluß auf den Elementarunterricht gehabt. Das mag in dieser Form übertrieben sein; allerdings könnte man daraus den Schluß ziehen, daß Chiwi bei aller Kritik im Rahmen des Judentums verblieben ist. Die neuere Forschung nimmt meist an, daß Chiwi zum Christentum übergetreten sei, denn Saadia wirft ihm vor, er sei ein Anhänger der Trinitätslehre.

Der erste Vertreter des mutazilitischen Kalam bei den Juden, über den Inhaltliches auf Grund erhaltener Informationen aussagbar ist, war Dawid ibn Merwan Almuqammis aus Raqqa in Mesopotamien, der um die Wende vom 9. zum 10. Jahrhundert wirkte. Namentlich sind uns noch andere Gelehrte, die als Anhänger des Kalam bezeichnet werden, bekannt, doch außer den Namen wissen wir nichts von ihnen. Dawid schrieb ein Werk mit dem Titel „Zwanzig Traktate", das uns nur zum Teil erhalten ist. Daß der Autor Kenntnisse der antiken Philosophie besaß, zeigt sich bereits an seiner von Aristoteles herkommenden Einteilung der Wissenschaften in theoretische und praktische. Erstere haben, da sie Gewinn von Kenntnissen um ihrer selbst willen, nicht aber materiellen Nutzens wegen darstellen, den größeren Wert. Die oberste der theoretischen Wissenschaften befaßt sich mit dem Verständnis des Gottesbegriffs, dem Wissen von der Einheit Gottes. Dawid soll seinen Beinamen Almuqammis (der Springer) der Tatsache verdanken, daß er das Judentum aufgab und Christ wurde, später jedoch zum Judentum zurückkehrte. Als Schüler christlicher Gelehrter in Syrien soll er mit griechischer Wissenschaft in Berührung gekommen sein, und sein Studium brachte ihn dazu, die christliche Trinitätslehre als dem Begriff der göttlichen Einheit widersprechend abzulehnen. Im 8. Traktat seines Werkes formuliert Dawid, der Schöpfer des Universums sei einer, nicht aber zwei, drei, sieben oder zwölf. Damit wendet er sich polemisch zunächst gegen den Dualismus der Zoroastrier, dann gegen die christliche Lehre von der Trinität und ferner gegen Anschauungen, die Welt in Abhängigkeit von den sieben Planeten bzw. den zwölf Tierkreiszeichen zu sehen. In seinem Bemühen, den Begriff der Einheit zu präzisieren, stellt Dawid sechs verschiedene Bedeutungen von Einheit zusammen: Zunächst ist unter dem Einen dasjenige zu verstehen, was nicht zusammengesetzt ist; dann gibt es eine zusammengesetzte Einheit, nämlich das aus Körper und Seele bestehende Lebewesen; als drittes nennt er die Einheit der Gattung, die Subsumierung von Menschen und Tieren unter den Begriff Lebewesen; die vierte Bedeutung von Einheit ist die der Spezies, die Zusammenfassung von Einzelpersonen als Menschen; fünftens kann man das Individuum als eine numerische Einheit bezeichnen; schließlich versteht man Einheit als Einzigartigkeit und Unvergleichbarkeit. Nur die erste und sechste Bedeutung des Einheitsbegriffs, das Nichtzusammengesetztsein und die Einzigartigkeit sind auf Gott anwendbar, während alle anderen nur für irdische Dinge applikabel sind. Die in der Aufzählung als vierte genannte spezifische Einheit läßt sich nur von Menschen, die zur selben Art gehören, aussagen, nicht aber auf Gott anwenden, wie es die Christen behaupten, wenn sie Gott als „eine einzige Substanz in drei Personen" bezeichnen. Diese Ausführungen des Dawid ibn Merwan scheinen selbst bei den wenigen späteren jüdischen Denkern, die sein Werk kannten, keine Spuren hinterlassen zu haben.

Hinsichtlich der Eigenschaften Gottes befaßt sich Dawid Almuqammis mit der aus dem islamischen Kalam geläufigen Kontroverse, ob Gott als lebend und wissend in dem Sinne zu bezeichnen ist, daß ihm diese Aussagen als Attribute zuzuschreiben sind, oder ob er wissend nicht durch Wissen und lebend nicht durch Leben ist. Indem Dawid das Attribut des Lebens bzw. des Wissens weder als erworbene Eigenschaften noch als ewige, neben Gott existierende Wesenheiten, sondern als identisch mit dem göttlichen Wesen versteht, bringt er beide Aussagen in Deckung miteinander. Die negative Formulierung sagt nichts anderes aus als die positive; beide bedeuten, daß Gott durch sein Wesen lebend und wissend ist. Das ist die Formel, die Dawid Almuqammis in Übereinstimmung mit dem Kalam vertritt, aber er geht darüber hinaus, indem er betont, daß die positiven Aussagen über Gott nur dazu dienen, jeweils eine andere Unvollkommenheit auszuschließen, daß hinter jeder positiven Aussage eine negative steht, die wahrer und richtiger als die positive ist. Der Autor schließt sich hier neoplatonischen Vorstellungen an, die letztlich auf Philon zurückgehen. Eine Bekanntschaft mit Philonischem Philosophieren läßt sich daraus nicht folgern, ebenso wie die später in der jüdischen Philosophie weithin vertretene Lehre der negativen Attribute, die bei Dawid Almuqammis als erstem in der mittelalterlichen Philosophie der Juden eine Rolle spielt, nicht an Philon anknüpft, denn sie ist Allgemeingut des Neoplatonismus.

## *Saadia*

Sicher ist nicht die lückenhafte Überlieferung der Philosophie des Dawid Almuqammis und auch nicht die Tatsache, daß uns von früheren jüdischen Gelehrten, die Anhänger des Kalam waren, keine Werke überkommen sind, sofern es je solche Werke gab, der Grund dafür, daß wir Saadia ben Josef als den Hauptvertreter dieses Typs der Religionsphilosophie ansehen. Saadia ist als der eigentliche Begründer rationaler Betrachtung der jüdischen Religion, als der Schöpfer der jüdischen mittelalterlichen Philosophie überhaupt zu erachten. Er ist eine der markantesten Persönlichkeiten der jüdischen Geistesgeschichte; ihm kommt der Ruhm zu, als erster die jüdische Religion in Form eines umfassenden philosophischen Systems dargestellt zu haben, das allerdings in eklektischer Weise die benötigten Argumente aus den verschiedensten Quellen schöpft.

Saadia ben Josef ist im Jahre 882 in der oberägyptischen Provinz Fajjum geboren und hat seine wissenschaftliche Bildung in Ägypten erhalten. Er wirkte dort bis etwa zu seinem dreißigsten Lebensjahr, verließ dann aus Gründen, die uns nicht bekannt sind, das Land seiner Geburt und verbrachte sein weiteres Leben in Palästina, Syrien und Babylonien. Hier wurde er Mitglied der berühmten Akademie in Sura, deren Leitung er im Jahre 928 übernahm. Für seinen hervorragenden Ruf als Gelehrter spricht es, daß er der erste nicht in Babylonien Geborene war, dem ein solcher Posten angetragen wurde. Auf Grund von Streitigkeiten mit dem Exilsfürsten verlor Saadia dann diese Position, wurde aber später, nachdem die Differenzen beigelegt worden waren, erneut als Gaon, d. h. Oberhaupt, der talmudischen Hochschule von Sura eingesetzt. Saadia ben Josef, der in der jüdischen Tradition auf Grund dieser seiner akademischen Würde meist als Saadia Gaon bezeichnet wird, starb im Jahre 942; er erreichte also ein Alter von 60 Jahren.

Das wissenschaftliche Werk Saadias ist außerordentlich umfangreich. Es umfaßt Arbeiten zur hebräischen Lexikographie und Grammatik, Bibelkommentare, eine Bibelübersetzung ins Arabische, Schriften zur Liturgie, Abhandlungen über talmudische Fragen, d. h. also über Probleme vorwiegend juristischer Natur; ferner beschäftigte sich Saadia mit dem jüdischen Kalenderwesen und vor allem mit der philosophischen Durchdringung und Begründung der jüdischen Religion. Zu erwähnen sind weiterhin die zahlreichen polemischen Schriften, die Saadia vornehmlich gegen die Karäer gerichtet hat. Durch seinen Kampf gegen das Karäertum ist er nicht nur zu seinen Lebzeiten als der maßgebliche Vertreter des rabbinischen Judentums betrachtet worden, sondern bis in die Neuzeit galt er den Karäern als ihr vornehmlicher Gegner, dessen Lehren sie immer wieder angriffen.

Eine ganze Reihe der Werke Saadias sind von grundlegender Bedeutung auf ihrem jeweiligen Gebiet gewesen. Dazu gehört auch sein philosophisches Hauptwerk „Buch der philosophischen Meinungen und der Religionslehren". Saadia schrieb es im Jahre 933, als er wegen seiner Streitigkeiten mit dem Exilarchen seinen Posten als Gaon verloren hatte und als Privatperson in Bagdad lebte. Das Werk, das in arabischer Sprache verfaßt ist, besteht aus zehn Kapiteln, die wohl zunächst separate Abhandlungen darstellten und nachträglich vom Autor zusammengefaßt und mit einer Einleitung versehen wurden.

Saadia geht von der Grundthese aus, daß Religion und Philosophie sich nicht nur nicht widersprechen, sondern vielmehr einander helfen, die Wahrheit zu finden, da sie beide derselben göttlichen Quelle entstammen. Unter Religion versteht Saadia hier ausschließlich die jüdische, da nur sie allein unter den Glaubenslehren göttlichen Ursprungs sei. Als Quellen der Erkenntnis bezeichnet der Autor die sinnliche Wahrnehmung, dann die unmittelbare Vernunftevidenz bestimmter Grundsätze, wie z. B. die Hochschätzung der Wahrheit und die Mißbilligung der Lüge, schließlich die logisch schließende Verstandestätigkeit. Dazu kommt allerdings für die Bekenner des Monotheismus noch ein viertes Prinzip, die authentische Überlieferung, die religiöse Offenbarung, deren Wahrheit dadurch erwiesen ist, daß das gesamte Volk Zeuge ihrer Verkündung am Berge Sinai war. Ergeben sich Divergenzen zwischen den Worten der Bibel und dem, was auf Grund der drei anderen Kriterien wahr zu sein scheint, so müssen die Erkenntnisse sorgfältig geprüft werden, und es mag sich dann herausstellen, daß angebliche Erfahrungstatsachen in Wirklichkeit imaginäre Vorstellungen sind oder daß Folgerungen logische Fehler enthalten. Ergibt jedoch die Prüfung die Richtigkeit der Vernunfterkenntnis, so darf man den biblischen Text nicht wörtlich verstehen, sondern muß ihn allegorisch erklären, um ihn dadurch mit der von der Vernunft erkannten Wahrheit in Einklang zu bringen. In diesem Versuch, die Erkenntnisse der Vernunft mit den Lehren der Bibel zu harmonisieren, hat bei Saadia jedoch die Offenbarung ein deutliches Übergewicht. Ergebnisse der menschlichen Denktätigkeit können trügerisch sein, während die Zuverlässigkeit der Religionslehren – sofern sie richtig verstanden werden – unbestritten bleibt. Es ist die Aufgabe des Menschen, dasjenige, was ihm von der Religion vorgegeben ist, rational einzusehen und es nicht bloß hinzunehmen, doch ist die Offenbarung die erste und zuverlässigste Quelle der Wahrheit.

In Übereinstimmung mit den Methoden des mutazilitischen Kalam beginnt Saadia sein Werk mit dem Problem der göttlichen Einheit. Die erste Abhandlung ist dem Nachweis der Geschaffenheit der Welt gewidmet, woraus dann auf den Schöpfer geschlossen wird. Saadia erklärt zunächst seinen eigenen Standpunkt, daß nämlich die Welt von Gott aus dem Nichts hervorgebracht worden sei, und liefert dann noch zwölf weitere – seiner Meinung nach falsche – Theorien der Weltentstehung, deren Unzulänglichkeit er im einzelnen nachzuweisen sucht.

Für die Geschaffenheit der Welt bringt der Autor vier Beweise: Zunächst erklärt er, ausgehend von der Aristotelischen Vorstellung von der im Mittelpunkt der Welt ruhenden Erde, die der Himmel rings umgibt, die Welt sei räumlich endlich. Einem endlichen Körper kann aber nur eine endliche Kraft innewohnen, und diese kann auch in zeitlicher Hinsicht den Körper nur begrenzt erhalten. Darum müsse die Welt Anfang und Ende haben. Während die Behauptung räumlicher Endlichkeit der Welt in Einklang mit der Aristotelischen Lehre steht, verschiebt Saadia das Argument auf die Zeitebene im Anschluß an Johannes Philoponos; Aristoteles hingegen folgert aus der Zeitlosigkeit des Übergangs von der Möglichkeit zur Wirklichkeit, der Ewigkeit der Bewegung, die einen ewigen Beweger voraussetzt, die Ewigkeit der Welt.

Die weiteren Beweise Saadias sind dem Kalam entnommen: Der zweite Beweis besagt, daß Himmel und Erde zusammengesetzte Körper seien. Alles

Zusammengesetzte muß aber zu einem bestimmten Zeitpunkt zusammengesetzt worden sein. Folglich sei es das Produkt einer Schöpfung, und ein Schöpfer habe aus den Teilen das Ganze hervorgebracht. Dieses Argument ist im Kalam allerdings im allgemeinen mit einer Atomtheorie verbunden, die die ununterbrochene Neuschöpfung aller Substanzen und Akzidenzien behauptet und jede Kausalität, damit auch die Erkennbarkeit der Wirklichkeit, leugnet. Saadia lehnt die Atomtheorie, die in einer solchen sich von ihren antiken Ursprüngen weit entfernenden Interpretation vom Kalam rezipiert wurde, ab, während spätere jüdische Anhänger des Kalam, wie die Karäer Josef Albasir („der Sehende", Euphemismus für „der Blinde") und sein Schüler Josua ben Jehuda (11. Jahrhundert), die Atomtheorie übernehmen. Ursprünglich diente die Atomtheorie den orthodoxen islamischen Gegnern der Mutaziliten als Argument für die göttliche Allmacht und für die Unmöglichkeit menschlicher Welterkenntnis; erst im Laufe der Entwicklung wurde sie im Kalam verbindlich. Zur Zeit Saadias war sie es noch nicht.

Als dritten Schöpfungsbeweis führt Saadia an, alle Körper seien Träger von Akzidenzien, die einem ständigen Entstehen und Vergehen unterworfen seien. Da aber die Körper ohne diese zeitlich entstandenen Akzidenzien nicht existieren können, müssen sie selbst zeitlich entstanden sein.

Als vierter Beweis dient Saadia das Argument, es müßte, wenn die Welt von Ewigkeit her existierte, zu jedem beliebigen Zeitpunkt eine unendliche Zeit abgelaufen sein. Das sei jedoch widersinnig, da unendliche Zeit nie bis zur Gegenwart fortschreiten könnte. Da wir aber wissen, daß die Gegenwart existiert, kann die Zeit nicht unendlich sein. Daraus ergibt sich, daß die Welt einen Anfang hat.

Mit der Argumentation Saadias ist indessen nur die zeitliche Schöpfung einsichtig gemacht, nicht aber, daß das Sein aus dem Nichts entstanden ist, wie Saadia im Einklang mit der üblichen jüdischen Interpretation des biblischen Schöpfungsberichtes behauptet. Daß Saadia diesen Beweis führt bzw. es für notwendig erachtet, die Schöpfung aus dem Nichts schlüssig zu erweisen, ist von jüdischen Prämissen her nicht so selbstverständlich, wie man anzunehmen geneigt sein könnte. Während für den Islam das Schöpfungsproblem nicht von vorrangigem Interesse ist, sind Judentum und Christentum an den ersten Satz des biblischen Schöpfungsberichtes gebunden, dessen Formulierung allerdings – besonders in seiner hebräischen Originalfassung – keineswegs eindeutig ist. Eine Schöpfung aus dem Nichts wird verbal nicht behauptet. Da es verbindliche Dogmen im Judentum nicht gibt, bleibt eine erhebliche Spielbreite für die Interpretation des Schöpfungsberichtes. Saadias Beweis der creatio ex nihilo läuft auf folgendes hinaus: Hätte Gott die Welt aus einem endlichen Material geschaffen, so müßte ein solches Material wiederum aus einem anderen endlichen Material herrühren, so daß eine unendliche Reihe solcher endlichen Materialien entstünde. Wäre aber das Material nicht endlich, sondern ewig, dann wäre es hinsichtlich seiner Dauer und seiner Kraft Gott gleich. Das wäre aber mit der Einzigkeit Gottes unvereinbar. Daraus ergibt sich folgerichtig, daß die Welt nicht aus einem bereits vorhandenen Material, sondern aus dem Nichts entstanden sein muß. Wie das allerdings möglich ist, darüber kann uns nach der Meinung Saadias unsere Vernunft keine Auskunft geben, denn es sei etwas Übernatürliches, das wir nicht begreifen können.

Nach der Begründung der Lehre einer Schöpfung, die aus dem Nichts erfolgt, führt Saadia noch zwölf andere kosmogonische Theorien auf, mit denen er sich auseinandersetzt. Er ordnet diese Theorien nach dem Grad ihrer Mangelhaftigkeit, indem er von Doktrinen ausgeht, die eine Schöpfung, nicht aber das Entstehen des Seins aus dem Nichts annehmen, und bis zur seiner Meinung nach abwegigsten Lehre gelangt, dem Standpunkt der Unerkennbarkeit der Welt und der daraus folgenden Urteilsenthaltung, die für Saadia als Rationalisten keinerlei Berechtigung haben kann. Die dargelegten Lehren sind zum größten Teil auf antike Quellen zurückzuführen, ohne daß eine genaue Identifizierung in jedem Falle möglich wäre. Wenn darauf hingewiesen worden ist (Jul. Guttmann, Die Philosophie des Judentums, S. 77), daß in Saadias Widerlegungen der verschiedenen kosmologischen Theorien wirkliche Begründungen mit Scheingründen gemischt werden, die gegnerischen Systeme nicht immer adäquat wiedergegeben sind, die Einwände zum Teil naiv seien, und wenn die Kritik als eine Disputiersucht gekennzeichnet wird, so sollte man nicht vergessen, daß es Saadia in seinem Werk um polemische Apologetik des Judentums geht. Es handelt sich bei den von ihm als unzureichend charakterisierten Lehren kaum um eine Zusammenstellung aller philosophischen Doktrinen, die je hinsichtlich dieser Problematik aufgestellt wurden oder die denkmöglich wären, sondern wohl eher um die Abweisung und Bekämpfung von Ansichten, die in seiner Epoche gängig waren und die nach Saadias Meinung eine schädliche Wirkung auf die jüdische Gemeinschaft ausüben konnten.

Nachdem Saadia die zeitliche Schöpfung aus dem Nichts begründet hat, aus der sich das Vorhandensein des Schöpfers ergibt, geht es ihm im zweiten Kapitel seines Werkes um die Präzisierung des Gottesbegriffs. Hier vertritt Saadia konsequent die mutazilitische Position: Gott ist einer in dem Sinne, daß es in seinem Wesen keine Mannigfaltigkeit oder Verschiedenheit gibt, und auch in der Hinsicht, daß es neben ihm keinen andern geben kann. Auch im Zusammenhang mit dem Gottesbegriff beschäftigt sich Saadia mit abweichenden Meinungen, und er wendet sich polemisch gegen den Dualismus der persischen Religion und gegen die christliche Trinitätslehre. Mit dem Islam – jedenfalls im Sinne der Formulierung der Mutaziliten – ist hingegen die jüdische Gottesauffassung konform, so daß eine Diskussion überflüssig ist. Wenn man davon ausgeht, daß es Saadia in seinem Werk in einer Zeit starker geistiger Auseinandersetzungen um eine Darlegung der jüdischen Position polemisch, apologetisch und propagandistisch zu tun war, er sich infolgedessen mit solchen abweichenden Meinungen beschäftigt, die an seinem Ort und zu seiner Zeit lebendig und wirksam waren, dann ist es nicht überraschend, daß er sich mit dem Polytheismus nicht beschäftigt, obwohl das vom theoretischen Ansatz her nicht ferngelegen hätte.

Außer der Einheit und Einzigkeit lassen sich über Gott drei Grundaussagen treffen: Leben, Macht und Weisheit Gottes ergeben sich für Saadia aus dem Schöpfungsbegriff, denn derjenige, der durch sein Tun die Welt hervorbringt, muß lebend, allmächtig und allwissend sein. Diese Attribute fallen indessen mit dem Wesen Gottes zusammen und sind nur verschiedene Aspekte des Begriffs des Schöpfers. Nur die Unzulänglichkeit der menschlichen Sprache ist dafür verantwortlich, daß wir drei Wörter benutzen müssen, um *einen* Begriff auszudrücken. Der Irrtum des Christentums besteht nach Saadias Meinung in der verselbständigenden Personifizierung der göttlichen Attribute, während sie in Wahrheit miteinander identisch seien und die Einigkeit Gottes nicht aufheben. Der mutazilitische Gottesbegriff, den Saadia vertritt, ist dadurch gekennzeichnet, daß er sich philosophisch trotz subtilster Argumentation nicht aufrechterhalten läßt, weil sich vom absolut Einen keine Wesensaussagen treffen lassen, die über die Konstatierung eben dieser Einheit hinausgehen. Im Bestreben, am personalen Gott der Religion festzuhalten, dem der Mensch verantwortlich ist und den er als bewußten Schöpfer verstehen kann, sträubt sich die Theologie gegen die philosophischen Konsequenzen des Einheitsbegriffes, und das ist ihr legitimes Recht, denn es geht ihr und damit auch Saadia nicht um philosophische Spekulation als Selbstzweck, sondern um die Stützung der Lehren der Offenbarungsreligion.

Mit dem dritten Abschnitt seines Werkes gelangt der Autor zum zweiten Hauptkomplex der mutazilitischen Doktrin, der als Gerechtigkeitsgruppe zusammengefaßt wird. In diesem Zusammenhang werden zunächst die Gebote und Verbote erörtert, die die Heilige Schrift enthält. Sie dienen dazu, das Glück des Menschen zu bewirken. Gott belohnt den Menschen, der die Gebote erfüllt, und bestraft den Übeltäter, denn Gott ist absolut gerecht. Gewiß wäre es Gott möglich gewesen, für das Glück des Menschen zu sorgen, ohne ihm oft lästige Pflichten aufzuerlegen, doch der Mensch ist nur dann wirklich glücklich, wenn er das Gefühl haben darf, zu seinem Glück auf Grund eigener Leistung und persönlichen Verdienstes berechtigt zu sein und den ihm zustehenden Lohn zu empfangen.

Die göttlichen Gebote teilt Saadia in zwei Gruppen: die Vernunftgebote und die Traditionsgebote. Vernunftgebote sind diejenigen Vorschriften, deren Erfüllung der Mensch auch ohne göttliche Offenbarung mit Hilfe der Vernunft als notwendige Pflichten erkannt haben würde; demgegenüber sind andere Vorschriften nur darum für den Menschen bindend, weil die Bibel, die göttliche Offenbarung, ihre Erfüllung fordert. Das sind die sogenannten Ritualgesetze, also die Vorschriften, die die Heiligung des Sabbats und der Festtage, den Opferkultus, die Speisegesetze, das Eherecht und damit im Zusammenhang stehende Fragen betreffen. Den Sinn jedes einzelnen dieser Gebote kennen wir nicht, doch das mindert nicht die Bedeutung dieser von Gott dem Menschen auferlegten Verpflichtungen. Im Widerspruch zur Vernunft stehen sie nicht, vielmehr übersteigen sie unsere Vernunft. Diese Einteilung der göttlichen Gebote in zwei Gruppen begegnet uns im weiteren Verlauf der philosophischen Entwicklung häufig wieder, wobei der jeweilige Wert und die Bedeutung beider unterschiedlich beurteilt werden. Bei Saadia sind beide Gruppen in gleicher Weise verpflichtend.

Da Saadia eine rationalistische Auffassung vom Judentum hat, er das Judentum in seiner Gesamtheit als Vernunftsystem darstellen will, begnügt er sich nicht mit dem Ergebnis, Vernunftgebote und Zeremonialgesetze voneinander abzugrenzen, sondern sucht auch letztere rational zu erklären. Dieser Versuch ist nicht nur die notwendige Konsequenz seiner rationalistischen Position, sondern mag auch eine durchaus realpolitische Komponente besitzen; denn Saadia erachtete es als seine vornehmste Aufgabe, das Judentum, das nicht nur durch die Auseinandersetzungen mit anderen Religionsgemeinschaften, sondern auch durch innere Streitigkeiten bedroht war, als Institution zu festigen und gegen Angriffe zu sichern. Die Beachtung des gemeinsamen verpflichtenden Kultus, der Lebensführung, die sich von der anderer unterscheidet, ist für das Bestehen einer separaten Gruppe oft von wesentlicher Bedeutung, und zwar gerade dann, wenn tragende Elemente der Ideologie mit den Anschauungen anderer Gemeinschaften weitgehend übereinstimmen. Das traf in der Auseinandersetzung mit den Karäern in starkem Maße zu, auch mit dem Islam und dem Christentum gab es bei allen Unterschieden nicht wenige Gemeinsamkeiten. Gerade diese Nähe veranlaßte Saadia, das rational eigentlich Unfaßbare verstandesmäßig zu begründen. Ist zwar jede einzelne dieser Vorschriften nur durch die Tradition geboten, so hat doch nach Saadias Meinung die Gesamtheit dieser Pflichten einen Sinn, der rational faßbar ist. Sie alle sind ein Ausdruck des göttlichen Wohlwollens gegenüber dem Menschen, denn ihre Befolgung ist verdienstlich und wird von Gott belohnt. Saadia vergleicht das Zeremonialgesetz mit einer Arbeit, mit deren Ausführung ein Mensch einen Bedürftigen betraut, obwohl er dieser Arbeitsleistung nicht bedarf, für die er aber einen Lohn zahlen kann, um auf diese Weise den Armen zu unterstützen. Darüber hinaus können wir zum Teil auch für die kultischen Vorschriften Begründungen und Erklärungen finden, ohne indessen in jedem Falle zu wissen, ob unsere Erklärungen mit den Absichten des Schöpfers übereinstimmen. So schafft uns z. B. das Arbeitsverbot an Sabbat und Feiertagen die Muße, die notwendig ist, damit wir uns geistigen Dingen widmen können.

Im Zusammenhang mit den göttlichen Geboten erörtert Saadia die Notwendigkeit der Prophetie und die Glaubwürdigkeit von Propheten. Die göttliche Offenbarung wird den Menschen durch Propheten mitgeteilt, deren Sendung dadurch beglaubigt wird, daß sie Wunder wirken. Diese Fähigkeit, Taten zu vollbringen, die nur Gott möglich sind, während Menschen dazu normalerweise nicht imstande sind, wird dem Propheten zeitweilig verliehen, um seinen göttlichen Auftrag zu legitimieren. Die Offenbarung, die dem Volk Israel zuteil geworden ist, kann nicht aufgehoben werden, denn es ist nach Saadias Ansicht unmöglich, eine Sinnesänderung Gottes anzunehmen. Die von Christen und Muslimen vorgebrachten Argumente, das mosaische Gesetz habe eine nur begrenzte Geltungsdauer, weist Saadia zurück, weil die Interpretation des Bibeltextes, auf die sie sich gründen, fehlerhaft sei. Vor allem jedoch beruhe der Glaube an die Überlegenheit der Prophetie des Moses nicht vornehmlich auf den Wundern, die das Gesetz beglaubigen, sondern auf dem ethischen Wert des Inhaltes. In seiner Polemik vertritt Saadia den Standpunkt, wir dürften für Lehren, die ihrem Wesen nach unglaubwürdig seien, keinen Wunderbeweis fordern. Kein Wunder, das Christentum und Islam ihren Gründern zuschreiben, könne die Wahrheit des Unwahren beweisen.

In Übereinstimmung mit der Mutazila betont Saadia parallel zur Gerechtigkeit Gottes die Freiheit des menschlichen Willens. Daß sich die jüdischen Denker, die sich der Methode des Kalam bedienten, gerade der mutazilitischen Richtung anschlossen, ist weitgehend darauf zurückzuführen, daß die menschliche Willensfreiheit, die die Mutaziliten im Gegensatz zu den im Islam vorherrschenden Meinungen verfochten, im Judentum allgemein vorausgesetzt wurde. Auch Saadia betont den Gedanken, daß der Mensch frei sein müsse, weil andernfalls Gebote sinnlos wären und es auch gegen die These von der Gerechtigkeit Gottes verstieße, wenn Gott den Menschen für Taten belohnte bzw. bestrafte, für die der Mensch keine Verantwortung trägt, da sie nicht durch seinen Willen bewirkt werden, sondern sein Handeln determiniert ist. Saadia sieht allerdings, daß die behauptete absolute Wahlfreiheit des Menschen zur Allwissenheit Gottes in Widerspruch steht. Wenn Gott im voraus weiß, wie der Mensch jeweils handeln wird, ist eigentlich das menschliche Tun bereits festgelegt. Die Lösung, die Saadia bietet, kann wenig befriedigen: Er erklärt, daß dadurch, daß Gott etwas vorherweiß, dessen Entstehung und Existenz keineswegs bewirkt wird. Da Gottes

Wissen zeitlos ist und wir daher nicht annehmen können, daß Gott in einem bestimmten Moment etwas weiß, was er zuvor nicht wußte, müßten die Dinge, wenn das göttliche Wissen sie bewirkte, ewig sein. Das entspricht jedoch nicht den Tatsachen, und folglich hat Gottes Wissen keine determinierende Wirkung auf die Handlungen der Menschen. Vielmehr ist der Mensch in seinen Entscheidungen frei, obwohl das Endergebnis jeder menschlichen Handlung Gott bekannt ist, so daß zwischen Gottes Wissen und menschlicher Willensentscheidung nie eine Divergenz bestehen kann.

Saadia ist völlig davon überzeugt, daß der Mensch von Gott für seine Taten belohnt oder bestraft wird, und da er sieht, daß auf Erden die Gerechtigkeit keineswegs verwirklicht ist, vertröstet er den Menschen auf eine spätere Belohnung nach dem Tode. So, wie die Welt entstanden ist, hat sie eines Tages auch ihr Ende. Wenn die Gesamtzahl der Menschen, die Gott hervorbringen will, geschaffen worden ist, tritt die Weltgeschichte in ihre Endphase ein, die messianische Zeit. Dann werden die Toten zum Leben erweckt, vor allem wird das Volk Israel für sein Leiden in der Zerstreuung entschädigt werden. Die Auferstehung der Toten nimmt Saadia völlig wörtlich. Sie erfolgt auf Erden, indem die Seelen der Verstorbenen mit ihren ursprünglichen Körpern vereinigt werden. Lohn und Strafe, die der Mensch, wenn nicht zu seinen Lebzeiten, dann eben danach auf Grund der Gerechtigkeit Gottes empfängt, betreffen ihn als psycho-somatische Einheit.

Die Seele des Menschen ist gleichzeitig mit dem Körper geschaffen und bildet mit ihm eine Einheit. Um zu wirken, bedarf die Seele, deren vorzüglichste Eigenschaft die Vernunftbegabtheit ist, des Körpers als ihres Instruments. Nach dem Tode des Menschen bleibt die Seele zwar bestehen, denn sie ist unsterblich, verliert aber ihre Wirksamkeit. Mit der Auferstehung, die die Frommen Israels – und das sind nach Saadias Ansicht alle diejenigen Israeliten, die vor ihrem Tode ihre Sünden bereut haben, also die überwiegende Mehrzahl – zu erneutem irdischem Leben bringt, vereinigt sich die Seele wieder mit dem Körper. Daß die erneute Zusammenfügung der individuellen menschlichen Seele mit dem längst verrotteten und zerfallenen Körper besonders dann, wenn man die Religionslehren rationalistisch und als rational erklären will, Schwierigkeiten bereitet, bleibt dem Autor durchaus nicht verborgen. Doch meint er, das Problem lösen zu können, indem er darauf hinweist, daß die Anerkennung einer Schöpfung aus dem Nichts weit schwerer einsichtig zu machen ist als die erneute Zusammenfügung der Teile des Menschen, da trotz aller Zersetzung die Stoffe als solche erhalten geblieben sind, so daß die Wiederbelebung der Toten eine Schöpfung aus etwas darstellt und entsprechend leichter von Gott zu bewerkstelligen ist. Da die Auferstehung eine prophetische Verheißung darstelle, sei an ihrer Wahrheit nicht zu zweifeln. Saadia führt zur Stützung seiner Ansicht entsprechende Bibelstellen an und sucht anderen Stellen, die dieser Meinung im Wege stehen, durch geeignete Interpretation ihre Beweiskraft zu nehmen, denn der Bibeltext ist in dieser Frage keineswegs eindeutig, während der Talmud erklärt, daß derjenige, der leugne, die Annahme der Auferstehung sei auf Grund der Bibel verbindlich, am Leben in der künftigen Welt keinen Anteil habe. Saadia sieht übrigens auch das Problem, wie die auferstandenen Personen überhaupt auf der Erde Platz finden können, und sucht rechnerisch nachzuweisen, daß das durchaus möglich sein wird.

Das eigentliche Weltgericht, die Belohnung und Bestrafung der Individuen, erfolgt erst nach dem Ablauf der messianischen Epoche. Während die leibliche Auferstehung im Diesseits eine göttliche Verheißung an die Israeliten darstellt, die dann aus der Zerstreuung in ihre biblische Heimat zurückgeführt werden, kommen die übrigen Menschen erst mit der Zerstörung der gegenwärtigen und der Schaffung einer neuen, ewigen, jenseitigen Welt zu erneuter Existenz. Als Individuen, bestehend aus Seele und Körper, werden alle Menschen nach ihrem Tun beurteilt, und die Gerechten aller Völker haben Anteil am Leben in der kommenden Welt.

Das Problem der göttlichen Gerechtigkeit hat die Philosophie seit ihrem Zusammentreffen mit den Offenbarungsreligionen immer wieder beschäftigt. So verwundert es uns nicht, daß der größte Teil von Saadias Hauptwerk dieser Thematik gilt. Allerdings geht es Saadia im Grunde gar nicht um die Theodizee als philosophische Frage, nicht darum, wie die göttliche Gerechtigkeit – hat man einmal die Existenz Gottes statuiert – bewiesen werden könne. Vielmehr wird die Gerechtigkeit Gottes im Gegensatz zu seiner Willkür als theologische Prämisse vorausgesetzt. Darum, weil die Gerechtigkeit Gottes feststeht, empfängt der Mensch seinen Lohn, darum wird es einmal eine gerechte Weltordnung geben – wenn nicht jetzt, dann eben später –, darum muß eine Auferstehung erfolgen und die Seele sich erneut mit dem Körper verbinden.

Als theologisches Problem ist die Frage nach der Gerechtigkeit Gottes zugleich ein historisches. Die göttliche Gerechtigkeit manifestiert sich in der als linear verlaufende Heilsgeschichte verstandenen historischen Entwicklung. Gott richtet die Taten des Menschen, fällt sein Urteil über das, was der Mensch während seines Lebens getan hat. Für Saadia löst sich das Problem folgerichtig mit dem Abschluß der Weltgeschichte, mit dem dann erfolgenden Weltgericht und der kommenden Welt absoluter Gerechtigkeit. Mit dem neunten Kapitel, das von Lohn und Strafe in der kommenden Welt handelt, ist darum eigentlich das Werk zu seinem Abschluß gelangt. Das zehnte Kapitel ist daher kompositorisch nur locker mit dem Ganzen verbunden, so daß die Annahme, die Schrift sei aus Einzelarbeiten nachträglich zusammengefügt worden, eine Bestätigung erfährt.

In diesem zehnten, einen Anhang bildenden Kapitel behandelt Saadia Fragen ethischer Natur. Er will dem Menschen eine Anleitung zum rechten Handeln geben, doch können wir auf Grund der auf die rationale Erfassung der Religion gerichteten Absicht des Verfassers tiefergehende philosophische Darlegungen ethischer Probleme hier nicht erwarten, denn im Gesamtsystem des Autors sind ethische Fragen identisch mit religiösen. Das letzte und dauernde Glück wird vom Menschen durch die Erfüllung der ihm von Gott vorgeschriebenen Pflichten erreicht. Aber wenn auch insgesamt das menschliche Leben auf dieses religiöse Ziel gerichtet ist, bleibt doch noch Raum für eine unterschiedliche Ausgestaltung der individuellen Lebensführung. Vom Menschen her gesehen, bleibt der Wunsch, ein harmonisches, erfolgreiches und zu Lebzeiten befriedigendes Leben zu führen, und die Frage, wie das zu erreichen sei. Im Anschluß an Platon spricht Saadia von drei Kräften der menschlichen Seele, die er als Begierde, zornige Erregung und Urteilsvermögen bezeichnet. Diese Seelenteile bewirken im Menschen das Vorhandensein einer Vielzahl von Trieben und Neigungen. Saadia vertritt die Meinung, jeder dieser Triebe müsse im menschlichen Leben in vernünftigem Maße zu seinem Recht kommen. Jede einseitige Betonung einer Neigung auf Kosten aller übrigen sei dagegen abzulehnen. Das ist die Aristotelische Ansicht vom rechten Maß, ohne daß aber Saadia sich auf Aristoteles beruft, dessen Ethik nicht als Quelle für diesen Gedanken vorausgesetzt werden muß.

Saadias Verdienst beruht gewiß nicht darauf, daß er die Fragen, die er berührt, philosophisch löst. Seine Bedeutung besteht darin, daß er das Judentum in seiner Gesamtheit rational gedeutet und den Gehalt in ein System gebracht hat. Die einzelnen Probleme, die er behandelt, kehren in der späteren jüdischen Philosophie immer wieder. Auch dort, wo sie von anderen anders gelöst werden, sind die Philosophen Saadia in starkem Maße verpflichtet. So ist die Wirkung des Autors nachhaltig gewesen, wobei man darauf hinweisen sollte, daß die rationalistische Richtung im Judentum, die ihren Ausdruck in der jüdischen Philosophie findet, nur *eine* legitime Form der jüdischen Religiosität darstellt, daß jüdische Frömmigkeit auch auf unphilosophischer Basis praktiziert werden konnte.

Anders als die christliche Religion ist das Judentum – wie auch der Islam – weniger mit dem Denken des Menschen als mit seinem Handeln befaßt. Theologie als eine Wissenschaft, die über Glaubensvoraussetzungen und Glaubensinhalte nachdenkt, steht nicht im Vordergrund, und schon weil eine Instanz, die Lehrmeinungen verbindlich machen könnte, fehlt, kommt es im Judentum nicht zu autoritativ dogmatischer Festlegung des zu Glaubenden. Vielmehr ist es die juristische Interpretation des Religionsgesetzes, womit sich die jüdischen Gelehrten – ebenso wie die islamischen – in erster

Linie befaßten, und dafür bedurften sie der Philosophie nicht. Während die menschlichen Handlungen in allen Einzelheiten vom Religionsgesetz strikt geregelt waren, bestand für das Denken eine relativ große Spielbreite; im Christentum war dagegen gerade das Denken weitgehend reglementiert, das Handeln jedoch weniger festgelegt. Die Stellung der Philosophie war infolgedessen im Rahmen des Christentums in einer Hinsicht günstiger als im Judentum und im Islam: Als integraler Bestandteil der Theologie stellte sie ein notwendiges Bildungsrüstzeug des christlichen Theologen dar. So erfreute sich die Philosophie offizieller Förderung, die allerdings das Denken bevormundete und gerade das zu verhindern suchte, was notwendigerweise das Ergebnis des Denkens bildet, den Fortschritt über die Grenzen des als richtig Anerkannten hinaus. Demgegenüber genoß die Philosophie weder im Judentum noch im Islam offizielle religiöse Förderung, sie erfuhr aber auch nie das Maß religiöser Bevormundung, die einer solchen Fürsorge immanent ist.

Bei den Juden im arabischsprachigen Bereich läuft mit dem Kalam, der von religiösen Fragestellungen ausgeht, indem er die Lehren der Offenbarungsreligion interpretiert und mit Hilfe der Ratio einsichtig zu machen sucht, wobei er sich teilweise philosophischer Lehren bedient, zeitlich das Aufkommen neoplatonischer Philosophie parallel. Es ist ein Unterschied der Intention, der in diesen beiden Richtungen sichtbar wird, und gerade bei den ersten namhaften Vertretern des Kalam bzw. des Neoplatonismus zeigt sich die abweichende Position, von der Kalam einerseits und Neoplatonismus anderseits ausgehen, besonders deutlich. Der Neoplatonismus will wissenschaftliche Weltsicht sein, jedenfalls versteht er sich selbst in dieser Weise, obwohl er der religiösen Komponenten nicht entbehrt; der Kalam hingegen geht von der als gültig und absolut richtig vorausgesetzten Offenbarungsreligion aus und bleibt trotz seiner rationalen und gegenüber den unreflektierten Religionslehren kritischen Haltung im religiösen Rahmen. So ist es auch nicht zufällig, daß der erste uns bekannte jüdische Neoplatoniker Isaak Israeli von Beruf Arzt war, also in erster Linie naturwissenschaftliche Interessen hatte, während der Hauptvertreter des jüdischen Kalam Saadia die maßgebliche Autorität seiner Zeit auf talmudisch-religiösem Gebiet darstellte.

Während der Neoplatonismus von einem Weltbild ausgeht, das auf Grund des Standes der wissenschaftlichen Erkenntnis als richtig angesehen wurde und das von denjenigen, die sich gleichzeitig zur geoffenbarten Religion bekannten, mit dieser in Einklang gebracht werden mußte, liegt dem Kalam die Wahrheit als Offenbarung Gottes bereits fertig vor, und es kommt ihm darauf an, diese Wahrheit rational zu beweisen; dazu bedient er sich philosophischer Doktrinen, und es versteht sich fast von selbst, daß er dabei eklektisch vorgeht und aufnimmt, was immer seinen Zwecken dienlich sein kann. Die Philosophie ist für den Kalam Mittel der Interpretation und dem theologischen Anliegen deutlich dienstbar.

Es ließe sich, wollten wir in unserer Darstellung rein chronologisch vorgehen, rechtfertigen, die Erörterung des Beginns der neoplatonischen Richtung im jüdischen Philosophieren der Erörterung des Kalam voranzustellen. Der erste jüdische Neoplatoniker, Isaak Israeli, war ein älterer Zeitgenosse des Saadia, des namhaftesten Vertreters des mutazilitischen Kalam bei den Juden. Allerdings ist der Kalam schon vor Saadia bei den Juden heimisch gewesen; doch auch die Wirksamkeit des Dawid Almuqammis gehört, obwohl wir sie nicht genau datieren können, sicher nicht in eine wesentlich frühere Zeit und dürfte kaum der des Isaak Israeli vorangehen. Es sind aber vor allem sachliche Erwägungen, die es rechtfertigen, der Betrachtung der neoplatonischen Philosophie die des Kalam voranzustellen. Nicht nur geht in der islamischen Entwicklung die rationale Durchdringung religiöser Anschauungen, die Kritik am Überkommenen dem Bemühen um ein philosophisches Weltbild voran, sondern auch allgemein läßt sich die These halten, daß die Aufstellung bzw. Übernahme und Adaptation philosophischer Systeme eine höhere Stufe der Entwicklung darstellt als die verstandesmäßige Durchdringung und die daraus resultierende Systematisierung oder auch Ablehnung der herrschenden Ansichten. Vom Standpunkt der Philosophie stellt der Neoplatonismus gegenüber dem Kalam eine neue, höhere Qualität dar, nicht nur weil die Stellung der Philosophie gegenüber der Religion gewichtiger wird, sondern vor allem weil die gedankliche Abstraktion weiter vorangetrieben ist. Das zeigt sich besonders deutlich am Gottesbegriff: Die Einheit und Einzigkeit Gottes behaupten Kalam und Neoplatonismus. Jedoch behält der Kalam trotzdem positive Aussagen über Gott bei, der stets bewußter, personaler Weltschöpfer bleibt, und erachtet sie nicht als Beeinträchtigung der behaupteten Einheit, während der Neoplatonismus konsequenter ist und Bestimmungen dieser Art ausschließt.

Nach dem Auftreten Saadias hat sich der Kalam bei den Juden nicht mehr wesentlich weiterentwickelt, wohl aber der Versuch der Verbindung philosophischer Theorien mit den Religionslehren, der jahrhundertelang Gegenstand wissenschaftlicher Bemühungen innerhalb der jüdischen Gemeinschaft geworden ist.

Die jüdischen Vertreter der aus der griechischen Tradition stammenden philosophischen Systeme lehnten den Kalam als unwissenschaftlich ab, obwohl sie ihm durchaus einzelne Argumente entnahmen. Nur die Karäer hielten am Kalam fest und akzeptierten seine Doktrinen noch strikter, als es die Rabbaniten je getan hatten. Noch im 14. Jahrhundert suchte der karaitische Theoretiker Aron ben Elia aus Nikomedia die Ansichten des Kalam zu rechtfertigen und die Kritik des Maimonides an ihnen zurückzuweisen. Er betonte, der Kalam sei jüdischen Ursprungs und stimme daher mit den Lehren der jüdischen Religion völlig überein. Demgegenüber sei das System des Aristoteles heidnisch, die von den Rabbaniten praktizierte Aufnahme griechischer Philosophie deshalb ketzerisch und unvereinbar mit dem Judentum.

## 2. Von Isaak Israeli bis Abraham ibn Daud

### *Isaak Israeli*

Isaak Israeli war in gewisser Weise der erste jüdische Philosoph, wenn man den Ton auf „Philosoph" legt. Gewiß war er Jude, aber wenn er über philosophische Probleme schreibt, tritt dieser Aspekt weitgehend in den Hintergrund. Er tut dann nichts anderes, als sich mit einem wissenschaftlichen Gegenstand um seiner selbst zu befassen. Die Frage, ob und wie die Lehren der Philosophie, die er im Grunde mehr referiert, als daß er ihnen neue Erkenntnisse hinzufügt, sich mit den religiösen Anschauungen vereinen lassen, ist nicht die seine. Der Ruhm des Isaak Israeli beruht sowohl auf seinen philosophischen als auch – in vielleicht noch größerem Maße – auf seinen medizinischen Schriften. Maimonides hat von Isaak abschätzig gesagt, er sei nur ein Arzt gewesen, und die weithin anerkannte Autorität des Maimonides hat bewirkt, daß dieses negative Urteil eine sehr nachhaltige Wirkung gehabt hat; jedenfalls wird in der modernen Literatur häufig die Bedeutungslosigkeit der philosophischen Bemühungen des Isaak betont. Ob sich dieses harte Urteil aufrechterhalten läßt, wird noch zu erörtern sein; es als Prämisse zu akzeptieren würde aber gewiß den Zugang zum Verständnis des zu untersuchenden Gegenstandes verbauen.

Als Lebenszeit des Autors ist ungefähr die Mitte des 9. bis zur Mitte des 10. Jahrhunderts anzusetzen. Die wenigen Angaben, die uns überliefert sind, erlauben es nicht, ein klares Bild zu gewinnen. Isaak ist in Ägypten geboren, das er später verließ, um sich in das Gebiet des heutigen Tunesien zu begeben. Seine Übersiedlung nach Kairuan erfolgte in den ersten Jahren des 10. Jahrhunderts; die einzige autobiographische Information, die wir besitzen, besagt, daß Isaak im Jahre 905 noch in Ägypten war, da er von einem politischen Ereignis spricht, das er dort miterlebt habe. Bald darauf muß er Ägypten verlassen haben, und zwar kurz bevor die Fatimiden in Nordafrika zur Herrschaft gelangten. Der Grund, warum er nach Kairuan zog, ist uns nicht bekannt. Isaak Israeli war dann als Hofarzt des Fatimidenherrschers Ubaidallah al-Mahdi, der im Jahre 910 zur Macht kam, tätig. Er soll über hundert Jahre alt geworden sein, und es wird berichtet, er habe nie geheiratet und keine Kinder gehabt. Die Angabe arabischer Historiographen, Isaak sei im Jahre 932 gestorben, läßt sich kaum aufrechterhalten. Mit Sicherheit wissen wir nur, daß er 955 nicht mehr am Leben gewesen ist. Über seine Jugend- und Reifezeit besitzen wir keinerlei Informationen, wenn wir von der bemerkenswerten Nachricht absehen, daß er der Schüler eines arabischen Arztes gewesen ist; allerdings wissen wir nicht, wann und wo diese Ausbildung stattgefunden hat. Die Tatsache erregt unser Interesse ebenso wie die, daß er in Kairuan zwei Schüler, einen arabischen und einen jüdischen, ausgebildet hat; denn im allgemeinen lebten die verschiedenen Religionsgemeinschaften in den orientalischen Ländern in strikter Trennung voneinander, selbst in Zeiten, in denen die Haltung der Mohammedaner gegenüber Andersgläubigen tolerant war. Aus den dürftigen biographischen Angaben lassen sich keine Schlüsse auf die Verhältnisse ziehen, unter denen der Autor lebte und die ihn geformt haben.

Isaak hat uns eine Reihe medizinischer und philosophischer Werke – sämtlich in arabischer Sprache – hinterlassen. Von seinen medizinischen Schriften gilt das „Buch der Fieber" als das bedeutendste Werk der arabischsprachigen Literatur über dieses Thema, und sein „Buch vom Urin" genoß ebenfalls große Wertschätzung. In einer Aphorismensammlung über ärztliche Moral, die vermutlich Isaak Israeli zuzuschreiben ist, heißt es: „Laß dir den Besuch und die Heilung armer und dürftiger Kranker besonders angelegen sein, da du ein verdienstlicheres Werk nicht stiften kannst" (zitiert nach M. Ullmann, Die Medizin im Islam, Leiden–Köln 1970, S. 224). Diese soziale Haltung stimmt gut mit der biographischen Angabe, Isaak habe keine Reichtümer erworben, zusammen.

Auf philosophischem Gebiet hat Isaak Israeli eine Reihe von Schriften verfaßt. Die Überlieferung der Originaltexte ist fragmentarisch; kein einziges Werk ist vollständig im arabischen Urtext erhalten. Es liegen uns aber von den meisten Schriften hebräische bzw. lateinische Übersetzungen vor. Nicht nur die medizinischen, sondern auch die philosophischen Schriften des Autors sind meist in gedruckten Ausgaben vorhanden. Für die philosophischen Werke können wir uns auf die vorzüglich kommentierte Übersetzung von Altmann und Stern (Oxford 1958) stützen. Stern weist auf eine interessante Tatsache hin, die in der arabischsprachigen Literatur der Juden nicht sehr häufig ist: Israeli hat anscheinend einen Teil seiner Werke nicht nur in arabischer Sprache, sondern auch mit arabischen Buchstaben geschrieben, er hat sich also nicht nur an Juden gewandt, sondern an ein breiteres Publikum. Im Regelfall schrieben die Juden ihre arabischen Texte mit hebräischen Lettern, so daß sie Nichtjuden unzugänglich blieben.

Vollständig erhalten ist uns in hebräischer und lateinischer Übersetzung das „Buch der Definitionen", in dem philosophische Grundbegriffe erörtert werden. Berühmt wurde die Definition der Wahrheit als „Angleichung von Sache und Verstand", die als Formulierung Isaaks bei Thomas von Aquino mehrfach zitiert wird; doch findet sich diese Definition in den Schriften Isaaks gar nicht und wurde ihm nur irrtümlich zugeschrieben. Zur Gänze sind uns auch das „Buch der Elemente" (in hebräischer und lateinischer Übersetzung), das „Buch vom Geist und von der Seele" (in hebräischer Übersetzung) überkommen; ferner besitzen wir Reste eines „Buches der Substanzen" (arabisch) und ein „Kapitel über die Elemente". Dieser Text ist anonym in hebräischer Übersetzung in einer in Mantua befindlichen Sammelhandschrift enthalten. Das arabische Original ist offenbar verloren. Daß Isaak Israeli der Autor des Textes ist, konnte Alexander Altmann überzeugend darlegen.

In seinem „Buch der Definitionen" erläutert Isaak Israeli, was er unter Philosophie versteht. Dabei lehnt er es ab, seine Erklärung eine Definition zu nennen, da sich Philosophie nicht im Sinne der Angabe einer höheren Gattung und eines artbildenden Merkmals definieren lasse. Der Gegenstand der Philosophie sei die Angleichung an die Werke des Schöpfers entsprechend der Fähigkeit des Menschen (§ 2). Diese Assimilation wird nun von Isaak noch erläutert, indem er sagt, damit sei das Verstehen der Wahrheit der Dinge gemeint, d. h. sie aus ihren Ursachen zu begreifen. Die Formulierung „Angleichung an die Werke Gottes" geht auf die spätantike Definition der Philosophie als „Angleichung an Gott" zurück, die ihrerseits auf einer Wendung Platons im Dialog „Theaitetos" (176 b) beruht. Durch die Präzisierung dieser Formel grenzt sich Isaak Israeli deutlich von einer Möglichkeit ab, diese Angleichung als mystisches Ähnlichwerden zu verstehen; bei ihm zielt die Definition vielmehr auf die empirische Forschung und Betrachtung der Dinge. Das führt dann verständlicherweise auch zur Erkenntnis der intelligiblen Welt; so gelangt man auch zum rechten Handeln und zur Verehrung Gottes. Die höchstmögliche Annäherung an Gott liegt im Aufstieg der menschlichen Seele zur Kenntnis der ersten von Gott geschaffenen Substanz, in der Vereinigung mit der göttlichen Weisheit; doch bleibt hier die unüberbrückbare Kluft zwischen Schöpfer und Geschöpf voll gewahrt im Gegensatz zum Platonischen Modell, das Isaak Israeli neben Formulierungen aus anderen Quellen benutzt. Den Aufbau der Welt versteht Isaak Israeli im wesentlichen gemäß der neoplatonischen Abfolge von oben nach unten, allerdings mit einer entscheidenden Modifikation im Interesse der biblischen Gottesvorstellung. Die Schöpfung erfolgt aus dem Nichts als eine bewußte Handlung Gottes. Isaak übernimmt von Alkindi die Unterscheidung zwischen der Schöpfung von etwas aus dem Nichtseienden und dem Entstehen von etwas aus etwas. Gott schafft durch seinen Willen und seine Kraft, die seinem Wesen angehören, zwei einfache Substanzen, die erste Materie und die erste Form (Mantuatext § 1), die als Weisheit, als das ohne Vermittlung von Gott geschaffene Licht bezeichnet wird. Deutlich betont der Autor die aktive Rolle des Schöpfergottes: Die ersten Prinzipien, Materie und Form, emanieren nicht, sondern sind Produkte göttlicher Aktivität. Aus der ersten Materie und der ersten Form setzt sich der Intellekt zusammen, der das Artspezifische aller Dinge enthält und in dem deren Wesen gründet. Wenn auch der wesentliche Unterschied von Weisheit und Intellekt im System des Autors nicht völlig klar wird, so ist doch deutlich die Absicht erkennbar, sich hinsichtlich des Entstehens der ersten Prinzipien von den emanatistischen Vorstellungen der Neoplatoniker abzugrenzen, um die Vorstellung eines tätigen Schöpfergottes aufrechtzuerhalten.

Erst von der Stufe des Intellekts an beginnt ein Prozeß der Emanation, den Isaak Israeli als ein Ausströmen des Lichtes aus dem Wesen der Substanz auffaßt, so daß die jeweils tiefere Stufe in der Emanationsreihe die notwendige Folge der höheren darstellt, wobei sich das Licht mit der wachsenden Entfernung von seiner Quelle immer mehr abschwächt. In anderem Zusammenhang heißt es, die jeweils niedere Substanz komme im Horizont und aus dem Schatten der höheren zum Sein, sie sei selbst der Schatten der höheren Substanz, und ferner wird gesagt, die niedere Substanz verdanke ihre Existenz dem Strahl und dem Schatten der höheren. Wenn sich auch die an den verschiedenen Stellen verwendeten Bilder nicht gleichen, ja sich sogar widersprechen, so wird doch die Absicht des Verfassers klar, der mit Hilfe von Bildern eine notwendige Stufenfolge von sich immer weiter abschwächenden und vergröbernden Substanzen einsichtig machen will. Da die Bilder nichts als Analogien sind, die Isaak Israeli unterschiedlichen Vorlagen entnimmt, bezeugt ihre Unterschiedlichkeit zwar die kompilatorische Arbeitsweise des Autors, hindert aber nicht das Verständnis für sein Anliegen.

Die Reihe der Emanationen führt vom Intellekt zur Seele und von dieser zur Natur als der untersten Stufe der geistigen Wesenheiten. Isaak überträgt – gestützt auf von ihm benutzte Quellen – die Aristotelische Lehre von den drei Seelenteilen auf den kosmischen Bereich und unterscheidet zwischen drei Hypostasen: der rationalen Seele, die im Horizont und aus dem Schatten des Intellekts entsteht, der animalischen und der vegetativen Seele, die ebenso der jeweils höheren Seele entstammen. Die rationale Seele bewirkt, daß der Mensch ein denkendes Wesen wurde, daß er fähig ist, Wissen zu erwerben und zwischen Gut und Böse zu unterscheiden, daß er die Tugend sucht und das Laster meidet. Während das Wissen des Intellekts intuitiv ist, besitzt die rationale Seele nur die Fähigkeit, Wissen zu erwerben; sie ist „unwissend und bedarf der Belehrung und des Gedächtnisses" (Mantuatext § 1). Die animalische Seele ist nur zu sinnlicher Wahrnehmung imstande und gelangt zu Vorstellungen, nicht aber zum Erkennen des Wesens der Dinge. Ihr kommt außerdem die Fähigkeit der Bewegung und der Ortsveränderung zu. Die vegetative Seele, die aus dem Schatten der animalischen entsteht, ist am weitesten vom Licht des Intellekts entfernt, so daß ihr Schatten verstärkt ist. Ihr kommt keine Bewegung zu, sondern sie ist auf einen festen Platz auf der Erde beschränkt und nur zu Ernährung, zum Wachstum und zur Zeugung befähigt.

Aus der vegetativen Seele emaniert die letzte der einfachen Substanzen, die Sphäre. Sie nimmt eine Zwischenstellung zwischen den höheren Substanzen und der irdischen Welt ein. Isaak Israeli identifiziert die Himmelssphäre mit der Natur, weil ihre Kraft das Entstehen und Vergehen des Irdischen bewirke. Er hat Mühe, die Sphäre als eine intelligible Substanz zu erklären, obwohl sie ein Körper ist, jedoch bestehe ihr Unterschied vom irdischen Körper in ihrer Unveränderlichkeit, der Dauerhaftigkeit ihrer Existenz und ihrer vollkommenen, kreisförmigen Bewegung. Auch terminologisch unterscheidet Isaak – im Anschluß an Alkindi – den Körper der Sphäre vom irdischen Körper. (Im Arabischen gibt es zwei verschiedene Vokabeln, die wir im Deutschen nivellierend beide mit „Körper" übersetzen müssen.)

Der Übergang vom Bereich des Intelligiblen zur Welt des Entstehens und Vergehens, der Schritt von der Natur zu den vier Elementen ist von Isaak in seinen verschiedenen Schriften unterschiedlich dargestellt worden, so daß es fraglich bleibt, ob er der Meinung ist, daß der Emanationsprozeß bei der Sphäre endet oder daß er noch weiter hinabreicht. Einerseits ist im „Buch vom Geist und von der Seele" von einer einheitlichen Entwicklungsreihe die Rede, die vom Intellekt ausgeht und die Elemente einschließt, andererseits betont Isaak sonst, daß die Natur auf andere Weise schaffe als Gott, nämlich nicht aus dem Nichts, sondern aus etwas, daß die Sphäre und die Substanzen über ihr Intelligibilia des Schöpfers seien, während die Körper unterhalb der Sphäre durch die Natur gemacht seien, die die vom Schöpfer eingesetzte Kraft sei, deren Aufgabe darin bestehe, das Entstehen und Vergehen zu verursachen.

Jacob Guttmann betont, ein emanatistisches System wie das Israelis müsse die körperliche Welt aus der geistigen mit Notwendigkeit auf dem Wege der Emanation hervorgehen lassen (Die philosophischen Lehren des Isaak Israeli, Münster 1911, S. 31 f.). Demgegenüber weist Neumark darauf hin (Gesch. d. jüd. Philos. des Mittelalters, Berlin–Leipzig 1907–1928, II,2, S. 167 ff.), Isaaks Ausführungen im „Buch vom Geist und von der Seele", die Guttmann als Beleg für seine Ansicht heranzieht, seien in einer Weise formuliert – jedenfalls in der allein vorliegenden hebräischen Version –, daß sich der Begriff der Emanation nur mit großer Mühe hineininterpretieren lasse. Mit seiner Kritik hat Neumark recht, nicht aber mit seinem Schluß, daß deshalb das Entstehen der irdischen Welt als direkte Schöpfung Gottes aufzufassen sei (a.a.O. I, S. 416; II,2, S. 178).

Isaaks Ausführungen über das Entstehen der Elemente aus der Sphäre sind jetzt durch eine breitere Textgrundlage besser gesichert, und man darf annehmen, daß für ihn der Emanationsprozeß bei der Himmelssphäre aufhört. Im Anschluß an Aristoteles erklärt Isaak Israeli das Entstehen des Feuers aus der durch die Sphärenbewegung entstehenden Reibung. Das elementare Feuer ist also durch das Wirken der Sphäre, d. h. der Natur verursacht, es kommt auf natürliche Weise zum Sein.

Als Schema ist die Ontologie des Isaak Israeli durchaus neoplatonisch, doch zeigt sie einige Besonderheiten, die unser Interesse beanspruchen können. Das betrifft vor allem die Stellung der Materie in seinem System. Im Gegensatz zu der negativen Bewertung, die die Materie bei Plotin erfährt, ist sie bei Isaak Israeli das allgemeinste Genus und die erste Schöpfung Gottes. Wenn auch eine solche Stellung der Materie im Weltaufbau auf Vorlagen zurückgeht, die der Autor benutzte, so kommt Isaak Israeli doch das Verdienst zu, das neoplatonische Schema mit dieser entscheidenden Veränderung in die jüdische Philosophie eingeführt zu haben. Die Tatsache, daß er, wie Maimonides sagt, nur ein Arzt war, mag ihm die Konzeption eines von ethischen Wertungen freien Materiebegriffs nahegelegt haben. Jedoch entscheidend ist es, daß er durch seine Behauptung, Gott habe die ersten Substanzen, Materie und Form, geschaffen, aus denen dann die intelligible Welt emaniere, einen Ansatz gefunden hat, biblische Schöpfungslehre und neoplatonische Emanationstheorie zu verbinden. Da Materie und Form die konstituierenden Prinzipien aller Dinge sind, ist trotz Emanation und trotz natürlichem Entstehen in der irdischen Welt das All letztlich die Schöpfung Gottes, ohne daß Gott in ein Emanationsschema einbezogen wird, so daß jede Spur von Pantheismus vermieden und Gott als das absolut Andere im jüdischen Sinne verstanden wird. Wesentlich – ohne darum in den Ausführungen des Autors im einzelnen einsichtig gemacht zu sein – ist auch die Vermeidung einer schöpferischen Zwischenstufe zwischen Gott und Welt, während in anderer arabischer neoplatonischer Literatur, wie z. B. der sogenannten „Theologie des Aristoteles“, Gott mittels des Wortes schafft, das, mit dem Willen identifiziert, als Hypostase verstanden wird, so daß das Wort Gottes zur eigentlichen Ursache der Welt wird, Gott aber über jede Aktivität erhaben ist. Bei Isaak Israeli schafft Gott durch Macht und Willen, die mit ihm eines sind, und auf diese Weise wird von ihm der Gedanke des einig-einzigen Schöpfergottes im Einklang mit der jüdischen Tradition stärker betont als in anderer dem Neoplatonismus verpflichteter Literatur.

Für die Erklärung des Entstehens der irdischen Dinge stützt sich Isaak Israeli auf die Elementenlehre des Aristoteles und sucht nachzuweisen, daß sie mit den Ansichten des Hippokrates und des Galen in vollkommenem Einklang stehe. Die auf Demokrit zurückgehende Atomistik lehnt er ab, und das ist für ihn als Naturwissenschaftler nur natürlich, wenn man bedenkt, daß im islamischen Kalam die Atomtheorie als Stütze für die Negierung der Naturkausalität benutzt wurde.

Die Aufgabe und das Ziel des Menschen versteht Isaak Israeli ganz in neoplatonischem Sinne als Aufstieg der Seele mit Hilfe der Erkenntnis der Dinge. Der Mensch soll sich von den Leidenschaften und Begierden reinigen, deren Sitz die animalische und die vegetative Seele sind. Wenn sich die rationale Seele vom Einfluß der niederen Seelen zurückzieht, wird sie durch den Intellekt erleuchtet und schließlich geistig, sie haftet dann am Licht der Weisheit, das unmittelbar von Gott geschaffen ist. Wessen Seele zu dieser Vereinigung mit der höchsten Stufe des Geschaffenen zurückgekehrt ist, der hat das Paradies erreicht. Das vollkommene Glück ist daher zwar nur in mystischer Vereinigung und in völliger Abkehr vom praktischen Tun, doch bereits während des irdischen Lebens zu erreichen. Allerdings gelangen wenige Menschen zu einer solchen intellektuellen Seligkeit, nur die Seelen der Propheten und der wahrhaften Philosophen sind dazu imstande. Die Aufgabe dieser erwählten Elite besteht darin, die große Menge der Menschen auf den rechten Weg zu führen und ihnen das von Gott Gebotene auf eine ihren intellektuellen Fähigkeiten gemäße Weise zu erklären. Daraus ergibt es sich, daß auch die gewöhnlichen Menschen, sofern sie den Lehren der Propheten und der Weisen folgen, ins Paradies gelangen, d. h. zur mystischen Vereinigung ihrer Seelen mit dem übernatürlichen Licht der Weisheit, jedoch erst nach ihrem Tode. Der Philosoph verzichtet hier auf detaillierte Ausführungen. Den Akzent legt er auf die These, daß im Prinzip jeder zum wahren Wissen fähig, niemand von vornherein von der Zugehörigkeit zur Elite ausgeschlossen ist.

Während das Endziel der großen Menge das jenseitige Paradies zu sein scheint, da der Autor sagt, diese Welt sei die Stätte der Arbeit, die kommende der Ort der Belohnung (Geist und Seele § 12), wird die Bestrafung der Uneinsichtigen deutlicher beschrieben: Wer Böses tut, wird durch seine Unreinheit so beschwert, daß ihm der Aufstieg zur Welt der Wahrheit nicht gelingt. Seine Seele kann nicht über die Sphäre hinaus emporsteigen, sondern bleibt ewig im verzehrenden Feuer unterhalb der Himmelssphäre, das Isaak Israeli als die Hölle bezeichnet, auf diese Weise talmudische Tradition und Platonische Seelenlehre ineinanderarbeitend.

Wenn sich auch des Isaak Israeli philosophische Schriften nicht durch neue und eigenwillige Gedanken auszeichnen, so steht der Autor doch am Anfang einer philosophischen Entwicklung, indem er eine Möglichkeit gezeigt hat, wie sich unter Aufrechterhaltung der religiösen Tradition ein dem Stande zeitgenössischer Wissenschaft und philosophischer Forschung gemäßes Weltbild entwerfen läßt. Bereits diese Tatsache rechtfertigt es, seine

Bemühungen nicht als unbedeutend abzutun. Die Wirkungen, die von seinen Kompilationen – denn das sind seine philosophischen Werke gewesen – ausgingen, waren nachhaltig. Das kann man schon daraus entnehmen, daß seine Schriften nicht nur ins Hebräische übersetzt worden sind, sondern daß Isaak auch für die europäische Scholastik neben Maimonides der bekannteste jüdische Philosoph gewesen ist. Sowohl seinen medizinischen Werken verdankte er seinen Ruhm als auch in gleichem Maße seinen philosophischen Schriften, die nicht nur möglicherweise seinen Zeitgenossen Saadia beeinflußten, sondern vor allem den jüdischen Philosophen in Spanien bekannt waren und bei ihnen Beachtung fanden. Auch als eine sich stärker auf die aristotelische Tradition stützende Richtung neoplatonische Spekulation in den Hintergrund drängte, wurde das negative Urteil, das Maimonides über Isaak Israeli gefällt hat, nicht zur generell herrschenden Meinung. Isaaks Buch über die Elemente ist erst im 13. Jahrhundert ins Hebräische übersetzt worden, um es außerhalb des arabischsprachigen Raumes zugänglich zu machen. Hervorzuheben ist die Tatsache, daß Isaak Israeli der einzige mittelalterliche jüdische Autor ist, von dem eine gedruckte lateinische Werkausgabe existiert (Opera omnia, Lyon 1515).

Daß Isaaks Gedanken nicht nur auf die im engeren Sinne philosophische Tradition, sondern auch auf die mystisch-religiöse Spekulation im Judentum, die Kabbala, eingewirkt haben, hatte Scholem bereits vermutet, und von Altmann wurde nachgewiesen, daß Isaak Israeli der Verfasser des in einem Mantuaner Unikum erhaltenen „Kapitels über die Elemente" ist, das den Kabbalistenkreis in Gerona im 13. Jahrhundert beeinflußt hat, möglicherweise ohne daß Isaaks Autorschaft bekannt war. Die Kabbalisten in Gerona betonen die Übereinstimmung des von Isaak Israeli dargelegten Emanationsschemas mit ihrem System der Sefirot, der Manifestationen der göttlichen Eigenschaften.

Sowohl für die spätere neoplatonisch orientierte jüdische Philosophie als auch für die jüdische Mystik wurde Isaaks Konzeption von der Vereinigung des Menschen mit der göttlichen Weisheit bedeutungsvoll. Als erster hat Isaak den Bibel und Talmud geläufigen Begriff des Anhaftens des Menschen an Gott, der nichts anderes bedeutete als das Wandeln auf Gottes Wegen, mit der Vorstellung des Neoplatonismus von der mystischen Einswerdung mit Gott verbunden. Damit hat er aber gleichzeitig eine dem Judentum akzeptable Interpretation dieser Vereinigung geliefert, indem in aller mystischen Vereinigung eine Distanz bleibt, die jede Wesensidentität von Gott und Mensch ausschließt.

Erst etwa ein Jahrhundert nach dem Tode des Isaak Israeli tritt uns im jüdischen Bereich wieder ein philosophisches System entgegen: Mit Salomo ibn Gabirol aus Malaga beginnt in Spanien eine Reihe jüdischer Denker, die sich mit Problemen der Philosophie beschäftigen und deren Anschauungen in mehr oder minder starkem Maße von neoplatonischen Traditionen geprägt sind. Gabirol, der vor den namhaften islamischen Philosophen Spaniens lebte, war wohl überhaupt derjenige, mit dessen Wirken die arabischsprachige Philosophie in Spanien beginnt. Doch nicht nur chronologisch steht Gabirol an der Spitze dieser jüdischen Philosophen, sondern auch hinsichtlich der Bedeutung seines Werkes, der Originalität seiner Lehren und der Geschlossenheit seines Systems. Seine Philosophie hat weit über die jüdische Gemeinschaft hinaus nachhaltige Wirkungen ausgeübt, mehr noch außerhalb als innerhalb dieses Rahmens.

Über die Person des Gabirol wissen wir nur wenig. Sicher überliefert ist nur, daß er in Malaga geboren wurde und im Jahre 1045 in Saragossa eine Abhandlung ethischen Inhalts verfaßte. Vermutlich ist seine Geburt gegen 1020 anzusetzen, als Todesdatum wird 1058 genannt. Diese Angabe ist, da sie zeitgenössischen Quellen entstammt, wahrscheinlicher als die gleichfalls überlieferte Jahreszahl 1070.

Gabirol hat in seinem nicht sehr langen Leben eine große Anzahl verschiedenartiger Werke geschaffen: weltliche und religiöse Poesie, ein grammatisches Lehrgedicht und mehrere philosophische Schriften. Sein poetisches Werk – in hebräischer Sprache – ist von hohem Rang, Gabirol gilt als einer der bedeutendsten hebräischen Dichter des Mittelalters. Von seinen religiösen Gedichten haben viele einen festen Platz im jüdischen Kultus bekommen.

Aus denjenigen Werken Gabirols, die in unserem Zusammenhang interessieren, ragen zwei hervor: das religiös-philosophische Lehrgedicht „Königskrone“, das bis auf den heutigen Tag in Gebetbüchern zu finden ist, und das ontologische Werk, dessen lateinische Übersetzung den Titel „Fons vitae“ („Lebensquelle“) führt. Als religiöser Dichter blieb Gabirol durch die Zeiten lebendig, als Philosoph jedoch geriet er mehr und mehr innerhalb der jüdischen Gemeinschaft in Vergessenheit. Zwar ist sein „Fons vitae“ – wie auch seine ethischen Schriften – aus dem arabischen Original ins Hebräische übertragen worden, doch übte wesentliche Wirkungen eigentlich nur die lateinische Übersetzung aus, die Johannes Hispanus und Dominicus Gundissalinus um 1150 in Toledo verfertigten. Das arabische Original des „Fons vitae“ ist verloren; neben der lateinischen Version, in der der Name des Autors zu Avencebrol oder Avicebron umgestaltet wurde, existiert noch ein hebräischer Auszug aus dem Werk, den der auch als eigenständiger Schriftsteller bekannt gewordene Schemtov ibn Falaqera im 13. Jahrhundert herstellte.

Die Identität des Juden Gabirol mit dem lateinische Autor Avencebrol, den die europäischen Scholastiker für einen Muslim, teils sogar für einen Christen hielten, konnte erst um die Mitte des 19. Jahrhunderts von dem Orientalisten Munk erwiesen werden, der in Paris die hebräische Version des „Fons vitae" wieder auffand. Dafür, daß Gabirols philosophisches Hauptwerk, der „Fons vitae", innerhalb der jüdischen Gemeinschaft fast völliger Vergessenheit anheimfiel, gibt es eine Reihe von Gründen. Dazu gehört der wachsende Einfluß der aristotelischen Philosophie, die in der Gestalt, die ihr ihre arabischen Interpreten – vornehmlich Alfarabi und Avicenna – gaben, von den jüdischen Philosophen seit dem 12. Jahrhundert rezipiert wurde und das am neoplatonischen Emanationsschema orientierte Weltbild zurückdrängte. Bedeutsamer jedoch ist die einzigartige Position, die Gabirols „Lebensquelle" hinsichtlich der Intention ihres Autors einnimmt. Schon äußerlich unterscheidet sich das umfangreiche Opus von anderen Werken jüdischer Philosophie – ebenso wie von Schriften der abendländischen Scholastik – durch das völlige Fehlen von Zitaten aus dem religiösen Schrifttum. Weder Bibel noch Talmud werden als Belege und Beweise für die vorgebrachten Lehrmeinungen herangezogen. Gabirol will ein philosophisches System liefern, dessen Richtigkeit allein auf seiner rationalen Schlüssigkeit beruht und das weder durch die Berufung auf Autoritäten noch durch bereits vorher feststehende, als wahr anzusehende Religionslehren in seiner Gedankenfreiheit eingeengt ist. Die Absicht des Autors ist also ausschließlich philosophisch, und der religiöse Glaube spielt innerhalb des im „Fons vitae" dargelegten Weltbildes keine Rolle. Gerade diese wissenschaftliche Haltung hat etwa ein Jahrhundert später Abraham ibn Daud dem Salomo ibn Gabirol zum Vorwurf gemacht, indem er betont, Gabirols Philosophie sei nicht jüdisch, sondern allgemeinmenschlich; sie ziehe die jüdischen Religionslehren nicht in Betracht und führe zu Konsequenzen, die mit den Lehren der Offenbarungsreligion unvereinbar seien. Dieses harte Urteil des Abraham ibn Daud ist weithin akzeptiert worden und hat wesentlich dazu beigetragen, daß der „Fons vitae" im jüdischen Bereich vergessen wurde.

Gabirols „Lebensquelle" ist ein ontologisches Werk, in dem der Autor die Lehre von Materie und Form in den Mittelpunkt seiner Ausführungen stellt. Nach der Ansicht Gabirols besteht die Wissenschaft aus drei Teilen: der Lehre von Materie und Form, der Lehre vom Willen und der Wissenschaft vom ersten Wesen, einer Dreiheit, in der zwischen dem obersten Prinzip und den Dingen der Wille vermittelt. Der „Fons vitae" behandelt vornehmlich den ersten Teil der Wissenschaft, denjenigen Bereich, der der

Untersuchung des Höheren vorangehen müsse. Für die Willenslehre verweist der Verfasser, obwohl er auch sie im „Fons vitae" recht eingehend darlegt, auf eine separate Schrift, die er darüber verfaßt habe, und nennt auch deren Titel, so daß es schwer ist, zu bezweifeln, er habe ein solches Werk über den göttlichen Willen geschrieben. Jedoch liegt es uns nicht vor und wird auch weder in der jüdischen noch in der nichtjüdischen Literatur je erwähnt.

Im Mittelpunkt der Ausführungen des „Fons vitae" steht die Lehre von den konstitutiven Bestandteilen der Wirklichkeit, von Materie und Form, zentralen Begriffen des Systems des Aristoteles. Das widerspricht nicht der gängigen Behauptung, Gabirols Gesamtsystem schließe sich an die Lehren des Neoplatonismus an, die der arabischsprachigen Welt durch zahlreiche Werke bekannt geworden waren, denn der Neoplatonismus bewahrt auch Aristotelisches Erbe. Über Gabirols unmittelbare Quellen herrscht bis heute weitgehend Unklarheit. Die Lage wird dadurch besonders erschwert, daß Gabirol fast niemals zitiert. Nirgends setzt er sich mit namentlich erwähnten Philosophen auseinander, und nur sehr selten gibt er Hinweise auf Lehrmeinungen anderer, die jedoch anonym bleiben. Lediglich Platon wird an drei Stellen genannt.

Im Einklang mit dem neoplatonischen Schema konzipiert Gabirol einen Weltaufbau von oben nach unten. Zwischen dem obersten Prinzip und der körperlichen Welt steht eine Reihe von geistigen Mittelwesen, und das Sein des Niederen emaniert jeweils aus dem Höheren. Das wirkt zunächst nicht sonderlich originell, doch ist es nicht entscheidend, daß Gabirol einem solchen Schema folgt, sondern in welchem Sinne er die von Plotin herkommende Emanationslehre verwendet.

In der Bestimmung des Verhältnisses von Materie und Form schließt sich Gabirol der griechischen Tradition an. Bei Aristoteles stellt sich dieses Verhältnis als Übergang von der Möglichkeit zur Wirklichkeit dar, indem die Materie durch die Form das wird, was sie werden kann. So ist die Materie das Allgemeine, das zum geformten Besonderen wird, und Aristoteles identifiziert darum gelegentlich das Materie-Form-Verhältnis mit dem von Genus und Spezies. Daran knüpft die Ansicht Plotins an, daß es auch im Bereich des Intelligiblen eine Differenzierung in Materie und Form gebe: Den mannigfaltigen Bestimmungen der ersten Emanationsstufe, des Nus, liegt ein Gemeinsames zugrunde, das durch sie bestimmt wird, die intelligible Materie.

Die Ansichten des Aristoteles und des Plotin kommen darin überein, daß für beide die Materie als Allgemeines das Unbestimmte ist, das durch die Form fixiert wird. Als das Bestimmende ist für sie die Form das Wesentliche, das Verwirklichte gegenüber dem bloß Potentiellen. Bei Gabirol hingegen wird das Verhältnis von Stoff und Form in ganz anderer Weise erläutert und gewertet. Bei ihm gewinnt die Materie Gewicht, sie wird zum Beständigen im Wechsel der Erscheinungen, ist das Tragende, in dem die Formen gründen. Das Gemeinsame ist das Ursprüngliche, alle Besonderungen haben am Wesen des Gemeinsamen teil. So stellt sich für Gabirol die Materie als das Prinzip der Gemeinsamkeit der Dinge, die Form hingegen als das der Individuation dar. Gegenüber der Form ist folglich die Materie das Höhere, das durch das Hinzutreten der Form in gewisser Weise zum Spezielleren degradiert wird. So liegt beispielsweise der Körperwelt das Substrat der Körperlichkeit zugrunde, das Gabirol als Substanz, die die Kategorien trägt, bezeichnet. Sie wird durch die Form der Quantität zum Körper bestimmt. Alle Teile der Körperwelt wiederum kommen darin überein, daß sie Körper sind, während sie durch die Formen, die sie annehmen, qualitativ unterschiedlich sind. Der Körper ist das Allgemeine und stellt folglich als das qualitativ Eine die Materie dar, die die verschiedenen Formen der Elemente trägt, durch die der Körper als das Höhere zum Element geformt und auf eine tiefere, speziellere Stufe geführt wird. Materie ist also qualitative Einheit, Form hingegen qualitative Vielfalt. Gabirol definiert daher Materie als das Gemeinsame, das die Unterschiede trägt.

Analog zur körperlichen Welt baut sich auch die geistige Welt auf. Als Ursache und Ursprung der körperlichen Substanzen müssen, wenngleich in vollkommenerer Weise, auch die geistigen Substanzen dieselben konstitutiven Elemente aufweisen wie ihre Wirkung, die Körperwelt. Denn auch in der intelligiblen Welt gibt es ein Gemeinsames, in dem die Substanzen übereinkommen, und Unterschiede, die ihr separates Sosein konstituieren. Wäre die intelligible Welt nur Materie, dann könnten die Geister nicht voneinander verschieden sein; wäre sie hingegen nur Form, so gäbe es zwischen ihnen keine Gemeinsamkeit. Wie der körperlichen Welt letztlich eine allgemeine körperliche Materie und eine allgemeine körperliche Form zugrunde liegt, so lassen sich die geistigen Substanzen auf eine universelle intelligible Materie und eine universelle intelligible Form zurückführen. Geistige und körperliche Substanz kommen aber darin überein, daß sie beide aus Materie und Form bestehen; daher haben körperliche und geistige Materie in einer universellen Materie als dem Prinzip der Gemeinsamkeit ihren letzten Grund, und alle Formen gehen auf eine universelle Form, die das Prinzip der Verschiedenheit darstellt, zurück. Damit ist Gabirol zu einer Auffassung gelangt, die sich weit von der neoplatonischen Position entfernt. Die Konzeption einer allgemeinen Materie, die einen universellen Weltzusammenhang schafft und durch die die Verschiedenheiten der Dinge zur Gemeinsamkeit geführt werden, ist die wesentliche Leistung der philosophischen Bemühungen Gabirols. Die höchste und letzte Zusammenfassung aller Substanzen, das genus generalissimum ist die materia universalis, die den Ausgangspunkt und Wesensgrund alles in der Welt Seienden darstellt.

Mit seiner Behauptung, daß die Gemeinsamkeit der gesamten Welt in ihrer Materialität gründet, spricht Gabirol einen Gedanken aus, der weder in philosophischem noch in religiösem Sinne traditionell ist. Ausgehend von der Aristotelischen Gleichsetzung von Materie mit Möglichkeit, weicht er von Aristoteles darin ab, daß er Materie von ihrer Zweitrangigkeit gegenüber der Form befreit: Die reine Materie ist potentielles Sein, doch auch der reinen Form kommt nur potentielles Sein zu; erst durch die Vereinigung beider entsteht aktuelles Sein. Von Plotins Materiebegriff unterscheidet sich Gabirols Ansicht in wesentlichen Punkten. Auf Grund seiner Platonischen Voraussetzungen sondert Plotin die Welt der Ideen als prinzipiell anderes von der irdischen Welt; die intelligible Materie der Geister und die irdische Materie der Körper, die mit dem Nichtseienden und zugleich mit dem Urbösen identifiziert wird, haben nur den Namen gemein. Demgegenüber betont Gabirol die Einheit der Materie, faßt die ganze Welt, alles außer Gott, als Mögliches zusammen. Dieser Materiebegriff bleibt ganz im ontologischen Bereich und enthält keinerlei ethische Nebenbedeutung und Wertung. Der Materie kommt bei Gabirol Sein zu, sie ist der einheitliche Urgrund, der alle Erscheinungen trägt. So gelingt es dem Autor auch, die gesamte Welt als Zweiheit aus Materie und Form dem außerweltlichen absolut einen Schöpfergott polar gegenüberzustellen und den prinzipiellen Unterschied von Schöpfer und Geschöpf deutlich zu machen, während dem Neoplatonismus die zwischen der Gottheit und der Körperwelt eingeschobenen Zwischenglieder dazu dienen, den Übergang von der Einheit zur Vielheit zu vermitteln.

Der Aufbau der Welt in seiner Statik, im Sinne des Aufgebautseins, und die Vorordnung der Materie als des Tragenden gegenüber der Vielheit der qualitativ verschiedenen Formen ist allerdings nur eine Seite – wenngleich vielleicht die originellste – des Systems des Salomo ibn Gabirol. Diese Konzeption verbindet sich mit der Erklärung des Weltaufbaus im Sinne des Aufgebautwerdens, der Dynamik der Entwicklung, nicht ohne Schwierigkeiten. Es ergibt sich zwar aus der qualitativen Einheitlichkeit der Materie und der Verschiedenheit der Formen, daß es die Form ist, auf die Bewegung und qualitatives Anderswerden zurückzuführen sind. Doch gewinnt nun – unter dem Aspekt der Dynamik betrachtet – die Form den Primat gegenüber der Materie. Sie ist das einheitliche Prinzip des Werdens, das aktiv auf die passive Materie einwirkt, sie macht das Ding zu dem, was es jeweils ist. Bei der Betrachtung des Entstehungsprozesses nennt Gabirol nun die Form das Prinzip der Einheit, die Materie das der Vielheit. Im Zusammenhang mit seiner Erklärung der Dynamik der Welt ist die Form das Bestimmende und Wesentliche, die Materie hingegen dasjenige, was durch die Form bestimmt wird. Im Einklang mit der Ansicht des Aristoteles steht die Form als Aktualität der potentiellen und durch die Form verwirklichten passiven Materie gegenüber.

Der „Fons vitae" ist ein wenig ausgefeiltes Werk, das voller Wiederholungen und Widersprüchlichkeiten ist. In immer neuen Ansätzen sucht der Autor mit den Problemen fertig zu werden, und sein Verdienst besteht weniger in den Lösungen, die er bietet, als in der geistigen Unabhängigkeit, mit der er versucht, Erklärungen zu finden und sich weder mit vorhandenen philosophischen noch autoritativ verbindlichen religiösen Anschauungen einfach abzufinden. Betrachtet man die Welt in ihrer Gesamtheit, so ist für Gabirol die Materie der Form vorgeordnet, doch wenn man auf die Dinge in ihrer Vereinzelung blickt, ist für ihr jeweiliges Sosein die Form verantwortlich. So kann jeweils die Materie oder die Form – hier ganz als separate Wesenheiten gefaßt – als Prinzip der Einheit bzw. als das der Vielheit verstanden werden. Im Hinblick auf das Einzelding ist es die Form, die seine Einheit bestimmt. Sie hebt als Prinzip der Verschiedenheit das Ding von einem anderen ab und konstituiert es als eine diskrete Einheit. Dadurch hindert sie die Materie, in Bestimmungslosigkeit zu zerfließen. Die qualitativ eine Materie wird durch die Form zu qualitativ Verschiedenem bestimmt, und so ist unter dem Aspekt der Qualität die Materie das Prinzip der Einheit, die einheitliche Qualität aller Dinge, die Form hingegen für die qualitative Vielfalt verantwortlich. Auf der anderen Seite bildet die Form die Ursache der quantitativen Einheit des Einzelnen, das in der Materie zu quantitativer Vielheit einzelner Exemplare auseinandergeht, so daß in quantitativer Hinsicht die Form das Prinzip der Einheit, die Materie das der Vielheit darstellt.

Auch die unterschiedliche Bewertung von Materie und Form, die Gabirol vornimmt, wird verständlich, wenn man zwischen der Welt im ganzen und den Dingen in ihr differenziert. Insgesamt ist die Materie als das Allgemeinere das Höhere, doch im Hinblick auf das Einzelne ruht die Form wie auf einem Sessel auf dem materiellen Substrat.

Die Bewegung in der Welt, das Hervorgehen der verschiedenen Stufen des Seins, kommt dadurch zustande, daß jeweils die höhere Substanz ihre Kraft ausstrahlt und diese Kraft sich mit einer ihr jeweils angepaßten Materie verbindet. Gabirol identifiziert die Kraft mit der Form und vergleicht ihr Wirken mit einem Licht, das die Luft durchdringt und das um so heller leuchtet, je feiner die Luft jeweils ist. Auf den verschiedenen Seinsstufen vergröbert sich die Materie, je weiter sie von ihrem Ursprung entfernt ist, und diese Vergröberung und Abschwächung macht die Materie immer unfähiger, die Wirkung der Kraft aufzunehmen, die daher je nach der Distanz mehr oder minder deutlich wird. Diese Konzeption Gabirols entspricht den neoplatonischen Vorstellungen von der graduellen Abnahme der Vollkommenheit des Seins. Warum allerdings die Materie, die doch nach Gabirols Ansicht eine ist, sich nach unten hin immer mehr vergröbert und abschwächt, bleibt bei ihm ebenso unerklärt, wie auch bei Plotin für ähnliche Anschauungen keine Begründung geliefert wird.

Die Welt stellt sich Gabirol als das aus Materie und Form Zusammengesetzte dar. Die universelle Materie vereinigt sich mit der universellen Form zum Intellekt, der als höchste Stufe der geistigen Substanzen die Welt in sich zusammenfaßt. Zu Gott, der ersten Substanz, steht diese zweiheitliche Substanz im Verhältnis eines polaren, prinzipiellen Gegensatzes. Gabirol bemüht sich, Gott und Welt als Schöpfer und Geschöpf im Sinne der Offenbarungsreligion gegenüberzustellen. Gott wird nicht als unpersönliche erste Ursache, sondern als personaler – freilich keineswegs anthropomorpher – Weltschöpfer verstanden, jedoch will der Autor sich mit dieser theologischen Lösung nicht begnügen, sondern versucht, die religiöse Gottesvorstellung mit der neoplatonischen Emanationslehre seines Gesamtsystems zu verbinden.

Die Kopplung dieser zwei Komponenten, der neoplatonischen Emanation, der der pantheistische Aspekt immanent ist, und der Trennung von Gott und Welt, gelingt Gabirol nicht ganz. Das Ergebnis dieses Versuches ist seine Lehre vom Willen, deren Grundtendenzen zwar erkennbar sind, deren Durchführung jedoch vielfach dunkel und schwer verständlich ist. Indem Gabirol betont, daß die göttliche Schöpfung sich prinzipiell von jeder anderen Wirkung unterscheide, hält er die gängige religiöse Ansicht, Gott habe die Welt aus dem Nichts geschaffen, aufrecht. Den Übergang von den beiden ersten Prinzipien, der universellen Materie und der universellen Form, zur göttlichen Schöpfertätigkeit schafft der Autor durch die Feststellung, daß Materie und Form aus ihrem Gegenteil entstanden sein müssen, denn sonst ergäbe sich ein regressus in infinitum. So ist das Sein aus dem Nichts entstanden, und Gott hat durch seinen Willen die creatio ex nihilo vollzogen. Durch den Willen Gottes wird die Welt bewußt geschaffen. Doch an der Beschreibung, die Gabirol vom Willen gibt, wird deutlich, daß der Autor den pantheistischen Konsequenzen seines Gesamtsystems nicht entrinnen kann. Im Willen sei alles enthalten, er sei alles und durchdringe alles, er sei die Kraft, der die Formen und damit das Leben entspringen, er sei der Quell des Lebens, der fons vitae. Gerade das bereits im Titel des Werkes verwendete Bild der Quelle integriert den Willen in das Schema der Emanationen und läßt uns eher an ein Ausfließen als an eine bewußte Schöpfung denken.

Gabirol spricht gelegentlich davon, daß der Wille Form und Materie schaffe und miteinander verbinde. Doch gilt andererseits – trotz des prinzipiellen Unterschiedes der göttlichen Schöpfungstätigkeit von allen weltimmanenten Entwicklungen – auch für Gottes Wirken das allgemeine Prinzip, daß jedes Wesen nur ein ihm Ähnliches hervorbringen könne, Gott als Wirkender folglich nur ein Wirkendes, die Form schaffe. Die Herkunft der universellen Form ist daher eindeutig erklärt, indem Gabirol sie dem göttlichen Willen entstammen läßt. Der Autor teilt im Prinzip die mutazilitische Auffassung der absoluten Einheit Gottes, dem keinerlei Attribute zuzuschreiben sind. Andererseits jedoch kann Gabirol den Willen als Agens bewußter Schöpfung nicht entbehren, und so ist das Verhältnis des Willens zum Wesen Gottes nicht mit letzter Konsequenz erklärt; die Stellung des Willens schwankt: Teils ist der göttliche Wille eine Hypostase, ein zwischen Gott und Welt stehendes Mittleres, teils ist er ein Aspekt des göttlichen Wesens, das dabei doch eines bleibt. Es gibt bei Gabirol eine – zumindest begriffliche – Trennung zwischen dem göttlichen Wesen und der göttlichen Eigenschaft. Indem Gabirol den Willen in seiner Wirkung als etwas der Form Entsprechendes bezeichnet, erinnert diese Trennung an die Beziehung von Materie und Form. Wenn aber Jedes nur ein ihm Ähnliches hervorbringen kann, dann können so gegensätzliche Prinzipien, wie es Materie und Form sind, nicht derselben Quelle entspringen. Die Form stammt aus dem Willen, und so ergibt sich die schockierende Konsequenz, daß das Substrat der Form, die Materie, direkt aus dem göttlichen Wesen hergeleitet werden muß. Und in der Tat behauptet Gabirol gegen Ende seiner Ausführungen, die Materie gehe aus dem ruhenden Wesen Gottes hervor und verbinde sich mit der durch den Willen gewirkten Form zur obersten Substanz der Welt, zur Intelligenz. Und so entspricht die Materie dem Wesen Gottes, die Form aber dem Attribut des Wesens, dem Willen. Und noch in anderer Hinsicht stimmen Gott und universelle Materie überein: Sie sind beide unerkennbar, denn das Erkennen vollzieht sich dadurch, daß die Form des Erkennenden die Form des Erkenntnisobjekts erfaßt und sich mit ihr verbindet. Gottes Wesen ist unendlich, unbegrenzt, also formlos und daher unerkennbar; nur aus seinen Wirkungen kann Gott annähernd begriffen werden. Ebenso ist auch die erste Materie, die noch keine Form trägt, unerkennbar. So steht am Ende, nicht nur im statischen Aufbau der Welt, sondern auch in ihrer prozeßhaften Dynamik, die Materie über der Form, indem sie mit dem göttlichen Wesen eins wird. Trotz vager und vorsichtiger Formulierungen kann Gabirol einer solchen Konsequenz, die schwer mit den religiösen Anschauungen vereinbar ist, nicht entrinnen.

So entbehrt das Urteil des Abraham ibn Daud, Gabirols Philosophie habe einen irreführenden Einfluß auf die jüdische Gemeinschaft ausgeübt, nicht einer gewissen Berechtigung. In der Tat hat Gabirol ein philosophisches Werk geschaffen, das nichts anderes als Philosophie sein will und in dem der

Versuch unternommen wird, allein mit Hilfe der Ratio zu wissenschaftlichen Ergebnissen zu kommen.

Seiner Absicht nach war jedoch Gabirol gewiß kein Häretiker. Wenngleich sich der „Fons vitae“ von jüdischen Voraussetzungen lösen läßt, hat der Autor selbst diese Ablösung nicht vollzogen. Das wird besonders deutlich, wenn wir Gabirols Ausführungen berücksichtigen, die er an anderer Stelle zum Problem des göttlichen Willens gemacht hat. Während in der „Lebensquelle“ die Willenslehre nur in dem Maße behandelt wird, wie sie für das Verständnis der Lehre von Materie und Form unentbehrlich ist, stellt sie ein zentrales Thema des religiösen Lehrgedichts„Königskrone“ dar. Bekanntlich hat Gabirol im „Fons vitae“ auf eine Abhandlung verwiesen, in der die Willenslehre ausführlich dargestellt werde. Ein solches Werk ist in der Literatur nicht bekannt, doch kann die „Königskrone“ einen gewissen Ersatz darstellen, wenngleich sie die Problematik in poetischer Form behandelt. Wäre es nicht erwiesen, daß der Autor von „Fons vitae“ derselbe ist wie der Dichter der „Königskrone“, dann möchte man bei oberflächlicher Betrachtung diese Identität kaum glauben, denn beide Werke erscheinen als höchst verschieden. Während die „Lebensquelle“ eine betont weltliche Schrift ist, die nicht enthüllt, daß ihr Autor Jude ist, durchdringt die Verse der „Königskrone“ eine tief empfundene jüdische Frömmigkeit, und es läßt sich von der religiösen Haltung des Verfassers nicht absehen. Das Gedicht wendet sich an Gott und preist ihn als den Weltenherrscher, aus dessen Willen der Kosmos hervorgegangen ist. Die Welt wird von Gabirol in ihrem kosmologischen Aufbau dargestellt, um an ihrer schönen und vollkommenen Ordnung die Allmacht und Vollkommenheit ihres Schöpfers zu demonstrieren. Schließlich wird die Nichtigkeit der Welt mit dem göttlichen Sein, die Niedrigkeit des Menschen mit der Allmacht Gottes verglichen.

Gabirol rückt zwar in der „Königskrone“ einen ganz anderen Aspekt in den Vordergrund als in seiner philosophischen Schrift, doch trotz der Gegensätzlichkeit beider Werke widersprechen sie sich in der inhaltlichen Aussage nicht. Die „Königskrone“ stellt die Welt im Sinne der gängigen zeitgenössischen Kosmologie dar, wobei die im „Fons vitae“ behandelten ontologischen Fragen, vor allem das Verhältnis von Materie und Form, keine Rolle spielen. In der ausführlichen Erörterung der göttlichen Attribute, mit der die „Königskrone“ beginnt, bezeichnet Gabirol die göttliche Weisheit als Quelle des Lebens. Weisheit wird aber im „Fons vitae“ häufig als Synonym für Willen benutzt. Und wie in seinem philosophischen Werk schwankt auch in der „Königskrone“ die Stellung des Willens zwischen einem Attribut des göttlichen Wesens, das trotzdem eines bleibt, und einem hypostasierten Zwischenglied zwischen dem Absoluten und der Welt. So, wie Gabirol im „Fons vitae“ zwischen dem göttlichen Willen bzw.

der Weisheit oder dem Wort (dem Logos) schlechthin und dem endlichen Willen als Schöpferkraft unterscheidet, formuliert er auch in der „Königskrone", Gott habe den determinierten Willen aus seiner Weisheit emanieren lassen.

Diejenigen Probleme, die den Kern der „Lebensquelle" darstellen, der Aufbau und die Zusammensetzung der Welt, werden in der „Königskrone" konventionell abgetan, während das, was die „Lebensquelle" nur streift, das göttliche Absolute, von dem das Vergängliche herrührt, in der „Königskrone" zum Zentralpunkt des Interesses des Autors wird. Auf diese Weise ergänzen sich beide Werke, von denen keines die gesamte Gedankenwelt Gabirols bietet.

Die „Königskrone" blieb bei den Juden nicht nur lebendig, sondern wurde sogar zu einem populären Werk. „Fons vitae" geriet hingegen weitgehend in Vergessenheit, besonders nachdem die neoplatonischen Tendenzen in der jüdischen Philosophie durch eine vom arabischen Aristotelismus geprägte Richtung verdrängt worden waren. Erhebliche Wirkungen der Philosophie Gabirols zeigen sich allerdings in der jüdischen Mystik, der Kabbala, die mit anderen neoplatonischen Einflüssen auch Gedanken dieses Philosophen aufgriff. Jedoch gehört die Darstellung jüdischer Mystik nicht in den Rahmen der Philosophiegeschichte, obwohl häufig das Gegenteil behauptet wird. Gewiß ist eine strikte Trennung von Philosophie und Mystik unmöglich. Mystiker haben ihre Gedanken in philosophischer Terminologie dargetan, philosophische Werke enthalten häufig mystische Komponenten. Doch im letzten Grunde sind Mystik und Philosophie nicht nur weit, sondern auch prinzipiell voneinander geschieden; die Behauptung, die Welt sei rational erkennbar, und der Versuch, sie mittels der Vernunft zu erfassen, widerspricht der mystischen Intuition, die den Intellekt als Mittel der Erkenntnis ausschalten will.

Ungleich stärker als auf die Philosophie der Juden ist der Einfluß, den Gabirols „Lebensquelle" in lateinischer Übersetzung auf die europäische Scholastik und zeitlich darüber hinaus ausgeübt hat. Sehen wir von Gundisalvi ab, der die lateinische Version des „Fons vitae" herstellte und auch selbst mit philosophischen Werken hervortrat, in denen er Gabirol stark benutzt, so ist eine Kenntnis der Philosophie Gabirols zuerst bei dem Pariser Theologen Wilhelm von Auvergne (1. Hälfte des 13. Jh.) bezeugt, den besonders die Willenslehre des „Fons vitae" beeindruckt. Nicht diese ist allerdings von bestimmendem Einfluß geworden, sondern Gabirols Konzeption einer einheitlichen aus Materie und Form zusammengesetzten Welt. Die Frage, ob die geistigen Substanzen materiell seien oder nicht, wurde zu einer Streitfrage der Scholastiker. Thomas von Aquino nennt alle Vertreter der Ansicht von der Materialität der geistigen Substanzen Anhänger des

Avencebrol. Während Thomas und bereits Albertus Magnus Gabirols Philosophie ablehnen, berufen sich andere, wie etwa Alexander von Hales und Bonaventura, auf ihn als Autorität und stützen mit seiner Materiekonzeption die Position des extremen Begriffsrealismus. Es gibt allerdings auch Anzeichen dafür, daß Gabirols Philosophie häretische Wirkungen im europäischen mittelalterlichen Denken gezeitigt hat. So bezeichnet Roger Bacon Gabirols Lehren als häretisch und blasphemisch und wendet sich gegen sie nicht nur wegen ihrer Schädlichkeit, sondern vor allem auch wegen ihrer weiten Verbreitung. Dabei betont er besonders, daß aus Gabirols Auffassung der Einheitlichkeit der Materie der Schluß zu ziehen sei, die Materie sei gottgleich und sei selbst Gott. Möglicherweise ist die Behauptung des David von Dinant, deus, mens und hyle seien ein und dasselbe, auf den Einfluß Gabirols zurückzuführen. Wirkungen der Philosophie Gabirols reichen bis in die Renaissance. Giordano Bruno beruft sich wiederholt mit dem Ausdruck höchster Anerkennung auf Avicebron, wenngleich eine nähere Kenntnis des „Fons vitae" bei ihm nicht nachweisbar ist. Auch Spinozas Formulierung *deus sive natura* gemahnt an Gabirol, ohne daß wir von einer direkten Beziehung wissen. Doch in Spinozas pantheistischer Konzeption wird dasjenige vollzogen, was bei Gabirol nur als eine vom Autor nicht beabsichtigte Möglichkeit angelegt ist: der Bruch mit der jüdischen Religion als der Voraussetzung des Systems. Durch die Anerkennung des Judentums als Basis ist Gabirols Werk in die jüdische Philosophie integriert; durch das Aufgeben dieser Prämisse ist Spinozas Denken von ihr getrennt.

## *Bachja ibn Paquda*

Es dürfte kaum möglich sein, in einer Darstellung des Verlaufs der Philosophiegeschichte sämtliche Autoren ausführlich zu behandeln. Je nach der Definition, was unter Philosophie zu verstehen sei, und entsprechend der zugrunde gelegten Konzeption werden bestimmte Schwerpunkte gesetzt und wird manches andere ganz oder zum Teil übergangen. So könnte in einem Zusammenhang, der die Entwicklung philosophischer Weltsicht und deren Verbindung mit feststehenden Religionssatzungen darstellen will, von Bachja ibn Paquda auch abgesehen werden, der sein Werk „Die Pflichten der Herzen" im letzten Drittel des 11. Jahrhunderts in Spanien verfaßte und daher in eine Epoche gehört, in der die jüdischen Vertreter der Philosophie im großen und ganzen neoplatonische Gedankensysteme unter Philosophie verstanden. Denn das Anliegen des Autors ist ein anderes und nicht in diesem Sinne philosophisch; der Neoplatonismus unterläuft mehr als gängige Ansicht der Epoche, als daß er Grundlage der Darstellung oder Gegenstand der Auseinandersetzung wäre.

Die Problematik, die Bachja behandelt, vor allem die Art, wie er sie betrachtet, ist eher religiös oder theologisch zu nennen. Für mittelalterliches Denken lassen sich Theologie und Philosophie nur schwer abgrenzen, und das Überschneidungsfeld ist breit. Besonders Fragen der Moral – und diese sind es, die in den „Pflichten der Herzen" behandelt werden – gehören sowohl in den Kontext der Religionslehren als auch zur Ethik als einem Teilgebiet der Philosophie. Obwohl sich Bachjas Interesse auf die Religion konzentriert, verdient er es doch, im Rahmen einer Darstellung der Philosophie berücksichtigt zu werden. Selbst wenn man feststellen muß, daß seine Absicht nicht eigentlich philosophisch gewesen ist, daß er sein Werk nicht geschrieben hat, um die wissenschaftliche Erkenntnis vorwärtszubringen, so muß man doch beachten, daß er sich, um seine Gedanken auszudrücken, der Philosophie bedient. Bachja sucht seine Thesen mit Hilfe der Ratio zu beweisen, d. h., er stellt die Philosophie in den Dienst der Theologie.

Wir nennen, entsprechend einer weithin praktizierten Üblichkeit, den Autor Bachja, ohne sicher zu sein, ob der Name auf diese Weise korrekt ausgesprochen ist, denn es liegt uns nur das unvokalisierte hebräische Konsonantengerüst vor. Die schriftliche Namensform erlaubt auch andere Vokalisierungen, wie z. B. Bechai oder Bechaje.

Über die näheren Lebensumstände des Bachja ben Josef ibn Paquda wissen wir nichts. Daß er in Spanien lebte und den Posten eines Richters bekleidete, folglich eine rabbinische Ausbildung genossen hat, ist die einzige sichere Information zur Person des Autors. Es wird angenommen, daß er in Saragossa ansässig war. Auch hinsichtlich seiner Lebensdaten herrscht keine absolute Klarheit. Das hat dazu geführt, daß je nachdem, wie die Abfassung seines Werkes zeitlich gesetzt wird, Abhängigkeiten der Gedanken von denen anderer Autoren angenommen oder bestritten worden sind. Auf Grund der Forschungen von Kokowzoff in den zwanziger Jahren unseres Jahrhunderts (The date of life of Bahya ibn Paqoda, in: Livre d'hommage à la mémoire du Dr. S. Poznański, Warschau–Leipzig 1927, S. 13–21) kann es als erwiesen gelten, daß Bachja sein Hauptwerk „Anleitung zu den Pflichten der Herzen" zwischen 1080 und 1090 in arabischer Sprache geschrieben hat. Bachja war also ein jüngerer Zeitgenosse des Salomo ibn Gabirol. Bereits im 12. Jahrhundert ist der Text ins Hebräische übertragen worden, und diese Version gehört zu den ältesten hebräischen Übersetzungen aus dem Arabischen überhaupt. So ist das Werk schon sehr früh auch außerhalb des Bereichs, in dem Juden Arabisch verstanden, bekannt geworden. Die dauerhafte Popularität, die es bei den Juden genoß, ist aus dem Vorhandensein von Übertragungen ins Spaniolische, Judendeutsche, Judenarabische und Portugiesische ersichtlich.

Der Charakter des Werkes ist gut gekennzeichnet, wenn man es eine Moraltheorie des Judentums nennt (so Steinschneider, Die hebräischen Übersetzungen des Mittelalters, Berlin 1893, S. 372). Religion wird als Pflichtenlehre verstanden, Verpflichtungen, die der Mensch Gott gegenüber hat. Die Wissenschaft gliedert sich nach den Ausführungen Bachjas in drei Teile: die Naturwissenschaft, die mathematische Wissenschaft, die sich in Arithmetik, Geometrie, Astronomie und Musik unterteilt, und die Theologie. Die beiden ersten Disziplinen bilden zusammen die Gruppe der praktischen Wissenschaften, insofern als sie auf die irdische Welt gerichtet sind und materiellen Nutzen bringen. Ihnen steht als ein Höheres die göttliche Wissenschaft gegenüber, deren Gegenstände Gott, das göttliche Gesetz sowie das Intelligible (Seele, Intellekt und geistige Wesen) darstellen. Die Kenntnis, die der Mensch sich auf diesem Gebiet erwerben soll, hat allein ideellen Nutzen, nicht aber materiellen; denn es ist nicht erlaubt, religiöse Kenntnis um materieller Vorteile willen zu erwerben.

In dieser in der Vorrede seines Werkes von Bachja gegebenen Einteilung scheint die Philosophie als Disziplin überhaupt völlig zu fehlen, denn explizit ist sie nicht genannt. Nichtsdestoweniger entspricht die Einteilung derjenigen des Aristoteles, der von drei Teilen der Philosophie spricht: Physik, Mathematik und Theologie. Dasjenige, was bei Bachja göttliche Wissenschaft heißt, hat schon Aristoteles so genannt. Erste Philosophie und Theologie werden synonym verwendet, Aristoteles versteht darunter denjenigen Teil seines Systems, den man später mit dem Namen Metaphysik belegt hat. So erweckt die Einteilung der Wissenschaften, die Bachja gibt, den Eindruck, daß es um philosophische Probleme gehe, wenn er sich in seinem Werk mit der göttlichen Wissenschaft beschäftigen will. Aber gleich im Anschluß an seine durchaus philosophische Einteilung der Wissenschaften erklärt er unter Berufung auf Saadia, Gott habe zum Erwerb der religiösen Kenntnis drei Tore geöffnet, nämlich einen gesunden Verstand, das mosaische Gesetz und die von unseren Vorfahren überkommenen, auf die Propheten zurückgehenden Traditionen. Die Tora, das mosaische Gesetz, enthalte, so führt Bachja in der Vorrede aus, zweierlei: Vorschriften für das äußere Tun und Lassen des Menschen und solche für sein inneres Verhalten. Die Gebote bzw. Verbote dessen, was der Mensch zu tun oder was er zu unterlassen hat, nennt Bachja Pflichten der Glieder. Diese Handlungen, die das Religionsgesetz dem Menschen vorschreibt, basieren zum Teil auf der Vernunft und wären daher auch dann obligatorisch, wenn sie nicht im Religionsgesetz enthalten wären. Daneben gibt es andere Vorschriften, die nur dadurch bindend sind, daß die jüdische Religion sie verlangt, während sie die

Vernunft weder fordert noch aber auch ablehnt, Vorschriften also, die zu Handlungen und Verhaltensweisen führen, die rational unbegründbar und unter diesem Aspekt völlig gleichgültig sind. Als derartige Gliederpflichten nennt Bachja beispielsweise die rituellen Speisegesetze und das Verbot, Kleider zu tragen, die sowohl aus Wolle als auch aus Flachs gewebt sind.

Diesen äußeren Pflichten stellt der Autor nun in Anlehnung an islamische Traditionen die inneren, die Pflichten des Herzens, gegenüber. Sie sind sämtlich auf der Vernunft begründet. Als Beispiele nennt Bachja die Überzeugung, daß die Welt einen Schöpfer habe, der sie aus nichts (so im hebräischen Text; im arabischen „nicht aus etwas") geschaffen habe, die Einzigkeit Gottes, das Vertrauen auf Gott, die Liebe zu Gott, den Gehorsam ihm gegenüber und anderes mehr. Diese Herzenspflichten sind für Bachja die entscheidenden Aufgaben des Menschen. Die Pflichten der Glieder bekommen ihren Wert nur durch die ihnen zugrunde liegenden Intentionen, die allein vom Herzen abhängen. Es geht also Bachja um die Frömmigkeit als eine geistige Einstellung des Menschen, während die Befolgung ritueller Vorschriften von sekundärer Bedeutung ist. Der Autor stellt sich das Ziel, als Gegengewicht zu den zahlreichen rabbinischen Kompendien seiner Zeitgenossen und seiner Vorgänger, denen es um die Fragen der Erfüllung der rituellen, der äußeren Pflichten zu tun war, eine andere, nach seiner Ansicht wesentlichere Seite der Offenbarungsreligion, und zwar speziell der jüdischen, zu betonen, den eigentlichen Sinngehalt des Judentums darzulegen und zu fundieren. Das ist für ihn ein vordringliches religiöses Anliegen. Vom philosophischen Begriff der Theologie als eines Teiles der Philosophie im Sinne des Aristoteles löst sich Bachja und gibt dem Terminus „göttliche Wissenschaft" einen anderen Bedeutungsgehalt, indem er den Begriff mit Offenbarungsreligion gleichsetzt, so daß diese Wissenschaft zum Teil Fragen behandelt, die weit von philosophischer Problematik entfernt sind, zum Teil allerdings sich mit metaphysischen Problemen befaßt, jedoch nicht um der philosophischen Erkenntnis willen, sondern um auf diese Weise die inneren Pflichten des Menschen gegenüber Gott rational zu begründen.

Da die Pflichten des Herzens auf der Vernunft beruhen, ist der Mensch, sofern er dazu intellektuell fähig ist, verpflichtet, sie nicht einfach unreflektiert zu übernehmen, sondern sie geistig zu erfassen. Nur Frauen, Kinder und Geistesschwache seien dazu nicht in der Lage. Das Werk Bachjas ist in zehn Abschnitte eingeteilt, deren jeder jeweils einer dieser Pflichten gewidmet ist. Zunächst folgt der Autor den dogmatischen Kompendien der Mutazila und beginnt mit der Erörterung des Gottesbegriffs. Die Anerkennung der Einheit Gottes nennt Bachja als erstes Prinzip, als erste der inneren Pflichten. Da Gott absolut einer ist, ist sein Wesen dem Menschen unerfaßbar, da der menschliche Verstand nur Substanzen und Akzidenzien begreifen kann. Daraus folgt, daß wir Gott nur durch das, was er geschaffen hat, erkennen können. So besteht die zweite Herzenspflicht in der Betrachtung des von Gott Geschaffenen. Aus der Erkenntnis, daß die Welt von Gott geschaffen ist, ergibt sich die Abhängigkeit der Schöpfung vom Schöpfer. Gott beherrscht das von ihm Geschaffene, während dieses ihm dienstbar ist. So folgt als Grundgedanke des dritten Abschnitts, als dritte der Herzenspflichten, der Gehorsam gegenüber Gott. Die absolute Souveränität Gottes macht den Schöpfer zum Urheber alles Glücks und Unglücks, das dem Menschen widerfährt. Das menschliche Schicksal ist von Gott bestimmt, so daß das vierte Prinzip der Herzenspflichten im Gottvertrauen besteht. Im fünften Abschnitt handelt der Autor von der Pflicht, Gott allein zu dienen und alle unsere Handlungen auf ihn allein zu beziehen; Bachja nennt diese Verpflichtung Aufrichtigkeit des Tuns. Die Erkenntnis der Größe und Erhabenheit Gottes führt zur Demut des Menschen, der sechsten der inneren Pflichten. Als weitere Prinzipien nennt Bachja dann die reuige Umkehr, die ständige Gewissensprüfung, die Abkehr von den sinnlichen Begierden, d. h. die Enthaltsamkeit, Askese, und schließlich die Liebe zu Gott. Bachja geht also von der Erörterung des Einheitsbekenntnisses des Kalam aus und bietet dann eine Stufenfolge von Pflichten, die zum großen Teil mit Termini bezeichnet werden, die in der islamischen Mystik geläufig sind. Wir kennen nicht die unmittelbaren Quellen, auf die sich der Autor stützt, aber es ist ersichtlich, daß das Werk des Bachja in sehr starkem Maß der islamischen Tradition verpflichtet ist. Der Verfasser scheut sich auch nicht, islamische Asketen zu zitieren, freilich ohne Namensnennung. Der vorherrschende Gedanke im Werk Bachjas ist die Askese. Diese deutliche Entwertung des Irdischen und die Hinlenkung des Menschen auf einen außerweltlichen Bezugspunkt ist allerdings im Gegensatz zur asketischen islamischen Literatur nicht mit Mystik verbunden. Daß bei Bachja die Liebe zu Gott nicht zur mystischen Vereinigung mit der Gottheit führt, wäre kein zureichender Beweis dafür, daß er kein Mystiker gewesen ist, denn jüdische Mystik betont stets den unüberbrückbaren Gegensatz von Schöpfer und Geschöpf und führt nur zur geistigen Schau und zum unmittelbaren Erleben der Gottheit, nicht aber zur Verschmelzung mit ihr. Was dagegen spricht, Bachja als Mystiker zu bezeichnen, ist vor allem das Fehlen des ekstatischen Elements, das Nichtvorhandensein des individuellen Gotteserlebnisses des Mystikers. Vor allem verdient hervorgehoben zu werden, daß Bachjas Herzenspflichten nicht als der individuelle Weg zu Gott verstanden sein wollen, sondern als Sinngrundlage der bewußten Pflichterfüllung für die Allgemeinheit.

Der äußeren Seite der Religion kommt trotz ihrer Unterordnung unter die inneren Pflichten große Bedeutung zu; ihre Einstufung in der Hierarchie der Pflichten als sekundär ist nicht als Abwertung zu verstehen. Bachja bleibt stets der Praxis, dem tätigen Leben verbunden, und seine Befürwortung der Askese ist nicht als Empfehlung zu betrachten, sich von der Gesellschaft zu lösen. Gottvertrauen darf nicht dazu führen, die tägliche Arbeit einzustellen; sie ist notwendig und deshalb geboten (IV,3), denn radikale Askese würde die menschliche Gesellschaft in ihrem Bestand gefährden, ja zugrunde richten. So betont Bachja die Pflichten des Menschen innerhalb der Gesellschaft, die Notwendigkeit der Berufstätigkeit, der Ehe und der Gründung einer Familie (IX,3), obwohl er die irdische Welt nur als eine Vorbereitung für das Jenseits sieht. Wenn dies auch nicht zur Weltflucht führt, so wird dadurch der Wert des Diesseits doch relativiert und eine antihedonistisch-asketische Einstellung nahegelegt. Zwar entspricht das nicht den im Judentum vorherrschenden Ansichten, aber es ist auch nicht als unjüdisch zu bezeichnen. Nach gängiger jüdischer Auffassung wird als Belohnung für ein tugendhaftes Leben jenseitiges Glück erwartet, indessen liegt in stärkerem Maße als bei Bachja der Akzent auf dem Diesseits.

Die Existenz Gottes erweist der Denker mit Argumenten, die dem Kalam geläufig sind: Sie ergibt sich ihm aus der zusammengesetzten Natur der Dinge, die eines sie Zusammensetzenden bedürfen, ferner aus der These, daß nichts sich selbst schafft, sondern alles eine Ursache hat, wobei die Kausalkette weder logisch noch zeitlich unendlich sein kann. So gelangt Bachja zum Begriff eines Schöpfergottes, und er behauptet, daß die Schöpfung aus dem Nichts erfolgt (I,5). Dafür ermangelt es allerdings des Beweises; als Beleg für eine Schöpfung aus dem Nichts, die im Bibeltext keineswegs eindeutig behauptet wird und die auch die spätere jüdische Tradition nicht einhellig anerkennt, bringt Bachja nur Bibelzitate, die seine Ansicht stützen sollen (I,6). Aus der sinnvollen Einrichtung der Welt schließt er außerdem auf eine weise und planvolle Tätigkeit des Weltschöpfers und führt so in die aus dem Kalam übernommene Argumentation ein teleologisches Moment ein.

Die Einheit Gottes erläutert Bachja in einem neoplatonischen Sinne, allerdings anscheinend ohne sich auf die ihm vorangehenden jüdischen Vertreter neoplatonischer Philosophie zu stützen. Er folgert aus der Vielheit der Dinge die Notwendigkeit ihres Ursprungs aus der Einheit (I,7) und konzipiert einen Gottesbegriff, dessen Einheit absolut ist. Von Gott läßt sich nichts als seine Existenz, seine Einheit und seine Ewigkeit aussagen, wobei Bachja auch diese Attribute als bloße Negationen ihres Gegenteils ansieht (I,10). Alle anderen Eigenschaften, die wir Gott zuschreiben, sind nur Aussagen über seine Wirkungen (I,10). Während in Bachjas Gottesbegriff neoplatonische Einflüsse sichtbar werden, ohne daß wir um die unmittelbaren Quellen des Autors wissen, sind diese Elemente ohne wesentliche Wirkungen auf sein Gesamtsystem. Von einem neoplatonischen Emanationsschema findet sich keine Spur. Bachjas Ansichten über Gott und seine Schöpfung sind eine Mischung von Vorstellungen, die aus der jüdischen Religion, dem islamischen und jüdischen Kalam und neoplatonischen Elementen übernommen und nicht immer widerspruchslos zusammengefügt sind.

Die Wirkung von Bachjas Werk, das zu großer Popularität gelangt ist und das man als ein Volksbuch jüdischer Frömmigkeit besser klassifiziert denn als wissenschaftliches Opus, beruht sicher nicht auf seinem philosophischen Gehalt, der als Hintergrund nur die herrschenden Meinungen der Epoche spiegelt. Kennzeichnet man die Haltung des Autors als asketisch, so irrt man gewiß nicht; jedoch erhebt sich dann die Frage, worauf eigentlich die Ausstrahlung des Werkes beruht, das in einer Religionsgemeinschaft Verbreitung fand, für die Askese nichts allgemein Akzeptiertes, sondern eher eine Sonderform der Religiosität darstellte. Zunächst verdient ein äußerer Grund genannt zu werden, nämlich der formale Aufbau des Buches. Bachja gliedert sein Werk in übersichtlicher Weise. Die Einleitung legt die Hauptpunkte der Untersuchung dar, und jeder der zehn Abschnitte beginnt mit einer dem ersten Kapitel vorangestellten Einleitung, in der der Autor erklärt, wie die folgenden Darlegungen mit dem Voraufgehenden verbunden sind. Ein gut geordnetes Werk, dessen Aufbau seinen Lesern als folgerichtig erscheint, hat gewiß eine Aussicht, auch inhaltlich als gute und nützliche Literatur geschätzt zu werden.

Was nun aber den Gehalt des Werkes betrifft, so fällt vor allem die maßvolle, für das tägliche Leben breiter Schichten akzeptable Lebensklugheit des Verfassers auf. In seiner Seelenlehre geht Bachja davon aus, daß in die menschliche Seele zwei Eigenschaften gelegt sind, die Begierde und das Urteilsvermögen, das auf dem Verstand beruht. Bachja erklärt nun, daß das Triebleben dem Individuum und der Art dient und für die Aufrechterhaltung der Gesellschaft notwendig ist. Der Verstand, der im Menschen erst im Reifestadium wirksam wird, schätzt das Irdische gering und will sich von der Welt lösen. Wäre er allein wirksam, dann käme es zur Zerstörung der Gesellschaft (III,2). Wegen dieser Zusammensetzung seiner Seele neigt der Mensch bald zu übertriebenem Lustverlangen, bald zu asketischer Weltflucht. Das Religionsgesetz veranlaßt ihn, den rechten Mittelweg zu wählen, der die göttliche Weltordnung aufrechterhält (III,3).

Die Askese, die Bachja empfiehlt, ist mit Weltflucht keineswegs gleichzusetzen. Er unterscheidet drei Sorten aufrichtiger Askese, die er von einer unaufrichtigen asketischen Praxis abhebt. Die von ihm empfohlene asketische Haltung entspricht nicht dem Ideal des Eremiten, der keine sozialen Pflichten anerkennt; zwar ist die Lebensweise des Einsiedlers eine aufrichtige asketische Haltung, sie ist jedoch diejenige Form von Askese, die der Ausgewogenheit des Religionsgesetzes am fernsten steht. Besser ist schon eine Haltung, bei der man auf alles in materieller und ideeller Hinsicht Überflüssige verzichtet, ohne sich von der Gesellschaft zu separieren. Doch die beste und von Bachja empfohlene Art der Askese besteht darin, sich äußerlich nicht von anderen Menschen zu unterscheiden, sondern die Askese im Herzen zu tragen, d. h. ständig sein Gewissen zu prüfen und sich völlig dem göttlichen Willen zu unterwerfen (IX,3). Das bedeutet im Grunde nichts anderes, als dem Menschen zu empfehlen, sein Leben entsprechend ethischen Normen zu führen und stets zu überlegen, ob seine Handlungen diesen Standard erreichen. Der Mensch soll also bewußt gut handeln, und eine Handlung ist, wie Bachja in anderem Zusammenhang ausführt, als gut zu bezeichnen, falls man keine Belohnung für sie erwartet und auch bereit wäre, sie zu tun, wenn niemand von ihrer Ausführung erfährt (V,5).

Mehrfach verweist Bachja auf den Platonischen Gedanken, daß die Seele in der irdischen Welt fremd sei. Aber nicht nur wird damit die Verbindung zur intelligiblen Welt hergestellt, sondern Bachja betont den moralischen Aspekt, die Aufgabe, die dem Menschen aus dieser Position der Seele erwächst. Daraus, daß jedes Menschen Seele in der irdischen Welt ein Fremdling ist, ergibt sich die Verpflichtung der Solidarität zu jedem, der in der gleichen Situation ist, also zu allen anderen Menschen (VIII,3).

Es ist vor allem der Aristotelische Grundsatz des rechten Maßes, der die Lebensweisheiten eines Bachja auch denen als annehmbar erscheinen läßt, die möglicherweise die Abwertung der Aufgaben des Menschen zugunsten eines jenseitigen Ideals, die Betrachtung des moralischen Lebens als vorbereitende Stufe zum jenseitigen Glück nicht als Begründung für ihr Handeln auffassen wollen. Bachja hat sich mit seinen Ausführungen nicht an eine intellektuelle Elite, sondern an die Allgemeinheit gewandt; die verstandesmäßige Einsicht in die Forderungen der Religion als Aufgabe der Gesellschaft, das Erfassen des Sinnes der das menschliche Leben regelnden Satzungen ist für jeden Menschen ebenso möglich wie verpflichtend, und so hat Bachjas Werk als Versuch religiöser Sinngebung, nicht als philosophisches System eine nachhaltige Wirkung ausgeübt.

## *Das Buch vom Wesen der Seele (Pseudobachja)*

In die neoplatonische Tradition gehört auch eine Schrift in arabischer Sprache, die den Titel „Vom Wesen der Seele" trägt und die zu Unrecht dem Bachja ibn Paquda zugeschrieben worden ist. Bereits Jacob Guttmann (in Monatsschrift für Geschichte und Wissenschaft des Judentums, XLI, 1897) hat im einzelnen nachgewiesen, daß der Standpunkt des Autors der Schrift vom Wesen der Seele mit dem des Bachja in keiner Weise übereinstimmt, so daß der Autorenname, der sich nur in dem zuerst bekannt gewordenen Pariser Manuskript findet, kein Zutrauen verdient. Wir kennen weder den Namen des Verfassers, noch können wir Ort und Zeit des Entstehens der Schrift fixieren. Daß das Werk nicht vor der Mitte des 11. Jahrhunderts geschrieben sein kann, ergibt sich aus der Erwähnung Avicennas (gest. 1037) und des Talmudisten Nissim ben Jakob aus Kairuan (gest. um 1040), der im Text als verstorben bezeichnet wird. Unter der Voraussetzung, daß der Entstehungsort der Schrift im westlichen Teil der arabischen Welt zu suchen sei, ließe sich vermuten, daß die Abhandlung zeitlich mit anderen Werken neoplatonischer Prägung zusammengehört und mindestens vor der Zeit entstanden sein müßte, in der sich die Juden in ihrer philosophischen Grundhaltung mehr auf Aristoteles in dem Sinne, wie ihn seine arabischen Anhänger verstanden, stützten. Wir kämen dann als terminus ante quem etwa auf die Mitte des 12. Jahrhunderts. Allerdings kann das Werk ebensogut im östlichen Teil des arabischsprachigen Gebiets entstanden sein. Goldziher, der 1907 den arabischen Text ediert hat, hält es für wahrscheinlicher, als Entstehungsort den Irak anzunehmen als den arabischen Westen, aber die Frage muß als völlig offen betrachtet werden. Auch über etwaige Wirkungen der Schrift über das Wesen der Seele wissen wir nichts, so daß es unmöglich ist, das Werk in einen historischen Rahmen zu stellen. Es ist zu vermuten, daß die Wirkung kaum nachhaltig war; es sind keine mittelalterlichen Übersetzungen in andere Sprachen, weder ins Hebräische noch ins Lateinische, bekannt, und anscheinend wird die Schrift auch nirgends in späterer Literatur zitiert oder erwähnt. Goldzihers Edition beruhte auf der einzigen damals bekannten Handschrift; inzwischen ist noch eine zweite entdeckt worden. Auch zu seinen Lebzeiten scheint der Autor wenig Anerkennung gefunden zu haben, denn er spricht wiederholt davon, daß nur Menschen mit tiefem Verstand seine Ausführungen verstehen könnten. Er wendet sich an die geistige Elite und erklärt, daß diejenigen, die die Wahrheit ermitteln, sich nicht um den kümmern, der in die Irre geht.

Der Autor entwickelt, gestützt auf neoplatonische Vorstellungen, die in der arabischen philosophischen Tradition geläufig waren, ein aus zehn Stufen bestehendes Emanationsschema und identifiziert die Emanation des Schöpfers mit dem göttlichen Wirken. Emanation ist die direkt, nicht aus etwas von Gottes Wesen Verschiedenem, von Raum und Zeit unabhängig erfolgende Schöpfung. Neoplatonische Emanationslehre und jüdische Schöpfungsvorstellungen verschmelzen so miteinander, daß die Emanationsstufen jeweils mit Termini der griechischen Philosophie und mit Vokabeln der jüdisch-religiösen Tradition bezeichnet und mit Zitaten aus Bibel und Talmud belegt werden. Eine Zehnzahl von Emanationsstufen ist uns sonst in neoplatonischer Literatur nicht bekannt, aber in der Kabbala, der jüdischen Mystik, spielen die zehn Urzahlen, aus denen die Welt entsteht, eine wesentliche Rolle, so daß anscheinend auch hier für den Autor jüdische und neoplatonische Traditionen eine Einheit bilden.

Die erste Stufe der Emanation Gottes nennt der Autor die göttliche Gegenwart, den Namen, die Herrlichkeit (Gottes) und die Weisheit; von den Griechen werde diese Stufe als tätiger Intellekt bezeichnet. Da Gott am nächsten, ist sie am einfachsten. Je weiter die Emanationsstufen, deren jede die ihr vorangehende voraussetzt, von ihrem Ursprung entfernt sind, desto geringer wird ihre Einfachheit. Die erste Stufe, die Weisheit oder der tätige Intellekt, wird der erste Vermittler, der vornehmste Dolmetsch und der höchste Kammerherr des Schöpfers genannt. Aus der ersten Emanation fließt die zweite, die allgemeine Seele bzw. die Glorie des Gottes Israels. Sie bewegt durch ihre natürlichen Kräfte die Sphären, wie die Einzelseele durch ihre Kraft die Körper bewegt. Die allgemeine Seele hat, wie in der Lehre Plotins, eine Doppelstellung; einerseits berührt sie sich mit dem Intellekt und andererseits mit der dritten Stufe, der Natur, die das Leben dieser Welt und die Kontinuität ihrer Bewegung bewirkt. Diese drei Stufen vermitteln die Emanation und den Willen des Schöpfers; sie lassen der Gesamtheit der Welten die Vorschriften der göttlichen Weisheit zukommen, damit sein Wille in dieser und in der nach ihr kommenden Welt ausgeführt wird.

Der Natur folgt als vierte Stufe die Materie, der Stoff, und der Autor identifiziert den Weltenstoff mit der im zweiten Vers des biblischen Schöpfungsberichtes genahnten Finsternis. Der Materie kommt keinerlei Aktivität zu, keine Bewegung und kein Leben, doch nimmt sie diese Kräfte in sich auf, und dadurch wird ihre Mangelhaftigkeit etwas gebessert. Aus ihr stammt die gesamte aus Stoff und Form zusammengesetzte Körperwelt: zunächst die fünfte Emanationsstufe, der Körper der Sphären, dessen Akzidenzien Drehung und Bewegung sind, dann die Körper der Sterne und schließlich die vier Elemente Feuer, Luft, Wasser und Erde.

Mit dem Entstehen der Erde endet die Emanationsreihe, und diesen Sachverhalt drückt, wie der Autor erklärt, der Beginn des biblischen Schöpfungsberichtes mit den Worten „Im Anfang schuf Gott den Himmel und die Erde“ aus. Unter „Schaffen“ sei der göttliche Emanationsprozeß zu verstehen; alles Weitere ist dann ein Entstehen aus etwas, indem durch die Verbindung der Elemente miteinander die Dinge der irdischen Welt gebildet werden. So entstehen die Mineralien, die Pflanzen, die Tiere und zuletzt der Mensch, der nach dem biblischen Bericht, auf den sich der Autor beruft, das Ende der Schöpfung darstellt. Als letztes Glied der Entwicklungsreihe enthält der Mensch die Spuren alles dessen, was von Gott emaniert und was durch Kombination der Elemente entstanden ist, so daß er die Gesamtheit der Welten in sich vereinigt.

Dieses neoplatonische Schema, das vor allem durch die vollständige Parallelisierung mit den Lehren der Bibel und des Talmuds bemerkenswert ist, bildet für den Autor allerdings nur einen Rahmen, in den er seine Lehre vom Wesen der Seele stellt. Unter der Voraussetzung dieses Weltbildes ergibt es sich folgerichtig, daß der Mensch zwei Welten angehört: der irdischen, insofern als er aus den vier Elementen besteht, und der geistigen, indem seine Seele und sein Verstand vom Licht des Schöpfers emanieren. Im Anschluß an Platon vertritt der Autor nicht nur die Lehre von der Präexistenz der menschlichen Seele vor dem Körper, sondern betont auch, die Seele sei der eigentliche Mensch. Während der Körper des Menschen dem Schicksal alles Irdischen, dem Entstehen und Vergehen unterworfen ist, lebt die Seele des Menschen nach seinem Tode fort und kehrt dann zu ihrem Ursprung zurück. Der Weg der Seele aus der geistigen Welt bis zur Verbindung mit dem menschlichen Körper und der umgekehrte Aufstieg nach dem Tode ist für den Autor von wesentlicher Bedeutung. Der Abstieg durch die verschiedenen Stufen des Seins läßt die Seele ihrer ursprünglichen Reinheit verlustig gehen, und besonders ihre Verbindung mit der materiellen Welt bewirkt, daß sie von der Sinnlichkeit erfaßt wird und die Kenntnisse, die ihr vordem eigen waren, vergißt. Das Ziel des Menschen muß es daher sein, danach zu streben, seine Seele zu läutern, damit sie ihre ursprüngliche Vollkommenheit erkennt und wieder zur Kenntnis des Schöpfers gelangt. Das Glück zu erreichen ist für den Autor das Ziel des Menschen, aber es liegt für ihn ganz im Bereich des Geistigen. Die Läuterung der Seele wird durch tugendhaftes Leben bewirkt, indem die vernünftige Seele über die animalische und die vegetative herrscht. Im Gegensatz zur rationalen Seele, deren wahre Heimat die höhere Welt ist, entstammen die niederen Seelen der Erde und bilden sozusagen den Körper der eigentlichen Seele. Nach Platonischem Muster nennt der Autor vier Haupttugenden: Weisheit, Tapferkeit, Enthaltsamkeit und Gerechtigkeit. Jeder Seele kommt eine für sie spezifische Tugend zu: der rationalen Seele die Weisheit, der animalischen der Mut, der vegetativen die Enthaltsamkeit; die Gerechtigkeit entsteht aus dem Gleichmaß der übrigen Tugenden. Die Aufgabe der vernünftigen Seele besteht in der Erkenntnis, deren Quellen sowohl die Vernunft als auch das Religionsgesetz sind. Das Gesetz ist der Schlüssel zu dem, was sich unserem Verstand nicht erschließt, und mittels des Verstandes wird uns dasjenige offenbar, was in der Religionslehre unklar ist.

Auf Grund ihrer Herkunft aus der geistigen Welt überlebt die Seele den Körper und empfängt je nach ihrem Verdienst Lohn oder Strafe nach dem Tode. Es ist bemerkenswert, daß für den Autor die Individuation der Seele dabei erhalten bleibt, daß also die Einzelseele nicht wieder in der allgemeinen Seele aufgeht. Die Seelen der Bösen mühen sich vergeblich um den Wiederaufstieg zu ihrem Ursprung, und im einzelnen werden die Strafen ausgemalt, die diese Seelen für die verschiedenen Sünden erleiden. Nur diejenigen, die auf Erden sowohl zu moralischer als auch zu intellektueller Vollkommenheit gelangt sind, gehen unmittelbar ins himmlische Paradies ein, während alle diejenigen, die zwar gute Taten vollbracht haben, aber der Erkenntnis ermangeln, zunächst in ein irdisches Paradies gelangen, um dort zu der Erkenntnis zu kommen, die die Seele während ihres Aufenthaltes auf Erden verloren hatte, deren sie aber bedarf, um ins himmlische Paradies aufsteigen zu können. Dieses irdische Paradies liegt an einem mit dem Auge nicht wahrnehmbaren Ort, der sich angeblich auf dem Libanongebirge hinter Jerusalem befinden soll.

Die weitgehende Abhängigkeit des Werkes von der sogenannten Theologie des Aristoteles, einem Auszug aus Plotins Enneaden, von den populärneoplatonischen Abhandlungen der Lauteren Brüder von Basra und vom Hermetischen Schrifttum hat Goldziher im einzelnen nachgewiesen. Auch jüdische Quellen, vor allem Saadia, hat der Autor benutzt. Die Tatsache, daß die zuerst bekannt gewordene Handschrift den Namen Bachjas trug, mag den Anstoß dazu gegeben haben, daß das „Buch vom Wesen der Seele“, das man weder als besonders klar in seinem Aufbau noch als sehr überzeugend in seinen Darlegungen bezeichnen kann, überhaupt ediert wurde und nicht das Schicksal vieler anderer und möglicherweise bedeutenderer Werke teilte, die heute noch ungedruckt sind. Das im Kern neoplatonische Schema des Weltaufbaus ist dem Autor eine feststehende, keiner Beweise bedürfende Tatsache. Probleme, die sich aus der von ihm vorausgesetzten kompletten Identität des Ureinen mit dem biblischen Schöpfergott ergeben, bleiben dem Verfasser anscheinend verborgen. Es ist nicht so, daß er sich darum bemüht, biblische Schöpfung mit neoplatonischer Emanation zu identifizieren und ihre Übereinstimmung einsichtig zu machen. Den Nachweis, daß jüdische Religion und philosophische Doktrinen im Grunde dasselbe seien, haben seit Philon jüdische Philosophen immer wieder zu führen gesucht, aber in der Schrift vom Wesen der Seele besteht nicht die Absicht der Identifizierung zweier Vorstellungswelten miteinander, sondern ihre Identität wird vorausgesetzt. Wir müssen allerdings berücksichtigen, daß der Autor sich auf eine eigene Schrift „Die Reihenfolge und Anordnung der Schöpfung“ beruft, die wir aber nicht kennen. Da sie jedoch, wie der Autor sagt, durch das „Buch vom Wesen der Seele“ erläutert werde, ist es kaum anzunehmen, daß in ihr seine Ansichten klarer formuliert waren. Die breit ausgemalte Vergeltungslehre, die die Schicksale der Seele nach ihrer Trennung vom Körper schildert, ist keine eigentlich philosophische Thematik und kann daher nicht im

Mittelpunkt unseres Interesses stehen. Ist überhaupt das Werk als philosophisch in dem Sinne zu verstehen, daß sich sein Autor um begriffliche Erfassung der Realität bemüht, oder wird ein philosophisches Schema benutzt, das als weithin akzeptiertes Requisit einen Bestandteil religiöser Weltsicht darstellt? Die Intention des Autors ist philosophisch zu nennen nicht nur darum, weil seine hauptsächlichen Quellen philosophischer Literatur zugehören, sondern auch deshalb, weil das Wesen der Seele – jedenfalls für Antike und Mittelalter – eine in erster Linie philosophische Thematik ist. Die Ausführung allerdings bleibt meist im Bereich der bloßen Darstellung, ohne daß die Behauptungen vom Autor bewiesen werden, es sei denn durch Bibelzitate. So weist er Avicennas ausführlich begründete Auffassung, die Seele entstehe zugleich mit dem Körper, kurz unter Berufung auf die Lehren der Religion zurück, ohne sich mit Avicennas Argumentation philosophisch auseinanderzusetzen.

Wäre uns eine räumliche und zeitliche Festlegung des Entstehens der Schrift möglich, dann ließe sich ihre Bedeutung und ihre Rolle genauer fixieren. Da wir aber weder den sozialen Rahmen kennen, in dem das Werk entstand, noch auch Spuren eines Weiterwirkens nachweisbar sind, ist bei der Beurteilung der theoretischen Leistung des Autors Vorsicht geboten. Bei der Beschäftigung mit dem Text entsteht allerdings in starkem Maß der Eindruck, es handele sich nicht um ein Werk von überragender Bedeutung.

## *Abraham bar Chija*

Abraham bar Chija, dessen Wirken in die erste Hälfte des 12. Jahrhunderts fällt, hat sich mit philosophischen Problemen nicht vorrangig beschäftigt. Er war vor allem als Astronom und Mathematiker berühmt, und es wird meist darauf hingewiesen, seine Ausführungen zu Fragen der Philosophie seien von nur geringer Bedeutung. Damit ist allerdings noch nicht gesagt, daß die Gedanken des Autors für uns uninteressant sein müssen. Im Gegenteil: Gerade die Tatsache, daß Abraham die Ansichten der Philosophen, nämlich nur die gängigen Anschauungen darlegt, bietet uns die Möglichkeit, dasjenige kennenzulernen, was als communis opinio philosophisches Weltbild war.

Über das Leben des Autors wissen wir wenig. Er wirkte in Barcelona und war dort ein hoch angesehener Mann. Dafür spricht, daß er in hebräischen Texten als „Fürst“ bezeichnet wird und in Arabisch den Titel „Polizeichef“ führt. Die arabische Bezeichnung ṣāḥib aš-šurṭa, aus der man nicht folgern muß, daß Abraham eine solche Funktion tatsächlich ausgeübt hat, sondern die ein bloßer Ehrentitel sein kann, ist in verballhornter Form als „Savasorda“ in die lateinischen Übersetzungen eingegangen.

Abraham bar Chija war als Autor zu seiner Zeit und auch in den Augen der Nachwelt von wesentlicher Bedeutung. Zunächst ist das der Tatsache zuzuschreiben, daß er der erste war, der über Mathematik, Naturwissenschaft und Philosophie nicht in der üblichen Sprache der Wissenschaft, in Arabisch, schrieb, sondern der seine Werke auf Hebräisch verfaßte. Das hatte zur Folge, daß seine Gedanken nicht nur unter den jüdischen Gelehrten in Spanien verbreitet wurden, sondern auch in der Provence, in Frankreich und in Deutschland, wo man Hebräisch, nicht aber Arabisch las. Dort wurden die Juden durch die Schriften des Abraham bar Chija zum erstenmal mit der durch die Araber vermittelten und bereicherten griechischen Wissenschaft in Berührung gebracht. Die Geometrie Abrahams scheint das erste Werk gewesen zu sein, durch dessen Übersetzung die christliche Scholastik Kenntnis von der Weiterentwicklung der griechischen Mathematik durch die Araber erhielt.

Philosophische Gedanken erscheinen vornehmlich in einer kleinen Schrift des Abraham, deren Titel Julius Guttmann im Anschluß an die Arbeiten seines Vaters mit „Betrachtung der Seele" nicht sehr glücklich übersetzt hat. Der längere Titel des Originals „Betrachtung der betrübten Seele bei ihrem Anklopfen an das Tor der Umkehr" macht es deutlich, daß die Seele das Subjekt, nicht das Objekt der Betrachtung darstellt. Adäquat als Übersetzung wäre etwa „das Sinnen der Seele". Die Schrift dient praktischen Zwecken; möglicherweise ist sie aus gottesdienstlichen Vorträgen des Verfassers erwachsen. Sie hat infolgedessen religiöse Belehrung und dadurch herbeizuführende moralische Besserung zum Ziel, und die philosophischen Darlegungen sind dem Autor nur ein Mittel, diese Aufgabe zu erfüllen. So scheint die Philosophie für Abraham bar Chija die Funktion zu haben, der Religion dienstbar zu sein, indem philosophische Lehren die Richtigkeit der religiösen Ansichten bestätigen und bekräftigen sollen. Es ist jedoch zu bedenken, daß der Autor sich an ein breites Publikum wendet, das nicht zu den in philosophische Lehren Eingeweihten gehört. Durch die Ausführungen des Verfassers soll nicht derjenige, der durch das Studium der Philosophie in Zweifel an geoffenbarter Wahrheit geraten ist, davon überzeugt werden, daß die philosophischen wissenschaftlich beweisbaren Behauptungen der religiösen Wahrheit nicht nur nicht widersprechen, sondern diese vielmehr untermauern und bestätigen, sofern man sie – und dazu regt gerade der von der Philosophie geweckte Zweifel an – richtig interpretiert. Es soll im Gegenteil die Allgemeinheit, an die sich Abraham durch den Gebrauch der hebräischen Sprache wendet, mit wissenschaftlichem Weltbild in populärer Form vertraut gemacht werden; und so kommen – vielleicht ohne Absicht des Autors – letzten Endes diejenigen, die in philosophischer Hinsicht Laien sind, zu dem Zweifel, von dem Adepten der Philosophie durch nur an sie gerichtete Werke befreit werden sollen.

Neben der Abhandlung „Betrachtung der Seele" enthält noch ein zweites Werk des Autors, „Die Schrift des Enthüllers", das der religiösen Geschichtsbetrachtung und der Berechnung der Zeit des Kommens des Messias gewidmet ist, philosophische Gedanken, die diejenigen, die sich in der „Betrachtung der Seele" finden, ergänzen, wobei sich gewisse Abweichungen und Widersprüche zeigen.

Die philosophischen Lehrmeinungen, die Abraham bar Chija vorträgt, sind, wie der Autor häufig selbst betont, meist Entlehnungen aus älteren nichtjüdischen Quellen, ohne daß es bisher in allen Fällen möglich war, die Ursprünge zu finden. Da die philosophisch relevanten Werke Abrahams populärer Natur sind, darf man ein geschlossenes philosophisches System in ihnen nicht erwarten. Die Gedanken des Autors stehen neoplatonischen Anschauungen nahe, jedoch gibt es auch bemerkenswerte Abweichungen, vor allem vom neoplatonischen Emanationsschema, das der Autor nur teilweise benutzt. In der „Betrachtung der Seele", einer Schrift, deren zentraler Gedanke die Bestimmung des Menschen ist, wird das neoplatonische Schema durch den Aristotelischen Dualismus von Materie und Form als den konstituierenden Bestandteilen der irdischen Welt ersetzt. Vor der Schöpfung der Welt, deren Hervorgehen von der Möglichkeit zur Wirklichkeit nicht mit Notwendigkeit, sondern als Akt der Liebe Gottes zu seinen Geschöpfen erfolgte, sind sowohl Materie als auch Form im göttlichen Denken als Potenzen vorhanden, und als Gott die Welt schuf, vereinigte er beide miteinander. Die Entstehung der irdischen Dinge aus der Vereinigung der potentiell vor der Weltschöpfung vorhandenen Prinzipien Materie und Form entspricht, wie Abraham bar Chija ausführt, vollkommen den Lehren der Bibel, in der es heißt, die Erde war zunächst Tohuwabohu. Diese hebräische Formulierung wird im Deutschen meist als „öde und wüst" wiedergegeben, doch ist die eigentliche Bedeutung unklar. Abraham meint, das, was die Bibel als *Tohu* bezeichnet, sei die Materie, während *Bohu* als Form zu verstehen sei. Diese Identifizierung von *Tohu* und *Bohu* mit Materie und Form scheint eine eigene Leistung des Autors zu sein. Form und Materie bedürfen einander in der irdischen Welt. Allerdings steht die Form über der Materie, was schon durch die Bezeichnung *Bohu* deutlich wird, denn dieses hebräische Wort bestehe, wie Abraham auf Grund einer Überlegung meint, die wir heute als Phantasie-Etymologie bezeichnen würden, eigentlich aus zwei Wörtern, nämlich aus *bo* und *hu*, und bedeute „durch es ist es", d. h., die Materie besteht durch die Form. Es ist die Form, durch die die Materie zur Existenz gelangt und Bestand erhält, durch die sie zum konkreten Etwas wird. Die Materie ermöglicht andererseits die sinnliche Anschauung der Form. Während die Materie ohne Form weder existent noch wahrnehmbar ist, bedarf die Form der Materie nur, um sinnlich wahrgenommen werden zu können, während ihre

Existenz von der Materie unabhängig ist. Auch das läßt sich aus dem Terminus *Bohu* ersehen, der auch als „es ist in bzw. durch sich“ verstanden werden kann.

Abraham unterscheidet bei Form und Materie jeweils zwei Teile. Es gebe eine geschlossene oder versiegelte Form, die so rein ist, daß sie sich nicht mit Materie verbindet und daher sinnlich nicht wahrnehmbar ist, sondern nur vom wissenschaftlichen Denken erfaßt werden kann. Diese separate Form ist die Form der Wesen der oberen Welt, die Form der Engel und der Seelen. Dann gibt es einen zweiten Teil der Form, die der Autor als gehöhlt und offen bezeichnet; sie ist geeignet, sich mit Materie zu vereinen. Die offene Form hängt insofern von der geschlossenen ab, als diese auf sie blickt und auf sie ausstrahlt. Dadurch hilft die geschlossene Form der offenen, die Materie mit Formen zu bekleiden.

Auch bei der Materie unterscheidet Abraham bar Chija zwei Teile: Die offene Form verbindet sich zunächst mit der reinen und lauteren Materie, und aus dieser Verbindung entstehen die Himmelskörper. Den zweiten Teil der Materie bezeichnet Abraham als Schmutz und Hefe, und wenn dieser Teil sich mit der Form verbindet, entstehen die vier Elemente und das aus ihnen Zusammengesetzte. Diese Vereinigung der Form mit der niederen Materie ist nicht beständig und unveränderlich, wie das bei den Himmelskörpern der Fall ist, sondern die Form wechselt von Körper zu Körper, und es gibt eine Vielzahl entstehender und vergehender Gestaltungen.

So existiert die Form teils separat und frei von Materie, teils in fester Verbindung mit der reinen Materie der Gestirne des Himmels, teils in lockerer, wechselnder Kombination mit der schmutzigen Materie der irdischen Welt. Der Autor spricht indessen noch von einer vierten Art der Form, und das ist die Seele des Menschen. Die menschliche Seele ist eine Form, die sich zwar mit dem Körper verbindet, sich jedoch wieder von ihm trennen und separat fortbestehen kann. Der Mensch teilt mit allen Geschöpfen die Körperlichkeit, die als Ausdehnung definiert wird, er ist aber trotz seiner Nichtigkeit zur Herrschaft über die Schöpfung auf Grund seiner Sonderstellung als vernunftbegabtes Wesen berufen. Durch Weisheit und gute Taten kann der Mensch sich von der Welt der Materie und der Vergänglichkeit befreien, und seine Seele kann zu der reinen oberen Welt zurückkehren.

Abraham, der gern systematisiert und schematisiert, teilt die Menschen in vier mögliche Arten ein, die sich durch den Zustand ihrer Seele voneinander unterscheiden. Die menschliche Seele ist gesund oder krank, lebendig oder tot. Der Zustand der Gesundheit der Seele ist Weisheit, die Krankheit der Seele ist Torheit; das Leben der Seele sind Gottesfurcht und gute Taten, ihr Tod sind Mißachtung Gottes und böses Handeln. Daher gibt es vier Menschentypen: Der Mensch ist entweder weise und fromm oder weise und schlecht; daneben gibt es den frommen Toren und schließlich denjenigen, der dumm und böse ist. Nur der, der weise und gut ist, gelangt zum dauernden Glück; nach seinem Tode löst sich seine Seele vom Körper und kehrt, da seine Frömmigkeit die irdischen Dinge geringschätzte, zur Oberwelt zurück, wo sie sich mit der reinen Form vereinigt. Das Gegenstück dazu ist der böse Tor; seine Seele vermag sich nicht vom Körper zu lösen und vergeht nach dem Tode wie die des Tieres. Wer nun klug und schlecht ist, dessen Seele trennt sich infolge ihrer Weisheit vom Körper, jedoch auf Grund ihrer Schlechtigkeit ist sie unfähig, zum reinen Licht emporzusteigen. Diese Seele wird unter dem Licht der Sonne umhergetrieben und empfindet dieses als ein brennendes Feuer. Die Seele des frommen Toren kann sich zwar wegen ihrer Frömmigkeit vom Körper lösen, doch durch ihre Torheit ist sie nicht imstande, die untere Luftsphäre zu verlassen. So verbindet sich eine solche Form aufs neue so lange mit Materie zu einem neuen Menschen, bis die Seele Weisheit erlangt. Ist dieser Fall eingetreten, steigt die Seele, falls sie dann nicht nur klug, sondern auch fromm ist, zur Oberwelt empor; ist sie aber weise und schlecht geworden, erleidet sie die entsprechende Strafe.

Diese Seelenwanderungslehre ist insofern bemerkenswert, als Abraham, der sie in der „Betrachtung der Seele“ als Meinung der Philosophen vorträgt, in der „Schrift des Enthüllers“ nachdrücklich die Seelenwanderung als baren Unsinn abtut. Es ist indessen weder notwendig, die unterschiedlichen Äußerungen des Autors in Einklang miteinander bringen zu wollen (so Jacob Guttmann), noch auch zu behaupten, daß in der „Betrachtung der Seele“ Abraham bar Chija diese Lehre nur als Meinung der Philosophen, nicht aber als seine eigene vortrage. Wohl erklärt der Autor, man könne sich nur durch Weisheit und gute Werke aus der vergänglichen Welt lösen, die nichtjüdischen Denker seien jedoch, obwohl auch ihre Weisheit im letzten Grunde auf die Lehren des Pentateuchs, die göttliche Offenbarung, zurückgehe, wegen ihrer Unkenntnis dieser Quelle nicht imstande, die Weisheit und die guten Taten, die den Menschen zum Ziel brächten, näher zu bezeichnen. Darum sollten wir, wie der Verfasser ausführt, nicht auf die Lehren der Philosophen hören, sondern uns auf die biblische Offenbarung stützen. Aber trotzdem liefert uns Abraham bar Chija keine andere, vom Standpunkt der Bibel richtigere Lehre vom Schicksal der Seele und widerlegt die von ihm als Meinung der Philosophen vorgebrachte Theorie nicht, so daß er sie im Grunde vorsichtig propagiert und wir zugeben müssen, daß er sie akzeptiert. Wenn derselbe Autor in anderem Zusammenhang anderes sagt, dann gibt es eben, wie festzustellen ist, bei ihm widersprüchliche Ansichten. Das ist um so verzeihlicher, als es sich in beiden Werken nicht um die Darlegung eines geschlossenen philosophischen Systems handelt.

Die vorgebrachte Typisierung der Menschen entspricht zwar nicht der Bibel, doch scheint ihre Quelle auch kaum die griechische Philosophie zu sein, in der seit Sokrates die Lehrbarkeit der Moral behauptet und Weisheit und Tugend gleichgesetzt werden. Daß der Tor gut sein könne, läßt sich eigentlich nur auf der Grundlage des unreflektierten Glaubens behaupten. Wenn nicht Abraham bar Chija selbst Urheber dieser Einteilung der Menschen gewesen ist, ließe sich eher vermuten, daß solche Vorstellungen aus dem Christentum stammen. Daß Abraham mit dem christlichen Denken bekannt war, liegt auf Grund der Zeit und des Ortes nahe.

Der Mensch ist seinem wahren Wesen nach für die Ewigkeit bestimmt. Obschon er in dieser Welt vergänglich ist, besteht er, sofern er weise und gut ist, in jener Welt, und das ist sein Vorrang vor allen anderen Geschöpfen. In diesem Zusammenhang betont der Autor, daß zwar die Juden das von Gott erwählte Volk seien, im Grunde aber alle anderen gleichfalls die höchste Stufe des Menschseins erreichen können. Der Mensch gelangt also zum wahren, ewigen Glück durch sein eigenes Bemühen, durch die Verbindung von Theorie und Praxis, von Wissen und guten Taten. Daher sind auch Gebete für das Seelenheil Verstorbener sinn- und nutzlos, denn das Heil des Individuums hängt nur von diesem selbst ab.

Der Weise und Gute achtet die Güter dieser Welt gering, doch befürwortet der Autor kein asketisches Leben; es sei völlig ausreichend, die religiösen Gebote zu befolgen. Die messianische Endzeit, die für Abraham keine Jenseitshoffnung, vielmehr eine Diesseitszuversicht darstellt, ist nicht durch Überfluß und Reichtum gekennzeichnet, sondern durch Frieden und Eintracht unter den Menschen, weil Neid, Haß und Begierde schwinden und damit die Ursache von Krieg und Mord. Die „Schrift des Enthüllers“ enthält vornehmlich eine Periodisierung der Weltgeschichte auf astrologischer Basis und widmet sich der Errechnung des Beginns der messianischen Zeit. Geschichte ist weder für die Antike noch für das Mittelalter eine Wissenschaft und gehört nicht in den Bereich der Philosophie; die Frage nach Sinn, Zweck und Ziel des historischen Ablaufs ist ein Problem, das eng mit religiöser Weltsicht verknüpft ist. Eine von Gott bewußt geschaffene Welt, die einen Beginn hat, richtet sich auch auf ein Ziel und ist endlicher Natur.

Wegen seiner Hochschätzung der Astrologie ist Abraham bar Chija schon zu seinen Lebzeiten angegriffen worden. Aber man sollte nicht übersehen, daß Astrologie dem Mittelalter als Wissenschaft galt; sie war ein Versuch, beobachtete Gesetze der Natur auf gesellschaftliche Prozesse anzuwenden. Daher wurden Angriffe auf die Astrologie vor allem seitens der religiösen Orthodoxie vorgetragen, da die Behauptung, der Mensch und die Gesellschaft seien von den Gestirnen abhängig, in Konkurrenz zur Lehre von einer direkten Beziehung zwischen Gott und den Menschen stand. Das neoplatonische System, das bei konsequenter Durchführung der emanatistischen Stufenfolge pantheistischen Tendenzen nur schwer entgehen und die Ich-Du-Beziehung zwischen Gott und Mensch, die zum Wesen der Offenbarungsreligion gehört, mit Mühe bewahren kann, läßt sich mit astrologischen Vorstellungen, in denen die Himmelskörper als die höhere Stufe für das Geschehen auf der Erde ausschlaggebend sind, nahtlos verbinden. Doch wenn das neoplatonische Schema eine Präzision der Art erfährt, daß eine bestimmte Emanationsstufe, die der Himmelskörper, hypertroph wird und die irdischen Vorgänge maßgeblich bestimmt, wird es außerordentlich schwierig, im Sinne der Offenbarungsreligion die Vorstellung von einem Gott, der dem Menschen personal gegenübersteht und dem dieser verantwortlich ist, aufrechtzuerhalten.

Im Zusammenhang mit seiner religiösen Geschichtsspekulation widmet sich der Autor der philosophischen Frage, was unter Zeit zu verstehen sei. Im Anschluß an Aristoteles definiert Abraham bar Chija Zeit als Maß der Bewegung hinsichtlich des Früher und Später. Auch für ihn ist das Bewegte, dasjenige, von dem eine zeitliche Bewegung ausgesagt werden kann, das aus Form und Materie Zusammengesetzte. Doch im Gegensatz zur Lehre des Aristoteles ist dieses Kompositum nicht von ewiger Existenz, sondern durch den göttlichen Schöpfungsakt zum Sein gekommen. Die irdische Welt hat für Abraham bar Chija einen Anfang, und mit dem Beginn der Welt entsteht auch die Zeit. Außerhalb der endlichen Welt gibt es keine Zeit, und die Zeit, die mit der irdischen Welt entsteht, hat wie ihren Anfang auch ihr Ende.

Der neoplatonische Rahmen, in den Abraham bar Chija die Aristotelische Lehre von Materie und Form, vom Übergang von Möglichkeit zu Wirklichkeit stellt, wird in der „Schrift des Enthüllers" detaillierter und deutlicher ausgeführt als in der „Betrachtung der Seele". In der letztgenannten Schrift geht Abraham von der irdischen Welt und ihren konstitutiven Bestandteilen Form und Materie aus. Die Abhängigkeit dieser Welt von der intelligiblen Welt deutet er nur an, indem er davon spricht, daß von der reinen Form der oberen Welt ein Lichtstrahl ausgehe, der zunächst die niedere Form zur Vereinigung mit der reinen Materie befähige, und daß dann durch neue Ausstrahlungen das Entstehen der Planeten und schließlich das der irdischen, ihre Form wechselnden Dinge bewirkt werde. Die „Schrift des Enthüllers" enthält eine Stufenfolge der intelligiblen Welt, die den üblichen neoplatonischen Emanationen, Intellekt, Seele und Natur, noch zwei höhere Stufen, eine Welt des reinen Lichtes und eine Welt der göttlichen Herrschaft, überordnet.

Der Einfluß der philosophischen Gedanken Abrahams auf die Nachwelt scheint nicht groß gewesen zu sein. Seinen Ruhm verdankte er vornehmlich seinen Leistungen auf naturwissenschaftlichem und mathematischem

Gebiet. Für die jüdische Gemeinschaft war vor allem sein Beitrag auf dem Gebiet der Kalenderberechnung von Bedeutung. Wenn ihn in der Zeit der Renaissance der italienische Philosoph Hieronymus Cardanus als einen der zwölf scharfsinnigsten Männer bezeichnet, die je gelebt haben, so sehen wir nicht zuletzt darin eine Berechtigung, auch seine philosophischen Ansichten, die weder im Zentrum seines Interesses standen noch ein systematisches Ganzes ergeben, darzustellen, um so mehr, als eine brauchbare Monographie über den Gegenstand bis heute aussteht.

## *Josef ibn Zadiq*

Vom Leben des Josef ibn Zadiq wissen wir kaum etwas. Bekannt ist nur, daß er, nachdem er elf Jahre lang das rabbinische Richteramt in Cordova ausgeübt hatte, dort im Jahre 1149, also unmittelbar nach der Eroberung der Stadt durch die Almohaden, gestorben ist. Abraham ibn Daud bezeichnet ihn in seinem historischen Werk als Gelehrten, als Dichter und als einen frommen Mann, während er ihn in seinem philosophischen Werk nicht erwähnt. Erhalten ist uns von Josef ibn Zadiq – abgesehen von wenigen Gedichten – nur ein einziges Werk, eine philosophisch zu nennende Schrift mit dem Titel „Mikrokosmos". Der ursprüngliche Text ist arabisch, aber das Original liegt nicht vor, sondern nur eine Übersetzung ins Hebräische, und diese ist in einem schlechten Überlieferungszustand, so daß im einzelnen manche Unklarheiten der Interpretation bleiben. Auf eine zweite Arbeit, eine Abhandlung zu Fragen der Logik, weist der Autor in seinem „Mikrokosmos" hin; sie ist uns jedoch nicht überliefert.

Der Titel „Mikrokosmos", den Josef ibn Zadiq seinem Werk gegeben hat, soll darauf hinweisen, daß das wesentliche Anliegen des Autors der Mensch sei. Den Menschen als eine Welt im Kleinen anzusehen ist keine Erfindung des Josef ibn Zadiq, sondern diese Analogie ist seit der Antike durchaus üblich und läßt sich bis auf Demokrit zurückführen. Das Werk richtet sich – sei es tatsächlich, oder sei es als literarische Fiktion – an einen Schüler und soll diesem erklären, worin das höchste Gut und die vollkommene Tugend für den Menschen bestehen. Dieses beides zu erreichen ist die Aufgabe jedes vernunftbegabten Wesens. Zu finden ist dieses höchste Gut allerdings nicht in der irdischen Welt, sondern außerhalb ihrer. Damit ist gleich im Anfang des Werkes gesagt, was der Autor im Grunde beabsichtigt: Glück und Tugend sind eins, und das Ziel des Menschen besteht in der Verbindung mit dem nicht in dieser Welt, sondern im Bereich des Außerirdischen, Ewigen befindlichen höchsten Guten. Es geht also vor allem um die Beziehung des Menschen zu Gott, zu dem der Mensch streben soll, weil er ein vernunftbegabtes Wesen ist. Das Glück des Menschen liegt, wie Josef ibn Zadiq meint, außerhalb der Welt und ist intellektueller Natur.

Der „Mikrokosmos“ ist eine aus vier Hauptteilen bestehende Abhandlung. Der erste Teil enthält nach der Angabe des Autors neben notwendigen Vorbemerkungen Darlegungen über die Welt, die als vergänglich bezeichnet wird. Der zweite Teil handelt vom Menschen, der von den Philosophen eine kleine Welt genannt wird. Der dritte Abschnitt beschäftigt sich mit der Wissenschaft von der Gottheit, ist also im eigentlichen Sinne Theologie, und der vierte Teil hat den Gehorsam bzw. Ungehorsam, den Lohn und die Strafe des Menschen zum Inhalt; also einerseits wird die Frage nach der Theodizee gestellt, die insofern im Kontext des „Mikrokosmos“ eine eher theologische als philosophische Problematik ist, als die Existenz nicht nur eines ersten Wesens, sondern eines personalen Schöpfergottes als Prämisse gesetzt wird, andererseits wird hier die eigentliche Frage des Autors nach dem höchsten Gut des Menschen beantwortet, d. h. ein legitim philosophisches Problem, das für den Denker im Bereich der Religion und in der Erfüllung der religiösen Forderungen eines intellektualistisch verstandenen Judentums seine Lösung findet.

Die Analyse der Schrift des Josef ibn Zadiq offenbart eine Zweiteilung: Während die erste Hälfte im engeren Sinne philosophisch ist, widmet sich die zweite der Theologie. Sicher lassen sich Philosophie und Theologie nicht als zwei völlig getrennte Komplexe voneinander separieren, besonders nicht im mittelalterlichen Denken, in dem sich Philosophie selbst dann, wenn eine solche Trennung intendiert ist, nicht völlig von religiösen Problemen lösen kann, wofern sie eine umfassende Weltsicht bieten will. Jedoch gibt es bei Josef ibn Zadiq zwischen den beiden Hälften seines Werkes insofern einen deutlich wahrnehmbaren Spalt, als sich der Autor für die beiden Teile jeweils auf andersartige Quellen stützt. Die beiden ersten Abschnitte basieren auf der philosophischen Tradition, und die folgenden beschäftigen sich mit den zentralen Themen der theologischen Spekulation in der arabischsprachigen Welt, der Einheit Gottes und seiner Gerechtigkeit; diesen Ausführungen wird das entsprechende Material zugrunde gelegt.

Nach den Worten des Autors ist der intellektuelle und moralische Zustand seiner Zeitgenossen schlechter als der aller früheren Generationen, und damit begründet er die Notwendigkeit der Abfassung seines Werkes, das in leicht faßlicher und lehrbuchartiger Form diesem beklagenswerten Zustand abhelfen soll. Das 12. Jahrhundert, in dem Josef ibn Zadiq wirkte, gehört in eine Epoche, die gern als eine goldene Zeit der jüdischen Geschichte bezeichnet wird; viele berühmte jüdische Persönlichkeiten lebten damals in Spanien und können als Beispiele für die fruchtbare Symbiose zwischen Islam und Judentum genannt werden. Obschon wir nicht wissen, ob das harte Urteil, das Josef ibn Zadiq über die Juden seiner Zeit und seines Kulturkreises fällt, vollauf berechtigt ist, scheint es doch ein Hinweis darauf zu sein, daß große Leistungen einzelner noch wenig über den Zustand der Allgemeinheit besagen.

Alle Erkenntnis beginnt für Josef ibn Zadiq mit der Selbsterkenntnis des Menschen, denn durch sie begreift der Mensch alles, und nur wer sich selbst kennt, kann das, was außer ihm ist, erkennen. Von allen anderen Lebewesen unterscheidet sich der Mensch dadurch, daß er Verstand besitzt, mit dessen Hilfe er das Richtige vom Falschen unterscheiden kann und der ihn auch befähigt, entsprechend zu handeln. Mittels seiner Sinne erkennt der Mensch nur das Einzelne, das Äußere der Dinge, ihre Akzidenzien, während er mittels seiner Seele das Wesen der Dinge begreift. Die Seele des Menschen ist der geistige Ort des Erkannten. Indem der Mensch auf diese Weise die geistige und die körperliche Welt in sich enthält, ist er eine Welt im Kleinen, und so kennt derjenige, der sich selbst erkennt, das Universum.

Von der Erkenntnistheorie kommt der Autor dann zur Frage des Aufbaus der Welt, die wie der Mikrokosmos aus Körperlichem und Geistigem besteht und so ein Analogon zum Menschen darstellt. Alles Geschaffene besteht aus Materie und Form, die im Verhältnis von Allgemeinem und Besonderem, von Gattung und Art zueinander stehen. Die Materie trägt die Form und ist ihr gegenüber jeweils das Höhere. In seiner Ontologie steht Josef ibn Zadiq ganz unter dem Einfluß Gabirols. Es ist nicht nur die Behauptung, daß sowohl die körperlichen als auch die geistigen Substanzen materiell seien, sondern vor allem die These, die Materie sei das Tragende, in dem die Vielheit der Formen gründet, es bestehe eine ontologische Priorität der Materie gegenüber der Form, worin sich Josef ibn Zadiq ganz an Gabirol anschließt. Allerdings erhält die Lehre Gabirols bei ihm eine völlig veränderte Funktion, sie ist keineswegs Hauptgegenstand seines Interesses, sondern dient ihm vor allem als Mittel, durch das er eine strikte Trennung von Gott und Welt einsichtig machen kann. Während die gesamte Welt aus Stoff und Form zusammengesetzt ist, besteht die Einzigkeit Gottes in seiner absoluten Einheit. Für Gabirol bildet im „Fons vitae" die Ontologie das wesentliche philosophische Thema, während der Mensch, der auch von ihm – ohne näher darauf einzugehen – als Mikrokosmos bezeichnet wird, von geringem Interesse ist. Und ebenso verhält es sich mit dem anderen Pol des Systems: Gabirol bemüht sich um eine philosophische Einbeziehung des Gottesbegriffs in sein System, ohne dabei den Schwierigkeiten der mit dem Emanationsschema naheliegenden pantheistischen Konsequenzen entgehen zu können, ohne aber auch im einzelnen auf die Lehre vom ersten Wesen, wie er diesen Bereich bezeichnet, einzugehen. Für Josef ibn Zadiq hingegen bilden diese Pole, Mensch und Gott, den eigentlichen Gegenstand seines Interesses.

Die Tatsache, daß er gerade das System Gabirols, das die religiös-theologischen Fragen am Rande läßt, als Ganzes und ohne eigene Originalität übernimmt, scheint die Vermutung nahezulegen, daß Gabirols Philosophie in größerem Maße bekannt und anerkannt war, als es unsere schriftlichen Quellen offenbaren.

Wenngleich Josef ibn Zadiq der Konzeption Gabirols zustimmt, daß sowohl die körperlichen als auch die geistigen Substanzen aus Materie und Form zusammengesetzt seien, so konzentrieren sich seine ontologischen Ausführungen doch wesentlich auf die irdische, die körperliche Welt. Es ist auffällig, daß seine Darlegungen über das Vorhandensein einer intelligiblen Welt an anderer Stelle und in einem ganz anderen Zusammenhang zu finden sind, nämlich dort, wo er vom Menschen handelt, genauer: von dem spezifisch Menschlichen am Menschen, der vernünftigen Seele, durch deren Entwicklung und Vervollkommnung der Mensch zur Kenntnis des Wesens der Dinge, zum Erfassen der geistigen Welt und des Schöpfers kommt, dessen Willen zu tun das Ziel jedes vernünftigen Menschen ist. Das Buch des Josef ibn Zadiq ist oft im einzelnen schwer verständlich, was zum großen Teil an der Übersetzung liegen mag, und der Aufbau ist nicht immer sehr klar, aber daß die intelligible Welt in einem nicht mehr ontologischen Kontext behandelt wird, sondern im Zusammenhang mit der Seelenlehre, ist sicher nicht unbeabsichtigt. Der Autor gewinnt durch ein solches Vorgehen zweierlei: Einerseits vermeidet er weitgehend die Gefahr pantheistischer Konsequenzen, die sich aus dem neoplatonischen Weltschema ergeben und denen Gabirol eigentlich nur durch die Unbestimmtheit seiner Aussagen über das Verhältnis der Gottheit zu den konstitutiven Elementen der Realität, Materie und Form, entgeht; andererseits stellt er im Grunde nicht der Einheit Gottes die obersten Prinzipien gegenüber, sondern letztlich die irdische, vergängliche Welt und vor allem den Menschen.

Der Autor behandelt in seinem Werk die Seelenlehre ausführlich und unterscheidet eine dreifache Seele: die vegetative, die animalische und die eigentlich menschliche, nämlich die rationale Seele. Josef ibn Zadiq sieht die Seele vor allem unter psychologischem und, was die vegetative und animalische Seele betrifft, weitgehend physiologischem Aspekt, und sein Hauptinteresse gilt der Einzelseele, während der Bezug der Seelen in den einzelnen Menschen zur Weltseele nur kurz gestreift wird. Betont werden die Unkörperlichkeit und die Substantialität der Seele. Wäre die Seele ein Körper, müßte sie wie alle Körper ausgedehnt sein, Farbe, Gestalt und die übrigen Eigenschaften des Körpers besitzen. Da sie den Körper beseelt, stellt sie das Lebensprinzip des Körpers dar, und wenn dieses Lebensprinzip seinerseits ein Körper wäre, bedürfte es wiederum eines ihm Leben verleihenden Prinzips, so daß sich eine unendliche Reihe ergäbe. Ein weiteres

Argument, das der Autor für die Unkörperlichkeit der Seele vorbringt, besteht darin, daß Körper nur durch unmittelbare Berührung aufeinander einwirken können, während die rationale Seele weit Entferntes erfaßt. Ferner kann der Körper nicht gleichzeitig gegensätzliche Akzidenzien tragen, er kann nicht zugleich schwarz und weiß, heiß und kalt sein; die Seele trage aber, wie der Autor meint, gleichzeitig Gut und Böse, Recht und Unrecht als ihre Akzidenzien. So ist erwiesen, daß die Seele kein Körper ist. Daß sie aber eine Substanz, nicht aber ein Akzidens des Körpers darstellt, ergibt sich daraus, daß sie, jedem Menschen ständig zukommend, dessen Wesen ausmacht. Akzidenzien kommen jedoch dem Körper nicht ständig zu. Wäre die Seele dem Menschen akzidentell, dann wäre er zuweilen ein vernunftbegabtes Wesen und zuweilen nicht, und dann wäre er für seine Taten nicht verantwortlich zu machen, so daß die Gebote der Religion keinen Sinn hätten. Als Akzidens wäre die Seele auch an den Körper gebunden und würde mit ihm vergehen. Das aber widerspräche der religiösen Lehre vom Fortleben der Seele und von Lohn und Strafe in der künftigen Welt. So ist also die Seele als eine geistige Substanz aufzufassen.

Wie aber ist sie mit dem Körper verbunden? Sie ist nicht innerhalb des Körpers, denn dann wäre sie, da sie einen Raum einnähme, selbst körperlich. Sie ist aber auch nicht außerhalb des Körpers. Wäre sie das, dann bestünden zwei Möglichkeiten: Entweder wäre die Seele dem Körper nahe, würde ihn berühren oder umhüllen, dann nähme sie einen Raum ein und wäre somit körperlich; oder aber sie wäre dem Körper fern, und dann könnte sie ihn nicht am Leben erhalten. Nicht alle diese Argumente können restlos befriedigen. So ist es schwer einzusehen, warum durch die Behauptung, eine fern vom Körper befindliche Seele könne auf ihn nicht einwirken, eine solche Möglichkeit widerlegt ist, denn nur im Falle der Körperlichkeit der Seele, die der Autor bereits ausgeschlossen hat, wäre eine Fernwirkung ausgeschlossen. Es hätte näher gelegen, darauf hinzuweisen, daß die Seele, wo immer sie sich im Raum befindet, ein Körper wäre und so einen Ort hätte. Jedoch wird in der Darlegung der Gründe, warum die Seele sich nicht außerhalb des Körpers befinde, das Argument, sie müßte dann einen Raum einnehmen, nur gebracht, wenn erwiesen werden soll, daß sie nicht in räumlichem Kontakt zu ihm stehen könne.

Der Körper ist, wie der Philosoph erklärt, also nicht der Ort der Seele, sondern die Seele ist als der geistige Ort des Körpers aufzufassen. Die Verbindung der Seele mit dem Körper ist ein rein geistiger Zusammenhang. Die Seele wird als Substanz, die den Körper vollendet, als seine Zweckursache definiert, wobei sich Josef ibn Zadiq auf Aristoteles beruft.

Der Besitz einer rationalen Seele ermöglicht es dem Menschen, zur Erkenntnis zu gelangen und damit auch zur moralischen Vervollkommnung.

Indessen ist die vernünftige Seele im Menschen zunächst nur potentiell im Besitz von Wissen, und es ist dem Menschen aufgegeben, seine geistigen Fähigkeiten zu entwickeln und zu vervollkommnen. Da die rationale Seele eine Substanz darstellt, nimmt sie Akzidenzien an. Es ist klar, daß das Wissen eine wesentliche Eigenschaft der Seele bildet. Sie besitzt indessen noch weitere Qualitäten, und alle diese Akzidenzien, die als Eigenschaften einer geistigen Substanz geistig sind, lassen sich als vier Tugenden: Wissen, Gerechtigkeit, hoffendes Harren und Demut zusammenfassen. Josef ibn Zadiq übernimmt also die vier Platonischen Kardinaltugenden, die allerdings im Unterschied zur Lehre Platons alle der vernünftigen Seele zugehören und deren beide letzte – bei Platon Tapferkeit und Besonnenheit – ins Religiöse umgebogen sind. Durch die Betätigung dieser vier Tugenden gelangt die Seele zum Glück, das nicht nur geistig, sondern auch auf Erden nicht zu finden ist, denn die irdische Welt ist nur ein Pfad, der zum wahren Glück in der künftigen Welt führt.

Die hauptsächliche Tugend des Menschen ist das Wissen, denn nur durch Weisheit gelangt der Mensch zum sittlichen Handeln, sie führt ihn zur Erkenntnis und damit zur Verehrung Gottes. Der ethische Intellektualismus des Autors geht so weit, daß er erklärt, die gute Tat des Toren sei nur scheinbar gut, da sie nicht auf Einsicht beruht, sondern auf der Schwäche seiner animalischen Seele, auf einem Mangel an Begierden.

Das göttliche Wesen ist dem Menschen unerkennbar. Es läßt sich von Gott nur das Sein aussagen. Die Notwendigkeit der Existenz des Schöpfers ergibt sich aus der Geschaffenheit der Welt. Die Welt besteht aus Substanzen und Akzidenzien, und da die Akzidenzien nicht ewig sind, die Substanzen aber immer Akzidenzien tragen, kann auch die Substanz nicht ewig sein. Josef ibn Zadiq folgt hier einem im arabischen Kalam üblichen Argument. Gottes Schöpfung erfolgt ex nihilo, und Josef ibn Zadiq knüpft in der Unterscheidung zwischen der Schöpfung aus dem Nichts, die das Werk Gottes darstellt, und der Entstehung aus etwas, des Werdens in der irdischen Welt, vermutlich an Isaak Israeli an. Der von Isaak verwendete arabische Terminus für „creatio ex nihilo" kehrt bei Josef wieder und bleibt sogar in der hebräischen Version des „Mikrokosmos" erhalten. Das Nichts definiert Josef ibn Zadiq als absolutes Nichts, dem keinerlei Vorhandensein zukommt. Gottes Schöpfung ist ein bewußtes Tun, das indessen nicht das Ergebnis von Überlegung ist, da das bedeuten würde, ein vorher nicht Gewußtes zu wissen. Gottes Schöpfertätigkeit erfolgt durch seinen Willen, der mit seinem Wesen identisch ist. Obwohl Josef ibn Zadiq ausführlich über den Willen spricht, wird der Begriff nicht völlig klar. Es wird jedoch deutlich, daß Gottes Wille zeitlos ist, da es erst nach der Entstehung der Sphären Zeit gibt und die Begriffe Vorher und Nachher das Bestehen von Zeit voraussetzen.

Und ebenfalls ist der Wille mit Gott völlig eins und kann nicht als Hypostase verstanden werden. Gott hat die Welt dank seiner Güte, Freigebigkeit und Weisheit geschaffen, und darum ist sie in jeder Weise vollkommen und könnte nicht besser sein.

Im Einklang mit dem neoplatonischen Gottesbegriff der absoluten Einheit, der auch im mutazilitischen Kalam ein zentrales Thema bildet, geht Josef ibn Zadiq davon aus, daß sich Eigenschaften von Gott nicht aussagen lassen, doch folgt er nur teilweise der Tradition der negativen Theologie, daß jede positive Aussage über Gott nur als Verneinung ihrer Negation zu verstehen sei. Während wir außer der Tatsache, daß Gott ist, nichts von ihm erfassen können, erkennen wir ihn an seinen Wirkungen. Und weil wir die Vollkommenheit seines Wirkens sehen, nennen wir Gott weise, womit wir ihm die Unwissenheit absprechen. So sind die positiven Tätigkeitsattribute und die negativen Wesensattribute jeweils nur zwei verschiedene Aspekte derselben Aussage, denn Josef ibn Zadiq betont zwar den Begriff der absoluten Einheit Gottes, doch scheut er sich andererseits nicht, das Vorhandensein göttlicher Wesensattribute zuzugeben. Sie sind eins mit dem göttlichen Wesen, und der menschliche Verstand kann sie nicht erfassen, denn wie Gottes Wesen mit nichts vergleichbar ist, so sind auch seine Attribute von allen anderen Attributen verschieden. Wenngleich sich eine solche Argumentation auf dem Boden neoplatonischer Philosophie kaum halten läßt, so erlaubt sie es dem Autor, den philosophischen Gottesbegriff in die Vorstellung von einem personalen Gott, der allein Gegenstand kultischer Verehrung sein kann, hinüberzuführen. Und so wird dann auch gesagt, daß die göttlichen Wirkungen als Vorbilder für die Handlungen der Menschen dienen sollen.

Daß der Mensch solchen Vorbildern überhaupt folgen kann, setzt die menschliche Willensfreiheit voraus. Gott hat dem Menschen in der Form der religiösen Lehre Gebote gegeben, deren Erfüllung ihn zum Glück führt, indem er für sein richtiges, durch Einsicht gewonnenes Verhalten belohnt wird. Allerdings erfolgt die Vergeltung nicht in dieser Welt, sondern besteht in der ewigen Seligkeit. Bereits auf Erden hat der Mensch kein anderes Ziel, als sich Gott zu nähern und seinen Willen, seine Gebote zu erfüllen. Sein Glück, gewonnen durch Erkenntnis und gerichtet auf das wahre Gute, besteht darin, Gott ähnlich zu werden, genauer: Gottes Handeln, das der Mensch erkennt, als Vorbild für das eigene Tun zu nehmen. In diesem Zusammenhang kommt Josef ibn Zadiq wieder auf die vier Kardinaltugenden der vernünftigen Seele: Weisheit, Gerechtigkeit, hoffende Erwartung und Demut, und er verweist vor allem auf die Gerechtigkeit, die Merkmal der Nachahmung Gottes sei.

Durch die Annäherung an das Göttliche, indem der Mensch die göttlichen Tätigkeitsattribute erkennt und sie, soweit es ihm gegeben ist, für sein Tun zur Richtschnur nimmt, erreicht er das Glück. Der Autor betont aber, die tägliche Erfahrung zeige, daß auf Erden der Gute leide, während der Böse erfolgreich sei. Das wirkliche Glück sei indessen geistiger Natur, während die irdischen Freuden des Namens Glück in Wahrheit unwürdig seien. Den göttlichen Lohn bzw. die Strafe Gottes auf Grund ihres Tuns und Lassens erfahren die Menschen auf ewig, nicht aber im Laufe ihres vorübergehenden Lebens in der vergänglichen Welt.

Die Ethik des Josef ibn Zadiq, deren Begründung die anderen Teile des „Mikrokosmos" dienen, betont vor allem das Individuelle und sieht von den gesellschaftlichen Aufgaben des Menschen weitgehend ab. Fern von jeglicher Auseinandersetzung mit den Problemen dieser Welt ist sie auf ein ewiges Glück gerichtet, dessen sich der Mensch nur durch die Erfüllung seiner religiösen Pflichten versichern kann. Einen nachhaltigen Erfolg haben die Gedanken des Josef ibn Zadiq anscheinend nicht gehabt. Bereits Maimonides, der in seiner Jugend den Autor gekannt hatte, erklärte einige Jahrzehnte später in einem Brief an seinen Übersetzer, Samuel ibn Tibbon, er habe den Mikrokosmos nicht gesehen, und wie sollte auch eine weltflüchtige Ethik, die sich noch dazu an eine geistige Elite wendet und die große Mehrheit der Juden von der Erreichung des wahren Glücks im Grunde ausschließt, auf nachhaltige Wirkung rechnen können?

## *Abraham ibn Esra*

Abraham ibn Esra aus Tudela (1089–1164; nach anderen Angaben 1092–1167) war ein sehr vielseitiger Schriftsteller. Etwa fünfzig Jahre seines Lebens verbrachte er in Spanien, danach hielt er sich in Italien, Frankreich und England auf, jedoch ist gerade die Epoche seines unsteten Wanderlebens literarisch die fruchtbarste. War er in Spanien vorwiegend als Dichter hervorgetreten, so entstanden jetzt Werke zur hebräischen Grammatik und zum jüdischen Kalenderwesen, Schriften mathematischen, astronomischen und astrologischen Inhalts und vor allem seine Bibelkommentare, die als klassisch gelten und zum größten Teil in den rabbinischen Bibelausgaben abgedruckt werden.

In seinen Bibelkommentaren äußert Abraham ibn Esra zu manchen Einzelheiten kritische Meinungen. So betont er beispielsweise, daß der Pentateuch Sätze enthalte, die nicht von Moses verfaßt worden sein können, und erkennt, daß das Buch Jesaja nicht das Werk eines einzigen Verfassers darstellt. Solche Gedanken, die vielfach nur angedeutet werden und die die orthodoxe Haltung des Autors nicht beeinträchtigen, haben auf die moderne Bibelkritik anregend gewirkt: Spinoza beruft sich in seinem Tractatus theologico-politicus auf Abraham ibn Esra und knüpft an seine Überlegungen an.

Mit philosophischen Problemen hat sich Abraham ibn Esra vor allem im Rahmen seiner Bibelexegese beschäftigt. Das hat zur Folge, daß er seine philosophischen Ansichten nirgends zusammenhängend bietet und sein Weltbild daher für eine Darstellung aus den verstreuten Äußerungen rekonstruiert werden muß. Einem solchen Unternehmen sind allerdings Grenzen gesetzt, da zwar die Grundrichtung seines Denkens weitgehend deutlich wird, hinsichtlich der Einzelheiten jedoch häufig für die verschiedensten Interpretationen Raum bleibt. Dafür ist nicht nur die Tatsache verantwortlich, daß Abraham ibn Esra seine sämtlichen Schriften in hebräischer Sprache verfaßte und das Hebräische damals einer festen philosophischen Terminologie noch entbehrte, auch nicht das Fehlen von Werken des Autors, die bestimmten philosophischen Problemen gewidmet sind; vielmehr liegen die Schwierigkeiten in der Art, wie Abraham ibn Esra seinen Stoff behandelt: Er ist ein äußerst scharfsinniger Denker und ein kritischer Geist, jedoch allzu häufig präzisiert er seine Gedanken nicht, sondern läßt sie nur ahnen, indem er sich mit geheimnisvollen Andeutungen begnügt. Sein Scharfsinn erstreckt sich jeweils auf Einzelheiten, nicht auf die Stimmigkeit der verschiedenen geistreichen Aperçus im Rahmen eines Gesamtsystems.

Das den Lehren des Abraham ibn Esra zugrunde liegende Weltbild ist wesentlich neoplatonisch. Die Welt ist ein Stufenreich, das sich von oben nach unten aufbaut. Gott ist der bzw. das wahrhaft Eine. Da die semitischen Sprachen nur zwischen Maskulinum und Femininum unterscheiden, ein Neutrum aber nicht haben, läßt sich verbal der neutrale neoplatonische Gott, das Eine, mit dem persönlichen Gott der biblischen Offenbarung ohne Mühe zusammenbringen. Gott ist das Tragende, während alles außer ihm aus Tragendem und Getragenem zusammengesetzt ist. Als der Ursprung der Welt ist Gott der Bildner des Alls und ist selbst das All, die absolute Fülle. So liegt es nahe, das Entstehen der Welt als einen Emanationsprozeß aufzufassen und den Gottesbegriff pantheistisch zu verstehen, aber der Autor geht über Andeutungen nicht hinaus. „Gott ist der (das) Eine; er ist der Bildner des Alls, und er ist das All; und ich kann das nicht erläutern“ (Kommentar zu Genesis 1,26).

Die Welt insgesamt teilt sich in die himmlische, ewige und die irdische, vergängliche Welt. Die überirdische Welt, auch Welt der Engel genannt, gliedert sich in drei Teile: geistige Wesenheiten, die wahre Formen ohne Körper sind, geistige Wesenheiten in Körpern und Körper als Körper, d. h. die Sphären mit ihren Gestirnen. Dieses Schema ist die neoplatonische Stufenfolge Geist-Seele-Natur, die in der irdischen Welt ihre Entsprechung hat. Während Abraham an einer Stelle die Welt Gottes als obere der Welt der

Engel als der mittleren und der niederen, irdischen Welt gegenüberstellt, nennt er in anderem Zusammenhang die Welt der wahren Formen die obere und hebt von der Welt als dem Zusammengesetzten Gott als das Eine prinzipiell ab, so daß sich Gott und Welt als wesentlich verschieden gegenüberstehen.

Die himmlische Welt ist ewig, die überirdischen Wesen sind ohne Anfang und Ende und gehen aus der permanenten göttlichen Tätigkeit hervor. Die irdische Welt hingegen wird im Einklang mit dem biblischen Schöpfungsbericht als geschaffen betrachtet. Schöpfung versteht Abraham ibn Esra nicht als ein Hervorbringen aus dem Nichts, sondern interpretiert die Vokabel „schaffen" – gestützt auf zahlreiche Bibelstellen – als ein Begrenzen und Gestalten. Dieser Schöpfungsprozeß erfolgt nicht durch Gott direkt, der über eine unmittelbare Beziehung zu Vergänglichem erhaben ist, sondern wird durch Engel vollzogen, die die bereits vorhandene und anscheinend von Gott unabhängige Materie der irdischen Welt formen.

Insgesamt ergibt sich ein neoplatonisches Emanationsschema, dem allerdings die irdische Materie nicht angehört, obwohl auch sie als Substrat der Welt des Entstehens und Vergehens ewig ist. Die großen Linien dieses Weltbildes werden zwar verständlich, doch zeigen sich, wenn man in die Einzelheiten geht, Widersprüche, die sich kaum lösen lassen. Während bei Salomo ibn Gabirol der durchgängige Systemzusammenhang dadurch hergestellt ist, daß die irdische und die intelligible Welt in ihrer Materialität übereinkommen und auf diese Weise zusammengehören, ist die Kluft zwischen irdischer und himmlischer Welt bei Abraham ibn Esra anscheinend größer. Der Autor verwendet den Materiebegriff nicht, sondern operiert statt dessen mit dem Begriff der Substanz. Dem Gegensatz Tragendes-Getragenes setzt er das Begriffspaar Substanz-Form gleich und definiert Substanz als dasjenige, das durch sich selbst Bestand hat. Wenn man den Substanzbegriff des Abraham ibn Esra mit dem Materiebegriff Gabirols identifiziert, dann ergäbe sich auch für Abraham ibn Esra eine Einheit von irdischer und intelligibler Welt, da beide nach seinen Ausführungen aus Substanz und Form bestehen, doch muß man sich dessen bewußt sein, daß eine solche Gleichsetzung der Ansichten des Abraham ibn Esra mit denen Gabirols auf Grund der Formulierungen Abrahams hypothetisch bleibt. Es wäre dann konsequent, Gott als das Tragende mit Substanz als dem durch sich selbst Existierenden gleichzusetzen, man müßte dementsprechend aber Gott auch mit Materie identifizieren. Doch eine solche Konsequenz zieht der Autor durchaus nicht.

Dasjenige, was Abraham ibn Esra Substanz der irdischen Welt nennt, ist nicht Teil des Emanationsprozesses, sondern von ihm unabhängig. Es ist Materie als Möglichkeit des Geformtwerdens und als Körperlichkeit dieser

Welt. Auch für die Himmelssphären kann Substanz als Prinzip der Körperlichkeit angesehen werden, ist jedoch Bestandteil des ewigen Emanationsprozesses. Die obersten Engel indessen werden als wahre körperlose Formen bezeichnet. Von ihnen läßt sich die Zweiheit von Getragenem und Tragendem aussagen, ebenso die Dualität von Form und Substanz, doch heißt es in anderem Zusammenhang, daß die Intelligenzen Formen ohne Substanz seien. Das kann nur bedeuten, daß ihnen Substanz im Sinne von Möglichkeit, nicht aber als Körperlichkeit zukomme. Der Substanzbegriff wird also von Abraham ibn Esra in wenig präziser Weise verwendet. Die dem neoplatonischen Gesamtrahmen entsprechenden Vorstellungen, nach denen die intelligible Welt eine ihr eigene Materie hat, lassen sich nicht widerspruchsfrei mit anderen Abrahams Denken beeinflussenden Ansichten zusammenfügen, die Avicennas Interpretation des Aristotelismus entstammen: Materialität sei nur im Sinne von Stofflichkeit aufzufassen und die Intelligibilia seien als immaterielle Formen zu verstehen.

Die Welt als göttliche Schöpfung ist insgesamt gut. Gott schafft aber – direkt oder vermittelt – nur das Allgemeine, und auch sein Wissen und seine Vorsehung erstrecken sich nicht auf das Einzelne. Auf diese Weise bietet für Abraham ibn Esra das Problem der Theodizee keine Schwierigkeiten: Das Gute ist das Allgemeine, während das Übel als Partielles auf die vergängliche irdische Welt beschränkt ist, ohne daß Gott dafür Verantwortung trägt.

Die Aufgabe des Menschen versteht er als den Aufstieg der menschlichen Seele in den Bereich der Intelligenzen, als Rückkehr der Seele zu ihrem himmlischen Ursprung. Im Anschluß an Aristoteles unterscheidet Abraham ibn Esra die vegetative, die animalische und die rationale Seele. Obwohl die drei Seelen im Menschen zu einer Einheit zusammengefügt sind, sind die vegetative und die animalische Seele prinzipiell von der rationalen Seele verschieden. Die niederen Seelen gehören zur irdischen Welt; sie sind nicht nur an den Körper gebunden, sondern, wie der Denker sagt, selbst Körper und daher vergänglich. Die rationale Seele hingegen stammt aus der oberen Welt und ist unsterblich. Aus der intelligiblen Welt ist sie herabgestiegen und hat sich durch die Verbindung mit dem menschlichen Körper, in dem sie sich wie in einem Gefängnis befindet, als individuell konstituiert. Der Sinn und Zweck des Abstiegs der rationalen Seele in den menschlichen Körper besteht darin, daß sie Gottes Werke kennenlerne und seine Gebote befolge. Das kann sie erst nach ihrem Abstieg und der Verbindung mit dem menschlichen Körper, weil sie nur dadurch individuelle Seele geworden ist. Der Vorzug des Menschen gegenüber allen übrigen Geschöpfen beruht darauf, daß er eine individuelle rationale Seele besitzt, und es ist seine Aufgabe, seiner individuellen Seele, die bei ihrer Verbindung mit dem Körper eine tabula rasa darstellt, den Aufstieg in den Bereich der oberen Welt zu ermöglichen.

Aus dem Besitz einer vernünftigen Seele stammt auch die Fähigkeit des Menschen, diesen Weg des Guten, der ihn zum Glück führt, zu wählen. Die Beschränkung der göttlichen Vorsehung auf das Allgemeine führt bei Abraham ibn Esra nicht dazu, die absolute Willensfreiheit des Menschen anzunehmen. Ganz im Gegenteil ist die irdische Welt, die durch Engel geschaffen ist, auch durch sie determiniert, und durch die Gleichsetzung von Engeln mit den Sphärengeistern ergibt sich für Abraham ibn Esra eine Abhängigkeit alles irdischen Geschehens von den Konstellationen der Himmelskörper. Auf diese Weise erhält die Astrologie in seinem Weltbild ein entscheidendes Gewicht. Daß der Mensch im Gegensatz zu anderen irdischen Wesen dem durch die Sterne bestimmten Schicksal entgehen kann, verdankt er dem Besitz der rationalen Seele, durch die er fähig ist, dem Verhängnis Widerstand zu leisten. Auf diese Weise wird allerdings das Glück des Menschen in die Welt des Geistes verwiesen und sein irdisches Leben als nebensächlich betrachtet. Das Ziel der individuellen Seele, dessen, was das eigentliche Wesen des Menschen darstellt, ist die Erkenntnis Gottes. Dahin gelangt der Mensch, indem seine Seele den Weg der Emanation rückwärts von unten nach oben zurücklegt. Der Erkenntnisprozeß geht von der Selbsterkenntnis aus und begreift die Stufen der Welt als Werk Gottes. Es geht Abraham ibn Esra um den Erwerb wissenschaftlicher Kenntnisse, durch die die Seele geläutert wird und schließlich auf die Stufe der obersten Engel, in die Welt des rein Geistigen zurückkehrt. Dort bleibt sie als individuelle Einheit und vergeht nicht. Der intellektuelle Fortschritt des Individuums, den der Aufstieg der Seele darstellt, bedeutet einerseits eine Geringschätzung des irdischen und gesellschaftlichen Bereichs. Soweit es ohne Gefährdung des Lebens möglich ist, löst sich die Seele im Streben nach Gotteserkenntnis vom Körper. Die völlige Trennung der Seele vom Körper, der ihren Aufstieg behindert, ist zu Lebzeiten des Menschen kaum möglich, so daß das Glück ins Jenseits verlagert wird. Auf der anderen Seite muß man sehen, daß Abraham ibn Esra davon überzeugt ist, der Mensch, und zwar jeder Mensch, besitze die Fähigkeit, dieses Glückes, wenn er nur will, teilhaftig zu werden. Die Unsterblichkeit, das von der Religion verheißene ewige Leben, versteht Abraham als ein intellektuelles Glück, das auf der höchsten erreichbaren Stufe als Anhaften an Gott bezeichnet wird.

Das Aufsteigen der Seele in die Welt der reinen Intelligenzen hat gewiß eine mystische Färbung, und besonders der sowohl von Bachja als auch von Abraham ibn Esra verwendete Begriff des Anhaftens ist zu einem zentralen Begriff der jüdischen Mystik geworden. Eine mystische Vereinigung mit der Gottheit selbst, die im Pantheismus angelegt ist, hat es im Judentum im Gegensatz zum Christentum nie gegeben. Gott bleibt in jedem Falle das prinzipiell Andere. Daß Abraham ibn Esra den Begriff des Anhaftens an Gott verwendet, daß er überhaupt die neoplatonische Lehre vom Aufstieg der Seele in die obere Welt vertritt, rechtfertigt es kaum, ihn einen Mystiker zu nennen, denn die mystischen Züge, die sich in seiner Lehre zeigen, sind nur die, die dem Bild vom Aufstieg der Seele im Neoplatonismus insgesamt eignen. Bei Abraham ibn Esra wird jedoch der Weg nach oben nicht unter Ausschaltung des rationalen Denkens zurückgelegt, sondern die Intention des Autors ist durchaus wissenschaftlich im Sinne dessen, was seine Zeit unter Wissenschaft verstand. Erkenntnis wird durch das Studium der Wissenschaften und der religiösen Lehren gewonnen, die Aufgabe des Menschen ist die Realisierung seiner intellektuellen Potenzen.

## *Jehuda Halewi*

Jehuda ben Samuel ha-Lewi, meist kurz als Jehuda Halewi bezeichnet, verdankt seinen Ruhm vor allem seinen poetischen Werken. Er gilt als einer der hervorragendsten hebräischen Dichter des Mittelalters, dem höchstens Salomo ibn Gabirol als gleichwertig zur Seite zu stellen ist. Etwa 800 Dichtungen religiösen und profanen Charakters sind von Jehuda Halewi bekannt. Sein poetisches Werk ist nicht nur in hebräischer Sprache verfaßt, sondern hat auch einen zutiefst jüdischen Inhalt. Dabei ist „jüdisch" nicht in einem bloß religiösen Sinne zu verstehen, sondern ebenso in einem nationalen. Bei keinem der hebräischen Dichter des Mittelalters ist die Trauer um den Verlust politischer Eigenständigkeit und das Verlangen nach einer nationalen Wiedergeburt so deutlich ausgeprägt und ausgesprochen wie bei ihm. Nicht nur erachtet er die hebräische Sprache als die vorzüglichste auf Erden, sondern Palästina ist ihm auch das Land der Religion schlechthin und die wahre Heimat des jüdischen Volkes; das Wiedererstehen einer selbständigen und unabhängigen jüdischen Nation ist seine Hoffnung.

Die exakten Lebensdaten des Jehuda Halewi sind uns nicht bekannt. Der Dichter dürfte gegen 1085 geboren sein; als Geburtsort werden Toledo und auch Tudela genannt. Jedenfalls verbrachte er einen Teil seines Lebens in Toledo, das damals in den Besitz der Christen gelangt war, wenngleich es kulturell weiterhin zum arabisch-islamischen Gebiet gehörte. Später lebte Jehuda Halewi möglicherweise in Cordova, also im islamischen Teil Spaniens. Als er bereits über 50 Jahre alt war, verließ er Spanien, um sich in das Land seiner Sehnsucht, nach Palästina zu begeben. Ob er es erreicht hat, wissen wir nicht. Nach Ägypten gelangte er gewiß im Jahre 1140. Kurz darauf ist er gestorben. Daß er vor Jerusalem von einem arabischen Reiter niedergetrampelt wurde, als er sein berühmtes Zionslied rezitierte, das noch heute am Tage der Tempelzerstörung alljährlich im jüdischen Gottesdienst vorgetragen wird, gehört in den Bereich der Legende.

Von Beruf war Jehuda Halewi Arzt; er hat also nicht nur eine traditionelle jüdisch-talmudische Ausbildung genossen, sondern war auch in den Naturwissenschaften bewandert.

Im Zusammenhang mit der Entwicklung des philosophischen Denkens bei den Juden geht es uns nicht um die literarische Bedeutung des Dichters Jehuda Halewi, sondern um seine Stellung zur Philosophie und um die Rolle, die er in dieser Hinsicht gespielt hat. Die Philosophen des arabisch-jüdischen Bereichs gingen in der Regel von der Prämisse aus, daß die Philosophie ein umfassendes Weltbild zu liefern imstande sei und der Mensch kraft des rationalen Denkens nicht nur zur Wahrheit gelangen könne, sondern in der Erkenntnis auch das wahre Glück finde. Die Philosophie betont dabei stets, daß die Wahrheit, zu der sie führe, der religiösen Wahrheit nicht widerspreche, sofern die Lehren der Religion im rechten Sinne verstanden werden. Die Philosophen waren stets genötigt, die Identität der philosophischen und der religiösen Wahrheit zu behaupten und die Lehren der Offenbarungsreligion, falls deren äußerer Wortsinn einer solchen Behauptung zu widersprechen schien, entsprechend zu interpretieren. Doch werde von der Philosophie die Wahrheit in einer reinen begrifflichen Form dargeboten, während sie in der Religion nur verhüllt enthalten sei. Wenn man auch die persönliche Aufrichtigkeit der Philosophen und ihre subjektive Frömmigkeit nicht in Zweifel ziehen darf, weil sie fast immer vorhanden waren, läßt sich doch feststellen, daß bei ihnen die Ansicht vorherrschte, die eigentliche Wahrheit und gleichzeitig die Richtschnur des Handelns werde von der Philosophie vermittelt. Wären alle Menschen philosophisch gebildet und wäre in allen der Intellekt voll ausgebildet, dann könnte man der populären, sich an die ungeschulte breite Öffentlichkeit wendenden Glaubenslehren entraten. Da aber zweifellos die Mehrzahl der Menschen philosophischer Bildung fernsteht, gelangen die Philosophen fast durchgängig zu einer elitären Haltung und zu einer Absonderung von der Umwelt. Das Glück, zu dem die Philosophie führt, ist nicht nur intellektuell, sondern es ist auch individuell und allein einer geistigen Elite zugänglich; obwohl Vernunfterkenntnis oft als Aufgabe der Allgemeinheit deklariert wird, bleibt sie in Wirklichkeit doch stets Sache des engen Kreises der Gebildeten.

Selbst mit Hilfe allegorischer Uminterpretation der geoffenbarten Texte ist es allerdings nie möglich gewesen, eine bruchlose Identität zwischen dem philosophischen und dem religiösen Gottesbegriff herzustellen. Weder der Aristotelische actus purus, das unbewegte Bewegende, noch das überquellende Eine des Neoplatonismus lassen sich mit dem persönlichen, bewußt handelnden Schöpfergott anders als im Wege des Kompromisses in Übereinstimmung bringen.

Auf der anderen Seite hat die Philosophie insofern der Religion ihren Stempel aufgedrückt, als der naive Glaube und die unkritische Hinnahme der Offenbarung als feststehende Wahrheit durch wissenschaftliches Denken erschüttert wurden, so daß es auch für die Religion notwendig wurde, philosophische Begründungen beizubringen, um ihre Lehren rational einsichtig zu machen und zu erweisen, daß sie dem Denkenden annehmbar seien. Doch trotz der Kompromisse, die sowohl Philosophen als auch Theologen eingingen – hier idealtypisch gegenübergestellt, doch im arabischen und jüdischen Bereich auch in der Realität leichter zu differenzieren als in der europäischen Scholastik –, die Philosophen religiöse Sätze uminterpretierend, die Theologen sie rational begründend, bleibt als letzte Differenz zwischen philosophischer und theologischer Weltsicht, daß jene vom Menschen und seiner im Prinzip unbegrenzten Erkenntnisfähigkeit, diese von Gott in seiner unbeschränkten Macht ausgeht. Theozentrismus und Anthropozentrismus bestimmen den grundlegenden Unterschied zwischen Glauben und Wissen.

Jehuda Halewi ist seinem Selbstverständnis nach kein Philosoph gewesen. Er war weder ein Anhänger des Neoplatonismus, noch akzeptierte er Aristoteles als Autorität; vielmehr war er ein Kritiker der philosophischen Anschauungen, die zu seiner Zeit mit dem Anspruch auftraten, eine umfassende Welterklärung und eine Anleitung für menschliches Handeln darzustellen. Seine Ansichten über das Verhältnis von Religion und Philosophie, die von der Überzeugung ausgehen, der Glaube – und zwar allein der jüdische als der einzig wahre – sei dem intellektuellen Wissen überlegen, die Philosophie in Fragen der Metaphysik inkompetent, hat er in einem umfangreichen Werk niedergelegt, das den Titel trägt „Buch der Argumentation und des Beweises zur Verteidigung des mißachteten Glaubens". Darin will er die Überlegenheit der jüdischen Religion über die anderen Religionen, vor allem jedoch über die Philosophie deutlich machen.

Als literarischen Rahmen seiner Darlegungen benutzt der Autor die historische Tatsache der Konversion des Chasarenkönigs Bulan, der im achten Jahrhundert das Judentum annahm, so daß am Unterlauf der Wolga und in der Gegend um das Kaspische Meer ein Staat entstand, dessen offizielle Religion das Judentum war, zu dem sich der königliche Hof und ein Teil der Untertanen bekannten. Dieses jüdische Reich hielt sich einige Jahrhunderte; zur Zeit des Jehuda Halewi war es bereits untergegangen.

Kenntnis vom Bestehen des jüdischen Chasarenstaates war auch zu den Juden Spaniens gelangt, und es ist uns aus dem 10. Jahrhundert ein authentischer Briefwechsel zwischen Chasdai ibn Schaprut, einem hohen Würdenträger am Hofe des Kalifen Abd ar-Rachman III. in Cordova, mit dem damals herrschenden Chasarenfürsten erhalten. In dem Schreiben des

Chasarenherrschers an Chasdai, das zum erstenmal den Juden in Spanien detaillierte Informationen über den selbständigen jüdischen Staat an der Wolga vermittelte, wird auch darüber berichtet, daß der Chasarenfürst das Judentum angenommen habe, nachdem islamische, christliche und jüdische Gelehrte über ihren Glauben vor ihm disputiert hätten und der König sich schließlich davon überzeugt habe, daß allein die jüdische Religion wahr sei.

Die Kunde vom Chasarenreich und vom Erfolg des Judentums, des sonst überall „mißachteten Glaubens", war zur Zeit des Jehuda Halewi in Spanien noch lebendig und daher geeignet, als Rahmen für einen fiktiven Dialog zu dienen, in dem Jehuda Halewi die Wahrheit des Judentums demonstrieren will. Nach der literarischen Einkleidung seiner Darlegungen wird dieses Werk des Jehuda Halewi meist nicht mit seinem umständlichen Originaltitel bezeichnet, sondern wird das „Chasarenbuch" (hebräisch „Kusari") genannt. Der „Kusari", der sich in fünf Traktate gliedert, ist uns im arabischen Original und in hebräischer Übersetzung erhalten.

Im Unterschied zu dem historischen Bericht, nach dem der Chasarenkönig unter den drei Offenbarungsreligionen seine Wahl trifft, tritt im Werk des Jehuda Halewi die Auseinandersetzung mit den anderen Religionen, dem Christentum und dem Islam, gegenüber dem spezifischen Anliegen des Autors zurück, die Überlegenheit des jüdischen Glaubens über die Philosophie zu erweisen. Der Kampf des Jehuda Halewi richtet sich in erster Linie gegen die Philosophie in der Form, wie sie von den arabischen Aristotelikern vertreten wurde. Die Diskussionspartner des Königs treten nacheinander auf: zunächst ein Philosoph, dann ein christlicher und danach ein islamischer Gelehrter. Und da die Argumente keiner dieser Personen den König zufriedenstellen, wird schließlich ein Jude herbeigeholt.

Das Gespräch des jüdischen Weisen mit dem Chasarenkönig umfaßt den überwiegenden Teil des Werkes. Es beginnt bereits nach wenigen Textseiten im 11. Abschnitt des 1. Traktats, und der Jude erläutert seine Religion zunächst in ihren Grundzügen, dann – nachdem der König formell zum Judentum übergetreten ist – in ihren Einzelheiten. Auf der Basis der Anerkennung der alleinigen Wahrheit des Judentums werden dann im 5. Traktat die damals gängigen philosophischen Ansichten noch einmal zusammenhängend dargestellt und widerlegt. Untereinander diskutieren die Vertreter der verschiedenen Standpunkte in dem Werk nicht. Nachdem den König der Anspruch der Philosophie, umfassende Welterklärung und Anleitung zum gottgefälligen Handeln zu sein, nicht zu überzeugen vermocht hatte und als er dann erkennen konnte, daß Christentum und Islam die Glaubwürdigkeit des Mosaischen Gesetzes akzeptieren, dieses also ihre gemeinsame Grundlage darstelle, während der Islam die christliche Trinitätslehre, das Christentum hingegen Mohammeds prophetische Sendung bestreitet, steht ihm die

Berechtigung des Wahrheitsanspruchs des Judentums eigentlich bereits vor der Diskussion mit dem jüdischen Gelehrten fest.

Während die drei Religionen darin übereinkommen, daß sie als Kriterium ihrer Wahrheit eine göttliche Offenbarung zugrunde legen, stützt sich die Philosophie ausschließlich auf die menschliche Vernunft. Jehuda Halewi bestreitet den Anspruch der Philosophie, mittels der Ratio zu umfassender Erkenntnis gelangen zu können. Hingegen ist der Inhalt der Offenbarungsreligion absolut wahr. Die religiöse Wahrheit gründet nicht in intellektueller Erkenntnis, sie beruht nicht auf verstandesmäßigen Einsichten und logischen Deduktionen, sondern ist dadurch beglaubigt, daß die Offenbarung Gottes eine historische Tatsache darstellt, deren Augenzeugen ein ganzes Volk, Tausende von Personen gewesen sind (I,80–87). Daß die Historizität der Ereignisse, die die Wahrheit der Bibel beglaubigen sollen, ihrerseits auf der Autorität des Bibeltextes beruht, bekümmert Jehuda Halewi nicht.

Diese historische Beglaubigung der religiösen Wahrheit, der Vorstellung von einem personalen Gott, der mit den Menschen in Kontakt tritt, mit ihnen spricht, ist, wie Jehuda Halewi hervorhebt, nur einem Volk, den Juden, zuteil geworden. Gott hat sich dem jüdischen Volke offenbart und ihm mittels der Propheten seine Lehre, seine Gebote verkündet. Dieser Gott ist im Gegensatz zur Auffassung, die die Philosophie von ihm hat, kein abstrakter Begriff, sondern eine konkrete, individuelle Wirklichkeit. Die Beziehung, in der der Mensch zu ihm steht, ist nicht die kühle theoretische Haltung des Wissenschaftlers gegenüber dem Forschungsgegenstand, den es zu erkennen gilt, sondern der emotionelle Kontakt der Gemeinschaft, der die Gruppe und jedes ihr zugehörige Individuum mit dem Gott Abrahams, Isaaks und Jakobs verbindet. Zur Verehrung Gottes gelangt man nach der Ansicht des Jehuda Halewi nicht durch Spekulationen der Ratio, sondern die Befolgung der religiösen Vorschriften des Judentums ist der Weg, der Gott wohlgefällig ist und zu ihm hinführt. Die Prophetie, die die höchste Stufe der Gottesnähe darstellt, indem der Prophet Gott unmittelbar erlebt, nicht ihn intellektuell begreift, ist eine spezielle Gabe Gottes an das jüdische Volk, an der andere nicht teilhaben. Auch der Proselyt kann zwar durch seine Konversion weise und fromm werden, aber doch steht er dem als Juden Geborenen niemals gleich, denn prophetische Fähigkeiten können ihm nicht zuteil werden, während jedem, der als Jude geboren ist, diese Stufe im Prinzip erreichbar ist (I,115).

Immer wieder betont der Autor nicht nur den Vorzug des jüdischen Volkes vor allen anderen Völkern, sondern auch die besondere Bedeutung des Heiligen Landes Palästina als der Heimstatt dieses Volkes, dessen Besonderheit sich durch die speziellen Gegebenheiten des Landes entfaltet

(z. B. II,10 ff.; IV,17). Ebenso ist die hebräische Sprache darum die vorzüglichste aller Sprachen, weil sie die älteste der Welt ist; denn bereits Adam und Eva bedienten sich ihrer, und von ihr leiten sich alle anderen Sprachen her (II,66 ff.).

Den Gedanken der Erwähltheit des jüdischen Volkes interpretiert Jehuda Halewi in ausgesprochen exklusivem und partikularistischem Sinne. Den Chasarenkönig hätte er mit einer das nationale Moment so stark betonenden Erwählungskonzeption schwerlich dazu bestimmen können, einer Religionsgemeinschaft beizutreten, die den Proselyten grundsätzlich nicht als vollgültiges Mitglied akzeptieren würde. Durch diesen Widerspruch durchbricht der Autor die als Rahmen seiner Darlegungen gewählte Fiktion, er verfasse eine Bekehrungsschrift. Auf diese Weise macht er uns aber auch seine wahre Absicht deutlich: Er will die Juden der arabischsprachigen Welt – denn diese sind es ja, an die sich das Werk wendet – in ihrem Selbstbewußtsein stärken, indem er ihnen die Vorzüge demonstriert, die ihr Beharren bei ihrer von der Umwelt wenig geachteten Religion rechtfertigen.

In demjenigen Sinne, in dem die Bibel den Gedanken des Erwähltseins Israels formuliert, ist diese These gewiß auch außerhalb der jüdischen Gemeinschaft akzeptabel. Der Gedanke begründet keine völkische Überlegenheit und ist von Nationalismus oder gar Chauvinismus weit entfernt. Vielmehr drückt er die unbestreitbare Tatsache aus, daß sich der Glaube an einen einzigen personalen Gott und die ethischen Konsequenzen, die sich daraus ergeben, im Altertum innerhalb des jüdischen Volkes entwickelt haben, das dadurch die kulturelle Entwicklung der Menschheit in bedeutsamer Weise beeinflußt und geformt hat. Für die Juden erwächst daraus die Aufgabe, den ethischen Gehalt dieser Konzeption zu verkünden und zu verbreiten, den moralischen Forderungen, die die göttliche Offenbarung stellt, gerecht zu werden. Erwählung ist eine dauernde Pflicht; sie verlangt Bewährung, doch schafft sie keine Privilegien. Tatsächlich vorhandene moralische Überlegenheit ließe sich durch Erwählung erklären, die jedoch einen Mangel an Tugend nicht ersetzt.

Von Jehuda Halewi wird indessen der Gedanke der Erwählung nicht in dem Sinne verstanden, daß die Offenbarungsreligion der spezifische Beitrag des jüdischen Volkes zur Weltkultur ist, während andere Völker andere Kulturleistungen vollbracht haben, sondern er will die Kultur schlechthin als jüdischen Ursprungs erweisen. Die Wissenschaften seien zuerst bei den Juden gepflegt worden und von diesen später zu anderen Völkern gekommen (II,66; II,64).

Der Kern der Kritik, die Jehuda Halewi an den Lehren der Philosophen übt, betrifft die Metaphysik. Besonders in diesem Bereich scheinen ihm die philosophischen Argumente der Beweiskraft zu ermangeln. Daß die Philosophie auf dem Gebiet der Logik und dem der Mathematik wirkliche Beweise zu liefern imstande ist, erhellt schon aus der Tatsache des Fehlens divergierender Ansichten. Von der Metaphysik und weitgehend auch von der Physik läßt sich derartiges nicht sagen. Hier gibt es eine Vielzahl von Theorien, und sofern mehrere Philosophen einer Ansicht sind, beruht diese Übereinstimmung nicht darauf, daß ihre Forschungen sie zu gleichen Ergebnissen geführt haben, sondern auf der Tatsache, daß sie einer bestimmten Schule zugehörig sind (V,14).

Die Divergenzen in den Ansichten der verschiedenen philosophischen Richtungen sind für Jehuda Halewi ein deutlicher Hinweis darauf, daß die Metaphysik nur aus Systemen von Meinungen besteht, denen die Beweiskraft fehlt. Er vertritt in seiner Ablehnung der Philosophie einen Standpunkt, der weitgehend der Kritik am arabischen Aristotelismus ähnelt, die Alghazali geübt hat; diese ist allerdings in ihrer prinzipiellen Abwertung weltlichen Wissens radikaler als die des jüdischen Denkers.

An einigen Beispielen sucht Jehuda Halewi die Haltlosigkeit philosophischer Lehrmeinungen zu zeigen. So betont er, daß die seit Empedokles gängige Theorie von den vier Elementen keineswegs bewiesen sei. Gewiß lassen sich Wärme, Kälte, Trockenheit und Feuchtigkeit als Grundqualitäten aller Körper feststellen, aber es sei unmöglich, die Körper in die vier Elemente, aus denen sie angeblich bestehen, aufzulösen. Jehuda Halewi weist darauf hin, daß man zwar begrifflich die irdischen Körper in die Elemente zerlegen könne, doch komme dadurch diesen Elementen noch keine Existenz in der Realität zu (V,14).

Gegenstand seiner Kritik ist auch die neoplatonische Emanationstheorie, die bei den arabischen Aristotelikern als genuin aristotelisches Lehrgut galt und von ihnen infolgedessen übernommen und ausgebaut wurde. Daß auf jeder Stufe des intelligiblen Seins aus dem Intellekt dadurch, daß er seine Ursache denkt, ein weiterer Intellekt bzw. Engel emaniere und durch das Denken seiner selbst eine Sphäre, ist, wie Jehuda Halewi ausführt, eine bloße Behauptung, die nicht bewiesen werden kann. Wie läßt es sich denn begründen, fragt er, daß die Emanation unterhalb der Mondsphäre mit dem tätigen Intellekt aufhöre? Müßte nicht auch aus Aristoteles, wenn er sich selbst denkt, eine Sphäre emanieren, und wenn er seine Ursache denkt, ein Engel? (IV,25).

Mit seiner Kritik der gängigen philosophischen Lehrmeinungen hat Jehuda Halewi gewiß recht gehabt. Die Philosophie seiner Zeit hat sich, nicht anders als das religiöse Denken, weitgehend gläubig auf Autoritäten gestützt. Der Anspruch der arabischen Philosophen, durch die Ausbildung ihrer geistigen Potenzen nicht nur die irdische Welt, sondern auch ein über dieser befindliches Stufenreich der Intelligibilia zu begreifen und sich auf diese Weise Gott nähern zu können, um zum wahren geistigen Glück zu gelangen, übersteigt das rational Faßbare und dem wissenschaftlichen Beweis Zugängliche. Jehuda Halewi hat klar erkannt, daß eine solche Philosophie Züge des Religionsersatzes, einer Ersatzreligion trägt und Unbeweisbares demonstrieren will. Das neoplatonische Erbe, dessen sich die arabischen Aristoteliker nie völlig entledigen konnten, besteht in diesem Versuch, ein umfassendes Weltbild aufzustellen, das notwendigerweise die Grenzen wissenschaftlicher Forschung spekulativ überschreitet.

Jehuda Halewi hat trotz seiner prinzipiellen Kritik der Metaphysik den Wert und die Bedeutung der Philosophie nicht völlig geleugnet. Er gesteht zu, daß die Philosophie in der Lage sei, die Existenz eines einzigen Gottes zu erweisen, auf den sich alles zurückführen läßt (z. B. IV,13). Auch die Pflicht der Gottesverehrung erachtet er als ein Gesetz der Vernunft (II,48). Die Philosophie lehrt auch die Notwendigkeit der Beobachtung sittlicher Normen, ohne die das Zusammenleben der Menschen unmöglich ist (IV,15 gegen Ende; III,7), denn die Verbindlichkeit von Moral ist durch die Vernunft erkennbar. Solche allgemeinen Normen der Gesellschaft hebt die Offenbarungsreligion nicht auf, vervollkommnet sie aber, indem sie sie konkretisiert. Die göttlichen Gebote vermitteln die Kenntnis von der richtigen Ausübung der Pflichten im Hinblick auf ihr Maß, ihr Gewicht, ihre Zeit und ihren Ort und ermöglichen die sinnvolle, auf die Annäherung an Gott zielende Anwendung der formalen Vernunftregeln (III,23).

Vernunft und Offenbarung kollidieren nach Jehuda Halewi nicht, da die göttliche Offenbarung nichts enthält, was dem wissenschaftlich Erwiesenen widerspricht (I,67). So ist die Frage, ob die Welt ewig oder geschaffen sei, von der Philosophie nicht befriedigend zu beantworten. Die Behauptung ihrer Ewigkeit, die die arabischen Gefolgsleute des Aristoteles akzeptierten, beruht, wie Jehuda Halewi betont, darauf, daß Aristoteles eine von zwei Möglichkeiten wählen mußte, die beide über das philosophisch Beweisbare hinausgingen. Hätte er in einem Volk gelebt, das sich auf unanfechtbare, da historisch beglaubigte Traditionen berufen kann, dann hätte er sich für die Geschaffenheit der Welt entschieden (I,65), denn die Offenbarungsreligion gibt hier definitive Antwort, während die Philosophie im Bereich der Hypothesen bleiben muß.

Trotz seiner herben Kritik an den Lehren der Philosophie, die für das Weltverständnis unzureichend sind und nicht dazu führen, den Sinn der von Gott bewirkten Welt zu begreifen und entsprechend zu handeln, benutzt Jehuda Halewi zur Erklärung der natürlichen Prozesse den philosophischen Begriffsapparat und bietet eine Ontologie, die sich in philosophischen Bahnen bewegt. Nachdem ihm die Prämisse feststeht, daß es ein Volk in der Welt gibt, um dessentwillen Gott die Naturgesetze geändert habe, um sich ihm durch Wunder zu offenbaren, und das durch das göttliche Licht erleuchtet ist, können innerhalb dieses Rahmens philosophische Lehrmeinungen einen Platz finden.

So erklärt Jehuda Halewi alles Werden als Einwirkung der Form auf die Materie. Die Formen sind nicht der Natur immanent, sondern sie gehen auf Gott als den Formgeber zurück. Die Formen strömen von oben ein, und je nach ihrer Disposition ist die Materie geeignet, sie aufzunehmen. Wenn auch der Denker eine durch verschiedene Stufen vermittelte Einwirkung des Göttlichen auf die Welt, also das neoplatonische Emanationsschema, ablehnt und ebenso die Identifizierung der Sphärengeister mit Engeln, wie sie bei den arabischen Aristotelikern geläufig war, wirkt doch die schöpferische Kraft Gottes, die der Autor als göttliches Geheiß (göttliche Sache) bezeichnet, von oben nach unten auf eine immer weniger zu ihrer Aufnahme fähige Materie, so daß die Materie-Form-Antithese nicht im Sinne der Lehre des Aristoteles rezipiert wird, sondern im Grunde doch dem neoplatonischen Bild entspricht, das allerdings auch die arabischen Aristoteliker akzeptieren.

Im arabischen Originaltext ist „göttliches Geheiß“ (bzw. „göttliche Sache“) ein durchgängig verwendeter Terminus; die hebräische Übersetzung benutzt hingegen verschiedene Wörter: hier stehen dafür „Sache“, „Wort“, „Kraft“ und noch andere. Der Begriffsinhalt läßt sich aus dem Text nicht präzise erfassen. Bald wird damit umschreibend das göttliche Wesen selbst gemeint, bald ist es die Kraft, die dem Menschen von Gott verliehen ist, um mit ihm in Kontakt zu treten. Problemgeschichtlich und philologisch geht der Ausdruck auf den antiken Logosbegriff zurück.

Eine ähnliche Unschärfe zeigt auch die Materiekonzeption bei Jehuda Halewi. Einerseits wird die Schöpfung aus dem Nichts behauptet (z. B. I,8), andererseits würde aber, wie er meint, die Annahme einer präexistenten Materie die These, daß die jetzige Welt durch Gott geschaffen sei, nicht erschüttern (I,67).

Die Unklarheiten, die sich hinsichtlich ontologischer Probleme konstatieren lassen, sind allerdings im Rahmen der Intention des Chasarenbuches nicht darauf zurückzuführen, daß es dem Autor an der Fähigkeit zu begrifflicher Schärfe mangelte. Jehuda Halewi hat sich nicht die Aufgabe gestellt, eine seiner Meinung nach falsche, da unzureichend begründbare Ontologie durch eine bessere und richtigere zu ersetzen, sondern ihm ging es um den Wahrheitserweis der jüdischen Religion, um den Sinn der Welt, der nicht in der Erkenntnis ihrer Natur, sondern in der Verehrung ihres Schöpfers durch den Menschen besteht, um im weitesten Sinne historische, auf die Aufgaben der Menschen gerichtete Probleme.

Auch die Bibel spricht sich in bezug auf die Weltschöpfung nicht eindeutig im Sinne einer Schöpfung aus dem Nichts aus; nur der Katholizismus hat diese mögliche, jedoch aus dem Text nicht schlüssig erweisbare Interpretation der Creatio zum Dogma erhoben. Für Jehuda Halewi ist die Weltschöpfung nicht als naturwissenschaftliches Problem von Bedeutung, sondern nur wegen der Geschichte des Volkes Israel, das durch die ihm eigene Disposition imstande ist, die von Gott kommende Form in einer Weise aufzunehmen, daß es zu einer besonderen Spezies wird, die im innigen Kontakt mit dem Schöpfergott, dem Gott Israels steht.

Obwohl das Weltgeschehen durch Gott bestimmt und bedingt ist und die Wahrheit des Judentums gerade durch die die Naturgesetzlichkeit durchbrechende Offenbarung bestätigt wird, hat die Welt doch eine gewisse Eigengesetzlichkeit. Das ist für Jehuda Halewi vor allem deshalb von entscheidender Bedeutung, weil er Gottes Allmacht und seine freie bewußte Tätigkeit mit der menschlichen Freiheit in Einklang bringen will. Den Autor hindert seine Stellungnahme gegen die Philosophie seiner Zeit nicht, die Freiheit des menschlichen Willens, ohne die es dem Menschen unmöglich wäre, seine Pflichten zu erfüllen und ein gottgefälliges Leben bewußt zu führen, philosophisch zu begründen. Jehuda Halewi wendet sich gegen die These, alles sei von Gott solcherart determiniert und prädestiniert, daß für den freien Willen des Menschen kein Raum bleibt und folglich jede menschliche Aktivität sinnlos würde. Andererseits betont er nachdrücklich, daß die Welt kein Produkt bloßen Zufalls sei, und wendet sich scharf gegen die Lehren Epikurs (V,8 und V,20).

Jehuda Halewi unterscheidet zwei Grundtypen von Prozessen: einerseits die direkte Einwirkung Gottes, andererseits Vorgänge, die nur mittelbar auf Gott rückführbar sind. Die direkte Einwirkung Gottes manifestiert sich in der Natur als die Verleihung der Formen, in der Geschichte für das jüdische Volk als Vorsehung und das Wirken von Wundern. Daß es auch Prozesse gibt, denen ein Maß an Eigengesetzlichkeit zukommt und die nur indirekt auf Gott als ihren Urheber zurückgehen, macht Jehuda Halewi durch seine Annahme von Mittelursachen einsichtig, die auf dem Wege der Verkettung auf Gott als erste Ursache zurückgehen. Die Verknüpfung der einzelnen Glieder dieser Kausalkette ist nicht durch die Notwendigkeit festgelegt, sondern ist jeweils eine mögliche Verbindung. Innerhalb der irdischen Welt gibt es die Natur des Möglichen, das Vorhandensein von Vorgängen, deren Abläufe nicht durchgängig im Sinne der Notwendigkeit ihres Geschehens festgelegt sind. Jehuda Halewi unterscheidet bei den nur indirekt auf Gott als ihren Urheber zurückzuführenden Prozessen, in denen die Kategorie Möglichkeit wirksam wird, drei Gruppen: natürliche Vorgänge, denen das teleologische Streben nach Vollkommenheit zwar innewohnt, ohne daß es jedoch in jedem einzelnen Falle zur Verwirklichung gelangt; ferner gibt es in der Welt zufällige Geschehnisse, die unbeabsichtigt und ohne auf ein Ziel gerichtet zu sein erfolgen; und schließlich gibt es die Wahlhandlungen, die auf der freien Willensentscheidung des Menschen beruhen. Zwar ist die Freiheit des Menschen im letzten Grunde nur relativ, da alles auf Gott als höchste und letzte Ursache zurückgeht, aber trotzdem hat der Mensch die Wahl, lobenswerte oder zu tadelnde Handlungen zu begehen, denn in seiner Seele ist die Möglichkeit angelegt, das Böse zu tun oder es zu unterlassen (V,20).

Wie die gängige philosophische Literatur, speziell die jüdische, befaßt sich auch Jehuda Halewi mit dem Problem der göttlichen Attribute, obschon bei ihm, dem es nicht sowohl um philosophische Erkenntnis geht als vielmehr um die rechte Lebensführung, um die Ausrichtung des menschlichen Tuns auf die göttlichen Vorschriften, diese Problematik nicht von vorrangiger Bedeutung ist. Er unterscheidet Attribute, die direkt mit dem göttlichen Namen zusammenhängen, von solchen, die er relative nennt; damit meint er Bezeichnungen Gottes, die von den Empfindungen der Geschöpfe gegenüber Gott hergenommen sind. Allgemein stellen Attribute der Relation einen Bezug zwischen zwei Größen dar, und das ist der Grund, warum später Maimonides, der sich unter philosophischem Aspekt mit dem Problem der göttlichen Eigenschaften befaßte und die wohl scharfsinnigste und konsequenteste Theorie der Attribute Gottes in der jüdischen Philosophie des Mittelalters aufstellte, Relationsattribute strikt abgelehnt hat, weil hier Unvergleichbares aufeinander bezogen werde. Bei Jehuda Halewi geht es jedoch weniger um philosophische Durchdringung und begriffliche Fassung der Gotteskonzeption, sondern gerade der Beziehung zwischen Gott und den Menschen gilt sein wesentliches Interesse. Die Aussagen über Gott betreffen nicht das göttliche Wesen, sondern bezeichnen das Verhältnis des Menschen zu Gott. Diese Artikulation menschlicher Empfindungen teilt Jehuda Halewi in drei Gruppen und unterscheidet Wirkungsattribute, Relationsattribute (im eigentlichen Sinne) und negative Attribute. Sie alle begründen keine Vielheit und sprechen Gott in keiner Weise die absolute Einheit ab, da sie auf sein Wesen keinen Bezug haben. Es gibt jedoch auch – ohne daß dieser Gedanke breiter ausgeführt wird – göttliche Eigenschaften, die, wie der Autor formuliert, mit dem unaussprechlichen Gottesnamen, dem vierbuchstabigen Eigennamen Gottes (JHWH) zusammenhängen, und zwar sind das die unmittelbaren Einwirkungen Gottes auf die Welt, die Tätigkeit Gottes als schöpferischer Formgeber (II,2). Ob Jehuda Halewi die Schöpfertätigkeit Gottes im Sinne einer positiven Aussage über Gottes Wesen verstehen will, muß offenbleiben.

Für den menschlichen Verstand, das philosophische Denken ist Gottes Wesen unerkennbar, doch erachtet Jehuda Halewi nicht die rationale Spekulation als Aufgabe und Ziel des Menschen, sondern das Leben mit Gott, das den Juden, speziell den Propheten auf Grund der besonderen ihnen von Gott verliehenen religiösen Disposition bestimmt ist. Das Verhältnis des Frommen zu Gott beruht nicht auf verstandesmäßiger Erkenntnis, sondern auf dem Gefühl, der Vorstellung, der Wahrnehmung und Abbildung übersinnlicher Wirklichkeiten. Aus Gründen religiösen Gemütsbedürfnisses erklärt Jehuda Halewi, daß eine bildhaft-konkrete Auffassung und Beschreibung Gottes zulässig sei, und er findet es in keiner Weise befremdlich, Gott in Analogie zum Menschen zu sehen (IV,3).

Die Betonung des religiösen Gefühls, des Lebens mit Gott mittels der Erfüllung der göttlichen Vorschriften ermöglicht dem Autor eine positive Wertung des praktischen Lebens des Menschen in der Gesellschaft, während den Lehren der Philosophie, vor allem den neoplatonischen Anschauungen, durch die rein intellektuell gefaßte Glückserwartung eine asketische Tendenz oft innewohnt. So legt Jehuda Halewi Gewicht auf den Primat der Handlung gegenüber der Gesinnung und bejaht eindeutig das irdische Leben, das Wohl nicht nur des einzelnen, sondern der Gemeinschaft (II,56). Die Religion zwinge den Menschen nicht zur Askese, sondern sie führe ihn auf einem Mittelweg (II,50), das Leben stelle eine Wohltat Gottes dar, so daß man es nicht verachten und nicht danach trachten solle, sich von der Welt zu lösen (III,1).

Der „Kusari" des Jehuda Halewi ist kein philosophisches Werk, wenngleich die Schrift eines philosophisch Gebildeten. Das Ziel des Autors ist es, die Überlegenheit des Judentums über alle anderen Anschauungen, die religiösen und die philosophischen, zu zeigen und zu begründen. Im Dialog sagt der König der Chasaren zu dem jüdischen Weisen, aus seiner eigenen Lehre, die nicht nur die Vorzüge der jüdischen Religion, sondern auch die der hebräischen Sprache und des Heiligen Landes betone, müßte dieser doch die Konsequenz ziehen, nach Palästina überzusiedeln (II,23). Und wie der Weise des Dialogs hat auch Jehuda Halewi selbst diesen Schritt getan, denn nur im Lande der Verheißung können die religiösen Handlungen zur Vollendung gelangen. Die Rückkehr ins Heilige Land versteht er also als eine religiöse Aufgabe und Verpflichtung, nicht als ein politisches Programm. In Palästina soll und kann sich das Judentum als religiöses und moralisches Vorbild für die gesamte Menschheit voll entfalten. Die Erwählung Israels versteht er als eine Aufgabe, die dem Wohl aller Menschen dient. Alle Unterschiede werden verschwinden, wenn in der messianischen Endzeit alle anderen Völker sich dem religiösen und moralischen Vorbild, das die Juden der Welt zu bieten berufen sind, angeglichen haben werden (IV,23). So mündet der religiöse Partikularismus, den Jehuda Halewi mit Nachdruck formuliert, in die Vorstellung von einer Endzeit der moralischen Vollkommenheit aller Menschen, in die universalistische Konzeption des allgemeinen Glücks in einer messianischen Zukunft, deren Realität dem Autor eine Gewißheit darstellt.

Jehuda Halewi hat in reifem Alter sein „Chasarenbuch" geschrieben. In ihm gibt er seiner Überzeugung Ausdruck, daß es des Menschen Aufgabe sei, mit Gott zu leben, nicht aber durch den Versuch rationaler Erkenntnis zu einem intellektuellen Glück zu gelangen. Die volle Wahrheit sei im Judentum enthalten; sie sei historisch beglaubigt und bedürfe daher keiner weiteren Bestätigung. Die Philosophie könne diese Wahrheit weder widerlegen noch gänzlich erweisen, denn die Verbindung zwischen dem Menschen und Gott werde nicht durch die intellektuelle Erkenntnisfähigkeit des Menschen hergestellt, sondern allein durch die göttliche Offenbarung.

Dieser Überzeugung hat Jehuda Halewi auch praktischen Ausdruck gegeben, indem er sich aus seinem Lebenskreis, der führenden intellektuellen jüdischen Schicht in den kulturellen Zentren Spaniens, gelöst und das Land seiner Geburt verlassen hat. Sein Schritt stellt eine Absage an die jüdische Kultur in Spanien und ihre Träger dar, deren Situtation einerseits durch die Erfolge der Reconquista und andererseits infolge der Schwäche der muslimischen Kleinstaaten bzw. der religiösen Intoleranz der von ihnen zur Hilfe gegen die Christen ins Land gerufenen Almoraviden durchaus prekär geworden war. Die Verbindung jüdischer Religion mit griechischer Philosophie in ihrer arabisierten Gestalt erschien ihm als Ausdruck einer politischen und kulturellen Symbiose, die nach seiner Meinung keine Zukunft mehr hatte. Wann immer eine Stadt, die unter muslimischer Herrschaft stand, von Christen erobert wurde, litt der nichtchristliche Teil der Einwohner; umgekehrt waren Nichtmuslime von politischen und militärischen Erfolgen der Araber negativ betroffen. Die Juden waren im allgemeinen nicht nur den Verteidigern suspekt, sondern hatten auch von erfolgreichen Angreifern kaum Günstiges zu erwarten; sie gehörten in jedem Falle zu den Leidtragenden.

Rückblickend kann man gewiß sagen, daß zur Zeit des Jehuda Halewi die maurisch-jüdische Kultur in Spanien ihrem Ende entgegenging, doch ist der Schluß, Jehuda Halewi sei aus Gründen politischer Zweckmäßigkeit nach Palästina emigriert, nicht gerechtfertigt.

Die philosophischen Ansichten, die er angreift und verwirft, waren die des arabischen Aristotelismus, wie er von Alfarabi und Avicenna ausgebildet worden war. Aus der Polemik können wir entnehmen, daß eine philosophische Richtung, die sich auf die Autorität des Aristoteles berief, damals in Spanien auch bei den Juden in Mode gewesen sein muß, obwohl wir darüber keine Einzelheiten wissen; mit Namen sind uns keine jüdischen Philosophen aristotelischer Richtung zur Zeit des Jehuda Halewi oder davor bekannt.

Literarischen Ausdruck fand diese Tendenz erst nach dem Angriff, den Jehuda Halewi auf sie geführt hatte, in dem Werk des Abraham ibn Daud, das die Identität von jüdischer Religion und aristotelischer Philosophie erweisen will. Trotzdem ist die oft aufgestellte Behauptung, Abraham ibn Daud sei der erste Aristoteliker in der jüdischen Philosophie gewesen, in dieser Form unzutreffend. Die Zusammenfassung der Entwicklungsreihe von Isaak Israeli bis zu Abraham ibn Esra bzw. auch Jehuda Halewi als neoplatonische Richtung, die dann durch eine aristotelische abgelöst wurde, ist eine Konstruktion, die das Verständnis für die Entwicklung ebenso stark verdunkelt, wie sie andererseits erhellend wirken kann. Es ist gewiß innerhalb der Entwicklung der jüdischen Philosophie kein plötzlicher Umschwung erfolgt, bei dem das neoplatonische System der von oben nach unten sich entfaltenden göttlichen Kraft nun durch ein umgekehrtes Schema der von unten nach oben fortschreitenden Abstraktion ersetzt wurde. Da wir es nicht mit den philosophischen Systemen der Antike in ihrer ursprünglichen Form zu tun haben, in der sie intentionell und in ihrer historischen Funktion sich als Gegensätze zeigen, sondern mit der Rezeption antiker Lehren in einer durch den religiösen Monotheismus geprägten und reglementierten mittelalterlichen Gesellschaft, ist das Problem, was jeweils unter die Begriffe „Neoplatonismus" oder „Aristotelismus" zu subsumieren sei, weit komplizierter.

Bereits die antike neoplatonische Philosophie hatte trotz allem Bemühen, auf Platon zurückzugehen, auch aristotelisches Gedankengut in sich aufgenommen, so daß der in der arabischsprachigen Welt rezipierte Neoplatonismus, an den die jüdischen Philosophen anknüpften, aristotelische Elemente einschloß, ohne daß diese systembestimmend waren. Auf der anderen Seite erachteten die namhaften Vertreter der Philosophie im Bereich des Islams Aristoteles als den Gipfel der Philosophie überhaupt und schlossen sich intentionell seinen Lehrmeinungen an. Da ihre Aristoteleskenntnis jedoch weitgehend aus oft trüben spätantiken Quellen stammte, sie nicht nur neoplatonische Werke, die unter dem Namen des Stagiriten umliefen, als genuin Aristotelisch akzeptieren mußten, sondern sich auch auf neoplatonische Kommentatorenliteratur stützten, so konnten sie ihr Ziel, den Aristotelischen Kern aus der neoplatonischen Hülle zu lösen, nie vollständig erreichen. Daher ist der Aristotelismus, den die Juden zunächst vornehmlich in der Interpretation Alfarabis und Avicennas, später des Averroes übernahmen, nicht frei von neoplatonischen Beimischungen.

Wenn man jüdische Philosophen als Aristoteliker bezeichnet, so bedeutet das nur, daß sie aristotelische Philosophie als Philosophie schlechthin ansahen, wobei ihr Aristotelismus dasjenige war, was als Ansicht des Aristoteles galt, ob es das nun war oder auch nicht. Indem Abraham ibn Daud der erste für uns greifbare Vertreter der Philosophie bei den Juden ist, der sich in seinem Verständnis von Philosophie auf die von Alfarabi und Avicenna entwickelten Systeme stützt, steht er als Gefolgsmann dieser sich als Vertreter aristotelischer Lehrmeinungen verstehenden Denker ebenfalls im Rahmen ihrer Tradition. Durch den Anschluß an diese Autoritäten unterscheidet er sich von seinen Vorgängern, die in Einzelfragen den wissenschaftlichen Intentionen des Aristoteles nähergekommen sind.

Die arabischen Philosophen waren gleichzeitig Naturwissenschaftler und sahen die Natur als Gegenstand empirischer Forschung. Das bestimmt ihr Philosophieren in starkem Maße. Logik, Erkenntnistheorie und Naturwissenschaft gehen der Metaphysik voran, und diese soll und muß auf empirischen Gegebenheiten aufbauen. Dadurch gewinnt der Weg vom Besonderen zum Allgemeinen größeres Gewicht innerhalb des Systems; wissenschaftliche Klarheit und stringente Beweise spielen eine wesentlichere Rolle, als es in der neoplatonischen Spekulation der Fall war. Das schließt nicht aus, daß auch diese Aristoteliker das neoplatonische Emanationssystem als eine genuin Aristotelische Vorstellung akzeptieren, daß für sie über der aus Materie und Form zusammengesetzten irdischen Welt sich eine rein geistige Formenwelt erhebt, die keine bloße Abstraktion ist, sondern der reale Existenz zukommt. Da die jüdischen Philosophen sich vorwiegend nicht mit der Philosophie in ihrer Gesamtheit beschäftigten, sondern ihr Interesse vor allem auf dem Gebiet der Metaphysik lag, indem sie sich mit der Frage der Vereinbarkeit philosophischer Doktrinen mit den Lehren der jüdischen Religion befaßten, treten die Unterschiede zwischen Neoplatonismus und Aristotelismus bei ihnen weniger deutlich in Erscheinung als im Rahmen des Islams. Die Situation einer nationalen und religiösen Minderheit legt es nahe, als wesentlich solche Probleme zu erachten, die mit dem Bestand der eigenen Gruppe, mit der Selbstbehauptung der Gemeinschaft zu tun haben. Immer ging es der jüdischen Philosophie seit den Zeiten Philons vorwiegend darum, das Fremde dem Eigenen so weit zu assimilieren, daß es aufhörte, eine Verlockung darzustellen, die eigene Tradition aufzugeben. Daher ist auch – von Ausnahmen abgesehen – die Bindung der jüdischen Philosophie an die mosaische Religion enger, als in der islamischen Umwelt die Beziehung der Philosophie zur Religion sein mußte. Die Aufrechterhaltung der Religion stellte innerhalb des Judentums auch für die Philosophen ein Problem von existentieller Bedeutung dar, da die Nationalität sich nur in der Religiosität artikulieren konnte. Mochten im Rahmen des Islams die Philosophen sich als eine Art geistiger Elite, als eine Sekte absondern und, nachdem sie mit mehr oder minder großer Aufrichtigkeit auf die Verträglichkeit ihrer Anschauungen mit den Lehren des Glaubens hingewiesen hatten, ganz ihrer Forschung und ihren theoretischen Interessen leben; die jüdischen Philosophen erachteten sich stets als Lehrer und Führer der gesamten Gemeinschaft. Diese Erfüllung gesellschaftlicher Verpflichtungen bewirkte indessen eine größere Kompromißbereitschaft gegenüber all dem, was den separaten Bestand zu sichern in der Lage war.

## *Abraham ibn Daud*

Über die Lebensumstände mittelalterlicher Philosophen wissen wir meist nur wenig. Abraham ibn Daud bildet in dieser Hinsicht keine Ausnahme. Es sei zunächst darauf hingewiesen, daß der Name des Autors, wie auch wir ihn aus Gründen der Zweckmäßigkeit benutzen, eine philologische Mißbildung darstellt, denn diese Namensform ist eine Mischung aus Hebräisch und Arabisch. Selbstverständlich heißt der Autor auf hebräisch Abraham ben Dawid oder auf arabisch Ibrahim ibn Da'ud, doch hat man sich aus praktischen Gründen auf die hybride Namensform geeinigt, um Verwechslungen mit einem anderen, nur wenig jüngeren Abraham ben Dawid auszuschließen, der einer der namhaftesten Kritiker des „Mischne Tora", des talmudischen Kompendiums des Maimonides, gewesen ist.

Das Geburtsjahr des Abraham ibn Daud dürfte nicht später als 1110 anzusetzen sein, denn er berichtet selbst, daß er ein Schüler seines Onkels Baruch ibn Albalia in Cordova gewesen ist, der im Jahre 1126 starb. Da Abraham sein philosophisches Werk in arabischer Sprache verfaßt hat, liegt es nahe, zu vermuten, er sei im maurischen Spanien geboren, jedoch ist uns sein Geburtsort nicht bekannt. Später lebte er im christlichen Spanien, in Toledo, dem Zentrum der Übersetzungen arabischer Wissenschaft ins Lateinische. Die Hypothese, Abraham ibn Daud habe an dieser Übersetzertätigkeit teilgenommen und er sei der Avendeath philosophus gewesen, dessen Name in lateinischen Texten vor allem als Gewährsmann des Dominicus Gundissalinus häufig genannt wird, ist nur eine Möglichkeit, die unbewiesen bleibt. Personen, die als ben Dawid, Sohn des David, auf Grund des Namens ihres Vaters bezeichnet werden konnten, dürfte es in Toledo viele gegeben haben; philosophus ist nur eine allgemeine Kennzeichnung eines Gelehrten und besagt zu wenig, um darauf den Identitätsbeweis zu gründen. Ein philosophisches Werk hatte Abraham in oder vor der Zeit dieser vermuteten Übersetzertätigkeit wohl nicht verfaßt. Von den vier Werken, die uns namentlich bekannt sind, liegen uns zwei vor, das historische „Buch der Überlieferung" und das philosophische Werk „Der erhabene Glaube". Der Autor selbst erwähnt eine von ihm verfaßte Polemik gegen die Karäer; spätere Literatur führt eine astronomische Schrift von ihm an.

Das „Buch der Überlieferung" und „Der erhabene Glaube" sind ungefähr gleichzeitig 1160/61 fertiggestellt worden. Das historische Werk, von

Abraham in hebräischer Sprache verfaßt, soll den Nachweis führen, wie sich das rabbinische Judentum in einer ununterbrochenen Tradition bis auf Moses zurückführen lasse. Infolge der recht verläßlichen Nachrichten ist das Werk, auf dem der Ruhm des Autors wesentlich beruht, eine wichtige historische Quelle, besonders für die Geschichte der Juden in Spanien; hierüber konnte Abraham zuverlässiges Material erlangen, bzw. er stellte Fakten zusammen, die er aus eigenem Erleben kannte. Erwähnenswert ist, daß der Autor sein Werk durch zwei Appendices erweiterte, eine Geschichte der jüdischen Könige zur Zeit des zweiten Tempels und eine kurze Geschichte Roms von Romulus bis zu den Westgoten, ein Beweis, daß sich Abraham auch mit den Traditionen seiner christlichen Umwelt beschäftigte. Er starb 1180 in Toledo als Märtyrer.

Das philosophische Werk des Abraham ibn Daud ist uns nur in hebräischer Übersetzung erhalten, während das arabische Original verloren ist. Von einer lateinischen Übersetzung ist nichts bekannt; hätte der Autor wirklich, wie behauptet wurde, enge Beziehungen zur Übersetzerschule in Toledo unterhalten, hätte es nahegelegen, daß auch sein eigenes Werk Teil der übersetzten Literatur geworden wäre. Es existieren zwei hebräische Übersetzungen, die beide aus dem ausgehenden 14. Jahrhundert stammen; nur eine von ihnen ist gedruckt und liegt in einer wenig zureichenden Ausgabe von 1852 vor.

Auf die Kritik des Jehuda Halewi nimmt Abraham ibn Daud nirgends Bezug; die Vorwürfe gegen die Philosophie sucht der Verfasser nicht zu entkräften, indem er darauf einginge. Vielmehr soll die Darlegung selbst die Schlüssigkeit der eigenen Sache erweisen. Niemals erwähnt Abraham ibn Daud den Jehuda Halewi in seinem philosophischen Werk; in seiner historischen Darstellung nennt er ihn nur als Dichter. Ob ihm auch das „Chasarenbuch" bekannt war, läßt sich zwar nicht erweisen, ist aber doch sehr wahrscheinlich. Der Titel „Erhabener Glaube" erläutert das Werk als Gegenposition zum „Chasarenbuch", der „Verteidigung des mißachteten Glaubens".

Der Autor kleidet sein Werk in die Form eines Briefes an einen Freund, dem er auf die Frage antworten will, ob das Handeln des Menschen determiniert oder ob es auf den freien Willen des Individuums zurückzuführen sei. Abraham ibn Daud berichtet uns, er sei bereits vor Jahren gebeten worden, diese Frage zu beantworten, habe aber damals den Freund mit einer kurzen und wohl unzureichenden Erwiderung abgefunden. Die in dem Werk behandelte Problematik ist allerdings viel breiter. Das Buch bietet nach der Intention seines Autors Übereinstimmung zwischen der Philosophie und der Religion und behandelt in diesem Sinne diejenigen Grundlagen der Physik und der Metaphysik, die zum Verständnis der jüdischen Religion nötig sind.

Dabei stellt sich der Verfasser auf den Standpunkt, daß die Masse der Menschen dem Glauben unkritisch gegenüberstehe. An diese wendet er sich nicht, sondern an diejenigen, die durch das Denken in Zwiespalt geraten sind; diesen Unschlüssigen will er die Vereinbarkeit von Glauben und Wissen demonstrieren. Gemäß der an den Anfang der Schrift gesetzten Inhaltsübersicht sollen den Grundlagen der Physik und der Metaphysik dann als zweiter bzw. dritter Teil die Prinzipien der Religion und die praktische Philosophie, die nach dem Vorgang Avicennas für Abraham ibn Daud aus Ethik, Ökonomik und Politik besteht, folgen.

In der Einleitung seines Werkes weist Abraham ibn Daud darauf hin, er beabsichtige, ein einführendes Kompendium zu verfassen, das sich an solche Personen wendet, die auf philosophischem Gebiet Anfänger sind. Ihnen will er die Wissenschaft nahebringen und auf wissenschaftlicher Grundlage den Glauben aufbauen. Das Anliegen des Autors ist also religiös bestimmt: Sein Ziel ist es, die Glaubenslehren philosophisch einsichtig zu machen; die Philosophie ist mithin nicht Selbstzweck, jedoch ein notwendiges Mittel, weil nur das Gewußte, das rational Begriffene auch glaubwürdig ist.

Abraham ibn Daud entwickelt im ersten Teil seines aus drei Traktaten bestehenden Werkes die Lehren des Aristotelismus in der Form, die von Avicenna ausgebildet worden war. Im Gegensatz zu den neoplatonischen Auffassungen beschränkt sich die Zusammensetzung aus Materie und Form auf die Welt der Körper. Die Körper sind räumlich und zeitlich endliche Größen, innerhalb der Welt gibt es keine Unendlichkeit, und die in der Körperwelt wirkenden Kräfte sind ebenfalls endlich. Materie ist bei Abraham ibn Daud in Übereinstimmung mit dem arabischen Aristotelismus als Stofflichkeit verstanden, und so erhebt sich über der irdischen Welt ein rein geistiges Reich der Formen, das bis zu einem letzten Punkt, der Form aller Formen, dem unbewegten ersten Bewegenden zurückgeführt wird, dessen Tätigkeit im Denken seiner selbst besteht.

Die Seele, die die Neoplatoniker als präexistent und als in die irdische Welt abgestiegen ansahen, verstehen die Aristoteliker und mit ihnen Abraham ibn Daud als Entelechie, als Formprinzip des Leibes. Mit Aristoteles wird der passive Intellekt vom aktiven unterschieden, dieser wird jedoch als unterste Stufe einer intelligiblen Welt, als eine hypostasierte Wesenheit gefaßt, die der irdischen Welt die Formen verleiht und als Quelle des Erkennens den potentiellen, passiven Intellekt des Menschen erleuchtet und zur Erkenntnis befähigt. Als denkendes Wesen, als Verwirklichung seiner geistigen Möglichkeiten ist der Mensch, d. h. seine individuelle denkende Seele, unsterblich.

Die philosophischen Darlegungen des Abraham ibn Daud werden im Anschluß an die einzelnen Kapitel jeweils durch Belege bekräftigt, die dem

Bibeltext entnommen sind. Das Bestreben des Autors geht dahin, den Nachweis zu führen, daß wahre Philosophie, d. h. der Aristotelismus Avicennischer Prägung, und wahre Religion, das Judentum, völlig miteinander übereinstimmen. Die wahre Philosophie führt zur Religion, und der menschliche Verstand ist fähig, die Religionslehren nicht zu glauben, sondern intellektuell zu verstehen. Diese rationalistische Haltung führt bis dahin, daß Abraham ibn Daud aus dem Bibeltext die Lehren des Aristoteles herauslesen und in der Philosophie die biblischen Vorstellungen finden will. Nicht um Übereinstimmung in gewissen Grundtendenzen handelt es sich für Abraham ibn Daud, sondern um Identität der Inhalte von Philosophie und Religion.

Ein besonders markantes Beispiel für die Bemühungen des Autors, aus der Bibel aristotelische Lehrmeinungen herauszupräparieren, die er in sie hineingelesen hatte, ist sein Versuch, nachzuweisen, die Kategorienlehre des Aristoteles sei im 139. Psalm (nach der Vulgata Nr. 138) expressis verbis enthalten. In diesem gewiß kuriosen und einmaligen Versuch geht es nicht darum, die Kategorienlehre auf einen Text anzuwenden, was legitim wäre, sondern um den Versuch, die Darlegung der Aristotelischen Prinzipien in diesem poetischen Zusammenhang zu finden. Im ersten Verse des Psalms sei, so behauptet Abraham ibn Daud, auf die Substanz hingewiesen; wenn es dort heißt „Du hast mich erforscht", so deute „mich" auf die Substanz. Vers 2 drücke mit den Worten „Du kennst mein Sitzen und mein Aufstehen" die Kategorie „Lage" aus; „Du achtest auf mein Sinnen von ferne" beziehe sich auf die Beschaffenheit der Seele, die Qualität. Auf die Qualitäten weise auch Vers 3, wenn gesagt wird „Mit allen meinen Wegen bist du vertraut". Quantität findet Abraham gleichfalls im Vers 3, und zwar in der Formulierung „Mein Gehen und mein Liegen hast du gesichtet", denn das bedeute, daß Gott die gesamte Bestimmung des Menschen übersehe. Im Vers 5 werde mit den Worten „Hinten und vorn hast du mich gebildet" ausgesagt, Gott habe dem Menschen Gestalt gegeben, etwas aus Qualität und Quantität Zusammengesetztes. Die Kategorie „Wo" findet der Autor in Vers 7: „Wohin soll ich gehen vor deinem Geiste"; die Kategorie der Relation bietet Vers 13: „Du hast mich bedeckt (bzw. gewoben) im Leibe meiner Mutter." Vers 15 enthält die Kategorien „Wirken" und „Leiden", denn dort heißt es „Der ich gebildet worden bin im Verborgenen, gewebt in den Tiefen des Meeres". Ein zweites Mal ist Quantität mit den Worten „Meine noch ungestaltete Masse sahen deine Augen, und in dein Buch werden alle eingeschrieben werden . . ." in Vers 16 ausgedrückt. Die folgenden Worte desselben Verses „Die Tage wurden bestimmt, und es war noch keiner von ihnen da" versteht Abraham ibn Daud als Formulierung der Kategorie „Wann", wobei die Schwierigkeiten der Interpretation dieser Stelle in unserem Zusammenhang keine Rolle spielen. Nur hinsichtlich der Kategorie

„Habitus" ist sich der Autor seiner Sache nicht sicher. Vielleicht sei sie in Vers 3 in den Worten „Mit allen meinen Wegen bist du vertraut" enthalten; dieselbe Stelle hatte Abraham allerdings als Beleg für die Qualitäten verwendet. – Daß hier versucht wird, Unvereinbares zu vereinen und die Identität des Heterogenen zu erweisen, liegt auf der Hand.

Im zweiten Traktat des „Erhabenen Glaubens" behandelt der Autor metaphysische Probleme. Die spekulative Vernunft, die den Höhepunkt der Entwicklung des Menschen bildet, hat die Erkenntnis Gottes und die damit zusammenhängenden Fragen zum Ziel. Die Beschäftigung mit der Metaphysik ist nicht nur als ein Bedürfnis der menschlichen Vernunft anzusehen, sondern ist auch religiöse Pflicht. Die von der Bibel geforderte Liebe zu Gott ist nur durch Erkenntnis zu erreichen und besteht in ihr. Abraham ibn Daud liefert, gestützt auf seine aristotelischen Prämissen, einen Gottesbeweis, der die Notwendigkeit einer ersten Ursache behauptet, die – ihrerseits unverursacht – reine Form und Wirkkraft ist. Das erste bewegende und verursachende Prinzip erleidet keine Veränderungen und ist daher von jeglicher Begrenzung unabhängig. Weil alles Körperliche endlich und daher begrenzt ist, muß dieses Prinzip unkörperlich sein. Aus der Einheit Gottes im Sinne absoluter Einfachheit und Unteilbarkeit folgt für Abraham ibn Daud Gottes Einzigkeit, denn mehrere Wesen von unterschiedloser Einheit sind nicht denkmöglich, sondern würden miteinander zusammenfallen. Täten sie das nicht, dann müßten sie unterschiedliche Merkmale haben, was jedoch auf Grund der Prämisse, es handele sich um etwas Einfaches, Unzusammengesetztes und Unteilbares, unmöglich ist.

Während Gottes Dasein beweisbar ist, bleibt sein Wesen dem Menschen unerkennbar. Abraham ibn Daud steht in der von Philon ausgehenden Tradition der negativen Theologie. Die von Gott ausgesagten Eigenschaften sind nur metaphorisch zu verstehen, und Abraham weist im einzelnen nach, daß hinter den gemeinhin von Gott ausgesagten Attributen ein negativer Sinn liege. Weil die göttlichen Eigenschaften nur Negationen sind, die Gott *nicht* zukommen, werde durch sie keine Vielheit in das Wesen Gottes hineingebracht. Für zulässig erachtet der Autor jedoch Attribute der Relation, wie z. B. die Aussage, Gott sei der Schöpfer des Alls, denn dadurch werde das Wesen Gottes ebensowenig berührt, wie wenn man sagt, einer sei der Vater eines anderen.

In seiner Ontologie hält sich Abraham ibn Daud strikt an die Lehren der aristotelischen Schule und übernimmt von dort den von den realen Dingen der irdischen Welt ausgehenden empirischen Ansatz, Materie und Form als die konstituierenden Prinzipien des Irdischen zu verstehen, zugleich aber das neoplatonische System der Schichtung einer höheren Welt. Bereits bei Aristoteles bestehen Unklarheiten darüber, ob die sogenannten zweiten Substanzen – in der europäischen Scholastik als Universalien bezeichnet – real seien. Mit Plotin und der neoplatonischen Schule identifizieren die arabischen Aristoteliker die Himmelssphären, die für Aristoteles vorwiegend etwas Physikalisches darstellen, einerseits mit den zweiten Substanzen, den allgemeinen Begriffen, andererseits verstehen sie sie als Mittelwesen, die die irdische Welt mit Gott verbinden, und setzen sie mit den Engeln gleich. Die neoplatonische Auffassung der intelligiblen Welt beruht nicht auf Aristotelischen Prämissen, sondern stammt aus Platons Ideenlehre. Gestützt auf Platon, kann Plotin behaupten, eine immaterielle Welt sei die eigentlich reale und sei prinzipiell von der irdischen verschieden. Da jedoch im neoplatonischen System nichts außer Gott unverursacht ist und die Stufen des Intelligiblen daher möglicher Natur sind, kann Plotin, indem er Materie und Form im Aristotelischen Sinne als Möglichkeit bzw. Wirklichkeit versteht, den Begriff einer intelligiblen Materie konzipieren, die durch die prinzipielle Verschiedenheit der intelligiblen Welt von der irdischen mit der stofflichen Materie nur den Namen gemein hat.

Die arabischen Aristoteliker sind Plotin in diesem Punkt nicht gefolgt, sondern haben den Materiebegriff des Aristoteles in einer mehr naturwissenschaftlichen Weise nicht als Möglichkeit, sondern als Stofflichkeit verstanden. Die von ihnen vertretene Lehre des nur aus Formen bestehenden Reiches der Geister läßt sich nur schwer mit ihrem empirischen Aristotelesverständnis vereinen. Wenn man ein Weltbild konzipiert, das sich von oben nach unten aufbaut und in dem nur Gott unverursacht und daher absolut wirklich, alles andere jedoch möglicher Natur ist, und man auf Grund der zur Verfügung stehenden Quellen die Meinung vertreten muß, ein derartiges Weltbild entspreche dem Standpunkt des Aristoteles, dann ist eigentlich das System Gabirols, das Gott allem übrigen, dem Geistigen und dem Körperlichen, entgegensetzt und alles außer Gott als Zusammensetzung aus Materie und Form versteht, aristotelischer als der arabische Aristotelismus, der eine als real angesehene Formenwelt zwischen Gott und die Welt schiebt.

Diese Zwischenstufen schaffen indessen zwischen der Welt und dem aristotelischen Gott, dessen Tätigkeit im Denken besteht, das sich auf sich selbst richtet, eine Distanz, die anderer Art als im Neoplatonismus ist. Pantheistische Tendenzen, die mit dem Überfließen der göttlichen Fülle gegeben sind, werden durch ein auf sich selbst konzentriertes abstraktes Prinzip ersetzt, das allein durch sein Vorhandensein die unverbrüchliche Kausalordnung des Alls garantiert. Läßt sich das neoplatonische Eine zwar nicht als etwas verstehen, dessen Schaffen bewußte Tätigkeit ist, so kommt doch aus ihm alles, während das sich selbst denkende Denken, aus dem nur eine oberste Intelligenz hervorgeht, deren Denken sich auch auf anderes richtet, so vollkommen ist, daß es der Welt nicht bedarf und eigentlich nicht in Beziehung zu ihr steht.

Für die arabischen Aristoteliker mag eine solche Konzeption ein geeignetes Mittel gewesen sein, die Forschung weitgehend von der Annahme überirdischer Einflüsse freizuhalten. Es konnte ihnen genügen, die Verträglichkeit ihrer Vorstellungen mit der islamischen Religion zu behaupten, und sie mögen oft ehrlich überzeugt gewesen sein, daß Philosophie und Religion im Grunde dieselbe Wahrheit vertreten, ohne allerdings identisch zu sein. Da sie sich ohnehin nur an eine geistige Elite wandten, interessierte es sie wenig, einen Ausgleich von Religion und Philosophie vorzunehmen. Sie waren allerdings vor allem in zwei Fragen in einer günstigeren Lage als ihre jüdischen Kollegen: hinsichtlich der Weltentstehung und in bezug auf die Freiheit des menschlichen Willens. Das Problem der göttlichen Schöpfungstätigkeit spielt im Koran, der keinen geschlossenen Schöpfungsbericht bietet, eine ungleich geringere Rolle als in der Bibel, die die Schöpfung von Himmel und Erde als ersten Satz der Genesis formuliert. Wenngleich diese Behauptung in der jüdischen Tradition einen breiten Interpretationsspielraum bot, da keine ausgebildete Dogmatik vorhanden ist und keine Autorität die angeblich richtige Interpretation dekretieren kann, läßt sich doch im Judentum von der biblischen Feststellung nicht absehen. Die Freiheit des menschlichen Willens und die darauf beruhende Möglichkeit des moralischen Handelns wird im Judentum stets betont, während im Islam der Konflikt zwischen Gottes Omnipotenz und der Verantwortlichkeit des Menschen unentschieden blieb, so daß ein deterministisches philosophisches System, wie es der arabische Aristotelismus ist, unter diesem Aspekt mit dem Glauben nicht in Konflikt geriet.

Im System des Abraham ibn Daud mußte gerade die Lösung dieser beiden Probleme von Bedeutung sein. Hier muß sich zeigen, ob ihm der Beweis der Identität von Aristotelismus und Judentum gelungen ist. Der Beantwortung der Frage, ob der menschliche Wille frei oder determiniert sei, sollte angeblich das gesamte Werk „Der erhabene Glaube" dienen; die Behandlung, die der Autor dem Gegenstand angedeihen läßt, enttäuscht aber. Daß die Anlagen des Menschen determiniert seien, schließe nicht aus, daß der Mensch den natürlichen Antrieben Widerstand entgegensetze und sich einem moralischen Lebenswandel zuwende, wie ihn Gott vorschreibe. Die menschlichen Handlungen seien daher nicht notwendig, sondern möglich. Nicht nur könne der Mensch sein Handeln frei entscheiden, sondern selbst Gott kenne die menschliche Entscheidung nicht im voraus und wirke nicht auf sie ein. Möglicherweise sei die Schöpfung so eingerichtet, daß es das Mögliche gebe, und gerade in Gottes Fähigkeit, auch etwas Mögliches zu schaffen, das seine Macht einengt, liege der Beweis für seine Allmacht. Dieser Lösungsversuch überzeugt schon darum nicht, weil es dem Autor klar sein mußte, daß er hier den strikten Determinismus des arabischen Aristotelismus der jüdischen Anschauung von der Willensfreiheit geopfert hat. In dieser Hinsicht ist also der Beweis der Identität von Judentum und Aristotelismus nicht gelungen. Daß auch Aristoteles selbst im Gegensatz zu seinen arabischen Anhängern die Willensfreiheit bejaht, obwohl sie im System nicht näher begründet ist, kann den Standpunkt des Abraham ibn Daud nicht als aristotelisch im Sinne seiner Zeit rechtfertigen.

Die Beziehung der biblischen Weltentstehungslehre zum philosophischen System der aristotelischen Schule erörtert Abraham ibn Daud in verschiedenen Zusammenhängen und liefert unterschiedliche, einander ausschließende Lösungen. Im Rahmen seiner propädeutischen Ausführungen über Materie und Form geht der Autor davon aus, die Materie sei dasjenige, was potentiell die vier Elemente enthalte und ihnen zugrunde liege. Gott habe zunächst diese allgemeine Materie geschaffen, dann eine entsprechende Form, die Kohärenz, die die allgemeine Körperlichkeit bewirke, aus der alles übrige auf dem Wege der Emanation hervorgehe. Eine solche Vorstellung läßt sich eigentlich mit keiner der beiden Doktrinen vereinen, deren Identität Abraham ibn Daud erweisen will. Wohl stimmt die Ansicht, Gott habe nur die allgemeinsten Prinzipien Stoff und Form geschaffen, während die weiteren Seinsstufen durch Emanation entstanden seien, mit der Lehre Gabirols zusammen, aber dessen System lehnt Abraham ibn Daud ab und bekämpft es ausdrücklich. Der Autor nimmt dann diese Vorstellung eines Schöpfungsprozesses, den philosophisch einsichtig zu machen er sich nicht bemüht, im Grunde wieder zurück, indem er erklärt, nur dem Verstande stelle sich die Weltschöpfung auf diese Weise dar. In Wahrheit schaffe Gott nichts Unbestimmtes, und darum sei eine allgemeine Materie nur eine gedachte Substanz.

An anderer Stelle interpretiert Abraham ibn Daud die Schöpfung im Rahmen seiner Engellehre. Da Gott die absolute Einheit darstellt, kann er nicht unmittelbar die Vielheit schaffen, da das, was in der Wirkung vorhanden ist, auch in der Ursache enthalten sein muß. So stammt aus Gott nur die erste Intelligenz, die sich von Gott dadurch unterscheidet, daß sie ihre Notwendigkeit nicht sich selbst, sondern ihrem Schöpfer verdankt. Die weiteren Seinsstufen emanieren aus dieser Intelligenz; alles – mit Ausnahme der ersten Intelligenz – ist daher von den Mittelwesen geschaffen, die in der religiösen Terminologie als Engel bezeichnet werden. Ohne die Anerkennung des Wirkens von Engeln wäre eine befriedigende Welterklärung unmöglich. Allerdings vermag es Abraham nicht deutlich zu machen, wie die irdische Welt aus der intelligiblen hervorgehe. Er zeigt nur die Wirkung des aktiven Intellekts, den er den heiligen Geist nennt, auf die menschliche Seele. Im übrigen weist er darauf hin, der Emanationsprozeß, den er im Sinne des arabischen Aristotelismus hier darstellt, werde von den Philosophen unrichtig erklärt. Er selbst bietet jedoch keine andere, einleuchtendere Erklärung, sondern enthält sich der Meinung, da das Problem die Grenzen menschlicher Erkenntnisfähigkeit übersteige.

Wenn man von der Schöpfung der Welt durch Gott spreche, führt Abraham ibn Daud in anderem Zusammenhang aus, so sei das nur als Metapher zu verstehen. In Wirklichkeit seien die Engel für die Schöpfung – von der obersten Intelligenz abgesehen – verantwortlich. Aber nun unterscheidet der Autor zwischen zwei Klassen von Dingen, den unmittelbar von Gott und den von Engeln geschaffenen, und behauptet, Himmel und Erde gehörten zu den Dingen, die Gott unmittelbar geschaffen habe.

Aus den widersprüchlichen und wenig überzeugenden Darlegungen des Denkers über das Entstehen der Welt wird deutlich, daß es ihm weder gelingt, einen eindeutigen Standpunkt zu formulieren, noch sein Ziel zu verwirklichen, die Übereinstimmung der Philosophie und der Religion einsichtig zu machen. Die Antwort, die seine Behauptung der Identität von Aristotelismus und Judentum beweisen sollte, bleibt Abraham ibn Daud uns schuldig. Die philosophische Emanationslehre kann er im entscheidenden Punkt mit der Bibel nicht vereinen. Daß Aristoteles und seit Avicenna auch die arabischen Aristoteliker die Ewigkeit der Welt behauptet haben, war Abraham ibn Daud durchaus bekannt. So verstößt er gegen seine eigenen Prämissen, wenn er den aristotelischen Standpunkt mit der Behauptung abfertigt, das Gebot der Heiligung des Sabbats offenbare die Abgrenzung der Juden von denjenigen, die die Weltewigkeit annehmen.

Das Werk des Abraham ibn Daud mündet in die Ethik; jedenfalls betont der Autor im Anfang seiner Ausführungen, der Endzweck der Philosophie sei die Praxis, bestehe in der Anleitung zur rechten Lebensführung und darum sei auch der Gegenstand seiner Untersuchung die praktische Philosophie. In Wirklichkeit wird jedoch die Ethik unverhältnismäßig kurz besprochen, während der Schwerpunkt des Werkes auf Problemen der Metaphysik liegt. Die summarische Behandlung ethischer Fragen wird allerdings verständlich, da Abraham ibn Daud betont, der Zweck der praktischen Philosophie, das Erreichen des Glücks, werde durch das Religionsgesetz auf die vollkommenste Weise realisiert. Die Morallehren entstammen der Tora, und die philosophische Ethik ist ihr nach Ansicht des Autors entnommen. Das Glück beruhe auf der Moral des einzelnen, auf der Ordnung im Hauswesen und auf einer guten Staatsleitung, und darum behandelt Abraham ibn Daud die individuellen Tugenden und Laster, die Ökonomie und die Politik. Nach Platonischem Vorbild teilt Abraham die Seele in drei Teile, deren jedem bestimmte Kräfte innewohnen. Die Tugend besteht jeweils in der

Aristotelischen Mitte zwischen zwei Extremen. In der vegetativen Seele sind die Begierden lokalisiert, und die Tugend der Begierde ist das Maßhalten, die Enthaltsamkeit. Die animalische Seele ist der Sitz der Affekte, deren rechtes Maß die Tapferkeit bzw. die Sanftmut darstellt. Die rationale Seele hat einen doppelten Aspekt: Sie ist einerseits nach oben gerichtet, da sie reines Denkvermögen und auf diese Weise die Quelle der Künste und Wissenschaften ist, andererseits richtet sie sich nach unten und kontrolliert die niederen Seelenkräfte. Die Tugend der vernünftigen Seele ist die Gerechtigkeit, die die höchste aller Tugenden darstellt, denn sie übt nicht nur die Kontrolle über die anderen menschlichen Seelenkräfte aus, sondern ist auch die Grundlage der Beziehungen der Menschen untereinander: innerhalb des Hauswesens und innerhalb der staatlichen Ordnung. Auf Gerechtigkeit beruhen auch die Beziehungen des Menschen zu Gott, denn es ist gerecht, daß wir Gott das geben, was wir ihm schulden. Die Gerechtigkeit veranlaßt den Menschen zur Gottesverehrung und zum gottesdienstlichen Kultus. Darüber hinaus ist die Gerechtigkeit das Prinzip der Schöpfung überhaupt, denn die ganze Mannigfaltigkeit der Dinge beruht darauf, daß die Form jeweils der stofflichen Mischung adäquat ist.

Im Zusammenhang mit der von Abraham ibn Daud behaupteten göttlichen Vorsehung finden sich Darlegungen, wie das Vorhandensein des Übels in der Welt zu erklären sei, die beachtenswert sind. Während Maimonides das Böse aus der menschlichen Handlungsfreiheit ableitet, sucht Abraham ibn Daud eine philosophische Lösung, die an Plotin und seine Schule anknüpft. Das Übel kann nicht von Gott stammen, da er Urheber des Guten ist und zwei entgegengesetzte Wirkungen nicht auf dieselbe Ursache zurückgeführt werden können. Abraham ibn Daud bedient sich Plotins Gleichsetzung von Materie und Übel bzw. Nichtsein. Das Böse ist nichts anderes als die Beraubung, die Steresis des Guten, es existiert eigentlich gar nicht. So erklärt Abraham ibn Daud die Armut als das Nichtvorhandensein von Reichtum; Besitz ist ein Gut, Armut hingegen ein Nichts. Ebenso ist die Dummheit ein Nichts, definierbar als Nichtvorhandensein von Einsicht und Verstand. Daß aber Gott nicht allen Menschen alle materiellen und geistigen Güter gegeben habe, erachtet Abraham ibn Daud als richtig und notwendig, da in einer arbeitsteiligen Welt nicht nur Gelehrte benötigt werden, sondern auch kräftige, dumme Arbeiter und rohe Soldaten. Mag sich für ihn auch ein solcher Standpunkt, der mit den elitären Auffassungen Platons übereinstimmt, philosophisch folgerichtig ergeben, so bleibt diese Ansicht doch hinter der jüdischen Sozialethik, die die prinzipielle Gleichheit der Menschen betont, weit zurück. Abraham schließt die Mehrheit der Menschen generell von der Möglichkeit aus, zum Glück zu gelangen, und betrachtet die Ungleichheit der Individuen als gottgewollt und gerecht. Das Glück hingegen bleibt den wenigen vorbehalten, denen die Möglichkeit offensteht, sich dem Studium zu widmen, und die auf Grund ihrer theoretischen Einsichten zur Liebe Gottes gelangen, die auf Gotteserkenntnis beruht und wesentlich mit ihr identisch ist.

Als erster und einziger hat Abraham ibn Daud die völlige Übereinstimmung von aristotelischer Philosophie und Judentum behauptet und in seiner Schrift zu erweisen gesucht. Den Beweis für diese These mußte er uns schuldig bleiben, weil er sich eine im Prinzip unlösbare Aufgabe gestellt hatte. Zwar lassen sich Religion und Philosophie in Beziehung setzen, doch ist es unmöglich, sie spannungslos zur Deckung zu bringen. Als ein negativer Befund ist der Versuch des Abraham ibn Daud trotzdem von Belang; für die Juden blieb die Aufgabe, sich die Wissenschaft der Zeit und das auf ihr beruhende Weltbild anzueignen, ohne dadurch die eigene Existenz in Frage zu stellen, weiterhin aktuell.

## 3. Von Maimonides bis zum Ende des mittelalterlichen Denkens

### *Moses ben Maimon*

Zu den bedeutendsten jüdischen Gelehrten des Mittelalters gehört Moses ben Maimon (1135–1204), auch als Maimonides oder Maimuni bekannt. Nach den Anfangsbuchstaben seines Namens, Rabbi Moses ben Maimon = RMBM, wird er auch als Rambam bezeichnet. Sein wissenschaftliches Werk hat nicht nur die Entwicklung des Judentums in außerordentlich starkem Maße beeinflußt, sondern auch auf die europäische Scholastik, namentlich auf Albertus Magnus und Thomas von Aquino eingewirkt.

Maimonides sah es als seine Aufgabe an, aristotelische Philosophie und Offenbarungsreligion zu einer Synthese zu bringen, und zwar nicht auf dem Wege der weitgehenden Identifizierung, wie es Abraham ibn Daud letztlich erfolglos versucht hatte, sondern durch die Abgrenzung des wissenschaftlich Erweisbaren von demjenigen, das als Offenbarung hingenommen werden muß.

Durch die starke Wirkung über den jüdischen Kreis hinaus ist Maimonides der wohl allgemein bekannteste jüdische Denker des Mittelalters geworden. Die Formulierung, er sei der größte mittelalterliche jüdische Philosoph gewesen, sollte man allerdings vermeiden, ohne daß auf diese Weise seine wissenschaftliche Bedeutung eingeschränkt oder herabgesetzt wird: Er war nach seinem Selbstverständnis kein Philosoph, denn als Philosophen wurden diejenigen bezeichnet, die die Philosophie, vor allem die aristotelische, als alleinigen Forschungsgegenstand und als Basis ihres Weltbildes akzeptierten. Es kann auch in Frage gestellt werden, ob der Versuch, Wissenschaft und Religion zu harmonisieren, die höchste Aufgabe der Philosophie sei. Jedenfalls wäre das Aufstellen einer Rangordnung gemäß der Bedeutung der Gelehrten Ergebnis einer weitgehend subjektiven Wertung.

Über das Leben des Maimonides sind wir relativ gut informiert, besser als über das der anderen jüdischen Denker des Mittelalters. Er wurde in Cordova geboren und entstammte einer vornehmen und einflußreichen Gelehrtenfamilie. Sein Vater war Mitglied des Rabbinatskollegiums und hat sich durch eine Reihe wissenschaftlicher Werke einen Namen gemacht. Als im Jahre 1148 Cordova in die Hand der vor allem gegen Andersgläubige intoleranten Almohaden fiel, verließ die Familie die Stadt und hielt sich einige Jahre in verschiedenen Orten Spaniens auf. Gegen 1159 siedelte sie dann nach Fes in Nordafrika über. Da auch diese Stadt zum Herrschaftsbereich der Almohaden gehörte, ist es nicht klar, warum die Familie des Maimon sich gerade dorthin wandte, denn die Verhältnisse dürften in Fes im Prinzip kaum günstiger gewesen sein als in Spanien. Für die häufig vertretene Ansicht, die Familie habe zum Schein den Islam angenommen, gibt es keine Beweise. Wohl aber zeigt eine Schrift des damals noch nicht dreißigjährigen Maimonides, die in Fes verfaßt wurde, eine weitgehende Anpassung an die drückenden und schwierigen Verhältnisse. Dieses in arabischer Sprache verfaßte „Schreiben über den Glaubenszwang" stellte die Antwort auf ein Gutachten eines jüdischen Gelehrten dar, der erklärt hatte, ein Scheinbekenntnis zum Islam sei als Götzendienst anzusehen und darum müsse jeder, der gezwungen werde, sich zum Islam zu bekehren, den Märtyrertod auf sich nehmen. Wie uns Maimonides mitteilt, befand sich der Verfasser dieses Gutachtens allerdings an einem Ort, wo das Problem nicht akut war, so daß es ihm leichtfiel, einen kompromißlosen Standpunkt einzunehmen, weil er für ihn selbst ohne Konsequenzen blieb. Da dieses Gutachten die Juden im Reich der Almohaden in erhebliche Gewissensnöte brachte, sah sich Maimonides veranlaßt, zu dem Problem Stellung zu nehmen: Er vertrat die Meinung, die Aufforderung zur Selbstaufgabe gehe über das Ziel hinaus und laufe dem Geist der jüdischen Religion zuwider. Der Mensch solle mit den göttlichen Geboten *leben*, nicht aber durch sie *sterben*. Da von den Juden jetzt nichts weiter als eine verbale Anerkennung des Prophetentums Mohammeds gefordert werde, ohne daß sie zu irgendwelchen Handlungen genötigt würden, die gegen die göttlichen Gebote verstoßen, so könne man sich durchaus einem solchen Zwang beugen und zu überleben suchen. Maimonides steht also der Situation durchaus realistisch gegenüber. Allerdings rät er seinen Glaubensbrüdern, ein Land, in dem sie solchem Druck ausgesetzt sind, nach Möglichkeit zu verlassen.

Die Familie des Maimon hat diese Konsequenz gezogen, allerdings erst einige Zeit später: 1165 verließ sie Nordafrika und segelte nach Akko. Nach kurzem Aufenthalt in Palästina nahm sie dann in Fustat (Altkairo) ihren ständigen Wohnsitz. In Ägypten, das damals unter der Herrschaft der Fatimiden stand, war die Lage der Juden günstiger; die persönliche Situation des Maimonides jedoch wurde bald schwierig. Der Vater starb kurz nach der Ankunft in Ägypten, und nicht viel später kam der jüngere Bruder des Maimonides, der durch einen Juwelenhandel die Familie erhielt, auf einer Geschäftsreise nach Indien bei einem Schiffbruch ums Leben. Bis dahin hatte sich der Denker ausschließlich seinen Studien widmen können, nun mußte er danach trachten, seinen Lebensunterhalt zu verdienen. So begann er, als Arzt tätig zu sein. Im Gegensatz zum christlichen Europa stand ja im arabischsprachigen Raum die Medizin in engem Verhältnis zur Philosophie, und der Erwerb medizinischer Kenntnisse gehörte zur philosophischen Ausbildung, so daß Maimonides entsprechende theoretische Kenntnisse besaß, die er nun praktisch anwenden konnte.

Er war als Arzt sehr erfolgreich und brachte es schließlich bis zur Position eines Leibarztes am Hof der Ajjubiden, die das Fatimidenkalifat beseitigt hatten (1171) und Ägypten de facto souverän beherrschten. Auf Grund seines großen talmudischen Wissens nahm Maimonides außerdem eine führende Position innerhalb der jüdischen Gemeinschaft in Ägypten ein und wurde später auch offiziell das geistige und politische Oberhaupt der ägyptischen Juden, so daß er eine sehr große Arbeitslast zu bewältigen hatte. Er starb in Fustat (1204); seine Leiche wurde nach Tiberias in Palästina gebracht, wo sein Grab heute noch erhalten ist.

Die Werke des Maimonides lassen sich grob in drei Hauptgruppen einteilen: seine Arbeiten auf talmudischem Gebiet, seine philosophischen Schriften und seine medizinischen Abhandlungen. Damit ist das Arbeitsgebiet des Maimonides nur sehr ungenau umrissen, wenn man nicht berücksichtigt, daß zur Philosophie im mittelalterlichen Sinne auch die gesamte Naturwissenschaft gehört und daß die Verzweigtheit des talmudischen Stoffes den auf diesem Gebiet Tätigen auf Themen aus allen Lebensbereichen führen kann. Uns mögen diese drei Hauptarbeitsgebiete des Maimonides als äußerst heterogen erscheinen; für Maimonides selbst jedoch besteht zwischen ihnen ein sehr enger Zusammenhang. Die Grundlage des Lebens der Menschen sind die Satzungen, die für die Juden ihre Kodifizierung im Talmud gefunden haben. Folglich befaßt sich die Arbeit des Maimonides auf talmudischem Gebiet im Grunde mit der Reglementierung des Lebens des einzelnen und der Gesellschaft, also mit letztlich ethischen Fragen. Die philosophischen Schriften des Maimonides beschäftigen sich mit dem Sinn und Zweck der Gesetze; sie geben die rationale theoretische

Begründung für die Verbindlichkeit der rechtlichen Normen. Die Medizin erhält bei Maimonides eine ethische Fundierung und wird dadurch in seine philosophische Gesamtkonzeption einbezogen. Da das Übel in der Welt etwas Negatives ist und die gottgewollte Harmonie der Welt stört, hat der Mensch die Aufgabe, durch den Kampf gegen das Übel an der Verwirklichung der göttlichen Absicht mitzuwirken. Auf diese Weise wird der Kampf gegen die Krankheit, und vor allem auch die Erhaltung der Gesundheit, zur religiösen Pflicht. Maimonides kennt den Wert der Prophylaxe und legt infolgedessen großen Wert auf die Hygiene; außerdem postuliert er, daß zur ärztlichen Tätigkeit die seelische Behandlung gehören müsse. Den Grundsatz, die Heilung von Krankheiten müsse man Gott überlassen, lehnt er mit aller Schärfe ab, und ebenso schroff wendet er sich gegen Wunderkuren aller Art.

Die medizinischen Werke des Maimonides fanden nicht nur im arabischsprachigen Raum, sondern auch im christlichen Europa weithin Beachtung und Anerkennung. Jedoch sind die Arbeiten des Autors auf talmudischem und philosophischem Gebiet von weit größerer Originalität und nachhaltigerer Bedeutung (vgl. M. Meyerhof, The Medical Work of Maimonides, in: Essays on Maimonides, ed. S. W. Baron, New York 1941, 265–299).

Noch während seines Aufenthaltes in Spanien begann Maimonides, in arabischer Sprache einen Kommentar zur Mischna, der mündlichen Lehre, zu verfassen, den er im Jahre 1168 in Ägypten zum Abschluß brachte. Dieser Kommentar, dessen hebräische Übersetzung vielen Mischnaausgaben beigedruckt ist, zeichnet sich durch das Bemühen um eine Systematisierung des Stoffes aus. Maimonides liebt es, die allgemeinen Regeln und Grundsätze jeweils zusammenzufassen und geordnet darzustellen. Das geschieht besonders in den Einleitungen, die er dem ganzen Werk und der Behandlung einzelner Mischnatraktate voranstellt. Unter philosophischem Aspekt sind besonders die „Acht Kapitel" von Interesse, die Einleitung zum Traktat Awot, den „Sprüchen der Väter", einer Sammlung von Sentenzen jüdischer Schriftgelehrter. In dieser Einleitung bietet uns Maimonides einen Abriß seiner Ethik, deren Aufgabe es sei, die Eigenschaften des Menschen zu veredeln und seinen Charakter zu vervollkommnen. Er behandelt in diesem Zusammenhang auch die menschliche Seele und ihre Kräfte, die Frage der menschlichen Willensfreiheit, die Prophetie und die Gotteserkenntnis als Ziel des menschlichen Daseins.

Auch das religionsgesetzliche Hauptwerk des Maimonides, der hebräisch geschriebene Mischne Tora, zeigt das Bemühen, Lehren der Religion mit dem Stand der Wissenschaft zu harmonisieren, und ist darum in philosophischer Hinsicht ebenfalls wichtig. Der im Jahre 1180 abgeschlossene Mischne Tora – der Titel ist dem Bibeltext entnommen, und die Septuaginta übersetzt die Worte mit „Deuteronomion" – ist ein Talmudkompendium, das den gesamten gesetzlichen Lehrstoff zusammenfaßt und systematisiert. Die literarische Anlage des Talmuds, in dem den Lehrsätzen der Mischna, der mündlichen Lehre, sich jeweils die Diskussionen der Gelehrten, die Gemara, anschließen, machen dieses Werk außerordentlich unübersichtlich, da sich die Diskussionen oft weit von den Problemen entfernen, von denen sie ausgehen. Daher erscheinen Rechtsentscheidungen der Gelehrten häufig in Zusammenhängen, wo sie nicht zu erwarten sind. Da jedoch der Talmud die Grundlage des gesamten Rechts bildete und der Richter aus ihm seine Entscheidungen abzuleiten hatte, waren äußerst subtile Kenntnisse erforderlich, die nicht immer ohne weiteres vorausgesetzt werden konnten. Maimonides begründet die Notwendigkeit seines Werkes mit dem Rückgang der rabbinischen Bildung und stellt darum die dem Talmud zu entnehmenden juristischen Entscheidungen nach sachlichen Gesichtspunkten und infolgedessen übersichtlich zusammen. Der Intention nach umfaßt der Mischne Tora alle Vorschriften des Judentums für das religiöse und profane Leben, wenn wir hier zur Verdeutlichung diese Sphären unterscheiden wollen, obgleich eine solche Differenzierung dem gesetzestreuen Judentum unbekannt ist. Die rituellen und kultischen Vorschriften werden ebenso behandelt wie das Zivil- und Strafrecht; auch alle Satzungen, die seit der Zerstörung des Tempels in Jerusalem und durch das Leben in der Diaspora keine aktuelle Bedeutung mehr besaßen, sind enthalten. Nicht nur durch die systematische Zusammenfassung des Zusammengehörigen unterscheidet sich der Kodex des Maimonides von der talmudischen Darstellungsweise, sondern auch dadurch, daß der Verfasser nur die Ergebnisse der talmudischen Diskussionen bietet und abweichende Ansichten der Gelehrten unberücksichtigt läßt. Da es indessen im Talmud nicht nur klare Entscheidungen gibt, sondern vielfach die Festlegungen verschiedene Auslegungsmöglichkeiten offenlassen, ist die Tatsache, daß Maimonides Entscheidungen fällt, ohne anzumerken, worauf sich diese stützen, bereits bei seinen Zeitgenossen auf Kritik gestoßen.

Maimonides hat den Talmud nicht nur systematisiert, er hat ihn auch modernisiert, indem er alles das übergeht, was seiner Meinung nach vom Standpunkt der Wissenschaft nicht mehr haltbar ist. Dazu gehören Lehren und Schlußfolgerungen, die auf dem Glauben an Dämonen beruhen, und astrologische Anschauungen, die die Menschenschicksale von Gestirnkonstellationen abhängig machen. Ebenso ließ er solche Lehren aus, die den seit der talmudischen Zeit erheblich gewachsenen medizinischen Kenntnissen widersprachen. Statt dessen nutzt er die naturwissenschaftlichen Kenntnisse seiner Zeit und baut sie in sein Werk ein. Daher ist der Mischne Tora nicht nur eine Zusammenfassung der bereits vorliegenden talmudischen Vorschriften, sondern das Werk steht auch gleichzeitig auf der Höhe der Wissenschaft der Zeit, indem es sich griechischer Wissenschaft und griechischer, und zwar aristotelischer Philosophie bedient. Das Vorgehen des Maimonides ist wie das Wirken jedes Reformers heftig angegriffen worden und hat auf der anderen Seite auch leidenschaftliche Befürworter gefunden. Der Autor selbst rechtfertigte sein Vorgehen einmal in einem Brief mit den Worten: „Die Augen sind vorne und nicht hinten."

Seine Absicht, die rechtlichen Vorschriften des Talmuds mit dem neuesten Stand der Wissenschaft zu verbinden, wird in seinem Religionskodex vor allem daran sichtbar, daß er das erste Buch dieses aus 14 Büchern bestehenden Werkes zunächst den Problemen der Physik und der Metaphysik widmet, das infolgedessen eine Art religionsphilosophisches Lehrbuch darstellt. Der Autor sammelt und systematisiert in diesem „Buch der Erkenntnis" genannten ersten Buch seines Religionskodex Mischne Tora nicht nur dasjenige, was sich an philosophischen Gehalten verstreut im Talmud findet, sondern bringt vieles, was im Talmud nicht nur nicht enthalten, sondern ihm auch nicht gemäß ist. Da das Judentum eine Gesetzesreligion ist, geht es bei einer Kodifizierung weniger um weltanschauliche Lehrmeinungen als um die Reglementierung des Handelns. Daher ist es zunächst nicht ohne weiteres ersichtlich, warum Physik und Metaphysik in diesen Rahmen gehören. Besonders betrifft das den Bereich der Physik, die ganz im Sinne der aristotelischen Philosophie von Maimonides behandelt wird. Er findet aber einen Weg, diese dem Judentum ursprünglich fremden Anschauungen als Voraussetzung für die Rechtsvorschriften sinnvoll einzubauen, indem er die Physik ethisiert. Maimonides knüpft sie an das Gebot der Gottesliebe und der Ehrfurcht vor Gott: Nur wenn wir das Weltall betrachten, können wir zur Liebe Gottes gelangen, denn aus der Ordnung der Welt, aus dem Verständnis ihres Aufbaus und ihres Funktionierens wird uns Gottes Weisheit bewußt, die uns dazu bringt, Gott zu lieben. Ebenso erwächst in uns, wenn wir unser kleines Ich dem großen All gegenüberstellen, ein Gefühl der Ehrfurcht Gott gegenüber. Die Behandlung der Metaphysik, besonders des Problems der Gotteserkenntnis, erklärt sich durch die rationalistische Einstellung des Maimonides, daß die Liebe zu Gott aus der Gotteserkenntnis resultiere. Auch Probleme der Ethik werden im ersten Buch des Mischne Tora behandelt. Obwohl die Grundlegung der Ethik auf der Religion beruht, hält sich Maimonides im einzelnen weitgehend an die Nikomachische Ethik des Aristoteles. Er übernimmt die Aristotelische Einteilung der Tugenden in ethische und dianoetische und erkennt den letzteren wie Aristoteles den Vorrang zu. Die Aristotelische Definition der Tugend als Mitte zwischen zwei Extremen findet Maimonides bereits in der Bibel, indem er den Satz „Richte gerade das Geleise deines Fußes"

(Sprüche 4,26) im Sinne des Wägens versteht, bei dem die Waagschalen ins Gleichgewicht gebracht werden. Der Einbau philosophischer Lehren in ein religionsgesetzliches Werk machen den Mischne Tora zu etwas unerhört Neuartigem, so daß sich schon zu des Maimonides Lebzeiten der Kampf der Orthodoxie gerade gegen das erste Buch dieses Kodex richtete.

Als das vom philosophischen Standpunkt bedeutsamste Werk des Denkers gilt sein „Führer der Unschlüssigen", der gegen 1190 vollendet wurde. Das in arabischer Sprache geschriebene Buch, dessen Originaltitel „Leitung der Ratlosen" lautet, wurde bereits zu Lebzeiten des Maimonides von Samuel ibn Tibbon, der in der Provence lebte, ins Hebräische übertragen. Diese Übersetzung ist in ständiger Konsultation mit dem Autor angefertigt worden, der sie sachlich gebilligt und auch den hebräischen Titel „Führer der Unschlüssigen" sanktioniert hat. Die hebräische Übersetzung des Samuel ibn Tibbon, die unmittelbar vor dem Tode des Maimonides im Jahre 1204 abgeschlossen wurde, hat den Text den Juden außerhalb des arabischsprachigen Gebietes zugänglich gemacht. Wenig später wurde durch den Dichter Jehuda Alcharisi eine zweite Übersetzung des „Führers" hergestellt, die sich von der des Samuel ibn Tibbon durch größere sprachliche Eleganz, aber geringere Genauigkeit unterscheidet. Sie ist insofern zu philosophiehistorischer Bedeutung gelangt, als sie, nicht aber die Übersetzung des Samuel ibn Tibbon, zur Grundlage der lateinischen Version wurde, aus der die europäische Scholastik ihre Kenntnis der Lehren des Maimonides bezogen hat. Bei den Juden hat sich die hebräische Übersetzung des Samuel ibn Tibbon durchgesetzt, während die Arbeit seines Rivalen, der zwar in sprachlicher und stilistischer Hinsicht gewandter, im Verstehen und exakten Wiedergeben der gedanklichen Inhalte jedoch weniger erfolgreich war, in den Hintergrund trat.

Die Aufgabe, die sich Maimonides im „Führer der Unschlüssigen" stellt, ist die Leitung derer, die sich nicht entscheiden können, welchen Weg sie einschlagen sollen, die zwischen demjenigen schwanken, was die religiöse Überlieferung vorschreibt, und dem, was die Ratio, das philosophische Denken für wahr erkennt. Es geht dem Autor also um das für das Mittelalter zentrale Problem des Verhältnisses von Glauben und Wissen. Das ist eine durchaus philosophische Fragestellung, trotzdem aber ist es schwer, den „Führer" ein philosophisches Werk zu nennen. Maimonides selbst formuliert die Aufgabe, die er sich gestellt hat, mit den Worten: „Das Ziel dieser Darlegung ... ist die wahre Wissenschaft des Gesetzes, (das Werk) hat den Zweck, demjenigen eine Anleitung zu geben, welcher der Religion kundig und mit dem Gesetz vertraut ist, der an die Wahrheit der Tora glaubt und in seinem Glauben und Charakter untadlig ist, der aber Philosophie studiert hat und ihre Probleme kennt und den die menschliche Vernunft angezogen hat ..." (I, Einleitung). Die wahre Wissenschaft des Gesetzes ist im

Gegensatz zur Gesetzeswissenschaft, die Maimonides im Mischne Tora behandelt, mit den Grundlagen des Religionsgesetzes befaßt, ist also dasjenige, was die islamische Tradition als Kalam bezeichnet. Zwar identifiziert sich Maimonides weder mit den Methoden noch mit den Thesen der Vertreter des Kalam; im Gegenteil, er lehnt sie nachdrücklich ab. Aber doch besteht eine Übereinstimmung in der Zielsetzung, denn auch Maimonides geht es um den Beweis der Richtigkeit der Religionslehren. Verstehen wir Philosophie in dem Sinne, wie Maimonides sie aufgefaßt hat, nämlich als das aristotelische System in derjenigen Form, die ihm Alfarabi und Avicenna gegeben hatten, als umfassende und für das Verstehen aller Welträtsel im Prinzip völlig ausreichende wissenschaftliche Erklärung, dann war Maimonides kein Philosoph und sein „Führer" kein philosophisches Werk. Vielmehr geht der Denker von der Gewißheit der absoluten Richtigkeit und unbedingten Gültigkeit der biblischen Lehren aus und will dafür den Beweis erbringen. Maimonides bestreitet also den Anspruch der Philosophie, sie könne die Wahrheit, die in der Religion nur in verhüllter und dem Verständnis der ungelehrten Menge angepaßter Form enthalten sei, deutlich erweisen, so daß, falls alle Menschen zur Weisheit gelangten, durch die Wissenschaft die Religion aufgehoben würde.

Die Absicht des Maimonides ist im Grunde theologisch: Das heißt aber nicht, daß er die Bedeutung der Philosophie bestritten hätte. Wenn sie auch nach seiner Meinung als Gesamtsystem zur Erklärung der Welt unzureichend sei und ihre Behauptungen nicht beweiskräftig seien, so akzeptiert er sie dort, wo ihre Beweise stichhaltig sind. Insoweit Aristoteles für die Erklärung bestimmter Probleme stringente Beweise geliefert hat, macht sich Maimonides diese zu eigen, und in diesem Sinne ist er als Aristoteliker zu bezeichnen, weil der Aristotelismus als Philosophie die richtige ist.

In einem 1199 geschriebenen Brief an seinen Übersetzer Samuel ibn Tibbon betont der Autor, daß die Werke des Aristoteles die Grundlage der wissenschaftlichen Literatur seien. Um sie richtig zu verstehen, müsse man sich der Kommentare des Alexander von Aphrodisias und des Themistios bedienen, in denen die peripatetische Philosophie noch klarer dargelegt sei als in den Werken des Aristoteles selbst. Besonders empfiehlt er auch die Kommentare des Averroes, obwohl er selbst, soweit wir wissen, sie zur Zeit der Abfassung des „Führers" nicht kannte und daher nicht berücksichtigen konnte. Über andere philosophische Literatur der Griechen äußert sich Maimonides sehr ablehnend: Die Werke des Empedokles, des Pythagoras, des Hermes – es handelt sich hier um pseudepigraphische spätantike Schriften und um die hermetische Literatur – und des Prophyrios seien nicht wert, die Zeit damit zu verschwenden; Platons Werke seien dunkel und bilderreich, sie seien durch Aristoteles überholt und folglich entbehrlich. Durch diese Haltung ist selbstverständlich die Tatsache, daß der Aristotelismus der Araber sich nie restlos von platonischen Elementen lösen konnte, nicht aus der Welt geschafft. Für das Studium der Logik empfiehlt Maimonides besonders die Werke von Alfarabi, auch Avicennas Schriften seien nützlich, wenngleich von geringerem Wert. Besonders den ersten Vertreter der aristotelischen Schule in Spanien Ibn Badja (in der Scholastik als Avempace bezeichnet) schätzt Maimonides als großen Philosophen.

Der „Führer der Unschlüssigen" ist im Gegensatz zu den anderen Werken des Autors nicht für eine breite Öffentlichkeit bestimmt, sondern richtet sich an eine intellektuelle Elite, die durch die Kenntnis der Wissenschaften in Konflikt mit den biblischen Anschauungen gekommen ist. Maimonides geht es darum, diesen Personenkreis dazu zu befähigen, den Bibeltext nicht in seinem äußeren Wortsinn zu verstehen, sondern die Geheimnisse des Gesetzes, den eigentlichen Sinn und die richtige Interpretation der Offenbarungslehren zu erfassen. Unter Geheimnissen der Bibel sind im wesentlichen zwei Problemkomplexe zu verstehen, die Lehre vom Schöpfungswerk und die Lehre vom göttlichen Thronwagen, im Anschluß an die Vision des Propheten Ezechiel. Beide Themen wurden bereits in talmudischer Zeit diskutiert, doch stellten sie eine Geheimlehre dar und durften nicht vor einem breiteren Publikum behandelt werden. Die Mischna verbietet die Erörterung der Schöpfungsproblematik vor mehr als einem Schüler, die Lehre vom göttlichen Thronwagen, von den himmlischen Dingen, darf sogar auch vor einem nur dann behandelt werden, wenn dieser weise ist und die Sache aus eigener Einsicht versteht. Selbst in diesem Falle darf man ihm nicht die Einzelheiten, sondern nur die Hauptpunkte mitteilen. Maimonides identifiziert die Thematik der Schöpfung mit dem Gegenstand der Physik, die theosophische Spekulation mit dem der Metaphysik, er behandelt also in seinem „Führer" Fragen der Metaphysik und Prinzipien der Physik, wobei er aber das beiseite läßt, was seiner Meinung nach der Aristotelismus bewiesen hat, und sich auf Probleme beschränkt, die darüber hinausgehen.

Um das talmudische Verbot nicht zu verletzen, über Physik und Metaphysik in der Öffentlichkeit zu handeln, schickt Maimonides dem Werk einen Brief an seinen Schüler Josef ben Jehuda voraus, so daß die Fiktion aufrechterhalten wird, der „Führer" sei nur für *eine* Person bestimmt. Auch hält sich Maimonides an die Vorschrift, nur die Hauptpunkte mitzuteilen, und überläßt es dem entsprechend vorgebildeten Leser, aus Andeutungen den Sinn zu erfassen. Dadurch ist der „Führer" ein nicht leicht lesbares Buch.

Formal gesehen, besteht das Werk aus drei Teilen, deren erster sich mit der Gewinnung eines geläuterten, von allen Anthropomorphismen freien Gottesbegriffs befaßt, während der zweite Teil sich mit dem Beweis des Daseins Gottes beschäftigt und Gottes Verhältnis zur intelligiblen Welt erörtert, der dritte Teil schließlich Ezechiels Vision vom göttlichen Thronwagen und die Beziehung Gottes zum Menschen behandelt. Wer jedoch den „Dux perplexorum" zu lesen beginnt, gerät zunächst in gerade die Verwirrung, die das Buch zu beheben sich anheischig macht; denn Maimonides schreibt in der Einleitung seines Werkes, seine erste Aufgabe sei es, die Bedeutung gewisser biblischer Wörter zu erläutern und ferner sehr dunkle im Bibeltext vorkommende Gleichnisse zu erörtern. Dieser Zielstellung entsprechend, beginnt er seinen „Führer" unvermittelt mit Erklärungen zahlreicher einzelner Wörter, so daß der Eindruck entsteht, er beabsichtige in erster Linie eine vorwiegend philologische Exegese. Es handelt sich hauptsächlich um Wörter, die, wenn sie auf Gott bezogen werden, den Eindruck vermitteln könnten, er sei ein körperliches Wesen. Maimonides will indessen nachweisen, daß die Wörter, die er einleitend behandelt, verschieden aufgefaßt werden können, weil sie polysem sind, also je nach ihrem Kontext variierende Bedeutungen haben. Auf diese Weise schafft er sich die Möglichkeit, zu zeigen, daß die jeweils richtige Bedeutung erst ermittelt werden muß. Daraus leitet er für sich die Berechtigung her, den Bibeltext dann umzuinterpretieren, wenn er mit bewiesenen philosophischen Ergebnissen kollidiert. So ist die terminologische Erörterung, mit der der „Führer" anhebt, eine nicht nur philologische, sondern auch philosophisch relevante Textexegese.

Die Tatsache, daß das erste Buch des „Führers" Worterklärungen bietet, läßt sich unschwer aus didaktischen Absichten des Autors erklären: Auf diese Weise sollten diejenigen überzeugt werden, die nicht ohne weiteres geneigt waren, seine philosophischen Ansichten zu akzeptieren. Wenn es ihm aber gelang, diese zu der Einsicht zu bringen, daß die Worte der Bibel nicht nach ihrem äußeren Sinn zu verstehen seien, und er die Leser seinen diesbezüglichen Erläuterungen geneigt machen konnte, dann durfte er hoffen, auch für seine übrigen Ausführungen Verständnis und Zustimmung zu finden.

Die Erörterung der einzelnen Wörter läßt keinen klaren Aufbau erkennen; die Darlegung springt von einem Gegenstand zum anderen, wird auch durch anderes, nicht Dazugehöriges unterbrochen. Obwohl meist Bezeichnungen behandelt werden, die, wenn auf Gott bezogen, diesen vermenschlichen, so findet sich z. B. zwischen Wörtern, die Gott einen Ort und räumliche Bewegung zusprechen, eine Begriffsbestimmung des Wortes Mensch (hebräisch: *adam*) und ein Kapitel, das davon handelt, daß die Schöpfungslehre ein esoterischer, nicht für die Öffentlichkeit bestimmter Gegenstand sei.

Erst mit dem 50. Kapitel des ersten Teils des Werkes, in dem der Autor zur Behandlung des Problems der göttlichen Attribute kommt, beginnt eine einigermaßen fortlaufende und folgerichtige Darstellung. Es scheint allerdings, daß dieser merkwürdige Anfang des Buches, der nicht unseren Vorstellungen von theoretischen Abhandlungen entspricht, nicht auf kompositorischen Schwächen beruht, sondern darauf, daß Maimonides vorsätzlich eine Form der Darstellung gewählt hat, die den Üblichkeiten widerspricht; denn er erklärt nachdrücklich, sein Werk sei sehr sorgfältig und nach einem genauen Plan aufgebaut, die Worte seien nicht willkürlich gewählt, sondern mit großer Genauigkeit und nichts werde an falscher Stelle erklärt (I, Einleitung).

Vorausgesetzt, daß die Darstellungsweise des Maimonides intentionell ist, liegt es nicht fern, sie mit derjenigen der Bibel zu vergleichen: Auch der uns vorliegende Bibeltext überrascht immer wieder durch Sprünge, Unterbrechungen des fortlaufenden Berichtes, Wiederaufnahmen früherer Themen, die dann oft in veränderter Form behandelt werden. Die moderne Bibelwissenschaft erklärt solche Erscheinungen dadurch, daß sie verschiedene Quellenschriften annimmt, bei deren Zusammenfügung redaktionelle Ungeschicklichkeiten nicht völlig vermieden sind. Für Maimonides jedoch ist die biblische Offenbarung ein Werk aus einem Guß, und daher muß dasjenige, was dem kritischen Leser zunächst als ungereimt erscheint, beabsichtigt sein. Deshalb gilt es, die Gründe dafür zu finden, warum die biblische Darstellung im gegebenen Fall so und nicht anders gestaltet ist. So ist die Bibel zugleich ein exoterisches und esoterisches Buch, sie spricht in der Sprache der Menschen und ist folglich für jedermann verständlich, doch andererseits hat sie noch einen tieferen, verborgenen Sinn, der nur dem Gelehrten offenbar werden kann und den nach der Meinung des Maimonides nur die philosophische Interpretation enthüllt (vgl. I,33).

Durch richtige, rationale Interpretation kann man den verborgenen Sinn der scheinbaren, jedoch vorsätzlichen Unordnung des biblischen Textes ergründen, und ebenso ist beim Studium des „Führers“ vorzugehen. Darum schärft Maimonides seinem Leser ein, die Kapitel des Werkes aufeinander zu beziehen und vor allem den Sinn jedes Wortes zu erfassen, weil jedes Wort, das er mit Vorbedacht wählt, durch die genaue und richtige Interpretation eine Einsicht aufleuchten läßt, die beim flüchtigen Überlesen verborgen bleibt.

Der Denker will in seinem Werk die Geheimnisse der Bibel gleichzeitig enthüllen und auch verhüllen, um nur demjenigen, der die notwendigen philosophischen Voraussetzungen besitzt, den Weg zum Verständnis durch Andeutungen und Hinweise zu zeigen. Die vermeintliche Unordnung im Aufbau seines Werkes dürfte darum beabsichtigt sein als eine wohlerwogene, nur dem geschulten Leser zugängliche Methode der Darstellung.

Die philosophische Bedeutung des Maimonides beruht weniger auf der Neuartigkeit der behandelten Einzelprobleme als vielmehr auf der synthetisierenden Kraft, mit der er ein umfassendes System zusammengefügt hat. Aus jüdischer Religion und aristotelischer Philosophie hat er ein Gesamtgebäude errichtet, indem er diese beiden heterogenen Komponenten einander anzugleichen und zu harmonisieren suchte, was allerdings nur auf dem Wege des Kompromisses erreicht werden konnte.

Der zentrale Begriff des Systems des Maimonides, von dem aus alle Rätsel und Geheimnisse der Tora zu betrachten und zu verstehen sind, ist der Gottesbegriff. Darum widmet sich der Autor zunächst der Aufgabe, diesen Begriff so präzise, wie es irgend möglich ist, zu erfassen. Dazu bedient er sich des Mittels der negativen Theologie, wie sie – ausgehend von Philon – über den Kalam in die jüdische Philosophie eingedrungen und dort heimisch geworden war. Maimonides hat also die Theorie der negativen Attribute Gottes bereits vorgefunden, aber ihm kommt das Verdienst zu, diese Lehre am konsequentesten durchdacht und am umfassendsten ausgearbeitet zu haben.

Dem Bestreben, den Gottesbegriff mit Hilfe negativer Bestimmungen zu erfassen, steht der kanonische Wortlaut der biblischen Schriften entgegen, wo an einer Vielzahl von Stellen von Gott Aussagen gemacht werden, die ihn als Person in Analogie zum Menschen erscheinen lassen. Infolgedessen bestand für Maimonides die Aufgabe zunächst darin, diese Anthropomorphismen zu beseitigen, die bei wörtlicher Auffassung Gott zu einem körperlichen Wesen machen würden. Da die Bibel sich an alle Menschen wendet, spricht sie in der Sprache der Menschen und verwendet Bilder, die indessen in ihrer Sinnbildlichkeit als Umschreibungen zu verstehen sind. In seinem Bemühen, den wahren Sinn der biblischen Bildersprache zu erfassen, bedient sich Maimonides der bereits in der jüdisch-alexandrinischen Tradition und im Kalam praktizierten Methode der Allegorese. Er sucht auf diese Weise nicht nur Formulierungen zu interpretieren, die die Körperlichkeit Gottes nahelegen könnten, sondern auch Berichte über Wunder in übertragenem Sinne zu verstehen, wenn sie philosophischen Erkenntnissen widersprechen, wenngleich grundsätzlich das Wunder als Möglichkeit aus seinem Weltbild nicht ausgeschaltet wird. Im Unterschied zu den arabischen Philosophen, denen es nicht um die Einbeziehung der Religion in ihr System ging, sondern um ein Nebeneinander der Meinungen der Menge und der der Elite, macht Maimonides es der Allgemeinheit zur Pflicht, zu einem von allen anthropomorphen Zügen gereinigten Gottesbegriff zu gelangen.

Die Theorie der negativen Attribute Gottes hat für Maimonides zunächst einen heuristischen Wert und einen methodischen Charakter. Im Bereich der empirischen Erkenntnis, innerhalb der irdischen Welt kann man Objekte dadurch erfassen, daß man immer mehr Bestimmungen von ihnen ausschließt, um auf diese Weise, durch eine Reihe von Negationen, sich der Erkenntnis zu nähern: Die Exklusionen führen schließlich zu einer dem betreffenden Gegenstand der Untersuchung angemessenen positiven Bestimmung. In bezug auf Gott ist es allerdings nicht möglich, ihn auf diesem Wege zu erkennen, aber trotzdem wächst unsere Erkenntnis, wenn es gelingt, unangemessene Bestimmungen von der Gotteskonzeption fernzuhalten. Hinter jeder positiven Aussage über Gott steht die Negation ihrer Negation. Wenn wir sagen, Gott existiere, so bedeutet das nur, daß wir ihm die Nichtexistenz absprechen; mit der Behauptung seiner Allmacht ist gemeint, daß ihm keine Ohnmacht zukommt. Gottes Wesen hat also keinerlei Attribute, weder positive noch negative.

Maimonides bietet eine Einteilung der Attribute in fünf Klassen: Er unterscheidet Definitionen, Definitionsbestandteile, Qualitäten, Relations- und Wirkungsattribute. Definitionen und Teildefinitionen betreffen das Wesen dessen, von dem sie ausgesagt werden, während die drei übrigen Klassen der Attribute dem Gegenstand akzidentell sind. Definieren können wir Gott nicht, denn die Definition erfolgt durch die Feststellung des genus proximum, der nächsthöheren Gattung, und der differentia specifica, des artbildenden Unterschiedes. Da Gott als oberstes Prinzip verstanden wird, ist eine Definition im Aristotelischen Sinne nicht möglich. Ebenso verhält es sich mit Teildefinitionen. Darunter versteht Maimonides Aussagen, die sich auf das Wesen eines Gegenstandes beziehen, etwas bezeichnen, was für den Gegenstand konstitutiv ist und ihm notwendig zukommt, ohne ihn umfassend zu definieren. So ist zum Beispiel die Aussage, der Mensch sei vernunftbegabt, ein Teil seiner Definition, denn der Mensch ist ein vernunftbegabtes Lebewesen. Eine Teildefinition Gottes ist darum unmöglich, weil das voraussetzen würde, daß Gott aus Teilen zusammengesetzt sei; er wäre also nicht *einer* im strengen Sinne des Wortes. In der Darlegung der Attributenlehre faßt Maimonides den Gottesbegriff im Sinne des neoplatonischen Einen und führt auch die Bemühungen der arabischen Dogmatik weiter, die den biblischen Begriff des einen Gottes mit großer Konsequenz zu präzisieren getrachtet hatte. Schon der Begriff der Einheit schließt jede Aussage aus, da diese als Verknüpfung von Subjekt und Prädikat bereits eine Zweiheit darstellt und so eine Mehrheit begrifflicher Bestimmungen involviert. Ein zusammengesetzter Gott wäre entweder teilbar wie jede Zusammensetzung und daher vergänglich, oder seine verschiedenen Attribute wären ebenso ewig wie das Ganze, wodurch die Einheit Gottes aufgehoben würde und wir zur Vielgötterei gelangten. Im Anschluß an die Mutaziliten, für die die göttlichen Attribute bloße Namen waren und die damit Gedankengänge vorwegnahmen, wie sie im Nominalismus der europäischen Scholastik auftraten, war für Maimonides die Anerkennung von Teildefinitionen in bezug auf den Gottesbegriff weder theologisch noch philosophisch möglich. Vom Wesen Gottes kann außer der Tautologie, daß Gott Gott ist, nichts ausgesagt werden.

Eigenschaften sind Attribute, die zum Wesen des Dinges hinzutreten, es infolgedessen nicht ausmachen. Schon daraus ergibt es sich, daß solche akzidentellen Qualitäten dem Gottesbegriff nicht gemäß sind, denn das Eine würde dann zu etwas Zusammengesetztem, das Wesen zum Substrat von Eigenschaften. Auch würde Gott zu etwas Veränderlichem und wäre wechselnden Zuständen unterworfen. Daher lassen sich, wie Maimonides betont, akzidentelle Eigenschaften von Gott nicht aussagen.

Was nun die Relationsattribute angeht, so scheint hier zunächst der Eindruck entstehen zu können, sie seien auf Gott anwendbar. Denn Beziehungen eines Dinges zu anderen betreffen weder sein Wesen, noch sind sie Qualitäten, die zu diesem Wesen hinzutreten; sie bedingen keine Vielheit und keine Veränderung in dem durch sie bezeichneten Ding, das vielerlei Beziehungen haben kann, dabei aber unverändert bleibt. Trotzdem lassen sich von Gott keine Relationen aussagen. Ein Ding kann zu Raum und Zeit in Beziehung gesetzt werden, aber Gott kann mit Raum und Zeit nicht verbunden sein. Raum ist nach Aristoteles als Begrenzung von Körpern zu verstehen, Zeit als Maß der Bewegung, die ein begriffliches Merkmal der Körper darstellt. Räumliche und zeitliche Beziehungen lassen sich daher nur auf Körper anwenden, so daß sie dem Unkörperlichen nicht zukommen und daher Gott nicht attribuiert werden können. Zunächst wäre aber eine dritte Art von Beziehungen als auf Gott anwendbar denkmöglich, nämlich die Beziehung des Schöpfers zur von ihm geschaffenen Welt. Jedoch auch diese Relation weist Maimonides zurück: Eine reale Verbindung zwischen Gott und der Welt würde das absolut Notwendige zum Möglichen in ein gegenseitiges und daher umkehrbares Verhältnis setzen. Selbst ein Vergleich zwischen Gott und der Welt ist unmöglich, da es nichts beiden Gemeinsames gibt, das verglichen werden könnte; Gott ist prinzipiell von allem Geschaffenen verschieden, so daß Schöpfer und Geschöpf unvergleichbar sind.

So scheint es also, daß Gott vollkommen unerkennbar ist, weil wir von ihm keinerlei positive Aussage machen können, sondern nur imstande sind zu konstatieren, was er nicht ist. Das mag eine für die Philosophie mögliche Konsequenz sein. Durch die Eliminierung aller inadäquaten Bestimmungen ist mit Hilfe philosophischer Argumentation eine Gotteskonzeption entstanden, die den prinzipiellen Gegensatz zwischen Gott und der Welt, dem absolut Einen und dem Vielen, scharf herausarbeitet. Gott als der unerkennbaren ersten Ursache steht die Welt als sein Produkt selbständig gegenüber, doch der Gottesbegriff ist völlig entleert, so daß er als zentraler Bezugspunkt monotheistischer Vorstellungen unbrauchbar geworden ist. Das Judentum kann einen Gott, zu dem der Mensch in keinerlei Beziehungen treten kann, nicht akzeptieren, denn es versteht Gott als sittlichen Willen und seine Lehre als Forderung und Aufgabe. Der biblische Gottesbegriff ist der eines ethischen Personalismus, und zwischen Gott und dem Menschen besteht eine Ich-Du-Beziehung. Der Endzweck der Welt ist ihre größtmögliche Annäherung an Gott, ihre ethische Vervollkommnung. Da der Gott der jüdischen Religion ein transzendenter Gott ist, der außerhalb der von ihm geschaffenen Welt steht, ist von jüdischen Voraussetzungen her die Selbständigkeit der Welt und damit die Möglichkeit, sie wissenschaftlich zu erforschen und rational zu erkennen, legitim; die absolute Beziehungslosigkeit zwischen Schöpfer und Geschöpf würde jedoch die Religion aufheben. Maimonides ist nicht nur als Jude gehalten, den biblischen Gottesbegriff – zumindest in einer philosophisch interpretierten bzw. umgewandelten Weise – zu bewahren, sondern sein erklärtes Ziel ist es auch, aller Philosophie zum Trotz denjenigen, die in Zweifel geraten sind, nicht nur die Vertretbarkeit der Lehren der Religion nachzuweisen, sondern auch ihre Vereinbarkeit mit der Philosophie und sogar ihre Überlegenheit gegenüber dem Aristotelismus. Daher mußte er sowohl die Möglichkeit eines gewissen Maßes an Gotteserkenntnis bejahen und einsichtig machen als auch die zunächst mehr neoplatonische als aristotelische Gottesvorstellung modifizieren, das absolut Eine durch den einen personalen Gott als Bezugspunkt für das sittliche Individuum ersetzen. Denn die pantheistische Konsequenz, die aus dem neoplatonischen Emanationsschema gezogen werden kann, so daß der als transzendent angenommene Gott zugleich weltimmanent und damit greifbar wird, ist für den Denker nicht nur auf Grund seiner Position als Bekenner des Judentums, sondern auch als Vertreter des Aristotelismus unannehmbar.

Maimonides faßt den Begriff der Relation sehr scharf und schränkt ihn stärker ein als frühere jüdische Philosophen. Die jüdische Religion könnte durchaus zugestehen, daß die sittliche Personalität Gottes und die sittliche Person des Menschen zueinander in Beziehung stehen. Jehuda Halewi und Abraham ibn Daud haben daher Attribute der Relation als positive Aussagen über Gott zugelassen. Aus Gründen philosophischer Begriffsschärfe kann sich Maimonides dazu nicht verstehen; Relation läßt er nur als Beziehungen auf gleicher Basis gelten. Das bietet ihm aber die Möglichkeit, die Tätigkeit des Schöpfers in ihrer kausalen Wirkung auf das Geschöpf als eine separate Klasse von göttlichen Attributen zu fassen.

Diese Attribute der Wirkung unterscheiden sich von allen anderen dadurch, daß sie im Gegensatz zu ihnen positive Attribute sind. Die einzige positive Aussage, die wir von Gott machen können, besteht in der Angabe der von ihm ausgehenden Wirkungen, die, da wir Gott als höchste Seinsursache erkennen, möglich sein muß. Die uns erkennbaren Wirkungen Gottes in der Welt sind diejenigen, die auf den Menschen abzielen, so daß die göttlichen Eigenschaften als Vorbilder in die Welt verlegt werden. Der ethische Gottesbegriff der Bibel läßt sich mit dem absolut Einen der Philosophie nur derart verbinden, daß die Ethisierung auf die Wirksamkeit Gottes eingeschränkt wird. Das ethische Wirken Gottes auf die Welt realisiert zugleich den Zweck der Schöpfung, indem der Mensch durch die Erkenntnis der göttlichen Wirkungen zur ethischen Vervollkommnung geführt wird und sich Gott annähert, soweit das möglich ist. Unter philosophischem Aspekt mag diese Ansicht unbefriedigend sein, doch ist eine Fundierung der Ethik von der Position des Aristotelismus aus ebenso problematisch wie von der des Neoplatonismus her. Maimonides indessen geht es um die philosophische Durchdringung einer bereits feststehenden Wahrheit, nämlich der Religion. Er hat mit seiner Ethisierung der göttlichen Wirkungen nichts anderes getan, als dem in der jüdischen religiösen Tradition vertretenen Gedanken, Gott habe zuerst die Tora geschaffen und nach ihrem Plan, unter Ansehung der Tora, die Welt hervorgebracht, einen philosophisch gefaßten Ausdruck zu verleihen.

Die ethische Fundierung des Weltzusammenhanges rückt im Rahmen der Attributenlehre die Beziehung zwischen Gott und dem Menschen in den Mittelpunkt. Der Mensch verwirklicht seine Möglichkeiten in der Zielrichtung auf das göttliche Vorbild, das ihm in den Wirkungen Gottes erkennbar ist. Jedoch ist dieser Aspekt der Teleologie nur aus menschlicher Sicht relevant. Außerhalb seiner Attributenlehre bestreitet Maimonides ganz entschieden die Ansicht, die Welt sei um des Menschen willen geschaffen und dieser sei der Endzweck der Schöpfung. In einem solchen Falle wären große Bereiche des Kosmos überflüssig und ihr Vorhandensein sinn- und zwecklos, da sie der menschlichen Existenz nicht als Voraussetzung dienen. Maimonides weiß sich in Übereinstimmung mit Aristoteles, nach dessen Auffassung von Teleologie dem Menschen die Qualität eines beliebigen Einzeldinges zukommt; wie alles andere Existente ist der Mensch auf die Verwirklichung seiner spezifischen Möglichkeiten angelegt. Da jedoch für Maimonides die Welt nicht notwendig ist, sondern willentliche freie Schöpfung, muß er im Gegensatz zu Aristoteles fragen, wozu die Welt überhaupt geschaffen wurde. Doch erachtet Maimonides die Frage nach dem Zweck aller Zwecke als für uns unbeantwortbar und weist auf die Unerforschlichkeit des göttlichen Willens hin (vgl. III,13).

Stehen sich ein religiöses und ein philosophisches Verständnis der Teleologie gegenüber? Ergänzen sich die Betrachtungsweisen, so daß sie harmonieren, oder sind sie als Widersprüche aufzufassen? Sind, wenn ein Ausgleich unmöglich ist, diese Widersprüche beabsichtigt oder unterlaufen? Was ist im Falle eines beabsichtigten Widerspruches die auf diese Weise verhüllte wahre Meinung des Maimonides? Der Text läßt präzise Antworten auf diese

Fragen nicht zu; auf willkürliche Interpretationen, die leichtfertig oder tendenziös wären, soll verzichtet werden.

Die Identifizierung von Sittengesetz und Weltplan ist ein dem Judentum geläufiger, ja zentraler Gedanke, der sich bei Maimonides aus der religiösen Tradition erklären läßt, wobei er sich gleichzeitig mit Platonischen Ansichten deckt, die möglicherweise ihrerseits auf die nachbiblische jüdische Tradition eingewirkt haben. Da Maimonides die Philosophie Platons nicht schätzt und meint, sie sei durch die des Aristoteles überwunden, läßt sich die Ethisierung des der Attributenlehre zugrunde liegenden neoplatonischen leeren Gottesbegriffs als platonisierend, nicht aber als Platonisch bezeichnen.

Da nun das Ziel der Religion in der Gotteserkenntnis besteht, kommt es nach der Meinung des Maimonides für den Menschen darauf an, die Wirkungen Gottes zu erkennen; durch diese Erkenntnistätigkeit ist jeder Mensch individuell auf Gott bezogen, der der alleinige Weltzweck ist. Die Erkenntnis stellt das Band zwischen dem Menschen und Gott dar, und so weiß sich Maimonides in Übereinstimmung mit Aristoteles und dessen Ethik, indem er den Vorrang der dianoetischen Tugenden betont; daraus resultiert für den Menschen die Verpflichtung zum Lernen, zum Studium der göttlichen Gebote, denn nur auf diese Weise kann sich die Annäherung des Menschen an Gott vollziehen.

Die Betonung des Wertes und der Notwendigkeit der Erkenntnis macht es verständlich, daß Maimonides, nachdem er den Gottesbegriff zunächst durch die Ausschaltung aller unangemessenen Bestimmungen völlig entleert und die menschliche Erkenntnis auf die Wirkungen Gottes eingeschränkt hatte, recht unvermittelt zu einer positiven Bestimmung Gottes kommt und die Aristotelische Formulierung, Gott sei das Denken des Denkens, aufgreift. Der zunächst neoplatonische Gottesbegriff, der dann entsprechend dem religiösen Anliegen des Autors durch die Einführung der Wirkungsattribute ethisiert wird, erhält schließlich eine Präzisierung in Richtung auf die Aristotelische Gottesdefinition. Maimonides legt den Aristotelischen Gottesbegriff ausführlich dar und zeigt, daß die in allem aktuellen Denken vorhandene Identität von Denken, Denkendem und Gedachtem es ermöglicht, Gott das Denken zuzuschreiben, ohne damit die Einheit des göttlichen Wesens aufzuheben. Das Denken Gottes ist kein Attribut seines Wesens, sondern das vollkommene Bewußtsein ist die höchste Stufe des Seins überhaupt. Trotzdem bleibt ein Bruch zwischen der konsequenten Negierung der Möglichkeit von Aussagen über das göttliche Wesen und der positiven Bestimmung, zu der Maimonides schließlich gelangt. Daß das Buch Widersprüche enthalte, hatte der Autor mit dem esoterischen Charakter des Werkes begründet. Es obliegt dem eingeweihten Leser, die wahre Meinung des Verfassers zu ergründen. Daß diese auf die Aristotelische Definition hinausläuft, liegt nahe, weil Maimonides den Aristotelischen Gottesbegriff als „Grundsatz unseres Glaubens“ (I,68) bezeichnet und auf die Darlegungen in seinem Mischne Tora, einer exoterischen Schrift, verweist. Außerdem ist die negative Theologie des Neoplatonismus für Maimonides nur ein Mittel, Unangemessenes vom Gottesbegriff fernzuhalten; das kann aber nicht dahin führen, daß Gott die absolute Leere ist, vielmehr ist er der Inbegriff aller Vollkommenheit, die sich in seinen Wirkungen kundtut.

Das göttliche Denken ist von menschlicher Erkenntnis zwar prinzipiell verschieden; trotzdem besteht eine Analogie, denn auch menschliches Denken ist dadurch gekennzeichnet, daß das Wissen mit seinem Gegenstand zusammenfällt, so daß in der Denktätigkeit zwischen Gott und dem Menschen eine Ich-Du-Beziehung, eine Verbindung sittlicher, d. h. denkender Wesen hergestellt wird. Maimonides gibt dem Gottesbegriff des Aristoteles, dessen reine Aktualität auf sich selbst bezogen bleibt, eine religiöse Wendung, indem das göttliche Wissen, das im Gegensatz zum menschlichen ein vollkommenes und unerworbenes Wissen ist, sich aktiv auf die Welt richtet. Gott weiß alles, das Vergangene und das Zukünftige sind ihm gegenwärtig. Trotz verbaler Zustimmung zum Aristotelischen Gottesbegriff schafft sich Maimonides die Möglichkeit, Gott, der die Ursache alles Seins ist, als den souveränen Herrn der Welt zu konzipieren, der auf Grund des ihm eigenen Wissens die Welt durch seinen Willen aus freier Entscheidung ohne Notwendigkeit geschaffen hat und der dem Menschen in sittlicher Personalität gegenübersteht.

Die Intellektualisierung des Gottesbegriffes und die damit korrespondierende sittliche Aufgabe des Menschen, dessen höchste Tugend in der Erkenntnis besteht, ergänzt Maimonides durch die nicht aus dem aristotelischen System, sondern aus den religiösen Vorstellungen erwachsenen Anschauungen des Vorhandenseins des freien Willens, mit dem Gott wirkt. Die Wirkungen, die Gott attribuiert werden können, setzen sein Handeln voraus, und analog dem göttlichen Handeln ist auch das Handeln des Menschen durch den freien Willen bestimmt. Das Problem der Theodizee erklärt Maimonides durch die Mangelhaftigkeit des Menschen; das Böse in der Welt ist etwas vom Menschen Verursachtes und von Gott völlig Unabhängiges.

Mit Hilfe der göttlichen Willensfreiheit, einer religiösen, nicht aber auf den Prämissen aristotelischer Philosophie beruhenden These, sucht Maimonides die Lehre von der Weltschöpfung einleuchtend zu machen. Dabei ist er sich dessen bewußt, daß ein Beweis für diese Behauptung nicht zu erbringen ist. Maimonides hat sich sehr eingehend mit dem Problem der Weltschöpfung beschäftigt und sich mit der aristotelischen These der Ewigkeit der Welt, die bei den arabischen Aristotelikern als notwendiges, permanentes

Hervorgehen der Welt aus Gott aufgefaßt wurde, auseinandergesetzt. Da Maimonides vom Judentum ausgeht, akzeptiert er von vornherein die Vorstellung von einem Schöpfergott. Von dieser Position her unterzieht er die aristotelische Anschauung einer Prüfung, um festzustellen, wie weit ihre Argumente beweiskräftig sind und welche Einzelheiten in der bisherigen Auffassung und Darstellung der biblischen Vorstellungen sich durch philosophische Erkenntnisse als unzutreffend erwiesen, so daß Uminterpretationen erforderlich werden. Maimonides erkennt an, daß in bezug auf die Geschehnisse in der sublunaren Welt die aristotelische Philosophie die Beweise dafür liefern kann, daß hier die Gesetze strikter Kausalität und Notwendigkeit volle Gültigkeit besitzen. Jedoch bestreitet er, daß es berechtigt sei, Erfahrungen, die aus der Beobachtung innerweltlicher Prozesse gewonnen sind, auf einen anderen Bereich zu übertragen, der dem Irdischen als im Prinzip von ihm verschieden polar gegenübersteht; denn die auf dem Wege der Spekulation, des Schließens vom Bekannten auf das Unbekannte entstandenen philosophischen Ansichten entbehren, wie er meint, der Beweiskraft. Darum bleibe die biblische Auffassung, die Welt existiere nicht durch Notwendigkeit, sondern durch die freie göttliche Schöpfungstätigkeit, gültig, solange eine schlüssige Widerlegung nicht erfolgt sei. Daß Aristoteles der stringente Beweis der Weltewigkeit nicht gelungen ist, kritisiert Maimonides zu Recht. Bekanntlich führt Aristoteles nur einen indirekten Beweis für seine Behauptung der Weltewigkeit, indem er auf die Widersprüche der ihm bekannten Weltentstehungslehren hinweist und besonders die Ansicht Platons kritisiert, der einen entstandenen, dann aber ewig fortbestehenden Kosmos annimmt. Allerdings ergibt sich für Aristoteles die Weltewigkeit folgerichtig aus seiner Theorie der Bewegung. Da Bewegung die Aktualisierung der Potentialität, das Streben der Materie nach der Form darstellt, Materie und Form als letzte Prinzipien des Seins aber ungeworden, also ewig sind, stellt Bewegung die unwandelbare Beziehung zwischen Ewigem dar.

Maimonides bedient sich im Grunde der gleichen Methode wie Aristoteles, indem er nämlich dessen Ansichten einer Kritik unterzieht. Und weil er zu dem Ergebnis kommt, daß Aristoteles für seine These der Weltewigkeit keinen schlüssigen Beweis erbracht habe, ist für ihn das Problem als philosophische Frage ungelöst. Für Weltewigkeit und für Weltschöpfung lassen sich Argumente vorbringen, und daher sind unter philosophischem Aspekt beide Standpunkte gleichwertig. Entsprechend seinem religiösen Anliegen sieht sich Maimonides folglich berechtigt, im Sinne der jüdischen Tradition die Schöpfungslehre als eine Möglichkeit beizubehalten, deren Richtigkeit in der Wahrheit der göttlichen Offenbarung begründet ist. Diesen Standpunkt formuliert der Autor mit den folgenden Worten: „Was aber mich betrifft, so will ich zu beweisen versuchen, daß es . . . keineswegs unmöglich ist, daß die

Welt der Meinung unserer Heiligen Schrift gemäß erschaffen ist und daß gegen alle philosophischen Argumente, aus denen ... hervorzugehen scheint, daß es sich nicht so verhalte, Gegengründe vorhanden sind, die sie entkräften, so daß es unmöglich wird, uns gegenüber von diesen Argumenten Gebrauch zu machen. Da mir dies nun klargeworden ist und die Frage in betreff der Ewigkeit oder des Erschaffenseins der Welt eine unentschiedene ist, akzeptiere ich die Lösung, die durch die prophetische Überlieferung gegeben ist, die Dinge erklärt, zu denen das spekulative Vermögen nicht gelangen kann ... Nachdem nunmehr die Möglichkeit unseres Standpunktes klargestellt ist, soll durch einen gleichfalls philosophischen Beweisgang versucht werden, seine Überlegenheit gegenüber anderen Meinungen darzutun" (II,16).

Die Haltung, die Maimonides hier einnimmt, ist in ihrer intellektuellen Redlichkeit achtenswert. Wäre, so meint er, die Ewigkeit der Welt philosophisch erwiesen, so müßte man die dieser Lehre entgegenstehenden biblischen Formulierungen entsprechend umdeuten, wie er das ja auch mit Bibelstellen getan hat, die es nahelegen, Gott als körperlich aufzufassen.

Im Zusammenhang mit den im zweiten Teil des „Führers" von Maimonides entwickelten Beweisen für das Dasein Gottes geht der Denker hypothetisch von der These der Weltewigkeit aus, um zu zeigen, daß auf dieser Basis sowohl die Existenz Gottes als auch seine Einheit, seine Einzigkeit und seine Unkörperlichkeit erweisbar seien. Auch von aristotelischen Voraussetzungen gelangt man folglich zu einem Gottesbegriff, wenngleich nicht zu der jüdischen Vorstellung eines personalen Gottes, eines souveränen Weltenherrschers. Die Konzeption der göttlichen Freiheit, die Maimonides vertritt, ist mit der strikten Kausalität der Aristotelischen Lehre unvereinbar. Wäre der Standpunkt des Aristoteles bewiesen, müßten alle Wunder der Bibel als Metaphern gedeutet und uminterpretiert werden, die Maimonides in seiner eigenen Konzeption dadurch unterbringen kann, daß er davon ausgeht, die Durchbrechung der regelmäßigen Abläufe des Weltgeschehens sei von vornherein im göttlichen Weltplan angelegt. Nach der Ansicht des Maimonides würde das Judentum durch die Annahme der Weltewigkeit in ihrer aristotelischen Fassung vom Grunde aus umgestürzt, weil auch alles, was das Religionsgesetz den Menschen hoffen und fürchten läßt, aufgehoben wäre, so daß die Verantwortung des Menschen für sein Tun durch den Verlust seiner Freiheit beseitigt wäre (II,25). Die Frage zu stellen, was Maimonides getan hätte, wenn er genötigt gewesen wäre, die Ewigkeit der Welt als bewiesen anzuerkennen, ist ein müßiges Unterfangen. Den *aristotelischen* Beweis abzulehnen, hält er sich für berechtigt, und nach anderen philosophischen Beweismöglichkeiten zu suchen ist seine Aufgabe nicht.

Das System, das Maimonides aufgebaut hat, um den Schwankenden den Weg zu zeigen, wie sie, ohne ihre Traditionen aufzugeben, im Sinne der Zeit wissenschaftlich gebildet sein konnten, ist seinem Wesen nach eine Synthese, die einen Ausgleich zwischen zwei im Grunde heterogenen Elementen zu schaffen sucht. Dieser Ausgleich ist dadurch möglich, daß Maimonides strikt die irdische Welt vom Bereich des Übersinnlichen scheidet und der Vernunft so weit Raum gibt, wie ihre Möglichkeiten gehen, unanfechtbare Beweise zu liefern. Der Autor ist bereit, jeden Gedanken und jede Meinung vorurteilslos zu prüfen und jedes traditionelle Denkschema aufzugeben, sofern beweiskräftige Gegengründe vorhanden sind. So modifiziert er von den Offenbarungslehren des Judentums her den Aristotelismus und schränkt seine Geltung ein, die Religion wird von ihm jedoch rational systematisiert und zu einer Art philosophischem System gemacht. Maimonides versteht das Judentum als ein rationales Gebäude, in dem sich Glauben und Wissen ergänzen. Er teilt nicht die Ansicht der arabischen Aristoteliker, daß die Philosophie und die Religion zwar dieselbe Wahrheit aussprechen, diese aber nur von der Philosophie klar formuliert werde, so daß der Glaube gegenüber dem Wissen abgewertet wird, das Wissen jedoch nur wenigen zugänglich ist. Auf der anderen Seite ist für Maimonides die Vernunft auch nicht eine bloße Vorstufe des Glaubens, sondern er sucht Glauben und Wissen in der Weise zu verbinden, daß das Geglaubte Aufgabe der Erkenntnis sein müsse, daß der unreflektierte Glaube Vorstufe der Erkenntnis sei. Dabei hat aber die Philosophie dort ihre Grenze, wo die Möglichkeit stringenter Beweise aufhört. Dem philosophischen Denken wird einerseits das Recht der Spekulation verwehrt, andererseits wird ihm der Bereich des Beweisbaren uneingeschränkt freigegeben. Auf diese Weise vermeidet Maimonides eine antithetische Gegenüberstellung von Glauben und Wissen und befreit die Philosophie insofern aus ihrer sektenhaften Rolle, die sie in der arabischen Gesellschaft spielte, als er die Allgemeinheit nicht prinzipiell von der richtigen Erkenntnis, von der philosophischen Interpretation der Offenbarungslehren ausschließt, sondern im Gegenteil es zur religiösen Pflicht aller macht, zu einer philosophisch geläuterten und rational verstandenen Religion zu gelangen. Auf diese Weise wird die Philosophie zur Religionsphilosophie, das Judentum zur Philosophiereligion. Auf der einen Seite hat Maimonides der Philosophie die Möglichkeit verwehrt, letzte Fragen spekulativ zu lösen. Damit hat er sie zugleich in die jüdische Religion und damit in die jüdische Bildung als integralen Bestandteil eingebaut. Auf der anderen Seite hat er jedoch auch die Religion eingeengt und zu einer Vernunftlehre gestaltet, aus der alle mystischen und selbst alle poetischen Elemente verbannt sind.

So hat Maimonides nach beiden Seiten Konzessionen gemacht, indem er sowohl die Philosophie als auch die jüdische Religion umgestaltet und radikal umgebogen hat. Seine Synthese ist letztlich nur auf dem Wege des Kompromisses möglich, und in gewisser Weise gehört Maimonides selbst zu den Schwankenden, deren Führer sein Werk sein wollte. Als religiöser Reformer war er radikal: Ohne Sentimentalität, dabei aber durchaus des Wertes der Tradition eingedenk, stand er mit kritischem Verstand der historisch gewordenen Gestalt der Religion gegenüber. Auf die weitere Entwicklung des jüdischen Denkens hat sein Werk außerordentlich befruchtend gewirkt, weil in der Folgezeit niemand an dem von Maimonides aufgeworfenen Problem vorbeigehen konnte, wie man die gesicherten Ergebnisse der Wissenschaft akzeptieren kann, ohne die eigene Tradition preiszugeben. Der Denker hat mit sicherem Blick erkannt, daß der Kern der jüdischen Religion, den es auf jeden Fall zu bewahren gilt, die Beziehung des Menschen zur Tora und die damit gegebene Ausrichtung auf Gott ist, und hat sich nicht gescheut, alle Bestandteile des Judentums, die dem Stand der wissenschaftlichen Erkenntnis nicht entsprechen, in einer Weise zu interpretieren, die auch vom Standpunkt der Wissenschaft unanfechtbar war.

Das Vorgehen des Maimonides, der philosophisches Denken zu einer religiösen Pflicht macht und der das Judentum als eine Vernunftreligion versteht und es entsprechend aus- und umbaut, hat ebenso leidenschaftliche Zustimmung als auch Ablehnung gefunden. Die Vertreter der Orthodoxie bekämpften vor allem den „Führer" und das erste Buch seines Religionskodex Mischne Tora, weil ihnen die philosophische Fundierung der Offenbarung als gefährliche Neuerung erschien. Das rationale Element gewinnt im System des Maimonides ein so starkes Übergewicht, daß letztlich der Glaube dem Verstande unterworfen wird; zugleich aber werden dem Verstand Schranken gesetzt, die den Bestand der Religion garantieren sollen. Die Auffassung, daß das Judentum eine Vernunftreligion sei, verbindet sich für die Folgezeit mit dem Wirken und der Autorität des Maimonides. Man muß indessen sehen, daß diese Einschränkung auf das rationale Element zwar eine legitime religiöse Haltung ist, aber doch nur *eine* Seite der Religiosität. Unreflektierte Erfüllung der religiösen Pflichten, die sowohl dem Mangel an theoretischem Interesse entspringen kann als auch gerade im Gegenteil dem Wunsch, das wissenschaftliche Denken von festgelegten Voraussetzungen unabhängig zu entfalten bei gleichzeitiger Bewahrung der Tradition als Lebensform der Gemeinschaft, ist eine andere Möglichkeit. Auch die Mystik hat im religiösen Leben ihren Platz und ihre Berechtigung. Man kann mit Maimonides diese irrationale Seite der Religion ablehnen, doch die Allgemeinverbindlichkeit einer rationalen Religionsauffassung läßt sich nicht vertreten. In der Regel verbindet sich daher auch in der Literatur die Hochschätzung des Maimonides mit der Ablehnung und Abwertung der Kabbala, der jüdischen Mystik, die – wie bereits an anderer Stelle ausgeführt – nicht in den Rahmen unserer Betrachtung gehört. Denn Mystik mag zwar philosophische Lehrstücke inkorporieren, wie auch Philosophie mystische Elemente enthalten kann. Trotzdem richtet sich mystische Spekulation nicht auf das rationale Erkennen, sondern ist bewußt irrational auch dort, wo sie zum System wird, und das ist einer ihrer Widersprüche.

Die Bedeutung des Maimonides liegt vor allem in seiner systematisierenden Leistung. Er hat den Grundstein dafür gelegt, daß sich das Judentum in einer Weise verstehen ließ, die es ermöglichte, die jüdische Tradition dem wissenschaftlichen Fortschritt und dem jeweiligen Erkenntnisstand unschwer zu akkommodieren.

Nicht nur auf die weitere Entwicklung des Denkens im Judentum hat Maimonides einen wesentlichen Einfluß ausgeübt, sondern die Wirkung seiner geistigen Leistung ist auch im Bereich der christlichen europäischen Scholastik in starkem Maße spürbar. Als sich teils auf Grund der Übersetzungen aus dem Arabischen, teils auch durch direkt aus dem Griechischen stammende Übertragungen die Kenntnis der Philosophie des Aristoteles im christlichen Europa ausweitete, stand die Kirche vor der Aufgabe, sich mit dem Problem des Verhältnisses von Glauben und Wissen auf der Basis des neuen philosophischen Materials und seiner arabischen Interpretationen erneut auseinanderzusetzen. Auf die Einbeziehung des Aristotelismus in die religiösen Lehren des Abendlandes ist das Werk des Maimonides – auch dort, wo seine Lösungen nicht unbedingt akzeptiert wurden – von maßgeblichem Einfluß geworden. Der erste Scholastiker, der Maimonides namentlich erwähnt, scheint Alexander von Hales (gest. 1245) gewesen zu sein. Alexander bezeichnet Maimonides als Rabbi Moyses, und dieser Name wird in den scholastischen Texten dann beibehalten. Besonders das Argument des Maimonides gegen die aristotelische Lehre von der Ewigkeit der Welt, daß es unzulässig sei, von der Art, wie die Dinge innerhalb der Welt entstehen, auf das Werden der Welt insgesamt zu schließen, wird nicht nur von Alexander von Hales, sondern dann auch von Albertus Magnus und Thomas von Aquino aufgegriffen. Vor allem für die Dominikanerschule, die sich bemühte, einen entschärften und den Glauben nicht gefährdenden Aristotelismus mit den Dogmen des Katholizismus zu verbinden, bot Maimonides das Vorbild, wie sich eine solche Synthese herbeiführen ließ. Daß die Lehren des Aristoteles nur für die irdische Welt Gültigkeit besitzen, während die darüber hinausgehenden Probleme im Einklang mit dem geoffenbarten Gotteswort erklärt werden müssen, vereint die christliche Aristotelesrezeption mit Maimonides. Dabei soll allerdings eine wesentliche Differenz nicht übersehen werden, die die Bestrebungen des Maimonides von denen der christlichen Scholastiker grundsätzlich unterscheidet. Für ihn ist die Philosophie nicht eine bloße Vorstufe des Glaubens, sondern auch dieser ist rational. Was sich vor der Vernunft als sinnlos ausweist, hat auch im Religiösen keinen Platz, und das Widervernünftige wird von ihm nicht als übervernünftig gerechtfertigt. Diese Haltung wird bei Maimonides dadurch ermöglicht, daß die Spielbreite der Auslegung der religiösen Lehren im Judentum ungleich größer war als im Christentum, das an verbindliche Interpretationen gebunden war.

Die Wirkung des Maimonides außerhalb der jüdischen Gemeinschaft ging zeitlich weit über das Mittelalter hinaus. Eine Bekanntschaft mit seinem „Führer" ist in der Renaissance bei Pico della Mirandola, bei Michael Servet und bei Bodin nachweisbar, später – abgesehen von Spinoza, der die hebräische Übersetzung benutzte – bei Leibniz, der sich in seiner Polemik gegen Bayle, ob das Gute oder das Böse in der Welt überwiege, auf Maimonides beruft.

## *Nachwirkungen des Maimonidischen Systems auf das Denken der Folgezeit*

Mit Maimonides gelangt die arabischsprachige Philosophie bei den Juden zu einem Höhepunkt. Zugleich jedoch schließt sie mit ihm ab. Das ist nicht in dem Sinne zu verstehen, daß nach Maimonides kein Jude mehr in arabischer Sprache über philosophische Probleme geschrieben hätte. Es lassen sich noch einige Autoren und ihre Werke nennen, aber diese Gelehrten haben die Philosophie nicht über den von Maimonides erreichten Stand hinaus weiterentwickelt.

Obschon die Juden innerhalb der Gesellschaft, in der sie lebten, eine eigene Gemeinschaft konstituierten, waren sie doch weitgehend mit der allgemeinen wirtschaftlichen, politischen und kulturellen Entwicklung der vom Islam beherrschten Zivilisation verbunden. Auch diejenige Philosophie, die sich im Rahmen des Islams und in geistiger Auseinandersetzung mit ihm entfaltet hatte, erreichte zu dieser Zeit in Averroes ihren Gipfel und kam damit zugleich zu ihrem Ende. Die Stagnation in ökonomischer Hinsicht und damit gleichfalls in politischer und kultureller Beziehung führte dazu, daß auch die Philosophie keiner weiteren Entwicklung mehr fähig war. Die arabischsprachige Welt büßte ihre kulturelle Überlegenheit ein und wurde von der Entwicklung im christlichen Europa überflügelt.

Von den Juden, die innerhalb einer islamischen Umwelt nach Maimonides über philosophische Probleme in arabischer Sprache schrieben, sei zunächst Josef ben Jehuda ibn Schamun genannt, der aus Marokko stammte. Er ist derjenige Schüler, an den Maimonides seinen „Führer" adressierte. Josef ibn Schamun war, nachdem er eine Zeitlang die Unterweisung des Maimonides in Ägypten genossen hatte, nach Syrien gegangen, wo er als Arzt tätig war und 1226 in Aleppo starb. Er verfaßte auf philosophischem Gebiet eine kleine metaphysische Schrift, die als „Abhandlung über das notwendig Existierende und die Art des Hervorgehens der Dinge aus ihm und über die Weltschöpfung" in hebräischer Übersetzung vorhanden ist. In der Literatur wird meist Josef ben Jehuda ibn Aqnin als Name des Maimonidesschülers genannt, jedoch ist das ein Irrtum. D. H. Baneth konnte nachweisen (1964), daß es zur gleichen Zeit zwei verschiedene Gelehrte namens Josef ben Jehuda gegeben hat: den Maimonidesschüler Ibn Schamun und Josef ibn Aqnin (1150–1220) aus Spanien, der in Nordafrika lebte und über talmudische und philosophische Fragen schrieb.

Ohne den arabischen und jüdischen Aristotelismus zu berücksichtigen und in anscheinend bewußtem Rückgriff auf neoplatonische Traditionen bot im 14. Jahrhundert Jehuda ben Nissim ibn Malka in Marokko ein System, das den beherrschenden Einfluß der Gestirne auf den Weltlauf, die absolute Unerkennbarkeit Gottes und die Überlegenheit der rationalen Spekulation über die Lehren der Offenbarungsreligion betonte (verfaßt 1365). Doch wesentliche Impulse sind von diesen Denkern nicht ausgegangen.

Es geht uns nicht darum, diese Ausläufer der jüdischen Philosophie in arabischer Sprache dadurch, daß wir nur kurz auf sie hinweisen, als uninteressant abzutun. Sie haben ihre Bedeutung unter kulturgeschichtlichem, soziologischem und literarhistorischem Aspekt, jedoch wird die Philosophiegeschichte, sofern man sie als Prozeß fortschreitender wissenschaftlicher Erkenntnis versteht, durch sie nicht bereichert. Auch für die weitere Entwicklung des Judentums, für seine Interpretation und die Bestimmung seines Verhältnisses zur Bildung der Zeit und zu den gesicherten Ergebnissen der Wissenschaft waren sie nicht von Belang.

Die Auseinandersetzung um den Wert und die Bedeutung der philosophischen Lehren, um die Herausforderung, die die Beweise der Wissenschaft für die religiösen Ansichten darstellten, um die Berechtigung und die Möglichkeit, das wissenschaftliche Weltbild zu akzeptieren, ohne dadurch das Judentum in seinem Kern aufgeben zu müssen, vollzog sich in Hinkunft im abendländischen Bereich: im christlichen Spanien und vor allem in der Provence. Hierbei kam Maimonides die Rolle einer Symbolfigur zu; die jüdischen intellektuellen Kreise spalteten sich in Maimonisten und Antimaimonisten, in solche, die die Beschäftigung mit aristotelischer Philosophie und deren Ausgleich mit der Religion als legitim und notwendig akzeptierten, und diejenigen, die die Philosophie als der Religion feindlich erachteten und sie daher prinzipiell ablehnten. Dieser Kampf wurde mit einer außerordentlichen Heftigkeit geführt und erschütterte die jüdischen Gemeinden während des 13. Jahrhunderts in starkem Maße. Gegenseitig sprachen Vertreter der beiden Richtungen übereinander den Bann aus, und die allen Veränderungen abholden Vertreter der althergebrachten Tradition gingen sogar so weit, die Inquisition zu Hilfe zu rufen und die angeblich ketzerischen Schriften des Maimonides verbrennen zu lassen. Die Kirche von der Gefährlichkeit der Maimonidischen Lehren zu überzeugen war nicht allzu schwierig, da Maimonides im Lichte der aristotelischen Philosophie biblische Formulierungen interpretiert hatte, die für das Christentum gleichfalls verbindlich waren. Während für Juden und Christen eine gemeinsame Textgrundlage der Offenbarung besteht, mußten die im Rahmen des Islams tätigen Philosophen auf die Lehren des Korans, nicht auf die der Bibel Rücksicht nehmen.

Die gesamte jüdische Philosophie der Epoche nach Maimonides knüpft an diesen an, wobei sie in ihrem Aristotelesverständnis über ihn hinausgeht, da sie die Interpretationen, die Averroes den aristotelischen Lehren gegeben hatte, zugrunde legen konnte. Dazu fühlte sie sich um so mehr berechtigt, als Maimonides die Kommentare des Averroes empfohlen hatte, obwohl er selbst sie für sein Werk nicht benutzt hat. So nimmt es nicht wunder, daß die Aristoteleskommentare des Averroes uns in hebräischen Versionen vorliegen, aus denen später die lateinischen Übersetzungen geflossen sind. Im arabischen Original ist von den Werken des Averroes weit weniger erhalten geblieben, so daß er für die Nachwelt mehr ein hebräischer und lateinischer Autor als ein arabischer ist. Die Sprache der jüdischen Philosophie in der Zeit nach Maimonides ist hebräisch, nicht mehr arabisch. Damit ist die jüdische Philosophie, die sich im christlichen Bereich entwickelte, in stärkerem Maße von ihrer nichtjüdischen Umwelt isoliert, als das in einer arabischsprachigen Umgebung der Fall gewesen war, wo gesprochene Sprache und Wissenschaftssprache übereinstimmten. In den christlichen Ländern hingegen unterschied sich die Sprache der Wissenschaft von der des täglichen Lebens. Während diese Christen und Juden gemeinsam war, bedienten sich die Christen in der Wissenschaft des Lateinischen, während die Juden hebräisch schrieben und die Bildungssprache Europas, das Lateinische, selten beherrschten.

Insgesamt ist das 13. Jahrhundert keine sonderlich schöpferische Zeit in der Entwicklung der jüdischen Philosophie, so daß wir uns relativ kurz fassen können. Zu nennen ist Schemtov ibn Falaqera (etwa 1225 – nach 1290), der in Spanien lebte, des Arabischen kundig war und eine profunde Kenntnis der philosophischen Literatur besaß. Besonders bekannt geworden ist er durch seinen hebräischen Auszug aus des Gabirol „Lebensquelle“ und durch einen Kommentar zum „Führer“ des Maimonides. Schemtov ist völlig davon überzeugt, daß Philosophie und Religion dasselbe lehren, und betont die Notwendigkeit der Philosophie für den Glauben. Dabei interessieren ihn

Unterschiede zwischen verschiedenen philosophischen Lehrmeinungen nicht sonderlich; im Prinzip vertreten nach seiner Meinung alle Philosophen dieselbe Wahrheit. Während er in einem Buch über die Seele sich an Avicenna anschließt, ohne des Averroes Lehre von der Einheit des Intellekts auch nur zu erwähnen, folgt er in anderen Werken den Ansichten des Averroes. Dessen Thesen hat er auch in seinem Kommentar zum „Führer" des Maimonides berücksichtigt und sie, ohne dazu selbst Stellung zu nehmen, mit den Lehren des Maimonides konfrontiert.

Ungefähr gleichzeitig mit Schemtov ibn Falaqera lebte in Italien Hillel ben Samuel aus Verona (etwa 1220 – etwa 1295), ein Vertreter der Philosophie des Maimonides, der allerdings nicht bereit war, auf dem Wege des Rationalismus weiter voranzuschreiten, und infolgedessen die Weiterentwicklung und schärfere Fassung des Aristotelismus durch Averroes ablehnte. Folgerichtigkeit des Denkens war ihm weniger entscheidend als die Aufrechterhaltung der biblischen und talmudischen Wunderberichte in ihrem wörtlichen Sinne; allegorische Deutungen lehnte er ab. Nicht als philosophischer Kopf ist Hillel für den Gang der Philosophiegeschichte von Bedeutung, sondern er verdient Erwähnung, weil er zu den ersten jüdischen Gelehrten gehörte, die Kenntnisse des Lateinischen besaßen und aus dem Latein ins Hebräische übersetzten. Von ihm stammt eine hebräische Fassung der lateinischen Version des neoplatonischen „Liber de causis", eines ursprünglich arabischen Auszuges aus des Proklos Institutio theologica; Hillel, der als Arzt tätig war, übersetzte auch lateinische Texte medizinischen Inhalts. In einer philosophischen Schrift, deren Titel in nicht sehr glücklicher deutscher Übersetzung „Vergeltung der Seele" lautet, setzt sich Hillel mit dem Problem der Unsterblichkeit auseinander, mit dem Wesen der Seele und dem, was ihr nach dem Tode zuteil werde. Für Maimonides hatte das postmortale Leben nicht im Zentrum des Interesses gestanden, und das Problem war im Rahmen seiner philosophischen Lehren nicht systematisch behandelt worden; in der Folgezeit hatte sich allerdings die averroistische Interpretation der bei Aristoteles nicht eindeutigen Seelenlehre auch bei den Juden verbreitet. In dieser Fassung wird die von Maimonides nicht ausdrücklich bestrittene individuelle Unsterblichkeit abgelehnt. Nach Averroes ist die vernünftige Seele des Menschen – und nur um diesen Seelenteil geht es in der Frage des individuellen Überdauerns des spezifisch Menschlichen – nichts Individuelles, sondern in allen Menschen manifestiere sich derselbe Geist, der die Fähigkeit habe, die separaten Formen zu begreifen und sich mit dem aktiven Intellekt, dem er wesensmäßig zugehöre, zu vereinen. Das Glück des Menschen, das in intellektueller Erkenntnis bestehe, beruhe daher auf einer in jedem Menschen angelegten Potenz, die zu verwirklichen seine Aufgabe sei und im Prinzip schon zu seinen Lebzeiten realisiert werden könne. Die

Vereinigung des erworbenen menschlichen Intellekts mit dem Geistigen schlechthin, dem aktiven Intellekt, hebt die Individualität der Einzelseele in einer für den Rationalisten Averroes bemerkenswerten mystischen Weise auf; dabei schließt sie gleichzeitig individuelle Unsterblichkeit und damit die Vorstellung von Lohn und Strafe im Jenseits aus.

Stärker noch als für die jüdischen Auffassungen, die insgesamt der irdischen Welt mehr Gewicht beilegen als der jenseitigen Ewigkeit, galten im christlichen Denken solche Vorstellungen als ketzerisch, zumal da sie den Menschen von Furcht befreiten und das Selbstbewußtsein des Individuums ebenso zu steigern wie die erlösende Funktion der Kirche und die Herrschaft des Klerus zu erschüttern geeignet waren. Hillel sucht nun die Ansichten des Averroes von der Einheit des Intellekts zu widerlegen und beruft sich dabei auf dessen christliche Gegner, ohne allerdings deutlich zu machen, daß seine Argumente von Thomas von Aquino stammen. Er ist der erste jüdische Denker, der – obgleich Anhänger einer aristotelischen Philosophie – über Maimonides hinausführende Konsequenzen ablehnt und die Ansichten des Averroes kritisiert; er ist auch der erste, der nachweislich direkt an die europäische Scholastik anknüpft und ihre Argumente verwendet.

Einen philosophischen Aristotelismus averroistischer Prägung vertritt gegen Ende des 13. Jahrhunderts Isaak Albalag, über dessen Lebensumstände nichts überliefert ist. Allgemein nimmt man Katalonien als seinen Wohnsitz an. Von ihm ist eine kommentierte hebräische Übersetzung von Alghazalis „Ziele der Philosophen" erhalten, einer Darstellung des arabischen Aristotelismus, vor allem der Lehren Avicennas. Das Werk, das von Alghazali zum Zwecke der Widerlegung der Ansichten der Philosophen abgefaßt worden war, dient Albalag als Material zur philosophischen Kritik, die sich nicht nur gegen Alghazali richtet, sondern auch gegen Maimonides und den nach Ansicht des Autors inkonsequenten Aristotelismus von Alfarabi und Avicenna.

Albalag erläutert seine eigenen philosophischen Ansichten, die im wesentlichen durch die Autorität des Averroes bestimmt sind, in Form von zum Teil ausgedehnten Exkursen, so daß das Buch nach der Meinung des Verfassers nicht eine bloße Übersetzung, sondern ein selbständiges Werk darstellt. Das Schwergewicht legt Albalag auf Fragen der Metaphysik und der Kosmologie. Seine Ansichten sind naturgemäß durch die Kommentarform, die ihn an einen vorgegebenen Text bindet, wenig systematisch dargestellt.

Gestützt auf Averroes ist Albalag ein strikter Verfechter der These von der Ewigkeit der Welt und interpretiert den biblischen Schöpfungsbericht in diesem Sinne. Die Ewigkeit Gottes als des bewegenden Prinzips bedingt eine ewige Wirkung, so daß Schöpfer und Geschöpf beide gleichermaßen ewig und die beiden Begriffe korrelat sind. Daß der Bibeltext keineswegs die Zeitlichkeit der Schöpfung eindeutig behauptet, hatte auch Maimonides anerkannt. Die deutsche Übersetzung „Im Anfang“ ist nur eine Interpretation der auch in anderer Weise verstehbaren hebräischen Formulierung. Den Beweis dafür, daß die für ihn zeitlose Schöpfung nicht aus dem Nichts erfolgt ist, findet Albalag im zweiten Satz des Bibeltextes, in den Worten „die Erde war Tohuwabohu“; daß das hebräische Verbum eine Form der Vergangenheit ist, beweist ihm, daß die Welt des Entstehens und Vergehens immer so war, wie sie jetzt ist, und sich nicht ändert. Die Tätigkeit Gottes geht dem Vorhandensein der konstitutiven Elemente der Erde, Materie und Form, die Albalag im Anschluß an Abraham bar Chija mit *Tohu* bzw. *Bohu* identifiziert, nicht zeitlich voraus. Der Autor spricht nicht von Weltewigkeit, sondern von ewiger Schöpfung, doch ist das nur eine Anpassung an die traditionellen Sprachüblichkeiten.

Die ewige Welt ist durch Notwendigkeit bestimmt. Daher kann Albalag mit dem religiösen Glauben an Wunder, durch die die Naturkausalität durchbrochen wäre, wenig anfangen. Infolgedessen unterscheidet er zwischen Vernunftwahrheiten und Offenbarungswahrheiten und vertritt als erster im Rahmen der jüdischen Philosophie die Theorie einer doppelten Wahrheit, die eine der bekanntesten Thesen der christlichen Anhänger der averroistischen Philosophie war. Daß Albalag die Ansichten der lateinischen Averroisten kannte, ist nicht unwahrscheinlich, da er, wie er selbst berichtet, Kontakte zu Klerikern besaß. Trotzdem läßt es sich nicht erweisen, daß er mit seiner Trennung von Vernunft- und Offenbarungswahrheiten von der Scholastik abhängig ist, da er im Gegensatz zu ihr von den arabischen Originaltexten des Averroes ausgehen konnte. Zwar findet sich bei Averroes die Vorstellung von einer doppelten Wahrheit nicht, sondern für ihn gibt es nur *eine* Wahrheit, die der Philosophie, aber so, wie Albalag seine Ansichten formuliert, kann man sie auch ohne Rückgriff auf die lateinische Tradition aus der Position des Averroes herleiten. Albalag macht es deutlich, daß allein die Vernunftwahrheiten für den Menschen von Bedeutung sind; nur der philosophischen Wahrheit verdankt der Mensch seine intellektuelle Vollkommenheit, während die Offenbarungswahrheiten nur den Propheten, die es indessen seit langem nicht mehr gibt, zugänglich waren; nach dem Erlöschen der Prophetie können sie nicht begriffen werden. Im Gegensatz zu Maimonides, dem Albalag vorwirft, im religiösen Interesse die philosophische Wahrheit umgebogen zu haben, versucht er nicht, Glauben und Wissen miteinander zu versöhnen. Er bestreitet den Wert des Glaubens für die Moral in keiner Weise, aber zur Erkenntnis tragen die Offenbarungswahrheiten nicht bei. Was Albalag im Gegensatz zu den christlichen Averroisten möglich ist und wovon er Gebrauch macht, ist die Auslegung des Bibeltextes mit Hilfe der Vernunft. Die Interpretation heiliger Texte ist im Judentum wie im Islam nicht durch verbindliche Dogmen einer religiösen Obrigkeit gehindert. Und so enthalten die Offenbarungsschriften einen inneren Sinn, der sich dem Gelehrten durch die wissenschaftliche Forschung erschließt, während er der Masse der Menschen verborgen bleibt. Die Scheidung zweier Wahrheiten voneinander, die Albalag vornimmt, ist im Grunde für ihn nur ein Mittel, das es ihm gestattet, die philosophische Wahrheit vertreten zu können, weil religiöse Gegengründe nicht beweiskräftig sind. Dadurch, daß sie zwar als wahr anerkannt, aber als Wahrheit eigener Art abgestempelt werden, die dem Menschen uneinleuchtend bleiben muß, verlieren sie im Hinblick auf die Erkenntnis, die das Ziel des Weisen darstellt, ihren Einfluß, so daß Albalag womöglich deutlicher als die lateinischen Averroisten nur eine Wahrheit anerkennt, mit deren Hilfe auch die Offenbarung einsichtig wird, soweit der Mensch sie überhaupt begreifen kann. Das deutliche Übergewicht, das für Albalag im Anschluß an Averroes und die aristotelische Tradition die dianoetischen Tugenden besitzen, macht die philosophische, rationale Wahrheit zur Bedingung und Grundlage des Glücks, dessen der Gelehrte – und nur er – teilhaftig wird. Der Ratio entgegenstehende, ihr nicht einleuchtende und von ihr nicht beweisbare Ansichten werden als traditionelle Werte, die für den Bestand der Gesellschaft nützlich sind, zwar anerkannt, können aber die Erkenntnis nicht hemmen, zu deren Fortschreiten allerdings Albalag selbst nicht wesentlich beigetragen hat.

Jüdische Philosophie dient seit ihren Anfängen dazu, auf immer neue und zeitgerechte Weise den Widerspruch zwischen Beharren und Fortschreiten aufzuheben, das bedeutet zwischen der Wahrung der eigenen Identität durch das Festhalten am Gesetz, das das eigene Territorium ersetzt, und dem Progreß der wissenschaftlichen Erkenntnis. Daß notwendig heterogene Komponenten verbunden werden, führt zu steter Spannung; die Eigenständigkeit und Besonderheit jüdischer Philosophie liegt in ihrer Einheit der Gegensätze.

Unter diesem Gesichtswinkel ist das System des Maimonides trotz aller Einwände, die mit Recht und mit Unrecht gegen sein Werk erhoben wurden, ein überragendes Ereignis und eine denkerische Leistung höchsten Ranges. Maimonides hat in gewisser Weise auch den Weg gewiesen, wie sich jüdische Philosophie, die sowohl als Philosophie als auch als spezifisch jüdisch zu bezeichnen ist, in der Folgezeit zu entwickeln habe, nämlich in der Verbindung der jüdischen Tradition mit dem fortgeschrittensten Stand der Wissenschaft. Wo und wofern eine solche Verbindung von Vernunft und Offenbarung auf Grund des jeweils gültigen wissenschaftlichen Weltbildes als nicht mehr möglich erscheint oder eine Synthese gar nicht erst angestrebt wird, kann von jüdischer Philosophie im Sinne eines umfassenden Weltbildes nicht mehr gesprochen werden.

Nun hatte aber Maimonides seine Synthese auf einer Basis vollzogen, die schon zu seinen Lebzeiten, mehr noch in der Folgezeit nicht mehr tragfähig war, weil die Lehren des Averroes manchen der Lösungen des Maimonides die philosophischen Grundlagen entzogen. Diejenigen Philosophen der Folgezeit, denen sich die Wissenschaft in der Form der averroistischen Interpretation des Aristotelismus darstellte, stehen darum vor dem Problem, daß das Gebäude, das Maimonides errichtet hatte und das durch das Gleichgewicht der in ihm zur Einheit gezwungenen Elemente aufrecht erhalten wurde, ins Wanken geriet.

Hillel von Verona und Isaak Albalag sind zwei Beispiele für diese Krise, deren Eintreten immer unvermeidlich ist, wenn ein großes System einen End- und Höhepunkt gesetzt hat, dann aber seine Lösungen durch die trotzdem nicht beendete Dynamik der Geschichte überholt werden. Bei Hillel neigt sich das Gebäude nach der religiösen Seite, insofern als er sich weigert, über Maimonides hinauszugehen, und darum die Lösungen des Averroes teilweise zu bestreiten versucht. Seine Absicht, die individuelle Unsterblichkeit der Seele aufrechtzuerhalten, entspringt dem religiösen Interesse, das gegenüber der philosophischen Forschung Vorrang hat. Gegen eine solche Deutung ließe sich einwenden, daß die Seelenlehre des Averroes durchaus ebensowenig empirisch beweisbar ist wie die älteren mehr dem Neoplatonismus entsprechenden Vorstellungen Avicennas, doch die Richtigkeit einer philosophischen These wird von den Denkern dieser Epoche nicht an der Realität gemessen, sondern an der korrekten Interpretation der Lehrmeinungen des Aristoteles.

Bei Albalag dagegen schlägt das Pendel nach der anderen Seite aus. Die religiöse Tradition wird aus der wissenschaftlichen Forschung im Prinzip ausgeschieden, indem alles, was mit dem neuesten Stand der Philosophie nicht in Übereinstimmung zu bringen ist, als intellektuell nicht einsichtig erklärt wird. Damit wird eine Trennung von Glauben und Wissen vollzogen, die die Religion auf ihren ethischen Wert einschränkt. Daß Albalag trotzdem ein jüdischer Philosoph bleibt, liegt weniger in seinen philosophischen Ansichten begründet als vielmehr in der Tatsache, daß er nichts anderes als Jude sein will und kann, daß er für Juden schreibt, daß er die Lehren der Bibel als Material philosophischer Erklärungen benutzt. Subjektiv ist er ein orthodoxer Jude, wie auch Averroes ein orthodoxer Muslim ist, aber objektiv heben beide den Anspruch der Religion, nicht nur Gesetz, sondern auch Lehre und verbindliche Weltsicht zu sein, auf. Derartige Positionen führen in der Konsequenz zur Aufhebung der Religion, bzw. es wird zur freien Willensentscheidung des einzelnen, sie zu erhalten, sofern nicht der Stand der gesellschaftlichen Entwicklung dem Individuum die praktische Ausübung religiösen Kults zur Pflicht macht.

Auch in der ersten Hälfte des 14. Jahrhunderts ist in philosophiegeschichtlicher Hinsicht die Entwicklung bei den Juden dadurch gekennzeichnet, daß an den Aristotelismus des Maimonides angeknüpft wurde. Die Kommentierung des „Führers der Unschlüssigen" spielte eine hervorragende Rolle in der geistigen Arbeit derer, die auf der Höhe der Wissenschaft ihrer Zeit stehen und die jüdische Tradition im Lichte der Vernunft sehen wollten. Wissenschaft war ihnen identisch mit den Lehren des Aristoteles, und Maimonides hatte den Weg gewiesen, wie eine Synthese von aristotelischem Wissen und jüdischer Religion vollziehbar war. So stellt sich die philosophische Tätigkeit als eine Präzisierung des Aristotelismus des Maimonides auf der Basis der Lehrmeinungen des Averroes dar, dessen Aristotelesinterpretation den neuesten Stand des philosophischen Weltbildes repräsentierte. Auf diese Weise wurde auf den Fundamenten, die Maimonides gelegt hatte, weitergebaut, ohne zu grundsätzlich neuen Positionen zu kommen.

Der Schwerpunkt jüdischen Philosophierens lag im Süden Frankreichs, und hier sind vor allem drei Namen zu nennen: Zunächst Josef Kaspi, dann Lewi ben Gerson und schließlich Moses von Narbonne (Moses Narboni). Der bedeutendste dieser Denker ist ohne Zweifel Lewi ben Gerson (Gersonides), der den Aristotelismus averroistischer Prägung selbständig und kritisch fortführte und mit äußerstem Scharfsinn auf hohem wissenschaftlichem Niveau eine strikt rationalistische Welterklärung bot, der er die jüdische Lehre anpaßte.

Bevor wir uns den philosophischen Lehren des Gersonides zuwenden, soll kurz von Josef Kaspi und Moses von Narbonne die Rede sein. Josef Kaspi (ca. 1279 – ca. 1340) stammte aus Largentière in Südfrankreich. Sein Name (abgeleitet vom hebräischen Wort *kesef* = Silber) weist auf seine Herkunft hin (franz. *argent* = Silber). Kaspi war ein vielseitiger Gelehrter, der sich mit hebräischer Philologie, Bibelexegese und Philosophie beschäftigte. Er hat zahlreiche Werke geschrieben, von denen ein Teil ediert ist. Die Auswertung der Texte ist vor allem unter philosophischem Aspekt bisher unzureichend. Besondere Beachtung verdienen zwei von ihm verfaßte Kommentare zum „Führer" des Maimonides. Kaspis philosophisches Anliegen ist der Nachweis, daß die Lehren des Aristoteles vollständig mit denen der jüdischen Religion übereinstimmen. Mit Hilfe der Logik und der Methoden der Philosophie will er die Bibel verstehen, d. h., er will dort, wo zwischen Vernunft und Offenbarung Divergenzen zu bestehen scheinen, den verborgenen Sinn des Bibeltextes deutlich machen, der mit den Lehren des Aristoteles übereinstimme. Kaspi ist davon überzeugt, daß diese seine Meinung völlig mit der des Maimonides identisch sei. Wo Maimonides dem Aristoteles zu widersprechen scheine, gelte es, die eigentlichen Ansichten des Maimonides, die dieser nicht so deutlich formuliert habe, ans Licht zu bringen. Die averroistische Interpretation der Aristotelischen Lehren ist für Kaspi die genuine Meinung des Aristoteles, und dieser Philosophie entsprechen auch die richtig verstandenen Ansichten des Maimonides. Kaspi ist davon überzeugt, daß Maimonides die Ewigkeit der Welt annehme; er unterlegt ihm also seinen eigenen Standpunkt, um dann eine Identität der Lehrmeinungen zu konstatieren.

Auch Moses ben Josua von Narbonne (gest. 1362) ist vor allem als rationalistischer Kommentator philosophischen Schrifttums von Bedeutung. Vornehmlich der Kommentierung des Averroes hat er sich gewidmet. Sein Kommentar zum „Führer" des Maimonides, den Moses kurz vor seinem Tode abschloß, liegt gedruckt vor, während die meisten seiner Werke bisher nicht ediert worden sind. Von wesentlichem Interesse ist der ausführliche Kommentar des Moses von Narbonne zu Ibn Tufails philosophischem Roman „Der Lebende, der Sohn des Wachen" (philosophus autodidactus), dessen hebräische Übersetzung in allen bekannten Manuskripten den Kommentar des Moses enthält. Ibn Tufails Werk, in dem die Entwicklung eines von der Gesellschaft isolierten Individuums geschildert wird, das auf empirischem Wege zur Erkenntnis gelangt, und in dem der Autor die Fähigkeit des Menschen betont, auf Grund des eigenen Denkens diejenigen Wahrheiten klar zu erfassen, die die Religion nur in verhüllter Form zum Ausdruck bringt, ist außer von Narboni nicht kommentiert worden. Moses von Narbonne hat die hebräische Übersetzung des Textes, deren Verfasser nicht bekannt ist, untergliedert und zu den einzelnen Abschnitten seine Erläuterungen gegeben, die den fortlaufenden Text unterbrechen. Innerhalb seines Kommentars bietet der Autor auch eine relativ ausführliche Inhaltsangabe des Hauptwerkes von Ibn Badja (Avempace) „Leitung des Einsamen"; die Informationen, die Moses gibt, haben bis in unser Jahrhundert für die Philosophiegeschichtsschreibung die Grundlage für die Darstellung und Beurteilung der Lehren des arabischen Philosophen gebildet. Erst vor wenigen Jahrzehnten ist das arabische Original gefunden und ediert worden; das Resümee des Moses von Narbonne ist, wie sich jetzt herausstellte, durchaus zuverlässig. Die philosophische Bedeutung gerade dieses Kommentars des Moses von Narbonne zu Ibn Tufail wird allgemein in der philosophiegeschichtlichen Literatur betont, die Edition des recht umfangreichen Textes ist darum ein dringendes Desiderat. Eine Darstellung der philosophischen Ansichten des Moses im einzelnen und eine Beurteilung ihrer Bedeutsamkeit ist auf der Basis der bisher edierten Texte nicht möglich.

Lewi ben Gerson (Gersonides), der in lateinischen Texten auch als Leo Hebraeus bezeichnet wird, gehört zu den hervorragenden Wissenschaftlern seiner Zeit; sein Ruhm ging weit über den jüdischen Kreis hinaus. Gersonides wurde 1288 geboren, wahrscheinlich in der Stadt Bagnols, im Süden Frankreichs, wo er einen großen Teil seines Lebens verbrachte; später lebte er in Orange bis zu seinem Tod im Jahre 1344. Er hatte das Glück, ein relativ ruhiges Leben führen zu können; von den großen Verfolgungen, denen die Juden in Frankreich ausgesetzt waren – so die Vertreibung im Jahre 1306, die Ausschreitungen gegen die Juden durch die Scharen der Hirten, die den Kreuzzug gleich am Startpunkt beginnen wollten (1320) –, blieb er unbehelligt, weil sein Wohnsitz in einem Gebiet lag, das nicht der französischen Krone unterstand. Aus der Tatsache, daß uns ein Rezept gegen die Gicht erhalten ist, hat man schließen wollen, Gersonides habe seinen Lebensunterhalt als Arzt verdient; doch bleibt das trotzdem unsicher.

Lewi ben Gerson ist vor allem als Mathematiker, Astronom und Philosoph berühmt geworden. Seine mathematischen Werke betreffen Arithmetik und Geometrie; er scheint als erster Euklids Elemente in hebräischer Sprache kommentiert zu haben. Die astronomischen Forschungen des Gersonides sind als erster Teil des 5. Buches seines philosophischen Hauptwerkes intendiert, finden sich allerdings an dieser Stelle in den meisten Handschriften nicht und sind auch in den gedruckten Ausgaben ausgelassen, weil sie den Rahmen sprengen. Dieser Teil, der 136 Kapitel umfaßt, ist aber in separaten Manuskripten sowohl hebräisch als auch lateinisch vorhanden. Besonders hervorgehoben wird der Abschnitt über Trigonometrie, der nach der Ansicht Sartons (Introduction to the history of science, III,1, Baltimore 1947, p. 597) von großer wissenschaftlicher Bedeutung ist und das erste nichtarabische mittelalterliche Werk über den Gegenstand darstellt. Zu dem astronomischen Teil gehört auch die Beschreibung des von Lewi erfundenen sogenannten Jakobsstabes, eines astronomischen Instruments zur Winkelmessung, das weite Verbreitung fand und vor allem in der Nautik verwendet wurde. (Der Name „Jakobsstab" stammt aus einer lateinischen Übersetzung von Lewis Text). Gersonides ist auf diese Erfindung sehr stolz gewesen und hat darum das Instrument nicht nur ausführlich beschrieben und seine Verwendung erklärt, sondern es auch zum Gegenstand zweier Gedichte gemacht. Auch um die Vervollkommnung der Camera obscura, mit deren Hilfe er astronomische Beobachtungen durchführte, hat sich Lewi verdient gemacht.

Gersonides wurde mit der aristotelischen Philosophie durch die Kommentare des Averroes vertraut, und er hat zu einer Reihe der Aristotelesinterpretationen des Averroes Superkommentare verfaßt. Sein philosophisches Hauptwerk, an dem er etwa zwölf Jahre arbeitete und das er Anfang 1329 abschloß, trägt den Titel „Gotteskämpfe". Zwar beschränkt sich das Werk auf Einzelfragen der Philosophie, jedoch läßt sich, wenn man gleichzeitig die zahlreichen Bibelkommentare des Autors berücksichtigt, ein vollständiges Bild seiner Anschauungen gewinnen. Auch zu talmudischen Fragen hat sich Gersonides geäußert und einen Kommentar zu einem Talmudtraktat verfaßt, der allerdings verloren ist.

Die „Gotteskämpfe" haben ihren Namen von der Absicht des Autors, für Gott gegen alle falschen Ansichten zu kämpfen. Gersonides begann dieses Werk in der Absicht, zu untersuchen, ob die Welt ewig oder geschaffen sei; später weitete sich die Untersuchung aus, so daß die endgültige Arbeit aus sechs Büchern besteht. Im ersten Buch wird das Problem der Unsterblichkeit der Seele erörtert, dann folgt eine Untersuchung über Träume, Wahrsagerei und Prophetie; das dritte Buch handelt vom göttlichen Wissen, das vierte von der Vorsehung. Das fünfte Buch besteht aus drei Teilen: Der erste enthält die Astronomie des Autors, während die beiden anderen Teile sich mit den Himmelskörpern in naturphilosophischer und metaphysischer Hinsicht befassen. Das sechste Buch schließlich bietet die Schöpfungslehre des Gersonides. Wann immer der Autor bei seinen philosophischen Arbeiten auf Probleme stieß, die auch Gegenstand von biblischen Texten sind, hat er zu den betreffenden Büchern der Bibel Kommentare geschrieben, um aus diesen Texten dasselbe herauszulesen, was seine philosophischen Forschungen ergeben hatten, bzw. diese Ergebnisse in den Bibeltext hineinzulesen.

Wie Maimonides wendet sich auch Lewi ben Gerson an diejenigen, „die durch diese gewaltigen Fragen in Verwirrung geraten sind", doch unterscheidet sich sein Werk prinzipiell von dem des Maimonides sowohl in der Anlage als auch in der Ausgangsposition. Die Gotteskämpfe sind alles andere als ein esoterisches Buch; vielmehr hält es Gersonides für seine Pflicht, seine Ansichten deutlich und ausführlich darzulegen. Er erachtet es als die Aufgabe des Menschen, mit Hilfe des Verstandes zur Welterkenntnis zu gelangen, und betont, daß der Mensch zu dieser Erkenntnis fähig ist. Da sowohl die Offenbarung als auch die menschliche Erkenntnisfähigkeit göttlichen Ursprungs sind, können sie einander nicht widersprechen. Die exakte und vollständige wissenschaftliche Untersuchung kann nur zu der Einsicht führen, daß auch die Tora dieselben Ergebnisse enthält, da es zwei Wahrheiten nicht geben kann. Gersonides ist nach seinem Selbstverständnis Wissenschaftler, und daher erörtert er zunächst, ohne auf religiöse Ansichten Rücksicht zu nehmen, alle Probleme philosophisch, indem er erst einmal die ihm vornehmlich durch Averroes bekannten Standpunkte seiner philosophischen Vorgänger kritisch auf ihre Haltbarkeit prüft, Argumente pro und contra liefert und schließlich seine eigenen Ergebnisse formuliert, die auf dem aufbauen, was sich seinem nüchternen Denken als Schlußfolgerungen anbietet. Daher ist die Form der Darlegungen des Autors nicht frei von einer gewissen Langatmigkeit; die Sprache ist bewußt schmucklos und nüchtern, denn es kommt Gersonides ausschließlich auf sachliche Genauigkeit und Beweiskraft der Argumentation an. Zwar stimmt er mit Maimonides darin überein, daß dasjenige, was philosophisch erwiesen ist, auch vom Standpunkt der Religion richtig sei, doch während Maimonides sich auf die vorliegenden philosophischen Ergebnisse stützt und sie, sofern er ihre Beweiskraft anerkennt, übernimmt, aber nicht über sie hinausgeht, weil er die Philosophie als etwas Fertiges, ein durch Aristoteles zum Abschluß gebrachtes System ansieht, ist Gersonides davon überzeugt, daß es die Aufgabe des Gelehrten ist, philosophische Erklärungen für das bisher Unerwiesene zu suchen und zu finden. Von allen mittelalterlichen jüdischen Philosophen ist Lewi ben Gerson derjenige, bei dem der Rationalismus am schärfsten ausgeprägt ist und der es als seine Aufgabe ansieht, auf dem Wege des Denkens zur Wahrheit der Erkenntnis zu gelangen.

Den Gottesbegriff faßt Gersonides im Aristotelischen Sinne. Gott ist das reine Denken, das geistige Formprinzip, das das Ordnungsgesetz der Welt darstellt. Die in der gesamten Welt zu beobachtende sinnvolle, zweckhafte Architektonik führt auf eine letzte und höchste Zweckursache, die diese Ordnung kennt. Daß Gott *einer* ist, bedeutet für Gersonides nicht, daß ihm keine Attribute zuzuschreiben sind. Bereits das Denken ist ja eine positive Bestimmung. Gersonides erklärt, eine begriffliche Differenzierung, die der analysierende Verstand vornehmen kann, müsse keineswegs eine reale Aufspaltung des Untersuchungsgegenstandes bedeuten. Nur in der irdischen Welt, bei dem aus Materie und Form Zusammengesetzten, treten Eigenschaften akzidentell zum Wesen hinzu, während bei den Intelligibilia Attribute mit dem Wesen identisch sind. Gersonides erläutert seine Position durch ein Beispiel, indem er den Begriff „Röte" untersucht. Sagt man, die Röte sei rote Farbe, dann wäre es absurd zu behaupten, der Begriff sei aus „Farbe" als dem Genus und „rot" als dem Spezifikum zusammengesetzt und es handele sich um in der Realität Verschiedenes. Ganz anders ist es, wenn man den Menschen als vernunftbegabtes Lebewesen definiert; hier verbindet sich mit der Tiernatur der potentielle Intellekt, der als Form das Wesen des Menschen ausmacht. Jedoch ist das Wesen des Menschen nicht mit seinem realen Sein identisch, denn außer dem allen Menschen gemeinsamen Wesen gibt es Akzidenzien, die aus der Materie hervorgehen und durch die sich die Individuen voneinander unterscheiden. Im Bereich des Intelligiblen ist jedoch jede Aussage über den Gegenstand essentiell und bedeutet keinerlei zusätzliche Bestimmung, die zum Wesen hinzuträte. So kann es auch in Gott keine Vielheit geben, keinen Unterschied zwischen seinem Wesen und seinem Denken, obwohl wir in der Aussage verschiedene Aspekte des einheitlichen Wesens begrifflich sondern können. Avicenna, dem sich Maimonides anschloß, hielt es für unzulässig, Gott Existenz und Einheit zuzuerkennen, und meinte, nur als Negation von Nichtsein und Vielheit sei solche Aussage zulässig, weil diese Attribute bei den Dingen zum Wesen hinzutreten und etwas zum Begriff hinzufügen. Demgegenüber stellt sich Gersonides im Anschluß an Averroes auf den ursprünglichen Aristotelischen Standpunkt, daß bei allen Dingen Einheit und Existenz zum Wesen gehören und mit dem Wesen eins sind, ohne eine reale Differenzierung zu bewirken (Metaphys. Γ 2, 1003 b 23 ff.), so daß wir sie auch von Gott aussagen können. Gersonides erkennt Gott eine Reihe positiver Attribute zu, die er in gewisser Weise mit dem Menschen gemeinsam hat. Die Verschiedenheit des göttlichen und des menschlichen Wissens ist nicht so zu verstehen, daß beide nur namensgleich sind, sondern sie unterscheiden sich graduell. Während das göttliche Wissen ursprünglich ist, ist das menschliche abgeleitet und unvollkommen, trotzdem aber Wissen. Da Gottes Wirken sein Denken ist, ist er Ursache aller Formen, so daß die menschlichen Eigenschaften durch die göttlichen bewirkt werden. Zwischen Ursache und Wirkung besteht jedoch ein realer Zusammenhang, wenn auch die Attribute Gottes mit seiner Essenz eins sind und ihm ursprünglich zukommen, während die anderen Wesen sie nur in unvollkommener Weise als von Gott abgeleitete Wirkungen besitzen. Auf diese Weise bleibt die Differenz zwischen Schöpfer und Geschöpf als ein prinzipieller Unterschied erhalten, weil die Art, in der die Attribute Gott zukommen, völlig von derjenigen verschieden ist, wie sie sich im Menschen manifestieren.

Ob die Welt ewig oder von Gott geschaffen sei, hatte Maimonides als philosophische Frage offengelassen, hingegen die Weltschöpfung als einen der Vernunft und dem Stand der wissenschaftlichen Erkenntnis nicht widersprechenden Glaubensartikel akzeptiert. Averroes hatte gemeint, die Ewigkeit der Welt damit beweisen zu können, daß ein ewiger Gott die Annahme einer gleichfalls ewigen Welt erfordere, weil eine zeitlose und unveränderliche Ursache ständig in immer gleicher Weise wirke. Gegen diese Argumentation glaubt Gersonides gewichtige Einwände erheben zu können, und zwar vor allem vom aristotelischen teleologischen Denken her. Für Lewi stellt die Welt einen sinnvoll geordneten Zusammenhang dar; die Richtung auf ein Ziel schließt seiner Meinung nach Unendlichkeit aus. Nur das Entstandene kann einen Zweck haben, während Unentstandenes zwecklos ist. Gersonides stimmt mit Averroes darin überein, daß das Schöpfungsproblem philosophisch gelöst werden kann, obwohl er die Mängel und Unvollkommenheit der Aristotelischen Beweisführung für die Ewigkeit der Welt deutlich sieht.

Das Problem hält er schon darum für lösbar, weil der Mensch das natürliche Verlangen habe, in dieser Hinsicht die Wahrheit zu erkennen. Ein natürliches Verlangen kann sich jedoch nicht auf etwas richten, was im Prinzip unerreichbar ist; daher muß eine Lösung grundsätzlich möglich sein.

Da wir, wie Gersonides meint, wissen, daß alle Teile des Universums zusammenhängen, müssen sie entweder alle ewig oder sämtlich geschaffen sein. Das gilt ebenso für die Himmelskörper, für Bewegung und Zeit wie für die Erde in ihrer Gesamtheit, während die in der Welt entstehenden und vergehenden Einzeldinge in diesem Zusammenhang ohne Interesse sind. Nehmen wir an, die Himmelskörper seien geschaffen, dann kann auch die sublunare Welt, die ihnen ihre Existenz verdankt, nicht ewig sein; sind sie ewig, dann ist es nicht denkbar, daß sie je unbewegt waren. Im einzelnen weist Gersonides nach, daß die Himmelskörper die Wirkung einer Zweckursache sind; doch das genügt zunächst noch nicht, um die Möglichkeit ihrer Ewigkeit auszuschließen, denn sie könnten auch notwendig und ewig aus ihrer Ursache hervorgehen. Eine ewige Schöpfung würde jedoch nach seiner Meinung bedeuten, daß die Himmel und alle anderen Teile des Universums ununterbrochen neu geschaffen würden. Ewige Schöpfung bedeutet ihm eine pausenlose Zerstörung und Neubildung. Es ergäbe sich so ein Entstehen und Vergehen im selben Moment, und das wäre eine Absurdität. Folgerichtig ergibt sich für den Denker als einzig mögliche Konsequenz, daß die Abhängigkeit der Welt von einer Ursache nur als ein zeitliches Entstehen in einem bestimmten Moment verstehbar ist. Die Ausführungen des Gersonides werden allerdings der ursprünglichen Ansicht des Aristoteles insofern nicht ganz gerecht, als der bei Aristoteles festzustellende Doppelsinn oder auch Widerspruch des Teleologischen auf eine Weise behoben wird, daß das Ergebnis der Überlegungen zu einer entgegengesetzten Lösung führt. Bei Aristoteles ist Teleologie sowohl das Streben der Einzeldinge nach Verwirklichung, die Realisierung der Potenzen, die schließlich in aufsteigender Linie bis zur Stufe der reinen Aktualität geführt wird, als auch in Anknüpfung an die Platonische Ideenwelt ein primäres Setzen von Zwecken. Während folglich im Aristotelischen System Gott in einer dialektischen Weise sowohl Anfangs- als auch Endpunkt darstellt, wirkt in der mittelalterlichen Aristotelesnachfolge die neoplatonische Weltsicht und die bewußte oder unbewußte Anknüpfung an die religiöse Gottesvorstellung auf eine Überbetonung und Verabsolutierung der abwärts gerichteten Kausalkette hin, die vom Einen als dem Ersten ausgeht und die Welt, wenn nicht in faktischer, so doch wenigstens in logischer Abhängigkeit von ihm sieht.

Der Gedanke einer unendlichen Zeit ist für Gersonides unannehmbar. Die bereits abgelaufene Zeit kann nicht als unendlich erachtet werden, weil dann zu jedem vergangenen Zeitpunkt eine unendliche Zeit vergangen wäre und dadurch die Vergangenheit aufhörte, eine reale Größe zu sein. Gersonides bestreitet die Richtigkeit der Aristotelischen Behauptung, daß sowohl Vergangenheit als auch Zukunft nur potentielle Existenz hätten, da die Zukunft noch nicht, die Vergangenheit aber nicht mehr bestehe. Demgegenüber widerlegt Gersonides diese Aristotelische Behauptung mit Aristoteles selbst: Das Vergangene sei etwas, was sich verwirklicht habe, und darum stelle es ein reales Quantum dar. Reale Größen sind jedoch endlich, nur Potentielles besitze Unendlichkeit.

Auch die Entwicklung der menschlichen Kultur dient Gersonides als Beweis für die These der Endlichkeit der Zeit und damit der zeitlichen Geschaffenheit der Welt. Bestünde die Welt von Ewigkeit her, wäre die Entwicklung der Gesellschaft unmöglich und es gäbe keinerlei Fortschritt. Es ist bekannt, daß sich die Wissenschaften sukzessive entwickelt haben, und darum kann man nicht annehmen, daß in einer seit Ewigkeit existierenden Menschheit sich die Wissenschaften erst vor einer relativ so kurzen Zeit entfaltet haben. Dieses Argument, das Gersonides als zusätzliche Stütze seiner Behauptung der Zeitlichkeit der Welt verwendet, ist allerdings von erheblicher Tragweite. In einer ewigen Welt, deren ruhenden Mittelpunkt die Erde bildet, wie es dem aristotelisch-ptolemäischen Weltbild entspricht, lassen sich auch die historischen Prozesse nur als ständige Wiederholung des immer Gleichen verstehen. Folgerichtig ergibt sich, daß auch die Wissenschaft, wie sie sich im Werk des Aristoteles manifestiert hat, etwas Fertiges und Endgültiges darstellt und die Aufgabe der Forschung nur im interpretatorischen Nachvollziehen bestehen kann. Gerade das wissenschaftliche Interesse, die Überzeugung, zu neuen Ergebnissen gelangen zu können, bestimmt Gersonides zu einer linearen Geschichtsauffassung: Ein Ziel gibt es nur dann, wenn auch ein Anfang vorhanden ist.

Daß die Welt einen zeitlichen Anfang habe, bedeutet für Gersonides allerdings nicht, daß Gott sie aus dem Nichts geschaffen habe. Er trennt die Frage, ob die Welt ewig oder geschaffen sei, von der, ob sie aus nichts oder aus einer präexistenten Materie entstanden sei.

Mit aller Entschiedenheit betont Gersonides, daß die Annahme einer creatio ex nihilo nicht vertretbar ist. Da göttliche Schöpfung nur als der einmalige Akt der Formgebung verstanden werden kann, ist Entstehung von Materie unmöglich, so daß sie für den Schöpfungsakt vorauszusetzen ist. Das bedeutet allerdings nur ein Vorausgehen in ontologischem Sinne, nicht aber in zeitlicher Hinsicht, da Zeit nur in der Welt und mit ihr besteht. Daß es ein solches ungeschaffenes, zeitloses Substrat der Welt geben muß, läßt sich mit Hilfe der Logik erweisen: Wenn es reine Form ohne Materie gibt und gleichfalls geformte Materie, muß man auf die Existenz bloßer, formloser Materie schließen; denn wenn das eine Element einer Zusammensetzung auch separat vorhanden ist, gilt das auch für das andere.

Unter Berufung auf Abraham bar Chija versteht Gersonides den Ausdruck Tohuwabohu im biblischen Schöpfungsbericht als Materie und Form, und er übernimmt auch die Erklärung, *bohu* sei aus zwei Wörtern, *bo* und *hu* (in ihm bzw. durch es ist es ), zusammengesetzt. Doch ohne es zu begründen, aber von seiner Position her folgerichtig, bezeichnet Gersonides die Materie als *bohu* und die Form als *tohu*, während Abraham bar Chija die umgekehrte Identifizierung vorgenommen hatte. Gersonides, der eine präexistente Materie annimmt, die von der Form unabhängig ist, kann nur die Materie als *bohu* bezeichnen, indem sie im Moment der Schöpfung als Substrat die Form aufnimmt, die nun der Materie innewohnt. Er nennt das der Weltschöpfung zugrunde liegende Substrat meist Körper, weil der Materiebegriff mit dem der Form korrelativ ist und Materie im Sinne von Möglichkeit bereits qualitativ als Disposition bestimmt und also geformt ist, was aber erst durch den Schöpfungsakt bewirkt wird. Das Substrat, das der Schöpfung als ungeschaffen und unerschaffbar vorausgeht, entbehrt jeglicher Qualität, ist infolgedessen ein formloser, bewegungsloser, lebloser Körper. Dieses Substrat ist also vollkommen indifferent, ein durch sich selbst existierendes Nichts, ein nichtseiendes Etwas. Zu diesem Ergebnis gelangt der Philosoph in ständiger Auseinandersetzung mit den ihm bekannten philosophischen Lösungsversuchen und mit Einwänden, die er selbst im Laufe seiner Untersuchungen als gegen seine eigene Beweisführung mögliche erhebt. In der Tat läßt sich eine andere philosophische Erklärung des Wesens der Materie schwerlich finden, wenn man die Schöpfung der Welt als wissenschaftlich beweisbar und bewiesen annimmt. Es bliebe höchstens die Möglichkeit, eine Schöpfung aus dem Nichts im Wege des Wunders zu behaupten, wie es Saadia getan hatte, aber mit Recht wendet Gersonides ein, daß dies dann das einzige der in der Bibel berichteten Wunder wäre, durch das etwas aus nichts entsteht; alle anderen Wunder vollzögen sich auf der Basis von etwas.

Ist einmal die zeitliche Schöpfung als einmaliger Akt erwiesen, so ergibt es sich folgerichtig, daß die Welt ihr Dasein dem Willen des Schöpfers verdankt, der in einem freien Entschluß die Formen, die in ihm eine absolute Einheit bilden, als eine Vielheit geistiger Wesen aus sich hervorgehen läßt. Mit diesem Akt ist aber die auf die Welt gerichtete Tätigkeit Gottes beendet. Die Ordnung des weiteren Geschehens ist hinsichtlich der Himmelssphären durch die Intelligenzen, die Sphärengeister bestimmt, während die irdische Welt von dem aus ihnen hervorgegangenen aktiven Intellekt regiert wird. Dieser wirkende Intellekt verleiht der sublunaren Welt ihre Formen, und indem in ihm die Formordnung dieser Welt enthalten ist, umgreift er geistig gleichzeitig die Wirkung der Himmelskörper auf das irdische Geschehen und denkt so die Gesamtordnung des Kosmos.

Die determinierende Gesetzmäßigkeit, die in der Welt herrscht, ist ein Wissen des Allgemeinen und erstreckt sich auf das Besondere nur insofern, als dieses Teil des Allgemeinen ist. So ist der Mensch in seinen Handlungen determiniert, insofern er Mensch ist, während ihm als Einzelwesen – und nach der Ansicht des Gersonides gilt es nur für den Menschen, daß ein Exemplar der Gattung sich vom anderen individuell abhebt – alle Freiheit bleibt. Indem das Individuum von der Möglichkeit seiner Freiheit, die von vornherein im Schöpfungsplan angelegt ist, Gebrauch macht, wird die Gesetzmäßigkeit der allgemeinen Prozesse nicht berührt. Das absolute Wissen Gottes wird nicht dadurch beeinträchtigt, daß er die freie Entscheidung des Menschen nicht kennt, da er das Einzelne als das sich der Gesetzlichkeit Entziehende nicht kennen kann und die göttliche Vorsehung sich nur auf die Menschheit, nicht auf das Individuum als solches erstreckt.

Die Freiheit, die der Mensch besitzt und die ihn von allen anderen Geschöpfen unterscheidet, beruht darauf, daß ihm allein zugleich Geistigkeit zukommt. Als Gattungswesen ist er durch das Wirken des Naturzusammenhanges bestimmt, und da die Welt ein zweckvolles Ganzes darstellt, bedeutet dies, daß er wie die gesamte irdische Welt des Entstehens und Vergehens von der himmlischen Welt, den Konstellationen der Gestirne, abhängig ist. Die astrologische Dependenz verbürgt die sinnvolle irdische Ordnung und erhält die Arten, während das Einzelexemplar dem blinden Zufall anheimgegeben ist. Der Mensch jedoch kann sich kraft der nur ihm eigenen geistigen Komponente seines Wesens durch die Ausbildung eben dieser Rationalität individuieren und besitzt einen rational bestimmten freien Willen, der ihm die Möglichkeit verleiht, die in der Welt wirkenden Gesetzmäßigkeiten zu erkennen und ihren Wirkungen zu entgehen, die, obwohl sie der Gattung nützlich sind, dem Individuum schaden können.

Der astrale Determinismus hat seine Grenze an der Freiheit des Einzelnen, die der Ausdruck der besonderen providentiellen Fürsorge ist, die der göttliche Weltplan dem Menschen gewährt. Diese Fürsorge steigert sich in dem Maße, wie sich der Mensch durch die Ausbildung seiner geistigen Potenzen vervollkommnet. Die wachsende Erkenntnis führt zu immer größerer Annäherung an den allgemeinen Geist, den aktiven Intellekt, und dadurch erweitert sich die individuelle Fähigkeit des Menschen, das ihm durch astrale Konstellationen bevorstehende Gute oder Böse zu wissen, um es vermöge der Freiheit seines Willens zu erstreben oder zu meiden. Intellektuelle und moralische Vervollkommnung fallen für Gersonides mit dem Glück und schließlich auch mit der Unsterblichkeit zusammen.

Ausführlich untersucht der Philosoph das Verhältnis des im Menschen angelegten potentiellen Intellekts zum aktiven Intellekt, da die widersprüchliche Aristotelische Lehre vom Intellekt den Kommentatoren die Möglichkeit unterschiedlicher Deutungen geboten hatte. Die Schwierigkeiten, die sich daraus ergeben, daß bei Aristoteles der menschliche Intellekt einerseits immateriell ist, andererseits jedoch eine Anlage der Seele darstellt, die als Entelechie des Körpers mit diesem untrennbar verbunden ist, mit ihm entsteht und vergeht, löst Gersonides im Einklang mit Alexander von Aphrodisias in der Weise, daß die Seele zwar eine Bedingung für die Existenz des Intellekts sei, aber nicht für seine rein geistige Funktion. Die Theorie des Averroes, der potentielle Intellekt sei von der Einzelseele unabhängig und komme allen Menschen in gleicher Weise zu, er sei nichts anderes als der sich im Menschen manifestierende aktive Intellekt, lehnt Gersonides ab, denn dann müßte allen Menschen das gleiche Maß an Erkenntnis zukommen, da es unmöglich ist, anzunehmen, derselbe Intellekt bewirke Kenntnis bei dem einen, Unkenntnis bei dem anderen. Für Gersonides bleiben aktiver Intellekt und potentieller menschlicher Intellekt separate Einheiten. Daß der Mensch durch seine eigene geistige Anstrengung theoretische Kenntnisse erwirbt, die intellektuelle Anlage in erworbenes Wissen übergeht, setzt ihn in die Lage, sich dem aktiven Intellekt zu nähern und die Gesetzmäßigkeit der Welt sukzessive und teilweise zu begreifen.

Die Mühe, die der Mensch darauf verwenden muß, zu theoretischer Erkenntnis zu kommen, ist eine schwere und entsagungsvolle Aufgabe, die den Verzicht auf viele Genüsse des Lebens erfordert. Darum muß diese Anstrengung einen Zweck haben und ihren Lohn finden. Die von Averroes im Anschluß an Alexander von Aphrodisias behauptete Möglichkeit der Einswerdung des menschlichen Intellekts mit dem aktiven Intellekt im Sinne kollektiver Unsterblichkeit erachtet Gersonides als eine trostlose Perspektive. Wenn mit dem Tode die Verbindung des allgemeinen Geistes mit dem Menschen aufhört und damit nur erreicht wäre, daß der materielle Intellekt wieder allgemeiner Geist würde, dann erreichten alle Menschen dieses gleiche Ziel; geistige Vervollkommnung wäre also ein unnützes Tun. Andererseits, so meint Gersonides, ist ein Einswerden des erworbenen menschlichen Intellekts mit dem allgemeinen aktiven Geist überhaupt unmöglich, da der Mensch die Gesamtheit der im allgemeinen Intellekt als Einheit enthaltenen Einzelformen der irdischen Welt nicht begreifen kann, er sich also dem aktiven Intellekt nur zu nähern vermag, ohne sein Wesen zu erfassen. So bietet sich für Gersonides die Lösung einer individuellen Unsterblichkeit des menschlichen Intellekts als Lohn für seine Bemühungen um Erkenntnis. Die Gesamtheit der Begriffe, die der Mensch während seines Lebens erworben hat, überdauert seine physische Existenz. Körper und Seele gehen zugrunde, aber der Intellekt des Individuums, nicht als bloße Summe der Begriffe, sondern als Gesamtbegriff, der alle Einzelerkenntnisse umschließt, bleibt erhalten. Je nach dem Umfang der im Leben gewonnenen theoretischen Einsichten kommt den Menschen eine gewichtigere oder schwächere intellektuelle Unsterblichkeit zu. Der Beitrag des einzelnen zur Erkenntnis überhaupt verewigt sich als die von ihm hinterlassene individuelle Spur, und das entschädigt ihn sub specie aeternitatis für die irdischen Entbehrungen und veranlaßt ihn, sie auf sich zu nehmen.

Durch die Attribuierung positiver Eigenschaften wird Gott für Gersonides erkennbar. Doch eine direkte personale Beziehung zwischen Gott und dem Menschen existiert nicht. Nur im Schöpfungsakt tritt Gott aus sich heraus, ist sein sonst auf sich konzentriertes Denken auf ein Objekt gerichtet. Dieser Welt ist dadurch ihre sinnvolle Ordnung und ihr Bezug auf ihren Urheber verliehen, und doch ist sie in ihrer historischen Existenz wie bei den Deisten der neuzeitlichen Aufklärung vom Walten Gottes unabhängig. Was sich jedoch in der Welt vollzieht, führt Gersonides auf die Wirksamkeit des aktiven Intellekts zurück, deren Gesetzmäßigkeit der Mensch bis zu einem gewissen Grade erkennen und verstehen kann.

Aus dem wirkenden Intellekt erklärt er auch die Prophetie und die Wunder, die seiner Meinung nach stets mit dem Wirken eines Propheten verknüpft sind. Der Prophet erkennt die allgemeinen Gesetze des Weltlaufes, wie sie im wirkenden Intellekt enthalten sind, und wendet diese erworbenen Kenntnisse auf die menschliche Gesellschaft, auf Gruppen oder einzelne Personen an, indem er ihnen auf Grund seiner Einsichten die bevorstehenden guten oder schlechten Ereignisse ankündigen kann. Vom Philosophen unterscheidet sich der Prophet nur durch das größere Maß an Erkenntnis; Prophetie ist Philosophie auf einer Stufe, die relativ selten erreicht wird, aber ein natürliches Phänomen, das damit weitgehend von religiösem Bezug abgelöst ist. Die Wunder, die Gersonides als durch die Bibel beglaubigte Tatsachen erachtet, haben gleichfalls nicht Gott als ihren Urheber, sondern gehen vom aktiven Intellekt aus, der unter bestimmten, im Weltplan festgelegten Bedingungen die Naturgesetzlichkeit zum Wohl des Menschen zeitweilig zweckhaft durchbricht. Darum kommen auch nur in der sublunaren Welt Wunder vor, während sie in der Welt der Himmelskörper unmöglich sind, so daß Lewi ben Gerson genötigt wird, dieser Behauptung entgegenstehende biblische Aussagen durch eine entsprechende Exegese so zu interpretieren, daß die Unveränderlichkeit des Laufes der Gestirne nicht beeinträchtigt wird.

Auf der Grundlage der Wissenschaft seiner Zeit hat Gersonides mit einem ungeheueren Maß an Scharfsinn in ständiger Auseinandersetzung mit ihm vorliegenden Ansichten und in fortgesetztem Ringen um Folgerichtigkeit und Beweiskraft seiner Argumentation ein in sich weitgehend stimmiges philosophisches Gedankengebäude aufgeführt, in dem er sich nur vom Verstand leiten und durch keinerlei Rücksichten auf die Offenbarung hemmen ließ. In der Kompromißlosigkeit und Konsequenz seiner Gedankenführung übertrifft Gersonides alle jüdischen Philosophen, die ihm vorausgingen.

Ob seine Ansichten mit der jüdischen Religion vereinbar sind oder nicht, ist schon darum nicht zu beantworten, weil dem Judentum eine verbindliche Dogmatik fehlt. Gersonides selbst hat die jüdische Religion als absolut gültig anerkannt; das Verständnis der offenbarten Lehre ist dem Menschen im Prinzip nur teilweise erreichbar, die religiösen Vorschriften zielen auf das Gute und dienen dem Heil des Menschen. Wir haben keinen Anlaß anzunehmen, daß Gersonides willentlich und wissentlich die Fundamente der Religion in Frage stellte. Doch soweit der menschliche Geist zur Erkenntnis fähig ist, ist es seine Aufgabe, nach ihr zu streben und auf der Basis des erworbenen Wissens die philosophische Wahrheit konsequent zu verfechten und in die religiöse Lehre hineinzuinterpretieren. Je wissender der Mensch ist, desto besser ist er und desto freier. Glück, Wissen und Freiheit sind in die Hand des Menschen gelegt, und durch seine Selbstverwirklichung als denkendes Wesen gewinnt er seine Unsterblichkeit. Damit sind auch Lohn und Strafe der göttlichen Instanz entzogen und in die Kompetenz des Individuums gelegt. Die Betonung der Würde des Menschen als geistiger Persönlichkeit ist in der jüdischen Philosophie nirgends stärker und nachdrücklicher als bei Gersonides, doch geht der Kontakt zu Gott fast ganz verloren, denn dieser ist sich selbst genug. Gemütsbedürfnisse befriedigt die Lehre des Gersonides nicht, doch ist das auch nicht die Aufgabe, die sich Philosophie billig stellen darf.

Die Wirkungen der Philosophie des Gersonides sind relativ gering geblieben. Die Tatsache, daß er hebräisch schrieb und sein philosophisches Werk nicht übersetzt wurde, ja bis heute nicht vollständig übersetzt ist, hat einen Einfluß auf die außerjüdische Philosophie vereitelt. Auch in der weiteren Entwicklung der jüdischen Philosophie wird an Gersonides kaum angeknüpft. Für die wissenschaftliche Erforschung seiner Lehren ist bisher noch recht wenig getan worden. Die „Gotteskämpfe" sind nur zweimal (1560 und 1866) und sehr mangelhaft gedruckt worden; eine verläßliche oder gar kritische Ausgabe fehlt. Daher können die Lehren des Autors zwar in ihren Grundzügen erfaßt werden, wertende Beurteilungen müssen jedoch weitgehend hypothetisch bleiben.

Die Intellektualisierung der jüdischen Religion war mit Gersonides zu einer Höhe gelangt, die sich nicht mehr überbieten ließ. Die Synthese, die hergestellt wurde, ist eine Leistung, die über das hinausging, was im Bereich des Christentums und im Rahmen des Islams je erreicht wurde. Das soll darum betont werden, weil insgesamt – schon auf Grund ihrer gesellschaftlichen Situation als geduldete oder unterdrückte, jedenfalls aber benachteiligte Minderheit – die Juden in ihren philosophischen Bemühungen weitgehend auf Anregungen reagierten, die ihnen aus der nichtjüdischen Umwelt zuteil wurden, so daß der nur zum Teil zutreffende Eindruck entstehen könnte, das jüdische Geistesleben im Mittelalter sei nur äußeren Anregungen verdankt und von sich aus wenig schöpferisch. Wenn man indessen berücksichtigt, daß die Juden sowohl in den islamischen als auch in den christlichen Ländern Teil der Gesellschaft waren, dann versteht es sich, daß es eben die ökonomische und kulturelle Situation der betreffenden Länder war, aus der die geistigen Aufgaben erwuchsen, die es zu lösen galt; und diese waren allen Bevölkerungsgruppen gemeinsam. Daß die Einflüsse von Mehrheiten auf Minderheiten meist stärker sind als der umgekehrte Prozeß, daß schwächere Gruppen sich den stärkeren anpassen müssen, um in gewissem Maße toleriert zu werden, entspringt gesellschaftlichen Notwendigkeiten, besagt aber nichts für das theoretische Niveau.

Die an den Islam gebundene Philosophie, die ihren Höhepunkt mit der Aristotelesinterpretation des Averroes erreichte, hat den Versuch einer Synthese von Religion und Philosophie nicht unternommen. Die arabischen Philosophen wandten sich stets nur an eine kleine, exklusive Gruppe von Gebildeten; und bei aller Bedeutung, die ihre Tätigkeit in wissenschaftlicher Hinsicht hat, ist doch der sektenhafte Charakter und die periphere gesellschaftliche Rolle und Wirkung der Philosophie nicht zu übersehen. Durch den Versuch des Nachweises, daß wissenschaftliche Erkenntnis vom Religionsgesetz nicht nur gestattet, sondern sogar gefordert werde, legitimierten sie die philosophische Spekulation, die im engen Kreis von Eingeweihten gepflegt wurde und auf diesen Kreis beschränkt blieb. Breitenwirkung wurde nicht angestrebt; im Gegenteil, die Verbindlichkeit der Religion in ihrer herkömmlichen Form und Interpretation sollte für die Allgemeinheit, die zu wissenschaftlichem Denken nicht imstande sei, aufrechterhalten werden, und auch den Philosophen war es selbstverständlich, den Verpflichtungen nachzukommen, die ihnen die von der Religion gebotenen Verhaltensnormen vorschrieben. In den theoretischen Bemühungen der arabischen Philosophen spielten der Koran und seine Interpretation kaum einen Rolle;

ihre Arbeit vollzog sich im wesentlichen neben der Religion, damit aber auch neben der Gesellschaft.

Im Bereich des Christentums hingegen war die Problemlage ganz anders, weil eine enge Verquickung von Philosophie und Theologie bestand. Die kulturtragende Schicht war der katholische Klerus, so daß die Philosophie, der Mönche sich widmeten, von der Kirche gefördert, zugleich aber auch kontrolliert und reglementiert wurde. Die geistliche Zentralgewalt war die Instanz, die verbindlich festlegte, was als wahr zu gelten habe; die Philosophie war daher durch ein offiziell sanktioniertes Weltbild und durch ihr vorgeschriebene verbindliche Interpretationen biblischer Texte in ihrer Freiheit des Denkens stärker behindert als im arabischen Bereich, wo der Islam in geringerem Maße allgemein weltanschauliche Probleme betonte und seine Verbindlichkeit sich vornehmlich auf das praktische Verhalten der Menschen beschränkte. Was das Judentum angeht, so bestand zwar auch hier eine enge Beziehung zwischen Philosophie und Religion, und zum großen Teil waren dieselben biblischen Aussagen bindend wie im Christentum; aber im Unterschied zu diesem gab es keine Instanz, die befugt war, autoritativ festzulegen, wie der Bibeltext im einzelnen zu interpretieren sei. Im Christentum blieb dasjenige, was der Vernunft widersprach, trotzdem gültige Wahrheit; mindestens der Form nach waren die Philosophen genötigt, die offiziell sanktionierten Meinungen und Interpretationen zu akzeptieren, falls die Ergebnisse ihres Denkens mit den kanonisierten Wahrheiten kollidierten. Infolgedessen bleibt Philosophie der Theologie untergeordnet, bildet ihre Vorstufe; das Verhältnis beider zueinander ist das einer ungleichwertigen Partnerschaft.

Daß im Rahmen des Judentums die Philosophie sich ungehemmter entfalten konnte, soll uns nicht den Blick dafür nehmen, daß die daraus resultierende Vernunftreligion zwar eine legitime Entwicklung darstellte, aber nur eine von mehreren Interpretationen war. Die Gleichsetzung von menschlichem Glück mit wissenschaftlicher Erkenntnis stellt theoretisch an alle Mitglieder der Gemeinschaft die Forderung, nach Wissen zu streben, um auf diese Weise sich voll als Menschen zu verwirklichen und unsterblich zu werden, aber in Wirklichkeit ist die intellektualisierte Religion exklusiv und wendet sich nur an eine intellektuelle Oberschicht, die allerdings – gemessen an der nichtjüdischen Umwelt – bei den Juden des Mittelalters relativ breit war. Eine Reihe von Philosophen – so etwa Abraham ibn Daud, Maimonides und Gersonides – sagt auch deutlich, welche Kreise durch ihre Lehren erreicht werden sollen: Es sind die „Schwankenden", die durch die Widersprüche zwischen den auf der Vernunft basierenden philosophischen Lehrmeinungen und dem Wortsinn der Bibel in Konflikte geraten sind. Voraussetzung solcher Ratlosigkeit ist aber stets das Vorhandensein von Bildung und von Kenntnissen auf beiden Gebieten. Wer die entsprechenden Vorkenntnisse nicht besaß, und das betraf den größten Teil der Juden, stand nicht vor einer solchen Entscheidungsfrage. Daher ist vom Standpunkt der jüdischen Religion, die für das ganze Volk bestimmt ist, nicht nur für eine geistige Elite, die Ablehnung der Philosophie durchaus legitim; schließt doch das intellektualistische Ideal die Mehrheit davon aus, jemals zum Glück im Diesseits und im Jenseits zu gelangen.

Eine hervorragende Rolle in den Reihen derjenigen, die gegen die intellektualistische auf der aristotelischen Philosophie aufbauende Richtung im Judentum Front machen, spielt um die Wende vom 14. zum 15. Jahrhundert Chasdai Crescas, der um 1340 in Barcelona geboren wurde. Seine besondere Bedeutung besteht darin, daß es ihm im Gegensatz zu anderen Kritikern der Philosophie, die diese schlechthin ablehnten, darum ging, das aristotelische Weltbild vom Standpunkt und mit den Methoden der Philosophie zu widerlegen und auf diese Weise zu zeigen, daß der Versuch der Verknüpfung von jüdischer Religion und den Lehren des Aristoteles nicht nur wegen der Heterogenität beider Bestandteile abzulehnen sei, sondern auch wegen der wissenschaftlichen Unrichtigkeit der herrschenden philosophischen Lehrmeinungen.

Für die Geschichte der Philosophie ist daher Crescas vor allem als philosophischer Kritiker aristotelischer Lehren von Bedeutung. Für die jüdische Philosophie, die nicht nur unter philosophischem Aspekt, sondern auch unter dem der jüdischen Tradition gesehen werden muß, weil gerade dieses Spannungsverhältnis ihr Spezifikum darstellt, ist es die mit den Mitteln der Philosophie versuchte Systematisierung und Erklärung eines religiösen Weltbildes, das sich vom Aristotelismus ebenso abgrenzt wie vom unkritischen Glauben.

Chasdai ben Abraham Crescas stammte aus einer sehr vornehmen und wohlhabenden jüdischen Familie Kataloniens und war auf Grund seiner ökonomischen Position und seiner Gelehrsamkeit einer der hervorragenden Repräsentanten des spanischen Judentums seiner Zeit. Am Hofe des Königs von Aragon war Crescas sehr angesehen und trug den Titel eines Angehörigen des königlichen Haushalts. Kurz vor 1390 übersiedelte Crescas von Barcelona nach Saragossa und war dort Oberrabbiner der Juden Aragoniens. Nach den großen Pogromen von 1391, die sich von Kastilien auch auf aragonisches Territorium ausgedehnt hatten, war er für den Wiederaufbau der zerstörten Gemeinden rege tätig.

Sein literarisches Werk ist infolge der Last der administrativen Aufgaben nicht umfangreich. Auf Veranlassung hochgestellter Persönlichkeiten verfaßte Crescas um 1397 eine Widerlegung der Grundlehren des Christentums in der Landessprache; im Original ist das Werk nicht mehr vorhanden, es existiert jedoch eine hebräische Übersetzung. Der Übersetzer erwähnt noch ein zweites apologetisches Werk von Crescas in katalanischer Sprache, das er nicht übersetzt habe; es muß daher als verloren erachtet werden. Das philosophische Hauptwerk des Chasdai Crescas – in hebräischer Sprache verfaßt – trägt den Titel „Gotteslicht"; der Autor vollendete es unmittelbar vor seinem Tode im Jahre 1410. Ursprünglich ist es als erster Teil eines umfassenderen Opus gedacht: Nach dem Vorbild des Maimonides wollte Crescas ebenfalls nicht nur die philosophisch-dogmatische Grundlegung des Judentums behandeln, sondern auch im Anschluß daran das geltende religiöse Recht in einem Kompendium nach der Art des Mischne Tora des Maimonides zusammenfassen. Diesen Plan hat der Autor nicht verwirklichen können. Vorhanden ist nur der philosophische Teil: In ihm wendet sich Crescas polemisch gegen des Maimonides „Führer" und gegen die Lehren des Aristoteles; ferner bietet er seine eigene Deutung des Wesens des Judentums.

Das „Gotteslicht" ist in seiner Gesamtheit eher ein Werk religiöser Dogmatik als eine philosophische Abhandlung. Es besteht aus vier Teilen, in denen die Grundlehren des Judentums systematisch behandelt und nach dem Grad ihrer Bedeutsamkeit angeordnet werden. Der erste Teil beschäftigt sich mit der grundlegenden Voraussetzung aller Lehren des Judentums, der Existenz eines einzigen, unkörperlichen Gottes. Danach behandelt Crescas die Fundamente, auf denen die biblischen Gebote beruhen und deren Zerstörung die Offenbarungsreligion unmöglich machen würde. Der dritte Teil befaßt sich mit denjenigen Glaubenssätzen, deren Annahme für Israeliten verbindlich ist, während im vierten Traktat religiöse Ansichten diskutiert werden, die keinen verbindlichen Charakter haben.

Der erste dieser vier Traktate enthält eine systematische Kritik des aristotelischen Weltbildes. Zunächst bietet Crescas eine ausführliche, äußerst sachliche Darstellung derjenigen aristotelischen Lehren, die Maimonides als unbezweifelbare philosophische Grundlagen des Gottesbegriffs vorausgesetzt hatte, und führt die Beweise des Aristoteles und seiner Anhänger an, die diese Sätze stützen sollen. Dann unterzieht Crescas die aristotelischen Anschauungen einer philosophischen Kritik und verwirft die meisten dieser Sätze und vor allem die Beweisführung. Schließlich sucht Crescas seinerseits die Existenz, Einheit und Unkörperlichkeit Gottes auf anderen Grundlagen zu erweisen.

In der Einleitung zum zweiten Buch seines „Führers" hatte Maimonides fünfundzwanzig Thesen der Aristotelischen Physik und Metaphysik seinem Lehrgebäude als Prämissen zugrunde gelegt. Dazu gehören vor allem die Annahme einer einzigen, räumlich endlichen Welt, die Definition des Raumes als Grenze des umschließenden Körpers gegen den umschlossenen, der

Aristotelische Zeitbegriff, der Zeit als Akzidens der Bewegung faßt, als Zahl, die die Dauer der Bewegung mißt, ferner die Lehre von den natürlichen Örtern der Elemente auf Grund der ihnen jeweils zukommenden Schwere oder Leichtigkeit, so daß sie nach oben oder unten streben, was nur möglich ist, wenn der Raum seiner Definition nach endlich ist.

Maimonides setzt die aristotelischen Grundbegriffe als philosophische Wahrheiten voraus, denn er erachtet die Lehrmeinungen des Aristoteles als einzig richtigen und allein gültigen philosophischen Standpunkt. Da ihm Aristotelismus und philosophisches Weltbild schlechthin miteinander identisch sind, hält es Maimonides für unnötig, den Nachweis für die Richtigkeit der Aristotelischen Behauptungen zu führen; es sei nicht seine Absicht, „die Bücher der Philosophen zu kopieren“ (Führer der Unschlüssigen, II, Einleitung, Satz 25). Crescas teilt diese Aristotelesgläubigkeit nicht; die von Maimonides zusammengestellten Sätze sind ihm nicht selbstevidente Wahrheiten, sondern bloße Behauptungen, die durch die Argumente, die zu ihrer Stützung vorgebracht wurden, nicht bewiesen sind, sondern die im Gegenteil widerlegt werden können.

Eine detaillierte Darstellung der Argumentation des Chasdai Crescas würde eine umfassende Darstellung der Aristotelischen Physik erfordern. Da es Crescas darum geht, die intellektualistische Interpretation des Judentums, die auf aristotelischen Prämissen aufbaut, zu bekämpfen, genügen uns einige Beispiele, die den Gottesbegriff des Aristoteles widerlegen.

Gegen den Raumbegriff des Aristoteles macht Crescas vor allem geltend, daß nach der Aristotelischen Definition des Raumes die äußere Himmelssphäre nicht im Raum ist, da sie von nichts umfaßt wird. Crescas ist der Meinung, daß die Behauptung des Aristoteles, der Begriff des Raumes gehöre mit dem des Körpers untrennbar zusammen und es gebe nur dort, wo Körper vorhanden sind, auch Raum, unlösbare Schwierigkeiten mit sich bringt. Darum faßt Crescas den Begriff des Raumes anders, nämlich als Ausdehnung schlechthin; er unterscheidet zwischen Raum und Ort, während für Aristoteles beide Begriffe zusammenfallen. Raum ist Ausdehnung, und darin kann sich ein Körper befinden. Der vom Körper eingenommene Raum ist sein Ort; wo sich kein Körper befindet, ist der Raum leer. Im Gegensatz zu Aristoteles hält Crescas also die Existenz des Vakuums für möglich, eines leeren Raumes, der unendlich ist, da er durch nichts begrenzt wird. Mit der Annahme der Unendlichkeit des Raumes fällt aber sogleich die Aristotelische These, es könne außerhalb dieser Welt nichts geben, so daß die Pluralität der Welten möglich wird.

Ebenso wie Crescas einen Raumbegriff konzipiert, der bloße Ausdehnung ist, so daß der Raum vom Körper unabhängig ist, so trennt er auch Zeit und Bewegung. Während Aristoteles Zeit als die Zahl der Bewegung hinsichtlich des Früher und Später definiert und damit die Zeit an das Bewegte bindet, erklärt Crescas Zeit als das „Maß der Dauer von Bewegung und Ruhe zwischen zwei Momenten“ (I,2, 11). Gemessen wird diese Dauer aber von unserer Vorstellung; Zeit existiert also „nur in der Seele“ (ebd.), sie ist ein Akzidens der Seele, nicht aber ein Akzidens der Bewegung.

Auch den Begriff des Körpers faßt Crescas anders als Aristoteles. Zwar operiert auch er mit den Begriffen Materie und Form, aber er identifiziert diese nicht mit Möglichkeit bzw. Wirklichkeit. Als Substrat erachtet er eine den Elementen zugrunde liegende Materie, die bereits bestimmt und mit der Dreidimensionalität identisch ist. Dieser Grundmaterie kommt aktuelles Sein zu, und sie ist in der Lage, spezifische Formen aufzunehmen, die den Körper schlechthin, die ausgedehnte Materie zum jeweils Einzelnen konkretisieren. Die Materie ist also für Crescas etwas Wirkliches, das unabhängig von der Form besteht. Die Formen hingegen bedürfen für ihr Sein der Materie und sind infolgedessen nur insofern als Substanzen zu bezeichnen, als sie den Körper in seinem Sosein determinieren und konkretisieren. In diesem Sinne bezeichnet Crescas die spezielle Form als Entelechie der dimensionierten Materie und grenzt die von der Materie abhängige Form vom bloßen Akzidens ab (I,2,7), das sie im Grunde ist, da das Substrat auch ohne sie real existiert. Das Verstehen der Gedanken des Crescas wird durch die Formulierungen des Autors erschwert, denn er bezeichnet das Substrat als Form der Körperlichkeit. Damit meint er die ausgedehnte Materie, doch entgegen der aristotelischen Tradition läßt er den Körper nicht aus der ersten, nur möglichen Materie und einer sie determinierenden Form bestehen, sondern dieses Kompositum faßt er als nicht auflösbare Einheit, so daß Form der Körperlichkeit und materielles Substrat dasselbe sind.

Beruht aber, wie Crescas in seiner Kritik der aristotelischen Thesen zeigt, das wissenschaftliche Weltbild nicht auf eindeutigen Beweisen, dann ist es auch nicht geeignet, als Grundlage für dasjenige zu dienen, wofür es Maimonides und seine Nachfolger verwandten, nämlich als Voraussetzung für einen philosophischen Gottesbeweis. Nur wenn man von der Prämisse eines endlichen, räumlich begrenzten Kosmos ausgeht, außerhalb dessen nichts existiert, ergibt sich der Schluß, daß die Reihe der Ursachen endlich ist, so daß Gott als Endpunkt bzw. Ausgangspunkt der Kausalkette, als erstes Bewegendes zu verstehen ist. Mit der Mangelhaftigkeit der Voraussetzung bricht der Beweis zusammen. Die Einzigkeit Gottes folgt für den Aristotelismus aus der Einzigkeit unseres Weltsystems; die Folgerung ist aber unbewiesen und daher unzulässig, wenn die Annahme eines unendlichen leeren Raumes philosophisch legitim wird. Wofern die Identifizierung von Materie mit Möglichkeit, von Form mit Wirklichkeit nicht mehr als bereits wissenschaftlich bewiesen vorausgesetzt werden kann, ist einer Gleichsetzung von

Gott und reiner Form die Grundlage entzogen. Es entfällt damit auch die Möglichkeit, die Tätigkeit Gottes als reines, sich selbst denkendes Denken zu fassen. Ist diese Gottesauffassung, die in den Lehren der jüdischen Aristoteliker mit dem biblischen Schöpfungsbericht zum Ausgleich gebracht werden mußte, ihrer Schlüssigkeit durch die Erschütterung ihrer Prämissen beraubt, dann impliziert das zugleich eine Abwertung der dianoetischen Tugenden, der Ansicht, daß – bei aller prinzipiellen Verschiedenheit zwischen Gott und dem Menschen – die Beziehungen des Menschen zu Gott nur durch das menschliche Denken und Erkennen in gewissem Grade möglich sind, so daß der Mensch sein Ziel und Glück allein durch die Ausbildung seiner intellektuellen Fähigkeiten erreichen kann.

Mit seiner Kritik des Aristotelischen Weltbildes macht Crescas deutlich, daß dieses philosophische System der Religion nicht als Stütze dienen kann. Crescas erklärt auch nachdrücklich, daß die Religion einer philosophischen Begründung nicht bedürfe. Seine Hauptabsicht im ersten Traktat des Werkes bestehe darin, klarzumachen, daß die Wurzeln der Religion, d. h. Gottes Existenz, seine Einheit und seine Unkörperlichkeit, nur auf Grund der Prophetie völlig zu begreifen seien, wie sie in der Bibel bezeugt und durch die Tradition bestätigt wird (Einleitung zu Traktat I). Dabei betont der Autor, daß die philosophische Spekulation durchaus mit der Offenbarung in Einklang stehen könne (ebd.). Und in der Tat begnügt sich auch Crescas nicht damit, sich auf die Tradition zu stützen und die Grundlagen der Religion aus den religiösen Urkunden zu beweisen, sondern bedient sich seinerseits philosophischer Argumentationen, um die Richtigkeit seiner Ansichten zu erhärten. Die Existenz Gottes ergibt sich für ihn daraus, daß es auch dann, wenn wir von einer unendlichen Kausalreihe ausgehen, etwas geben müsse, was nicht verursachend und verursacht zugleich ist. Denn alle Glieder der Kausalkette, sei sie auch unendlich, haben an sich nur eine mögliche Existenz und sind nur durch ihre jeweilige Ursache als Bewirktes notwendig. Da es undenkbar ist, daß es bloß zufällige Existenz gibt, muß etwas notwendig Existierendes vorhanden sein, das für das Sein alles anderen die Ursache bildet (I,3,2).

Die Einheit Gottes ist für Crescas hinreichend dadurch bewiesen, daß der Bibeltext aussagt, Gott sei einer. Nun weist Crescas mit Recht darauf hin, daß der Begriff der Einheit in doppelter Weise verstehbar sei, nämlich sowohl als Einfachheit im Gegensatz zur Zusammensetzung wie auch als Einzigkeit im numerischen Sinne. Daß ein notwendig Existierendes nicht zusammengesetzt ist, gilt Crescas auch als philosophisch bewiesen, weil Zusammengesetztes nicht notwendig existiert. Die Einzigkeit Gottes hingegen läßt sich unter der Voraussetzung einer Pluralität der Welten philosophisch nicht schlüssig erweisen. Die Unkörperlichkeit Gottes ergibt sich als Konsequenz aus seiner Einigkeit, da Körperliches keine wirkliche Einheit darstellt.

Aus der Konzeption, daß es nur *ein* notwendig Existentes gibt, folgt für Crescas, daß nichts von Gott unabhängig sei. Gott ist daher die Ursache der Welt, die von ihm erschaffen sein muß. Auch die Materie kann nicht, wie es Gersonides annahm, unabhängig von Gott bestehen, sondern sie verdankt ihre Existenz Gott als dem allein Notwendigen. Dabei ist es für Crescas von sekundärer Bedeutung, ob die Weltschöpfung als zeitlich oder als ewig anzusehen ist; in jedem Falle handelt es sich um eine Schöpfung aus dem Nichts, weil darunter nur zu verstehen ist, daß Gott als das allein Notwendige die Ursache allen Seins darstellt.

Wie schon vor ihm Gersonides lehnt Crescas die negative Theologie ab und hält es für zulässig, Gott positive Attribute zuzuschreiben. Er polemisiert gegen die Attributenlehre des Maimonides mit einer formallogischen Argumentation, indem er meint, hinter jedem negativen Attribut stehe im Grunde eine positive Aussage. Wenn man z. B. Gott das Nichtwissen abspricht, so heißt das nichts anderes, als ihm das Wissen zuzusprechen. Die Negation einer Negation ergibt also ein Positivum; wenn Gott nicht unwissend ist, so bedeutet das, er sei wissend. Das gleiche gilt auch für alle anderen negativen Attribute, und da das Freisein von Torheit etwas anderes bedeutet als die Abwesenheit von Ohnmacht, ergibt sich eine Vielzahl positiver Bestimmungen, die von Gott ausgesagt werden können. Crescas wird mit seiner Kritik der Attributenlehre des Maimonides dessen subtilen Überlegungen kaum voll gerecht; seine Argumentation ist nur dann akzeptabel, wenn die Aussage, Prädikate negativer Art seien Gott abzusprechen, in einer Weise verstanden wird, daß beispielsweise die Negation der Torheit als einer Privation der Weisheit die Nicht-Torheit sei, die von Gott prädiziert werde. Wenn aber die Theorie der negativen Attribute deren Negation in dem Sinne versteht, daß Gott von Torheit frei ist, und der Gottheit also sowohl die Position als auch deren Negation abgesprochen wird, wie es wohl der Intention des Maimonides angemessen ist, dann trifft die formallogische Kritik des Crescas nicht genau.

Was er jedoch gewinnt, ist ein Gottesbegriff, der in seiner positiven Fassung die Personalität Gottes deutlicher hervortreten läßt und der gewiß in dieser Hinsicht der biblischen Gottesvorstellung näher steht, weil biblischer Wortlaut und philosophische Interpretation verbal zur Deckung gebracht werden. Crescas vertritt den Standpunkt, daß die positiven Attribute, die wir von Gott aussagen, keinerlei Vielheit in den Gottesbegriff hineinbringen, weil die Attribute miteinander in unlösbarer Verbindung stehen und weder voneinander noch vom Wesen Gottes zu trennen sind. Die göttlichen Attribute bezeichnet Crescas als wesentlich und unterscheidet sie begrifflich vom unerkennbaren Wesen Gottes, mit dem sie notwendig zusammengehören.

Alle Attribute Gottes kommen in der Güte überein, die den Kern der Gottesvorstellung bildet. Auf Grund seiner absoluten Güte schafft Gott permanent Gutes und liebt das, was er schafft, mit unendlicher Liebe. In seiner Tätigkeit liegt sein vollkommenes Glück. Daß Gott vollkommen glücklich sei, stimmt mit der Ansicht des Aristoteles und seiner Anhänger überein, aber Crescas bemüht sich zu zeigen, daß die Freude und die Seligkeit Gottes nicht, wie es die Aristoteliker meinten, auf dem Denken beruhen kann. Crescas bedient sich hier einer psychologischen Argumentation, indem er darauf hinweist, die beim Menschen durch Erkenntnis entstehende Freude beruhe darauf, daß durch eine geistige Anstrengung ein Übergang vom Nichtwissen zum Wissen erfolgt. Gerade dieser Erkenntnisgewinn ist dasjenige, was Befriedigung, Freude und Glück bereitet. Da indessen das göttliche Wissen vollkommen ist, kann Gott eine Freude, die aus der Überwindung eines Mangels entspringt, nicht zukommen. Freude, meint Crescas, ist eine Emotion, die durch ein dem Willen gemäßes Handeln ausgelöst wird. Weil Gott die Güte ist, spendet er unausgesetzt willentlich Gutes und liebt das Gute, das er hervorbringt, die Welt, die er nach seinem Willen geschaffen hat und erhält. Dieses Bewirkens des Guten, worin sich die Liebe Gottes zu seiner Schöpfung zeigt, freut sich Gott; und seine Seligkeit beruht auf den Wohltaten, die er ununterbrochen erweist.

Crescas betont mit Nachdruck, daß die Welt durch den bewußt wirkenden Willen Gottes geschaffen sei, und ist hier ganz im Einklang mit den religiösen Vorstellungen. Gott ist für ihn nicht nur frei als Ausgangspunkt einer Kausalkette, insofern er die Ursache seiner selbst ist, sondern auch indem er das Gute will und tut, so daß sich seine Liebe auf die Welt und besonders auf den Menschen richtet; auf diese Weise tritt die ethische Bedeutung des Gottesbegriffs stark in den Vordergrund.

Da aber das Gute zu Gott selbst gehört und Gott daher nur Gutes schaffen kann, wird der göttliche Wille von Crescas in einer Weise verstanden, die seine Freiheit limitiert. Denn das von Gott Geschaffene ist nicht darum gut, weil Gott es so gewollt hat, wie wir das z. B. in der konsequent voluntaristischen Auffassung des Duns Scotus finden, sondern weil Gott nur das wollen kann, was zu seinem Wesen gehört, er also das Gute wollen muß. Auf diese Weise verbindet Crescas Freiheit und Notwendigkeit des göttlichen Handelns und faßt die Welt als notwendige Wirkung des göttlichen Willens. Die Vereinigung dieser Gegensätze läßt sich nur durch eine Auffassung des göttlichen Willens erreichen, die diesen von jeder Willkür abgrenzt und mit dem notwendig guten Handeln Gottes in Übereinstimmung bringt. Crescas versteht deshalb den Willen als eine innerliche Bejahung des Vorgestellten, das darum in die Tat umgesetzt wird. Diese Zustimmung zum Schaffen ist auch dann vorhanden, wenn die Verwirklichung des Guten aus der göttlichen Güte wesensnotwendig hervorgeht.

Der Zusammenhang Gottes mit den Menschen ist durch die Liebe hergestellt. Gott liebt die Menschen mit vollkommener, unendlicher Liebe, und darum ist es die Aufgabe des Menschen, diese Liebe zu erwidern, indem er die religiösen Vorschriften befolgt, die Gott offenbart hat, und sich durch die Erfüllung der Gebote Gott nähert. Daher ist die Beziehung des Menschen zu Gott keine intellektuelle, sondern eine moralische Aufgabe. Die Liebe des Menschen zu Gott besteht in der Nachahmung der unendlich viel größeren Liebe Gottes zu den Menschen. Der Mensch erfüllt seine Bestimmung durch die Liebe zu Gott, die die Liebe des Guten ist. Da das durch die göttlichen Gebote geleitete Tun, nicht aber philosophisch-theoretische Erkenntnis den Menschen zum Ziel führt, ist jedem – unabhängig von seinen intellektuellen Fähigkeiten – der Weg zur Seligkeit offen. Auf diese Weise ist die Religion autark; sie allein ist geeignet, den Menschen zum Glück gelangen zu lassen, ihn Gott anzunähern und auf diese Weise seine ewige Seligkeit zu bewirken.

Den Vorschriften der Religion nachzukommen setzt beim Menschen die Freiheit der Entscheidung voraus; doch auf der anderen Seite ist das menschliche Handeln durch Ursachen determiniert, denn Crescas versteht sich nicht dazu, Gottes Allmacht und die göttliche Vorsehung einzuschränken, sondern vertritt die Ansicht, Gott lenke die Handlungen jedes Individuums.

Daß infolgedessen die von der jüdischen Religion vorausgesetzte Willensfreiheit des Menschen zum Problem wird, ist Crescas nicht entgangen. Polemisch setzt er sich mit den Ansichten des Gersonides auseinander, der die absolute Freiheit des Individuums dadurch aufrechtzuerhalten sucht, daß er das göttliche Wissen auf die Kenntnis des Allgemeinen beschränkt. Crescas hingegen geht von der philosophischen Fragestellung aus, ob es in der Welt Mögliches gebe oder alles kausal determiniert sei. Nachdem er Argumente für die menschliche Willensfreiheit, die die Möglichkeit der Wahl zwischen Alternativen voraussetzt, und gleichfalls für die kausale Bedingtheit alles Geschehens vorgebracht hat, sucht er zu einem Ausgleich zwischen beiden Standpunkten zu kommen, indem er die Willensfreiheit in einer Weise versteht, daß sie verinnerlicht und letztlich in den Rahmen des Determinismus eingepaßt wird. Crescas kommt zu dem Ergebnis, daß vom Möglichen zu sprechen ist, wenn man Ereignisse isoliert betrachtet. Geht man vom Einzelnen aus, dann sind verschiedene Entwicklungsmöglichkeiten offen; sieht man hingegen die Dinge im Zusammenhang, ergibt es sich, daß die subjektiv freie Entscheidung objektiv kausal bestimmt ist. Es liegt daher im Willen des Menschen, zwischen verschiedenen Möglichkeiten zu wählen, doch wozu sich der Wille jeweils entscheidet, liegt nicht bei ihm, sondern bei Ursachen, die den Willen in eine bestimmte Richtung lenken. Zwei Personen, die sich ihrem Temperament, ihrem Charakter und ihren Grundsätzen nach völlig gleichen, werden bei übereinstimmenden äußeren Bedingungen ohne Zweifel gleiche Entscheidungen treffen (II,5,2).

Damit wird die Freiheit des menschlichen Willens zwar nicht geleugnet, aber sie bleibt auf das Bewußtsein des Individuums beschränkt; als emotionaler Faktor gibt der Wille, ohne daß dabei der Erkenntnisprozeß eine Rolle spielt, seine Zustimmung zum Handeln, so daß der Mensch freiwillig dasjenige tut, was er tun muß. Im Hinblick auf die Offenbarungsreligion meint Crescas, daß die göttlichen Gebote und Vorschriften ein Mittel zur Annäherung an Gott darstellen und zum ewigen Glück führen. Durch ihre willentliche Befolgung werden sie zur Ursache, die die Erreichung dieses Zieles bewirkt, wie der Fleiß ein Mittel zur Erreichung von Wissen und irdischem Erfolg ist und eine determinierende Kraft darstellt, wenn man ihn aufwendet. Nur dann, wenn der Mensch seine religiösen Pflichten freudig erfüllt, wird sein Tun von Gott belohnt, denn die Gesinnung ist für den Wert der Tat bestimmend.

Lohn und Strafe für das menschliche Tun sind eigentlich nur auf der Basis der Verantwortlichkeit sinnvoll. Aber auch unter der Voraussetzung der Determiniertheit der Handlungen des Menschen entspricht es für Crescas der Gerechtigkeit, daß gute Taten belohnt und schlechte bestraft werden, denn Lohn und Strafe folgen der guten oder bösen Tat mit Notwendigkeit. Aus der Liebe Gottes zu den Menschen erwächst immer das Gute, das für die Guten Lohn, für die Bösen jedoch Strafe bedeutet. Ebenso, wie man sich verbrennt, wenn man mit dem Feuer in Berührung kommt, selbst wenn das unabsichtlich geschieht, ergibt sich zu Recht die Strafe aus der Übertretung der Gebote. Dabei geht der Autor davon aus, daß die göttlichen Gebote auf das Heil des Menschen abzielen und darum den Menschen zum Guten bestimmen. Aber Lohn und Strafe folgen aus dem Tun nur dann, wenn die Handlung vom Menschen gewollt ist. Entscheidend dafür, ob eine Handlung von moralischer Relevanz ist oder nicht, ist die Absicht des Individuums; nur Handlungen, denen der Wille zustimmt, bringen den Menschen Gott näher oder entfernen ihn von Gott, so daß die Gesinnung den Wert des Tuns ausmacht. Wer willig und freudig die göttlichen Gebote erfüllt, ahmt die göttliche Tätigkeit, die im Wohltun besteht, nach und nähert sich Gott, während intentionelle Mißachtung der Gebote den Menschen von Gott abkehrt. Nach der göttlichen Weltordnung erwachsen also aus der Motivation der Handlung dem Menschen nützliche oder schädliche Konsequenzen. So wird von Crescas die in der jüdischen Religion wesentliche moralische Verantwortlichkeit des Menschen aufrechterhalten, ohne den Determinismus des Gesamtsystems zu beeinträchtigen, und dieser vom Autor beabsichtigte

Kompromiß ist letztlich nur eine etwas verhüllte und aus religiösen Rücksichten eingeschränkte Preisgabe der menschlichen Freiheit, die auf die Zustimmung zum Zwang beschränkt wird.

Obwohl Crescas verbal die Willensfreiheit des Menschen aufrechterhält, gibt er ihr doch eine Interpretation, durch die sie weitgehend aufgehoben wird. Die Freiheit des Menschen besteht darin, daß er müssen will, damit das objektiv notwendige Tun auch bewußte Notwendigkeit wird und auf diese Weise einen moralischen Wert bekommt.

Die philosophischen Darlegungen des Autors haben zu seiner Zeit wenig Anerkennung gefunden, denn Crescas stand zwischen den Fronten. Mit seiner Ablehnung der aristotelischen Philosophie befand er sich auf der Seite derjenigen, denen die weltliche Wissenschaft nichts bedeutete und die sich auf das religiöse Wissen allein beschränkten. Aber diesen Kreisen war die Fragestellung des Crescas, ob sich die Religion mit Argumenten des Aristoteles stützen lasse oder nicht, recht gleichgültig. Wen hingegen philosophische Probleme beschäftigten, der war zu sehr von der Richtigkeit des auf dem Aristotelismus aufbauenden Weltbildes überzeugt, als daß Crescas ihn daran hätte irremachen können. Die philosophische Bildung, die als Voraussetzung nötig war, um überhaupt den Zugang zu dem auch sprachlich schwierigen Werk des Crescas zu finden und sich für die darin erörterte Problematik zu interessieren, führte von vornherein zur Ablehnung des Standpunktes des Autors, wissenschaftliche Erkenntnis sei als Basis für die Religionslehren unnötig. Sehr deutlich kommt das in einem Kommentar zum „Führer“ des Maimonides zum Ausdruck, der 1488 von Schemtov ben Josef ibn Schemtov verfaßt wurde. Dieser wendet sich gegen Crescas und bezeichnet seine Argumente als Phantastereien, die nur ein „verbohrter Narr, der die Dinge nicht versteht“, vorbringen kann.

Erst seit der Renaissancephilosophie, nachdem das mittelalterliche Weltbild seine Gültigkeit weitgehend eingebüßt hatte, finden wir bei Juden und auch außerhalb der jüdischen Gemeinschaft Denker, die den Ansichten des Crescas nahestehen oder davon beeinflußt sind. Innerhalb der jüdischen Gruppe ist es in Italien Leone Ebreo (Jehuda Abravanel, ca. 1460 – nach 1521), der an Crescas anknüpft. In der nichtjüdischen Philosophie werden die Argumente des Crescas ausgiebig und zustimmend von Johann Franz Pico von Mirandola angeführt. Auch Spinoza kannte das „Gotteslicht“ des Crescas und zitiert den Autor in einem Brief (an Ludwig Meyer, 20. 4. 1663). Daß er aus dem Werk des Crescas Anregungen erhalten hat, unterliegt keinem Zweifel; hinsichtlich des durchgängigen Determinismus vertritt Spinoza ähnliche Positionen wie Crescas, wenngleich seine Intentionen prinzipiell von denen des Crescas verschieden sind.

Gegenüber der üblichen auf dem Aristotelismus aufbauenden jüdischen Philosophie der nachmaimonidischen Epoche ist das Werk des Crescas etwas absolut Neues. Es verdient daher unter diesem Aspekt ein besonderes Interesse. Damit ist aber noch nichts über das Maß der Originalität des Autors ausgesagt. Wodurch Crescas zu seiner Kritik des Aristotelismus angeregt wurde und auf welche geistigen Strömungen er sich stützt, ist im einzelnen noch zu untersuchen. Während die älteren Darstellungen versuchten, die philosophischen Ansichten des Crescas ausschließlich aus der arabisch-jüdischen Tradition zu erklären, ohne zu befriedigenden Ergebnissen zu gelangen, ist erst in jüngster Vergangenheit auf die auffälligen Parallelen zur europäischen Scholastik hingewiesen worden. Fast alle umstürzenden Folgerungen, zu denen Crescas in seiner Aristoteleskritik gelangte, finden sich in ähnlicher Weise in der scholastischen Literatur; auch zu seiner antiintellektualistischen Haltung, dem Primat des Willens, der Rolle der Liebe, der Autarkie der Religion gegenüber der Philosophie zeigen sich Analoga im christlichen Bereich. Besonders ist auf die Lehren des Duns Scotus und seiner Schüler hinzuweisen und vor allem auf die zur Zeit des Crescas an der Pariser Universität vertretenen physikalischen Ansichten, die auf dem Nominalismus des Wilhelm von Ockham aufbauen und in der Abkehr vom Aristotelischen Weltbild den Übergang zur Naturwissenschaft der Renaissance bilden. Die Erforschung der scholastischen Naturphilosophie des 14. Jahrhunderts steht immer noch in den Anfängen, so daß es nur möglich ist, Ähnlichkeiten und Übereinstimmungen mit den Ausführungen des Crescas zu finden, und es offen bleibt, ob er direkte Vorlagen für seine Darlegungen gehabt hat. Wir wissen nicht, ob Crescas lateinische Literatur zu lesen imstande war; daß er Spanisch voll beherrschte, ist durch seine polemische Schrift gegen das Christentum erwiesen. Nichts spricht jedenfalls dagegen, daß Crescas direkt oder indirekt auch zum lateinischen Schrifttum Zugang finden konnte. Zu seiner Zeit wurden im übrigen auch schon lateinisch geschriebene philosophische Werke in moderne europäische Sprachen übersetzt. So gibt es beispielsweise Aristoteleskommentare von Nikolaus von Oresme (2. Hälfte des 14. Jahrhunderts) in französisch, und dieser Autor, der als direkter Vorläufer des Kopernikus bezeichnet wird, stimmt in seinen Auffassungen vom unendlichen leeren Raum und der Möglichkeit der Existenz einer Vielzahl von Welten mit Crescas weitgehend überein.

Ist auch innerhalb des jüdischen Bereichs die philosophische Kritik des aristotelischen Weltbildes etwas Neues, so drückt sie doch Tendenzen aus, die bei den Gebildeten der damaligen Zeit geläufig waren. Crescas hatte auf Grund seiner gesellschaftlichen Position und seiner engen Beziehungen zum Hof von Aragon genügend Kontakte außerhalb der jüdischen Gemeinschaft, um mit Ansichten in Berührung zu kommen, die die Herrschaft des Aristotelismus erschütterten.

Durch den Hinweis auf scholastische Parallelen und die Möglichkeit direkter Übernahme von damals modernen Auffassungen wird die Rolle und Bedeutung des Chasdai Crescas in keiner Weise herabgewürdigt. Ihm bleibt in philosophischer Hinsicht das Verdienst, die Kritik des aristotelischen Weltbildes systematisch dargelegt und mit einem hohen Maß an intellektueller Redlichkeit auch die Argumente ausführlich zusammengestellt zu haben, die zur Stützung der von ihm abgelehnten Thesen dienen konnten. Bedenkt man die Fülle praktischer Aufgaben, die Crescas in seiner rabbinischen Funktion zu erfüllen hatte, und zieht man in Betracht, daß die Auseinandersetzung mit der aristotelischen Philosophie für Crescas keinen Selbstzweck darstellte, sondern es ihm um eine richtige, d. h. von der Philosophie unabhängige Begründung der Religion ging, dann kann man kaum erwarten, daß die von ihm vorgebrachten kritischen Argumente allein Ergebnisse eigener philosophischer Forschung gewesen wären. Daß sich Crescas jedoch auf die modernsten Richtungen zeitgenössischer Philosophie stützt, spricht für seine Unvoreingenommenheit und seine geistige Selbständigkeit.

Die Intentionen des Crescas berühren sich in einer gewissen Weise mit den Absichten des Maimonides gerade durch die Gegensätzlichkeit ihrer Bemühungen. Ging es Maimonides darum, die Geltung und Richtigkeit der jüdischen Religion dadurch zu erweisen, daß er sie weitgehend auf dem neuesten Stand der Wissenschaft basierte und daher mit den Lehrmeinungen des Aristoteles zusammenschweißte, so bemühte sich Crescas aus denselben Gründen darum, das Judentum von eben dieser nun sich als überholt erweisenden Philosophie zu lösen, um die Richtigkeit des Glaubens aus der Krise des philosophischen Weltbildes herauszuhalten. Das Verhältnis von Glauben und Wissen, von Religion und Philosophie, wird daher bei Crescas – trotz seines philosophischen Interesses – zum Gegensatz der beiden Bereiche. Die Autarkie der Religion, die Crescas im gleichen Maße betont wie etwa Duns Scotus in der christlichen Scholastik, bedeutet das Ende einer Epoche der – wenngleich spannungsreichen – Beziehung von Religion und Wissenschaft, den Übergang zu einer neuen Weltsicht. Jüdische Philosophie als eine umgreifende Gesamtschau alles Seins verliert damit ihre Berechtigung. Crescas markiert den Endpunkt solchen Bemühens und stellt dessen Überwindung dar; er zeigt aber auch einen Weg, auf die personale Beziehung zwischen Gott und Menschen eingeschränktes jüdisches Denken neben unterschiedlichen philosophischen Anschauungen aufrechtzuerhalten.

Mit Hilfe philosophischer Argumentation hatte Chasdai Crescas die Mängel des aristotelischen Systems, die Schwächen seiner Grundlagen deutlich gemacht. In dieser Hinsicht teilt Crescas mit der fortgeschrittenen Philosophie der Spätscholastik die kritische Haltung gegenüber einem naturwissenschaftlich nicht mehr zureichenden Weltbild, das er ebenso wie die nichtjüdische Philosophie zwar ablehnen, jedoch nicht durch etwas Neues ersetzen konnte. Auch die Scholastik tat nicht mehr, als Zweifel anzumelden und unaristotelische Hypothesen aufzustellen.

Aber das wesentliche Interesse des Chasdai Crescas lag nicht auf dem Gebiet der Philosophie im Sinne eines wissenschaftlichen Weltbildes, sondern es ging ihm um die Aufstellung eines Lehrgebäudes der jüdischen Religion, um die Begründung der Eigenständigkeit des Judentums, dessen Geltung von philosophischen Ansichten unabhängig ist.

Mit Crescas hat die mittelalterliche jüdische Philosophie ihr Ende erreicht. Die Trennung von Glauben und Wissen war durch ihn endgültig geworden. Ein ihm intellektuell ebenbürtiger Gegner fand sich nicht; sofern gegen ihn philosophisch argumentiert wurde, bestand die Gegenposition im Grunde darin, in den Bahnen, die Maimonides gewiesen hatte, fortzufahren und dessen Ansichten zu kommentieren. Es muß aber vor allem darauf hingewiesen werden, daß sich im 15. Jahrhundert die gesellschaftliche Situation der Juden in den christlichen Staaten erheblich verschlechterte und das Problem, wie man überhaupt als Jude existieren konnte, vorrangige Bedeutung gewann. Ein gewisser äußerer Druck mag wissenschaftliche Interessen und Leistungen stimulieren, wenn jedoch die Existenz bedroht ist und die Bedrückung übermächtig wird, werden die Energien zwangsläufig aufs Überleben gerichtet, und die Beschäftigung mit wissenschaftlichen Theorien tritt in den Hintergrund.

So ist es verständlich, daß die geistige Tätigkeit der Juden sich im 15. Jahrhundert – vor allem in Spanien, dem Zentrum des damaligen Judentums – besonders auf die Auseinandersetzung nicht mit philosophischen Lehrmeinungen, sondern mit der herrschenden, d. h. christlichen Religion konzentrierte.

Vor dem Hintergrund ständiger Pogrome, Zwangstaufen, erzwungener Disputationen über Religionsfragen mit Vertretern der Kirche ist das Werk des Josef Albo (ca. 1380 – ca. 1444) „Buch der Grundlehren" zu sehen, das der Autor, ein Rabbiner in Spanien, im Jahre 1425 vollendete. Albo war ein Schüler des Crescas, ohne auch nur entfernt an dessen intellektuelle Bedeutung heranzureichen. Aus seinem Leben ist vor allem bemerkenswert, daß er ein Teilnehmer der großen Religionsdisputation von Tortosa (1413–1414) war.

Das „Buch der Grundlehren“ behandelt die Fundamente der jüdischen Religion; es stellt einen Versuch dar, die Lehren des Judentums zu systematisieren und nach ihrer Dignität zu ordnen. Die Fragestellung ist gewiß – verglichen mit den Systemen, die wir bisher betrachtet haben – nicht im engeren Sinne philosophisch, aber deshalb nicht etwa ohne theoretische Relevanz. Doch nicht nur aus dem äußerlichen Grunde, daß das Werk des Josef Albo in den gängigen Darstellungen unseres Gegenstandes berücksichtigt wird, ist es vollauf gerechtfertigt, das „Buch der Grundlehren“ im Kontext jüdischer Philosophiegeschichte zu sehen. Jüdische Philosophie muß auf Grund ihrer Spezifik sowohl den Forderungen der Wissenschaft als auch denen der Religion Rechnung tragen. Infolge der Bindung an vorgegebene Wahrheiten, von denen nicht abzusehen ist, wenn philosophisches Denken als jüdisch gekennzeichnet werden soll und seinem Wesen nach als jüdisch gelten kann, ist auch die Fragestellung, worin denn die Voraussetzungen bestehen, auf die unter keinen Umständen verzichtet werden kann, unter philosophischem Aspekt legitim. Auch andere jüdische Philosophen, wie z. B. Maimonides, haben sich die Frage vorgelegt, was das Wesen des Judentums sei; allerdings war für sie die Problematik weniger zentral als für Albo, der die Spezifika der jüdischen Religion in den Mittelpunkt rückte und sie weder zum Ausgangspunkt eines umfassenden philosophischen Systems machte noch sie mit der Philosophie ausgleichen wollte. Maimonides hatte dreizehn Grundlehren des Judentums zusammengestellt, die weithin Anerkennung gefunden haben, wenngleich sowohl Crescas als auch Albo gegen sie Einwände erhoben und sie durch andere Systematisierungen ersetzten. Jedoch behandelt Maimonides derartige Probleme außerhalb philosophischer Zusammenhänge, nämlich in seinem Mischnakommentar, während für Albo die Systematisierung des Judentums und das Aufstellen von Fundamentallehren zentrales Anliegen ist.

Doch es ist auch hier in Erinnerung zu rufen, daß das Judentum im Gegensatz zur christlichen Religion eine allgemein verbindliche Dogmatik nicht entwickelt hat und ebensowenig eine generell sanktionierte Auslegung von Grundlehren der Religion, so daß das eigene Denken über die Religion philosophisches Bemühen im Sinne eines philosophischen Durchdringens der Glaubensinhalte darstellt. Nachdem durch Crescas die Zusammengehörigkeit von Glaubenslehren und philosophischem Weltbild zerrissen worden war, läßt sich nur dann noch von jüdischer Philosophie sprechen, wenn man einen gewandelten, eingeengten Philosophiebegriff zugrunde legt; Philosophie, die zugleich als jüdisch zu bezeichnen ist, konzentriert sich nunmehr im wesentlichen auf die Polarität von Gott und Mensch und wendet sich vorwiegend ethischen Problemen zu. Wollte man eine Änderung des Gegenstandes der jüdischen Philosophie nicht konzedieren, dann müßte man jüdische Philosophie mit dem ausgehenden Mittelalter als abgeschlossen betrachten.

Albo geht in seinem Werk davon aus, daß es drei Grundsätze gebe, ohne die eine göttliche Lehre nicht denkbar wäre. Als die Fundamentalsätze der Religion erachtet er „die Existenz Gottes, die Offenbarung sowie Lohn und Strafe" (Vorwort; I,10 u. ö.). Diese drei Grundsätze gehören unmittelbar zusammen, und wenn wir uns einen von ihnen wegdenken, ist Religion unmöglich (I,10). Wer die genannten Grundsätze nicht akzeptiere, sei ein Ketzer.

Aus den drei Prinzipien, die Albo allerdings nicht selbst gefunden, sondern von anderen stillschweigend übernommen hat, resultieren nun weitere Glaubenslehren. Unmittelbar ergeben sich aus ihnen eine Reihe von Folgesätzen, die Albo als „Wurzeln" bezeichnet. Insgesamt werden acht solcher Folgesätze abgeleitet: Aus der Existenz Gottes folgen seine Einheit, Unkörperlichkeit, Unabhängigkeit von der Zeit und Vollkommenheit; die Offenbarung erfordert die Allwissenheit Gottes, die Prophetie und die Berufung von Gesandten, die das göttliche Gesetz verkünden (Berufung ist im doppelten Sinne des Berufenwerdens und Berufenseins zu verstehen; der Prophet muß deutliche Beweise der Legitimation bieten, um als Sprachrohr der Gottheit anerkannt zu werden); Lohn und Strafe machen die Annahme einer individuellen Vorsehung notwendig.

So ergibt sich ein System von insgesamt elf „Dogmen", die die Grundlage jedweder wahren Religion bilden. Daß es drei Fundamentalsätze gebe, auf die die übrigen acht Wahrheiten zurückzuführen seien, bedeutet für Albo nicht, daß zwischen den Grund- und den Folgesätzen ein Unterschied in ihrer Verbindlichkeit bestünde, denn wer einen der Folgesätze leugne, bestreite damit gleichzeitig auch die Prämissen (I,13). Dadurch gerät allerdings der Autor mit sich selbst in Widerspruch, da er zunächst nur diejenigen als Ketzer bezeichnet, die die drei Fundamentalsätze bestreiten, und sich dabei auf die Mischna beruft, auf deren Formulierung er seine Fundamentalsätze zurückführt (I,10).

Die elf Grund- und Folgesätze sind nun an sich nicht für das Judentum spezifisch, und Albo räumt ein, daß es verschiedene Religionen gebe, die geeignet sind, den Menschen zu seiner Bestimmung zu führen, nämlich zum ewigen Heil im Jenseits. Es scheint, daß Albo, der in diesem Zusammenhang die auf talmudischer Tradition beruhende Formulierung des Maimonides: „Die Frommen aller Nationen haben an der kommenden Welt teil" zitiert, eine für seine Zeit bemerkenswerte Toleranz und Liberalität an den Tag legt (I,25); doch im weiteren Verlauf der Ausführungen wird es deutlich, daß diese Konzilianz sich weder auf den Islam, der allerdings den Autor naturgemäß wenig interessiert, noch auch auf das Christentum bezieht, die er beide nicht zu den Religionen rechnet, von denen die von ihm als wesentlich bezeichneten „Dogmen" anerkannt werden (I,26). Er akzeptiert nur die Tatsache, daß die Offenbarung am Sinai nach der biblischen Tradition nicht die erste Proklamation des göttlichen Gesetzes gewesen ist, und bezieht sich vornehmlich auf das sogenannte Noachidische Gesetz, das vom Mosaischen nur graduell, nicht aber in den Prinzipien verschieden sei (I,25). Da Albos Werk eine Apologie des Judentums und damit auf Grund der historischen Situation zugleich eine scharfe Polemik gegen das Christentum darstellt, wäre auch Toleranz gegenüber einer intoleranten Umwelt nicht zu erwarten gewesen.

Der Autor ist sich dessen gewiß, daß die jüdische Religion dem göttlichen Gesetz auf das vollkommenste entspreche; auch Islam und Christentum, meint er, bestreiten die Authentizität der Offenbarung am Sinai nicht. Da Albo nun – wenigstens als Möglichkeit – einräumt, daß die Grund- und Folgesätze der Religion auch außerhalb des Judentums gelten, führt er dann noch einige von den Grundsätzen abgeleitete spezifisch jüdische „Zweige" an. Diese sind seiner Meinung nach für Juden verbindliche Glaubenslehren, ohne daß jedoch ihre Leugnung oder ihre unterschiedliche Interpretation das Wesen des Judentums aufhebe. Wie sich diese speziellen Glaubenssätze aus den drei Grundprinzipien herleiten, bleibt allerdings offen. Die Spezifika des Judentums faßt Albo in sechs Thesen zusammen. Als ersten Punkt nennt er den Glauben an die zeitliche Schöpfung der Welt aus dem Nichts; dann die Überlegenheit des Moses über alle Propheten, die es gab und geben wird; die Unmöglichkeit, daß das Mosaische Gesetz jemals durch ein anderes ersetzt werden kann; die Zweckdienlichkeit der biblischen Gebote zur Erlangung der menschlichen Vollkommenheit, so daß bereits die Erfüllung einer einzigen biblischen Vorschrift den Menschen des Seelenheils teilhaftig werden lasse; die Auferstehung der Toten; als letzten Glaubenssatz, der von der jüdischen Gemeinschaft allgemein akzeptiert werde, nennt Albo den Glauben an den Messias (I,23).

Gegen diese Liste von Kernlehren des Judentums läßt sich freilich mancherlei einwenden: So ist die Anerkennung einer Weltschöpfung keine Besonderheit der jüdischen Religion, und außerdem ist die Interpretation des Schöpfungsaktes als creatio ex nihilo im Judentum nicht einmal durchgängig akzeptiert. Wenn Albo den Messianismus nicht zu den Grundsätzen zählt, sondern ihn nur als „Zweig" anerkennt, mag er, wie mehrfach behauptet worden ist, deswegen dazu bestimmt worden sein, weil das Christentum gerade den Messianismus als entscheidendes Dogma ansah und diese Problematik in der Religionsdisputation von Tortosa, an der Albo teilgenommen hatte, eines der Zentralthemen darstellte. Daß Albo sich daher bemühte, die messianische Idee als weniger bedeutsam hinzustellen, liegt nahe; doch wenn man in seinem System überhaupt eine immanente Logik sieht, hätte er auch schwerlich den Messianismus an anderer Stelle aufführen können.

Worin besteht nun überhaupt der Wert des göttlichen Gesetzes, das für den Autor im Judentum seine vollkommenste Ausprägung findet? Im Anschluß an Thomas von Aquino gibt es bei Albo sowohl eine Unterscheidung zwischen göttlichem und irdischem Gesetz als auch innerhalb des letzteren zwischen natürlichem und konventionellem. Albo versteht unter natürlichem Gesetz die Regeln, die das für die Erhaltung der Menschheit notwendige Zusammenleben der Individuen ermöglichen; konventionelles Recht sind hingegen die jeweiligen Staatsgesetze, deren Zweck in der Vervollkommnung der Gesellschaft besteht und die die menschliche Freiheit voraussetzen, sie zu befolgen. Während jedoch bei Thomas von Aquino lex naturalis und lex humana aus der lex divina abgeleitet sind, insofern als die menschliche Natur an der göttlichen Vernunft teilnimmt, muß Albo davon ausgehen, daß natürliches und konventionelles Gesetz unabhängig vom göttlichen Gesetz bestehen können und zur Regelung der menschlichen Verhältnisse hinreichen. Da nur die jüdische Religion bzw. Offenbarungen, die ihr vorausgingen (Vorschriften, die Adam, Noah und Abraham gegeben wurden [III,14]), göttliches Gesetz in seinen Augen sind, dem Judentum aber in der Wirklichkeit seiner Zeit keine staatliche Autonomie entsprach und auch für die Juden die irdische Gesetzlichkeit christlicher und islamischer Staaten weitgehend bindend war, wird das göttliche Gesetz verinnerlicht und verjenseitigt. Die Überlegenheit des göttlichen Gesetzes über die menschliche Satzung beruht nach der Ansicht Albos darauf, daß es zum Glück der Seele und zur Unsterblichkeit führt und kein temporäres, sondern ewiges Heil bietet. Damit fixiert er die Religion auf das Jenseits; der Begriff des Seelenheils, der sonst im Judentum eine geringe Rolle spielt, wird für Albo zu einem zentralen Gedanken. Die polemischen und apologetischen Tendenzen, denen sein Werk Ausdruck verleiht, bringen ihn dazu, zeigen zu wollen, daß nur das Judentum die wahre Theologie ist, ohne zu bedenken, daß eine solche Art der Heilserwartung eher christlich als jüdisch ist. Die Überlegenheit des Judentums gegenüber anderen Manifestationen des göttlichen Gesetzes beruht auf der großen Zahl der religiösen Vorschriften, die die Bekenner der jüdischen Religion zu befolgen haben; jede einzelne von ihnen dient als Hilfsmittel für die Erlangung des jenseitigen Glücks, das um so vollständiger ist, je genauer die Gebote und Verbote der Religion auf Erden erfüllt werden. Das Judentum ist also, wie es der Historiker Graetz treffend formuliert, für Albo „eine Veranstaltung Gottes, um dessen Bekenner zur ewigen Seligkeit zu bringen“ (Geschichte der Juden, VIII [4. Aufl.], 174, Leipzig o. J.).

Das System der Fundamental- und Folgesätze des Religionsgesetzes sowie die spezifisch jüdischen Grundlehren werden von Albo im ersten Teil seines Werkes dargelegt; in drei weiteren Traktaten, die jeweils einen der Fundamentalsätze zum Gegenstand haben, wird die Thematik noch im einzelnen ausgeführt. Dabei verwendet Albo – ziemlich wahllos und in eklektischer Weise – philosophische Argumente, die meist von Maimonides und vor allem von seinem Lehrer Crescas übernommen sind. Auch das gesamte System seiner Glaubenssätze hat Albo unbedenklich von Früheren entlehnt, so daß von einer Originalität des Verfassers nicht die Rede sein kann. Nichtsdestoweniger hat sich Albos „Buch der Grundsätze" wegen der flüssigen und eingängigen Darstellungsweise weiter Verbreitung und großer Beliebtheit erfreut, wohl weniger auf Grund der Gedankentiefe, sondern eher des Gegenteils wegen. So ist Albos Werk zu einem Volksbuch nicht im besten Sinne des Wortes geworden, doch mag es in der schwierigen Lage, in der sich die Juden im 15. Jahrhundert und nicht minder in den folgenden Jahrhunderten befanden, eine notwendige Funktion erfüllt haben: Es war geeignet, das jüdische Selbstbewußtsein zu stärken und den geistigen Halt zu verleihen, dessen eine unterdrückte und gequälte Bevölkerungsgruppe als Trost in ihrer elenden Lage bedurfte.

## *Isaak Abravanel*

Mit Isaak Abravanel, einem namhaften Politiker, endet die jüdische Philosophie in Spanien. Isaak Abravanel, der seinen Stammbaum auf König David zurückführte, wurde 1437 in Lissabon geboren und stand bereits in jungen Jahren am Hofe des Königs von Portugal als dessen Schatzmeister in hohem Ansehen. Nach einem Thronwechsel mußte er aus Portugal fliehen und begab sich 1483 nach Kastilien. Schon einige Monate später wurde Isaak Abravanel vom kastilischen König zum Steuerpächter berufen. Als Verantwortlicher für die Staatsfinanzen trug er wesentlich zu den materiellen Voraussetzungen bei, die den Kampf gegen den letzten muslimischen Staat auf der iberischen Halbinsel, das Königreich Granada, ermöglichten; die Zerstörung des maurischen Staates bildete die unmittelbare Voraussetzung für die Vertreibung der Juden aus Spanien.

Nachdem Isaak Abravanel 1492 Spanien hatte verlassen müssen, gelangte er nach Italien und war für den König von Neapel tätig; doch kriegerische Ereignisse zwangen ihn, erneut ins Exil zu gehen. Schließlich fand er Zuflucht in Venedig, wo sich einer seiner Söhne niedergelassen hatte. Auch dort war er noch politisch tätig und starb im Jahre 1508.

Isaak Abravanel war ein hochgebildeter Mann, der trotz seiner vielfältigen politischen Aktivitäten ein umfangreiches literarisches Werk hinterlassen hat. Als Philosoph ist er gewiß kein Stern erster Ordnung, doch verdient er als der letzte Vertreter der spanisch-jüdischen Philosophie Beachtung.

Im wesentlichen ist Isaak Abravanel Kommentator. Die meisten seiner Schriften erklären die Bibel; auch zum „Führer" des Maimonides hat er einen Kommentar verfaßt. Die Übersetzung einer Abhandlung des Thomas von Aquino ist ihm wohl fälschlich zugeschrieben worden, doch besaß Isaak lateinische Kenntnisse und benutzte scholastische Literatur.

Er geht davon aus, daß die Religion in der den Israeliten offenbarten Form absolut wahr sei. Die Vernunft ist nur in der Lage, die Religionslehren zu stützen; sie hat daher eine dienende Rolle und steht mit der Offenbarung nicht auf gleicher Stufe. Aus diesem Grunde müssen die Lehren der Religion in ihrem wörtlichen Sinne akzeptiert und dürfen nicht vom Standpunkt der menschlichen Vernunft uminterpretiert werden. Alle in der Bibel berichteten Wunder sind gemäß dem einfachen Wortsinn zu akzeptieren; ihre Wahrheit ist durch die Tatsache ihres Offenbartseins erwiesen. Die Haltung des Isaak Abravanel ist also durch eine strikte Orthodoxie geprägt, und das ist eine durchaus verständliche Reaktion in einer Zeit, in der die Existenz der Juden aufs äußerste gefährdet war, sofern sie nicht bereit waren, ihre Religion aufzugeben. Dabei ist Isaak jedoch philosophisch gebildet und interessiert und läßt daher philosophisches Denken innerhalb gewisser – wenngleich eng gezogener – Grenzen zur rationalen Erklärung der Offenbarungslehren gelten. Er verteidigt Maimonides in bezug auf die von diesem aufgestellten dreizehn Glaubenslehren des Judentums gegen die Einwände von Crescas und Albo und deren Versuche, die religiösen Grundlehren anders zu systematisieren. Jedoch gipfeln seine entsprechenden Darlegungen in der Feststellung, daß alles, was in den fünf Büchern Mosis enthalten ist, auf Grund seines göttlichen Ursprungs in gleichem Maße bedeutsam und verbindlich sei, so daß es überhaupt keine Grundlehren gebe.

Maimonides ist für Isaak Abravanel eine bewunderte wissenschaftliche Autorität; soweit er philosophische Lehren anerkennt, ist er Maimonides durchaus verpflichtet, aber er ist nicht bereit, einen inneren Sinn der Bibel an die Stelle ihres einfachen Wortsinns zu setzen, sondern läßt Interpretationen höchstens *neben* dem geschriebenen Wort gelten.

Ausführlich hat sich Isaak mit dem Schöpfungsproblem beschäftigt, und er vertritt hier dieselbe Ansicht wie Maimonides, auf den er sich beruft. Er steht auf dem Standpunkt, die Welt sei durch die freie göttliche Tätigkeit geschaffen worden. Allerdings unterscheidet er sich von Maimonides, der diese These für unbewiesen erachtet, darin, daß er davon ausgeht, der Beweis sei erbracht: Zu dieser Überzeugung sei Moses auf Grund prophetischer Eingebung gelangt und diese sei durch die direkte Einwirkung Gottes auf die Vernunft des Propheten zustande gekommen; daher besitze die Prophetie des Moses mit Notwendigkeit absolute Beweiskraft.

Isaak Abravanel hält die freie göttliche Schöpfung für ein wesentliches Fundament der jüdischen Religion, denn auf der Voraussetzung der absoluten Freiheit des göttlichen Willens und seiner bewußten Lenkung der Welt beruhen alle in der Bibel enthaltenen Wundererzählungen. Auch Lohn und Strafe kann es nur unter diesen Prämissen geben. Gegen Crescas behauptet Isaak, daß die Ewigkeit der Welt mit der göttlichen Willensfreiheit nicht vereinbar sei, und gegen die Annahme einer präexistenten Materie, die Gersonides für die Weltentstehung voraussetzt, indem er die Schöpfung als Formgebung versteht, wendet Isaak Abravanel ein, Materie und Form seien Korrelativa, so daß es eines ohne das andere nicht geben könne.

Hinsichtlich der Attribute Gottes steht er ganz auf der Position des Maimonides, wenngleich er dieses in der jüdischen Philosophie des Mittelalters so ausgiebig behandelte Problem nur sporadisch berührt. Aus den Wirkungen Gottes ist seine Existenz erfahrbar, doch die Erkenntnis des göttlichen Wesens ist dem Menschen unmöglich. Nur die Erkenntnis, daß Gott unerkennbar ist, läßt sich gewinnen. Könnte der Intellekt das Wesen Gottes begreifen, dann wäre dieses sein Begriffsinhalt; und da die Begriffe die Substanz des Intellekts ausmachen, würde er mit Gott identisch. Auch hinsichtlich der Vereinbarkeit der göttlichen Allmacht mit der Freiheit des menschlichen Willens schließt sich Isaak Abravanel dem Standpunkt des Maimonides an.

*Gegen* Maimonides wendet sich Isaak aber in der Erklärung des Wesens der Prophetie. Während nach der Ansicht des Maimonides die prophetische Gabe ein natürliches Phänomen darstellt, das bei einer Person, deren Denkkraft voll ausgebildet ist und die gleichzeitig eine vollkommene Einbildungskraft besitzt, durch die Einwirkung des aktiven Intellekts auftreten kann, sofern Gott das will, bestreitet Isaak Abravanel die Notwendigkeit der intellektuellen und damit für Maimonides auch moralischen Vorbereitung. Zwar ist die Sittenreinheit dessen, dem die Prophetengabe verliehen ist, eine unerläßliche Vorbedingung, doch beruht sie nicht auf Gelehrsamkeit und intellektuellen Erkenntnissen. Die prophetischen Eingebungen kommen direkt von Gott, der einen Menschen auf diese Weise erleuchtet; sie gehören in den Bereich des Wunders, sind also nicht ein natürliches, sondern ein supranaturales Phänomen.

Nur Israeliten kann die Prophetengabe von Gott verliehen werden, denn allein das jüdische Volk untersteht der direkten Lenkung Gottes. Nach der Ansicht des Isaak Abravanel hängt der Lauf der Geschichte und folglich das Schicksal der Menschen von den Konstellationen der Gestirne ab. Als körperliches Wesen wird der Mensch durch die Sterne, als geistiges durch die separaten Intelligenzen bestimmt, d. h., Gott wirkt auf die Gesellschaft durch das Medium natürlicher Kräfte. Das Volk Israel nimmt dagegen eine Sonderstellung ein; da es die höchste Stufe der Menschheit darstellt, wird es in wunderbarer Weise unmittelbar von Gott geleitet.

Isaak Abravanel ist wohl kaum durch die Originalität seiner philosophischen Ansichten von wesentlicher Bedeutung. Er operiert nur mit bereits vorhandenem Material, wobei er sich, soweit das vom Standpunkt einer buchstabengläubigen Orthodoxie möglich ist, weitgehend auf die Autorität des Maimonides stützt und die nachmaimonidische Weiterentwicklung strikt ablehnt. Aber im Kontext der historischen Ereignisse, der äußerst prekären Situation der Juden auf der Pyrenäenhalbinsel in den letzten Jahrzehnten vor der großen Katastrophe des spanischen Judentums, der Vertreibung aus Spanien und Portugal, des Schicksals der Marranen, der Schwierigkeiten des Neuanfangs in den Ländern der Emigration, gewinnen die Gestalt und das Denken des Isaak Abravanel für unsere Zeit, der ähnliche Lebenserfahrungen nicht erspart blieben, einen aktuellen Bezug. Wir finden bei ihm eine Besinnung auf die eigenen kulturellen Werte, und darum stehen nach seiner Meinung die Lehren der jüdischen Religion unendlich höher als alle Philosophie. Doch auf der anderen Seite gelangt er nicht zu einer radikalen Ablehnung der Wissenschaft überhaupt, sondern läßt die Philosophie in gewissen Grenzen gelten. Isaak Abravanel unterscheidet sich durch diese maßvolle Haltung von anderen Repräsentanten des Judentums seiner Zeit, etwa von seinem jüngeren Zeitgenossen Josef Jabez, der wie manche andere die Meinung vertrat, die Beschäftigung mit der Philosophie sei an der Vertreibung aus Spanien schuld.

## *Jüdische Philosophie in Italien zur Zeit der Renaissance*

Isaak Abravanel war nach der Katastrophe in Spanien nach Italien emigriert, einem Lande, in dem die Lage im Vergleich zu anderen Gegenden relativ günstig war. Zwar haben die Juden auf italienischem Boden keine erstrangigen philosophischen Werke zustande gebracht, aber sie nahmen doch in gewissem Maße am allgemeinen geistigen Leben teil; gerade in Italien wird bei Juden, die sich mit philosophischen Problemen befaßten, der Einfluß christlichen Denkens sehr deutlich. Diesen Zusammenhang jüdischer Philosophie mit der abendländischen Scholastik konnten wir schon im 13. Jahrhundert bei Hillel von Verona feststellen, und er blieb auch in späterer Zeit erhalten.

Weniger als selbständiger Denker denn vornehmlich als Kommentator ist hier auch Messer (Herr) Leon, mit jüdischem Namen Jehuda ben Jechiel, aus Mantua, zu nennen, der in der zweiten Hälfte des 15. Jahrhunderts wirkte. Er kommentierte vor allem die Logik des Aristoteles und verfaßte Superkommentare zu den Kommentaren des Averroes, wobei er auch lateinische Literatur heranzog. Sein Kommentar zur sogenannten Logica vetus (Isagoge des Porphyrius sowie des Aristoteles Kategorienlehre und De interpretatione) ist in starkem Maße von scholastischen Texten abhängig. In welchem Maße Messer Leon die lateinische Sprache beherrschte, erweist sich daran, daß er eine Rhetorik verfaßte, die sich auf Aristoteles, Cicero und Quintilian stützte und in der er die Sprache der Bibel mit der Ciceros verglich.

Von Bedeutung ist Elia del Medigo aus Kreta (etwa 1460–1497), ein Anhänger der averroistischen Philosophie. Wir wissen von ihm, daß er an der Universität Padua, der Hochburg des Averroismus in der Zeit der Renaissance, maßgeblich an einer philosophischen Disputation beteiligt war; sowohl in Padua als auch in Florenz hielt er Vorlesungen. Die akademische Wirksamkeit des Elia del Medigo beleuchtet nicht nur die relativ günstige Situation der Juden in Italien in der Epoche der Renaissance, sondern auch den Grad der kulturellen Assimilation: Elia verfügte über die für eine Teilnahme am geistigen Leben notwendigen Kenntnisse der lateinischen Sprache. Für Giovanni Pico della Mirandola, mit dem er in engem Kontakt stand und der sein Schüler und Gönner war, übersetzte er Kommentare des Averroes zu Aristotelischen Werken aus dem Hebräischen ins Lateinische. Des Pico neoplatonische und mystische Neigungen teilte Elia jedoch nicht, sondern blieb auf dem Boden des traditionellen Rationalismus der aristotelisch-averroistischen Schule.

In seiner Schrift „Prüfung der Religion" knüpft Elia an die Abhandlung des Averroes über das Verhältnis von Glauben und Wissen an. Er teilt den Standpunkt des Averroes, für die ungelehrte Mehrheit der Menschen seien die Lehren der Religion entsprechend ihrem äußeren Wortsinn verbindlich, während der philosophisch Geschulte sie interpretieren dürfe und müsse. Während aber Averroes ausschließlich der Philosophie die Aufgabe zuweist, die Wahrheit zu erkennen, der Religion hingegen überwiegend moralische Bedeutung für die Masse der Bevölkerung zuspricht, unterscheidet Elia del Medigo zwischen Vernunft- und Offenbarungswahrheiten. Er vertritt also die These einer doppelten Wahrheit. Auf diesem Wege waren ihm die lateinischen Averroisten des 13. Jahrhunderts und ebenso – im Rahmen der jüdischen Philosophie – Isaak Albalag vorangegangen. Im Italien der Renaissancezeit gehörte diese Lehre zum Fundus des an der Universität Padua betriebenen averroistischen Aristotelismus. Für Elia del Medigo gibt es allerdings gewisse Grundlehren der Religion, die auch der Philosoph anzuerkennen habe und die er nicht durch philosophische Interpretation umdeuten dürfe. Im Unterschied zum Christentum enthalte aber die jüdische Religion keine Glaubensartikel, die der Sinneswahrnehmung oder den Gesetzen der Logik widersprechen, wie das bei der Trinitätslehre oder dem Dogma von der Transsubstantiation der Fall sei. Es ergibt sich folglich bei Elia eine Ausprägung der Lehre von einer zweifachen Wahrheit, die die gleichzeitige Gültigkeit verschiedener Wahrheiten im Hinblick auf dasselbe Problem, wie sie – wenigstens verbal – der lateinische Averroismus des Mittelalters behauptet, durch ein Entweder-Oder ersetzt: Hinsichtlich gewisser Grundlehren der Religion, wozu die Existenz des einig-einzigen Gottes, die Offenbarung, die messianische Erwartung und andere Fundamentalsätze gehören, wie sie beispielsweise Maimonides in seinen dreizehn Grundlehren zusammengefaßt hat, gibt es für die spekulative Vernunft keinen Raum, wo es aber nicht um solche religiösen Grundlehren geht, gilt nur sie allein. Die Beziehungen dieser Variante der Lehre von der doppelten Wahrheit zur zeitgenössischen Paduaner Averroistenschule bedürfen noch eingehender Untersuchung im einzelnen.

Von ganz anderer Art als die philosophische Haltung des Elia del Medigo, die ihrem Wesen nach noch ganz in die mittelalterliche Tradition gehört, ist die Weltsicht und dementsprechend das Herangehen an philosophische Fragen bei Jehuda Abravanel, dem ältesten Sohn des Isaak. Jehuda, der um 1460 in Portugal geboren wurde, dann seinem Vater nach Spanien folgte und, als die Juden im Jahre 1492 das Land verlassen mußten, in Italien eine neue Heimat fand, war Arzt von Beruf; erst in Italien ist er auch als philosophischer Autor hervorgetreten. Er steht als Philosoph ganz auf dem Boden des neuen dynamischen Weltbildes, das in der italienischen Renaissance durch die erneute Anknüpfung an Platon gekennzeichnet ist. Das Werk des Autors, der unter seinem italienischen Namen Leone Ebreo berühmt wurde, trägt den Titel „Dialoghi d'Amore"; es bildet nicht nur den jüdischen Beitrag zur Renaissancephilosophie, für den nur in Italien die gesellschaftlichen Voraussetzungen bestanden, sondern es ist auch darum von Bedeutung, weil der Verfasser sich in einer Zeit, in der philosophische Abhandlungen in lateinischer Sprache veröffentlicht zu werden pflegten, der italienischen Landessprache bediente. Fertiggestellt wurden die Dialoghi im Jahre 1502, im Druck erschienen sie allerdings erst 1535, als Leone, wie aus dem Vorwort des Herausgebers hervorgeht, schon längere Zeit tot war. Wann er gestorben ist, wissen wir nicht genau; die letzte beglaubigte Nachricht über seine Wirksamkeit stammt aus dem Jahre 1521.

Die Dialoghi bestehen aus drei Gesprächen zwischen einem männlichen und einem weiblichen Partner, die einander lieben. Das Werk Leones weist sowohl durch seine Form, den Dialog, auf das Platonische Vorbild hin, als es auch thematisch von Platons „Gastmahl" beeinflußt ist. Nicht nur die Werke Platons, sondern auch diejenigen Plotins waren Leone durch die lateinischen Übersetzungen zugänglich, die Marsilius Ficinus im Rahmen der Antikerezeption der Florentiner Akademie angefertigt hatte.

Für Leone ist die gesamte Welt eine Einheit; Himmel und Erde stellen einen schönen und vollkommenen Kosmos dar, das vollendete Werk Gottes, des „höchsten Künstlers und wahren Weltbaumeisters" (Ausgabe von 1535, III,106 b). Die Harmonie dieser Schöpfung beruht auf der in ihr waltenden Liebe, die die einigende und bewegende Kraft der Welt darstellt. Die Liebe durchdringt alle Teile des Kosmos und schließt sie zu einem einzigen Individuum zusammen, dessen Sein im Streben nach Vervollkommnung und in der Verwirklichung der vollen Harmonie besteht. Leone betont den Zusammenhang zwischen Liebe und Erkenntnis und versteht die Liebe als eine geistige Kraft, der die Erkenntnis vorangehen müsse, „denn man kann nichts lieben, wenn man es nicht vorher unter der Form des Guten erkennt" (I,3a). Daraus folgt die Beseeltheit aller Teile des Universums, das Vorhandensein des Geistigen in allen Bereichen der Welt; wenngleich auf Erden eine im eigentlichen Sinne intellektuelle Erkenntnis nur dem Menschen möglich ist, wird von Leone die Analogie von Mensch und Welt, von Mikro- und Makrokosmos im einzelnen ausgeführt.

Das Wesen aller Dinge besteht in ihrer willentlichen Bewegung, der auf Vervollkommnung und Vollkommenheit als Ziel gerichteten Liebe. So verknüpft Leone den Begriff des Seins mit dem der Liebe, die er dem Willenstrieb gleichsetzt.

Die menschliche Liebe soll sich nach der Meinung Leones auf die wahren Güter richten. Reichtum, Ehre und Sinnenlust sind nichtig, das wahre Glück liegt im Geistigen. Dabei bejaht der Autor durchaus die irdische Welt, sofern „die Liebe zu den niederen Schönheiten ... dazu dient, aus ihnen die geistigen Schönheiten abzuziehen, die wahrhaft liebenswert sind" (II,113a).

Mit der Platonischen Konzeption der Liebe als einer auf ein höchstes Ziel hinstrebenden Wirkkraft verbindet sich bei Leone die auf Aristoteles zurückgehende Vorstellung des wirkenden Intellekts, die der Autor in ihrer mittelalterlichen Weiterentwicklung und Interpretation aufgreift, wie sie besonders von Averroes ausgestaltet wurde. Der allgemeine Intellekt erleuchtet den im Menschen angelegten Verstand und läßt in ihm die Erkenntnis entstehen. Das Ziel des auf diese Weise im Menschen sich entfaltenden erworbenen Intellekts ist die vollkommene Aktualisierung der Verstandeskräfte und schließlich die Vereinigung mit dem wirkenden Intellekt. Im Unterschied von den im Mittelalter üblichen Auffassungen setzt Leone im Anschluß an den spätantiken Aristoteleskommentator Alexander von Aphrodisias den wirkenden Intellekt mit der Gottheit gleich, so daß für ihn das vollkommene Glück des Menschen in der Vereinigung mit Gott liegt, die er als deificatio bezeichnet. Diese Vereinigung kann nur erfolgen, wenn sich der Mensch völlig von der Sinnenwelt löst, also normalerweise erst nach der endgültigen Trennung von Leib und Seele nach dem Tode, doch sieht Leone auch die Möglichkeit der zeitweiligen Einswerdung mit dem Göttlichen im Zustand der Ekstase (I,29 a).

Der Liebesprozeß verläuft aufwärts von der Welt zu Gott in der Annäherung an das Absolute und abwärts von Gott zu dem, was er gebildet hat. Die göttliche Liebe ist die Kraft, die die Welt hervorbringt, die sie erhält und auf die die Schöpfung hinzielt. Der göttliche Baumeister schafft sein Werk nach den Ideen, die in seinem Intellekt präexistieren, die sein Denken sind (vgl. III,114 b und 121 a). Die Welt, die aus der Liebe hervorgeht, strebt zu Gott zurück. Gott ist daher in dreifacher Hinsicht der Grund der Welt: als wirkende, formale und finale Ursache eines als Kreislauf verstandenen Prozesses, als Schöpfer, Erhalter und Zweck des Kosmos. Gott ist für Leone sowohl die Einheit von Denken, Denkendem und Gedachtem als auch diejenige von Liebe, Liebendem und Geliebtem.

Nach Leones Definition der Liebe als eines Verlangens nach Vereinigung mit einem für gut erachteten Ding führt Liebe zur Vervollkommnung und setzt infolgedessen einen Mangel voraus. Da Gott jedoch absolut vollkommen ist, ist eine Vervollkommnung seines Wesens unmöglich. Die auf diese Weise entstehende Schwierigkeit sucht Leone durch die Feststellung zu lösen, Gott unterliege zwar seinem Wesen nach keiner Veränderung, sei aber in Relation zu dem von ihm Geschaffenen einer Vollendung fähig. Da das Niedere vom Höheren als Wirkung der Ursache abhängt, bedeutet ein Mangel des Bewirkten einen Mangel des verursachenden Höheren. In seiner Beziehung zur Welt kann durch die Vervollkommnung der Geschöpfe die Vollkommenheit und Freude Gottes sich mehren. „Diese relative Vollendung in Gott ist das Ziel seiner Liebe . . .“ (III,43 b). Durch die Einführung des Begriffes der Relation kann Leone am prinzipiellen Unterschied zwischen Gott und seiner Schöpfung festhalten. Die Feststellung, Gottes Liebe sei frei von Begehren und Mangel, ermöglicht es ihm, Gott von der Welt zu scheiden und den im System angelegten pantheistischen Tendenzen zu entgehen.

Die durch die göttliche Liebe bewirkte Welt ist gut und als Werk des Künstlers zugleich schön. Das Übel in der Welt verschwindet durch die euphorische Stimmung, die der Renaissancezeit eignet, indem Leone das Böse als ein letztlich Gutes versteht. Das Weltall bedarf des Guten und des Bösen zu seiner Erhaltung, „und dieses Bedürfnisses wegen ist jedes Böse gut, denn alles, was zum Sein der Welt nötig ist, ist sicherlich gut. Das Böse und die Verderbnis sind so notwendig für das Sein der Welt wie das Gute und die Zeugung, denn das eine bedingt das andere und ist der Weg zu ihm. Wundere dich darum nicht, wenn so das eine wie das andere einen göttlichen Ursprung hat . . ." (II,31 b – 32 a).

Leone wendet sich in seiner Philosophie nicht an ein jüdisches Publikum, sondern an die italienische Bildungsschicht. Jedoch tut er das als Jude, indem er sich deutlich zu seiner jüdischen Tradition bekennt. Für die italienische Renaissance typisch, jedoch im Rahmen jüdischer Philosophie neu ist Leones Hochschätzung der Mythologie des klassischen Altertums. Er deutet die heidnischen Mythen allegorisch und ist überzeugt, daß sie im Kern Ausdruck des der Menschheit innewohnenden Strebens nach Erkenntnis und Annäherung an das Göttliche seien. Unbeschwert und unbelastet von christlicher Dogmatik kann Leone sich an die nichtjüdische Gesellschaft wenden und die Einheit von biblischer Offenbarung und griechischer Kultur behaupten und womöglich den fundamentalen Überzeugungen der Renaissance deutlicheren Ausdruck geben als andere.

Die These der Verbindung von Mensch und Gott durch das Denken vertritt Leone im Einklang mit dem Aristotelismus und der rationalistischen Richtung der jüdischen Philosophie, vor allem mit Maimonides, auf den er sich oft beruft. Die Liebesbeziehung zwischen Gott und Mensch findet in der jüdischen Philosophie vor allem in dem System des Chasdai Crescas Ausdruck, auf den Leone nicht hinweist. Im Gegensatz zu Crescas, für den die göttliche Liebe und die Liebe zu Gott sich so gegenüberstehen, wie Gott und Mensch als jeweils separate Größen sich in einem Ich-Du-Verhältnis zueinander befinden, weitet sich bei Leone der Liebesbegriff zu einem kosmischen Prinzip aus, bei dem die Personalität der Gottheit fast verschwindet, obwohl Leone vor den letzten Konsequenzen seines Systems zurückschreckt. Aber er kommt Spinozas Formel „deus sive natura" doch schon sehr nahe.

Die „Dialoghi d'amore" waren ein außerordentlich erfolgreiches, weit verbreitetes Buch. Nach der 1535 in Rom erschienenen Erstausgabe wurde der italienische Text in wenig mehr als siebzig Jahren noch elfmal publiziert. Es gab im 16. Jahrhundert zwei verschiedene französische Übersetzungen und eine lateinische, ferner drei spanische; von diesen erschien die erste in Venedig und war vermutlich für Juden bestimmt, die aus Spanien vertrieben worden waren, die beiden anderen aber wurden im katholischen Spanien verlegt. Während das Werk auf die zeitgenössische europäische Bildung maßgeblich einwirkte, war der Einfluß auf jüdische Kreise wesentlich geringer. Eine hebräische Übersetzung wurde erst im 17. Jahrhundert verfertigt; weit später, nämlich im 19. Jahrhundert, wurde dieses Manuskript gedruckt. Sofern also Juden nicht die sprachlichen Voraussetzungen besaßen, die Dialoghi in einer der europäischen Sprachen zu lesen, in denen sie vorlagen, konnte das Werk auf sie kaum eine Wirkung ausüben. In jüdischer

Literatur der Folgezeit wird Jehuda Abravanel als bedeutende Persönlichkeit erwähnt, doch in philosophischer Hinsicht blieb er einflußlos. Das spricht allerdings nicht gegen seine Anschauungen, sondern es gab in der darauffolgenden Zeit keine eigentliche Philosophie im Rahmen der jüdischen Gemeinschaft. Leone Ebreo gehört zwar als Renaissancephilosoph einer neuen Zeit an, aber trotzdem sind seine Bindungen an die Philosophie des Mittelalters und deren Problemstellungen stark, so daß der Autor auch als letzter Ausläufer des mittelalterlichen jüdischen Denkens zu sehen ist. Die jüdische Philosophie der Neuzeit legt dagegen einen veränderten und eingeschränkten Begriff dessen, was als jüdische Philosophie zu bezeichnen ist, zugrunde; davon wird noch zu sprechen sein.

Ungleich größer war jedoch die Einwirkung Leones auf die allgemeine europäische Philosophie. Giordano Bruno ist stark von ihm beeinflußt, und Spinoza hat die Weltanschauung der Renaissance vor allem aus den Dialoghi kennengelernt und eine Reihe von Anregungen dort entnommen. Hier sei nur auf die intellektuelle Liebe zu Gott (amor dei intellectualis) verwiesen, einen für Leone wie für Spinoza zentralen Terminus.

# III.
# Die neue Zeit

Für die Juden in den verschiedenen Ländern Europas endet das Mittelalter später als für die nichtjüdische Umwelt. Erst mit dem Aufhören ihres gesellschaftlichen Sonderstatus, der sie als negativ privilegierte Gruppe von der übrigen Gesellschaft geschieden hatte, beginnt für sie die Neuzeit. Rechtlich war diese besondere Stellung der Juden erst in dem Augenblick aufgehoben, in dem ihre Gleichberechtigung innerhalb der bürgerlichen Gesellschaft durch die Verleihung der Bürgerrechte proklamiert wurde. Dieser juristische Akt besiegelte eine längere Entwicklung, denn schon vorher waren die Juden in größerem oder geringerem Maße in das Leben der Wirtsvölker einbezogen; auf der anderen Seite aber führte der staatsrechtlich verbriefte neue Status der Gleichberechtigung nicht notwendig zu wirklicher Gleichstellung mit den übrigen Bürgern. Die gesellschaftliche Praxis brachte es vielmehr mit sich, daß das gesetzlich Zugesicherte kaum jemals uneingeschränkt realisiert wurde.

In der Neuzeit ist jüdische Philosophie nur unter der Bedingung möglich, daß das Jüdische, wie immer es im einzelnen aufgefaßt sein mag, als ein Besonderes im philosophischen Kontext manifest wird: als Problemstellung, die aus der existentiellen Spezifik des Philosophen und seiner Gemeinschaft erwächst, als Betonen historischer und kultureller Traditionen, denen sich der Denker verbunden weiß, die er aufrechtzuerhalten und weiterzuführen strebt, indem er ihren Sinn theoretisch begründet. Unabhängig davon, was jüdische Philosophen der Neuzeit jeweils als das Wesentliche am Judentum hervorheben, beziehen sie stets eine Position der Abgrenzung gegenüber Nichtjuden und vertreten ihren Standpunkt mit apologetischer Zielsetzung: Das Judentum soll nach außen hin gerechtfertigt werden. Nach innen aber, und das ist stets das Hauptanliegen, soll die Existenzberechtigung des Judentums auf Grund seiner theologischen Wahrheit und Überlegenheit erwiesen werden. Um es unter veränderten Bedingungen bewußt zu wahren, muß man es neu definieren und einen neuen Ausgleich mit gewandelten gesellschaftlichen Zuständen versuchen.

Den einer jüdischen Familie entstammenden Philosophen Spinoza (1632–1677) pflegen Darstellungen der Geschichte der neueren Philosophie wegen seiner überragenden Bedeutung ausführlich zu würdigen, aber auch

Werke, deren erklärten Gegenstand die jüdische Philosophie bildet, nennen häufig seinen Namen und behandeln Spinoza als in diesen Rahmen gehörig. Ihn in die Kontinuität der jüdischen Philosophie einzubeziehen ist nicht legitim.

Spinoza ist als Jude aufgewachsen und hat eine auf der jüdischen Tradition basierende Ausbildung erhalten; seine Vorfahren waren aus Portugal nach Amsterdam emigriert, wo sie, von der prekären Existenz als Marranen befreit, sich zum Judentum bekennen durften. Es besteht kein Zweifel, daß jüdische Bibelexegeten, wie Abraham ibn Esra, Spinoza anregten und daß er mit dem jüdischen Aristotelismus, vor allem mit den Lehren des Maimonides, vertraut war. Mit Recht ist darauf hingewiesen worden, das Weltbild des jüdischen Renaissancephilosophen Leone Ebreo (Jehuda Abravanel), bei dem die an Crescas anknüpfende Vorstellung der göttlichen Liebe zum kosmischen Prinzip wird, habe ihn beeindruckt. Neben diesen jüdischen Einflüssen stehen aber andere, die aus der europäischen philosophischen Tradition stammen und die für Spinozas Philosophie von vorrangiger Bedeutung sind.

Die Quellen, aus denen Spinoza schöpfte, sind indessen für die Beantwortung der Frage, ob der Denker in den Kontext jüdischer Philosophie einzuordnen sei, kein Kriterium. Auch Nichtjuden haben an jüdische Philosophie angeknüpft, ohne dadurch zu jüdischen Philosophen zu werden. So wird etwa Dominicus Gundisalvi, der in Toledo im 12. Jahrhundert Werke jüdischer und islamischer Philosophen übersetzte und der in seinen eigenen Abhandlungen dieses Schrifttum im wesentlichen kompilierte, auf Grund dieser Tatsache weder zu einem jüdischen noch zu einem arabischen Philosophen. Nicht das benutzte Material gibt den Ausschlag für eine Einordnung in den Rahmen der jüdischen Philosophie, sondern die denkerische Intention. Gerade das in dieser Hinsicht Entscheidende hat Spinoza aus seinen jüdischen Quellen nicht übernommen: den dort vorhandenen und festzustellenden Versuch, philosophisches Gedankengut – gleich welcher Provenienz – mit jüdischer Religion zu vereinen und sich bewußt in die Kontinuität der Tradition des Judentums zu stellen oder zumindest Jude bleiben zu wollen. Vielmehr hat Spinoza die jüdische Gemeinschaft verlassen, und dazu war er in der Lage, weil die Gesellschaft seines Ortes und seiner Zeit ihm die Möglichkeit eröffnete, in einem Kreis Gleichgesinnter zu existieren und zu philosophieren, ohne einer institutionalisierten religiösen oder ethnischen Gemeinschaft anzugehören. Spinozas Philosophie stellt sich bewußt in die Kontinuität der europäischen Tradition, deren integralen Bestandteil sie bildet und innerhalb deren sie gewirkt hat.

Eine neue Epoche in der jüdischen Philosophie beginnt mit der Emanzipation der Juden, ihrer Einbeziehung in die bürgerliche Gesellschaft. An der

Schwelle dieser Entwicklung steht Moses Mendelssohn, der als Inbegriff und Symbol der Emanzipation angesehen wird, obwohl er selbst die Verleihung bürgerlicher Rechte an Juden nicht mehr erlebt hat. Mendelssohn gehörte zu den Vorkämpfern für die bürgerliche Gleichberechtigung der Juden und repräsentierte vorwegnehmend den Typus des loyalen, sprachlich wie kulturell in die Umwelt weitgehend integrierten Staatsbürgers jüdischen Glaubens; er legte für die Juden die geistige Grundlage dieser ihrer neuen Stellung innerhalb der Gesellschaft.

Moses Mendelssohn wurde 1729 in Dessau als Kind wenig begüterter Eltern geboren. Im Alter von 14 Jahren verließ er seine Heimatstadt und wanderte nach Berlin, um dort seine Studien bei seinem einstigen Dessauer Lehrer, der inzwischen in Berlin Rabbiner geworden war, fortzusetzen. Neben der traditionellen talmudischen Ausbildung beschäftigte sich der wißbegierige Jüngling auch mit Latein und Mathematik, und vor allem vervollkommnete er sich in der Kenntnis der deutschen Sprache, die er perfekt beherrschen lernte. Seine Studien führte er unter größten materiellen Entbehrungen durch. Es gelang ihm, eine Stellung als Hauslehrer bei einem jüdischen Fabrikanten zu erhalten, in dessen Manufaktur er dann Buchhalter, später Teilhaber wurde. Bis zu seinem Tode im Jahre 1786 war Mendelssohn genötigt, den kaufmännischen Beruf auszuüben, doch neben dieser ihn zeitlich stark in Anspruch nehmenden Tätigkeit wurde er ein überlokal berühmter Gelehrter, nicht nur in den jüdischen Wissenschaften, sondern vor allem auch als deutscher Philosoph, der dem Geist der Epoche in gemeinverständlicher Weise Ausdruck verlieh.

Im Jahre 1754 kam Mendelssohn in freundschaftlichen Kontakt mit Lessing und wurde als voll akzeptiertes Mitglied in den Kreis der Berliner Aufklärer einbezogen. Lessing, der führende Kopf dieser Gruppe, hat im Titelhelden seines Schauspiels „Nathan der Weise“ auch Mendelssohn ein Denkmal gesetzt, wiewohl die Figur des Nathan im wesentlichen ein Selbstporträt Lessings ist und dessen Anschauungen repräsentiert.

Obgleich Mendelssohn als Aufklärer weniger radikal und konsequent als Lessing war, verfocht er doch dieselbe Sache, die durch die Stichworte Vernunftreligion und Toleranz gekennzeichnet werden kann. Seine philosophischen Werke, die alle in deutscher Sprache verfaßt sind, gehören in den Rahmen der zeitgenössischen deutschen Philosophie. Es ist das aufgeklärte deutsche Bürgertum, an das sich Mendelssohn in seinem „Phädon oder über die Unsterblichkeit der Seele“ (1767) und seinen „Morgenstunden oder Vorlesungen über das Dasein Gottes“ (1785) wendet; der in diesen Werken vertretene Vernunftglaube ist nichts spezifisch Jüdisches, wenngleich er sich unschwer mit jüdischen Vorstellungen vereinen läßt. Unter diesen Umständen konnte Mendelssohn auch an die Traditionen der ihm wohlbekannten mittelalterlichen jüdischen Philosophie, vor allem an die Lehren des Maimonides, anknüpfen und dabei ganz im Rahmen der Aufklärungsphilosophie seiner Epoche bleiben.

Naivem Wunderglauben abhold, hat Mendelssohn stets an der Existenz eines personalen Gottes, der Unsterblichkeit der Seele und der Vorstellung von einem gerechten Ausgleich im Jenseits festgehalten. Mendelssohns Ruhm als eines der führenden deutschen Philosophen seiner Zeit wurde durch die Tatsache untermauert, daß die Berliner Akademie seine Preisschrift „Abhandlung über die Evidenz in metaphysischen Wissenschaften" im Jahre 1763 krönte und damit Mendelssohn gegenüber seinem Mitbewerber Kant den Vorrang einräumte. Die Preisverleihung an einen Juden stellte unter den damaligen Verhältnissen in Preußen eine Sensation dar.

Daß Mendelssohns geistige Heimat die vorkantische, nämlich Leibniz-Wolffsche Philosophie ist, hat sein Dasein als Jude nicht beeinflußt: Mit aller Selbstverständlichkeit lebte er getreu der jüdischen Tradition. Die Frage, wie beide Welten zur Synthese zu bringen seien, hätte er von sich aus nicht gestellt, wenn äußerer Zwang ihm dies nicht abgenötigt hätte. Mendelssohn war keine Kämpfernatur. Übereinstimmend rühmen seine Freunde ihm Sanftmut, Milde, Geduld und Toleranz nach. Daß er sowohl von jüdischer als auch von christlicher Seite angefeindet wurde, erzwang von ihm Positionsbestimmung und Stellungnahme.

Während er sich mit seinen philosophischen Schriften nicht an Juden wandte, da sie fast alle gar nicht in der Lage gewesen wären, diese Texte zu lesen, weil die Sprache und vor allem die Schriftzeichen ihnen fremd waren, suchte er auf die eigene Gemeinschaft, in der er als rabbinische Autorität galt, erzieherisch zu wirken: Es war sein Ziel, den in Deutschland ansässigen Juden deutsche Kultur und Sprache nahezubringen. Er übersetzte darum den Pentateuch ins Deutsche und veröffentlichte das Werk in hebräischen Lettern, so daß ein für Juden lesbarer deutscher Text vorlag. In den Augen der Orthodoxie war das ein Affront gegen die heilige Sprache: Mendelssohns Pentateuchübersetzung wurde mit dem Bann belegt.

Von christlicher Seite wurde er vornehmlich durch den Züricher evangelischen Geistlichen Johann Kaspar Lavater bedrängt. Dieser unternahm einen ebenso linkischen wie aufdringlichen Bekehrungsversuch, der durchaus mißlang: Mendelssohn stand zu seinem Judentum und mußte für sein Beharren argumentieren. Diese Kontroverse, aber auch die massiven Kritiken aus den Kreisen der jüdischen Orthodoxie zwangen ihn dazu, Farbe zu bekennen, d. h. darzulegen, wie seine Philosophie und seine unverbrüchliche Treue zum Judentum sich reimen. Er konnte hinfort nicht mehr gleichzeitig als deutscher Aufklärer wirken und als gesetzestreuer Jude leben, ohne die Vereinbarkeit theoretisch zu begründen.

So entstand sein Werk „Jerusalem oder über religiöse Macht und Judentum" (1783), und hier äußert Mendelssohn Gedanken, die im Kontext der Geschichte der jüdischen Philosophie berücksichtigt werden können, denn es geht in diesem Zusammenhang nicht um die Vereinbarkeit von Religion im allgemeinen mit Philosophie, sondern um die Spezifik der jüdischen Religion und ihre Berechtigung in einer sich als christlich verstehenden Zivilisation.

Mendelssohn geht davon aus, daß die Offenbarung am Sinai, auf die Judentum sich gründet, wesentlich Offenbarung von Gesetzen ist, die die Lebensführung bestimmen sollen. Die ebenfalls geoffenbarten ewigen Wahrheiten sind dadurch verbindlich, daß sie ohnehin als vernünftig erkannt und akzeptiert sind. Sie sind nicht spezifisch jüdisch, sondern allgemein menschlich und leuchten der Vernunft ein. „Ich erkenne", sagt Mendelssohn, „keine andere ewige Wahrheiten, als die der menschlichen Vernunft nicht nur begreiflich, sondern durch menschliche Kräfte dargethan und bewährt werden können" (Jerusalem, Berlin 1783, 2. Abschnitt S. 30 f.). Den Israeliten seien – unbestreitbar, da sicher bezeugt – auf wunderbare Weise durch Moses Gesetze, Gebote und Lebensregeln offenbart worden, jedoch keine Lehrmeinungen, Heilswahrheiten und allgemeine Vernunftsätze: „Diese offenbaret der Ewige uns, wie allen übrigen Menschen, allezeit durch Natur und Sache, nie durch Wort und Schriftzeichen" (2. Abschnitt S. 31). Die am Sinai dem jüdischen Volk verbindlich gemachten Gesetze der Lebensführung faßt Mendelssohn als „Zeremonialgesetz" zusammen. Das ist für ihn ein zentraler Begriff. Dieses Zeremonialgesetz zu erfüllen ist und bleibt den Juden aufgegeben. Auf diese Weise werden für Mendelssohn Philosophie unter Einschluß des Glaubens, der notwendigerweise auf Vernunft gegründet ist, und Judentum zu zwei völlig voneinander geschiedenen Lebensbereichen. Diese philosophische Begründung des Wesens des Judentums als praktische Lebensform stellt die jüdische Religion in den ausschließlichen Bereich der Praxis ihrer Anhänger und entzieht sie der philosophischen Spekulation. Und doch nimmt Mendelssohn diese strikte Trennung von Vernunftreligion als allgemeinmenschlicher *Theorie* und Befolgung des Zeremonialgesetzes als spezifisch jüdischer *Praxis* zurück, weil er sich selbst den Einwand machen muß, daß Vernunftreligion, wie die Realität der Geschichte zeigt, in Wahrheit nicht Allgemeingut *ist*, sondern vielmehr *sein sollte*. Mit aller Deutlichkeit sagt er das im Blick auf heidnische Vorstellungen und mit gebührender Vorsicht bezüglich des Christentums: Er verwahrt sich energisch gegen die Unterstellung, er weiche durch die aufklärerische Position, für die nur wahr ist, was die Vernunft bestätigt, von der Religion seiner Väter ab. „Ich halte dieses ... für einen wesentlichen Punkt der jüdischen Religion, und glaube, daß diese Lehre einen charakteristischen

Unterschied zwischen ihr und der christlichen Religion ausmache. ... ich glaube, das Judentum wisse von keiner geoffenbarten Religion, in dem Verstande, in welchem dieses von den Christen genommen wird" (2. Abschnitt S. 31).

Da Judentum und Vernunftreligion miteinander nicht in Konflikt geraten, ist es für Mendelssohn möglich, gleichermaßen deutscher Aufklärer und entsprechend dem Zeremonialgesetz lebender Jude zu sein. Zwar dient das Zeremonialgesetz der Lebenspraxis, aber seine Funktion erschöpft sich darin nicht, wie die pointierte Gegenüberstellung von Theorie und Praxis vermuten lassen könnte. Vielmehr ist das Zeremonialgesetz zugleich ein Vehikel, „den forschenden Verstand auf göttliche Wahrheiten" zu leiten. „Das Zeremonialgesetz war das Band, welches Handlung mit Betrachtung, Leben mit Lehre verbinden sollte" (2. Abschnitt S. 116). So gelangt Mendelssohn gegen Ende seiner Darlegungen in „Jerusalem" zu einer Zurücknahme seiner radikalen Position und seines vernunftgläubigen Optimismus, der dem bisherigen Verlauf der Weltgeschichte wenig entsprach.

Kant formulierte sein Urteil über „Jerusalem" in einem Brief an Mendelssohn vom 16. August 1783 folgendermaßen: „Ich halte dieses Buch vor die Verkündigung einer großen ... Reform, die nicht allein Ihre Nation, sondern auch andere treffen wird. Sie haben Ihre Religion mit einem solchen Grade von Gewissensfreyheit zu vereinigen gewußt, ... dergleichen sich keine andere rühmen kann. Sie haben zugleich die Nothwendigkeit einer unbeschränkten Gewissensfreyheit zu jeder Religion so gründlich ... vorgetragen, daß auch endlich die Kirche unserer Seits darauf wird denken müssen, wie sie alles, was das Gewissen belästigen und drücken kan, von der ihrigen absondere ..." (Kant, Gesammelte Schriften, herausgegeben von der Kgl. Preußischen Akademie der Wissenschaften, Berlin 1910 ff., Bd. 10, S. 347).

Mendelssohn ist eine vielseitige Persönlichkeit gewesen: Er war Philosoph, rabbinischer Gelehrter, Volkserzieher, Sprecher der Juden in öffentlichen Angelegenheiten. Wie er den Gang der jüdischen Geschichte beeinflußte, kann hier nur angedeutet werden: Als Philosoph ist er im Rahmen einer Geschichte der jüdischen Philosophie insofern von Bedeutung, als er in seinem „Jerusalem" eine Begründung des Wesens des Judentums gegeben hat, die darin besteht, das Judentum als Praxis von der Vernunfterkenntnis abzugrenzen. Diese extreme Position, die das Judentum philosophisch als nichtphilosophischen Gegenstand faßte, konnte nur in der Hinsicht für spätere jüdische Philosophie bedeutsam werden, daß dieser nicht weiter ausbaufähige Standpunkt durch andere Konzeptionen in kritischer Auseinandersetzung bestritten wurde. Doch die der Mendelssohnschen Lehre zugrunde liegende These, das Bekenntnis zum Judentum stehe der vollen

Integration in die Öffentlichkeit der bürgerlichen Gesellschaft nicht im Wege, da sich der jüdische Bereich auf die Privatsphäre des Individuums beschränke, teilen diejenigen mit Mendelssohn, die das Wesen des Judentums anders als er zu bestimmen suchen. Seiner Inhaltsbestimmung des Judentums ist die sogenannte jüdische Neuorthodoxie in Mitteleuropa gefolgt. Diese konservative Richtung, die bereits das Ergebnis tiefgehender Reformen ist, suchte im Gegensatz zur Altorthodoxie, die den Philosophen angefeindet hatte, europäische, vor allem deutsche Kultur und Sprache, wissenschaftliche und literarische Bildung mit gesetzestreuer Lebensweise zu verbinden.

Von Mendelssohn ging aber auch die Aufklärungsbewegung der Juden aus, der vor allem in Osteuropa im 19. Jahrhundert große Bedeutung zukommt, weil die Aufklärer Vorschläge für eine umfassende Erneuerung unterbreiteten: Sie forderten Änderung der Berufsschichtung und Lebensweise, des Bildungsganges, der Kultur und Gesittung der jüdischen Bevölkerung. Innerhalb dieser jüdischen Aufklärungsbewegung in Osteuropa ist als hervorragender Vertreter der Wissenschaft des Judentums vor allem Nachman Krochmal (1785–1840) zu nennen, der auch unter philosophischem Aspekt von Bedeutung ist. Zwar stellte er kein geschlossenes philosophisches System auf, entwarf aber in seinem hebräisch geschriebenen „Führer der Unschlüssigen der Zeit" eine Geschichtsphilosophie, die den historischen Prozeß als Kreislauf auffaßt; allein die Juden überdauern auf Grund des Schutzes durch Gott, den absoluten Geist, jeweils das Stadium des Verfalls.

Schließlich bewirkte Mendelssohn auch, was nicht in seiner Absicht gelegen hatte: Emanzipation bis zur Selbstaufgabe. Daß die meisten seiner Kinder sich taufen ließen, hätte ihn, wenn er es erlebt hätte, mit Entsetzen erfüllt.

„Jerusalem" erschien 1783 und bot die erste theoretische Begründung für die Möglichkeit eines gleichberechtigten Zusammenlebens von Juden und Christen. In Deutschland währte diese „Symbiose" 150 Jahre, und wenn wir vom Standpunkt der unmittelbaren Gegenwart urteilen, haben sich Mendelssohns Überzeugungen nicht bewährt, seine Hoffnungen nicht verwirklicht. Doch kann dadurch ihr Wert nicht beeinträchtigt werden; für ihre Zeit erbrachten sie positive Wirkungen, die immerhin eine entscheidende und fruchtbare Periode jüdischer Existenz bestimmt und geformt haben.

Die Aufklärungsepoche, die es Mendelssohn ermöglichte, als Philosoph in der Tradition der europäischen Geistesgeschichte zu stehen und sein Judentum als individuelle Variante neben seiner Philosophie aufrechtzuerhalten, bot auch anderen Juden die Freiheit philosophischer Spekulation. Das gilt zum Beispiel für Salomon Maimon (1754–1800), der aus dem litauischen Ghetto in das Berlin der Aufklärung gekommen und hier mit Moses

Mendelssohn in Verbindung getreten war. Den Namen Maimon hatte er aus Begeisterung für Maimonides angenommen, durch dessen Werk er die Philosophie für sich entdeckt hatte. Als er noch in Osteuropa lebte, hatte er einen Kommentar zum „Führer" des Maimonides geschrieben, der allerdings erst 1791 in Berlin veröffentlicht wurde. Abgesehen von dieser Arbeit gehört jedoch Maimon völlig in den Kontext der Geschichte des deutschen Idealismus. Er war Kantianer, und sein Einfluß auf die weitere Entwicklung des deutschen Idealismus ist unbestritten. Salomon Maimon entfremdete sich – im Unterschied zu Mendelssohn – dem Judentum völlig und ist nur darum nicht zum Christentum übergetreten, weil die Kirche den im Prinzip ungläubigen Denker nicht aufzunehmen bereit war. Maimon ist als philosophierender Jude, nicht aber als jüdischer Philosoph zu erachten; nur sein Maimonideskommentar gehört in den Rahmen der jüdischen Philosophie.

Maimon hat sich mit Kants Philosophie produktiv auseinandergesetzt; soziologisch relevant ist es, daß unter den Juden in Deutschland die Zahl der Kantverehrer, die selbst nicht als Philosophen hervorgetreten sind, auffällig groß war. Schleiermacher konstatiert 1799, „man könne kaum drei oder vier besonders jüngere gebildete jüdische Hausväter finden, unter denen nicht jedesmal wenigstens ein Kantianer wäre" (Sämtl. Werke, I. Abt., Bd. 5, Berlin 1846, S. 22). Bis ins 20. Jahrhundert hegte das jüdisch-liberale Bürgertum in Deutschland eine ausgeprägte Vorliebe für die Lehren Immanuel Kants. Man kann wohl sagen: Die Geltung als „der Philosoph", die Aristoteles im Mittelalter zuerkannt wurde, hatte Kant für das deutsch-jüdische Publikum, weil er als Symbol und Inbegriff derjenigen Geisteshaltung empfunden wurde, die man als theoretische Grundlage für den Beginn des vermeintlichen goldenen Zeitalters, der Judenemanzipation, betrachtete.

Wie im Mittelalter das Judentum in Spanien sein hervorragendes Zentrum hat, so sind es im 19. Jahrhundert die Juden in Deutschland, die die führende Rolle in der Entwicklung des jüdischen Denkens spielen. Nicht nur entfaltet sich hier die „Wissenschaft des Judentums" als eine Disziplin, die die jüdische Tradition mit den Methoden moderner europäischer Wissenschaft aufzuarbeiten bestrebt ist, sondern es werden auch Versuche unternommen, die jüdische Religion zu reformieren, um die Bekenner des Judentums in die moderne Gesellschaft zu integrieren.

Die Teilnahme der Juden am europäischen Geistesleben führte weitgehend dazu, daß die Bildung der Juden aufhörte, eine spezifisch jüdische zu sein, und daß an die Stelle der geistigen Traditionen des Judentums diejenigen der Umwelt traten. Anders als im Mittelalter wurden nicht mehr die Einflüsse der Umwelt an das Eigene assimiliert, sondern die Juden paßten sich in die Umwelt ein, schon weil die traditionelle Ausbildung zurücktrat und durch eine moderne, derjenigen der Umwelt parallellaufende oder mit ihr identische ersetzt wurde. Durch den Rückgang der Kenntnis der eigenen Sprache, des Hebräischen, wurde zudem der Zugang zu den Quellen eigener Tradition erschwert. Wo diese in vollem Umfang bewahrt werden sollte, setzte diese bewußte und vom Willen des Individuums abhängige Entscheidung die Mühsal einer doppelten Ausbildung und Bildung voraus. Das war, wie gesagt, in Deutschland der Weg des gesetzestreuen Judentums, das eine europäische Bildung mit der strikten Einhaltung und Konservierung jüdischer Lebensformen verbinden wollte und in dieser Hinsicht Mendelssohns Erbe antrat.

Allerdings war es innerhalb des deutschen Judentums eine Minderheit, die sich für diese Form des Zusammenlebens mit der nichtjüdischen Umwelt entschied. Die Mehrzahl verstand die Emanzipation in anderer Weise. Während die Orthodoxie, die von der deutschen Aufklärung vertretene und von der Französischen Revolution der Verwirklichung entgegengeführte These von der Gleichheit der Menschen in einem Sinne interpretierte, daß diese Gleichheit und die daraus herzuleitende Gleichberechtigung aller auf der Gleichwertigkeit der Individuen beruhe, verstand man später, als die Juden zu Staatsbürgern wurden und man ihnen damit de jure die bürgerlichen Rechte zuerkannte, vor allem aber die entsprechenden Pflichten auferlegte, unter Gleichheit eher die Gleichartigkeit, die auf dem Wege der Angleichung herzustellen, die Mehrzahl der Juden folglich bemüht war. Die Gleichheit der Bürger im Sinne ihrer Gleichartigkeit im persönlichen Verhalten entsprach durchaus den sich entfaltenden kapitalistischen Verhältnissen, machte das Individuum zu einer kalkulierbaren Größe. Das Judentum mußte infolgedessen, sollte es bei diesem Angleichungsprozeß als eigener Wert erhalten bleiben, verinnerlicht werden. Der Unterschied zwischen Juden und anderen durfte nicht in den Lebensformen, sondern höchstens im Bereich geistiger Orientierung seinen Ausdruck finden. So stellt sich für die Mehrheit der jüdischen Bevölkerung – vor allem in Deutschland – das Problem der Bestimmung der religiösen Inhalte des Judentums, die bei aller Angleichung aufrechterhalten werden sollten. Jüdische Philosophie wird infolgedessen vornehmlich für das liberale, Reformen zugeneigte Judentum von vitalem Interesse, während die Orthodoxie ihre spezifische Lebensweise nicht in Frage gestellt sah und daher einer Fixierung des Wesens des Judentums nicht bedurfte.

Nachdem im 19. Jahrhundert Religion in steigendem Maße zur Privatsache wurde, konnte jüdische Philosophie nur mehr als Religionsphilosophie zu sich selbst kommen. Zweck dieser Religionsphilosophie ist eine theoretische Rechtfertigung des Judentums mit dem Ziel, jüdische Identität unter der Voraussetzung zu bewahren, daß die Besonderheit jüdischen Lebens, die Befolgung des Gesetzes immer weiter zurückgeht.

Warum und auf welche Weise bleibt man Jude, wenn man sich von der Umwelt kaum mehr unterscheidet? Die Antwort auf diese Frage bildet das ideologische Fundament der jüdischen Reformbewegung. Der hier zuerst Stellung bezog, war Salomon Formstecher (1808–1889), der nach dem Abschluß seines Studiums zeitlebens in seiner Heimatstadt Offenbach als Rabbiner wirkte. In seinem 1841 erschienenen Hauptwerk „Die Religion des Geistes" bemüht er sich, jüdische Religion im Licht der Philosophie Schellings zu deuten: Der Versuch, von den unserer Wahrnehmung gegebenen Erscheinungen der Natur zu ihrem Wesen vorzudringen, führe zu der Erkenntnis der göttlichen Weltseele, deren Manifestation die Hierarchie der Naturkräfte sei. Geist sei das Selbstbewußtsein der irdischen Natur; während aber Natur dem Determinismus gehorche, verwirkliche der Geist seine Ziele in Freiheit. Mit Hilfe des Geistes werde die Erscheinung Gottes erkannt, nicht aber sein Wesen; der Versuch der Wesenserkenntnis müßte dazu führen, die Anthropomorphismen des Gottesbildes nicht mehr als Gleichnisse, sondern als Seinstatsachen zu nehmen. Die Schöpferkraft Gottes manifestiere sich durch die Natur und durch den Geist, und von dieser These her kommt Formstecher zu seinem eigentlichen Anliegen: Religion der Natur sei historisch betrachtet das Heidentum, Religion des Geistes das Judentum, während das Christentum und der Islam eine mittlere Position zwischen Judentum und Heidentum einnähmen, in ständiger dialektischer Spannung und Auseinandersetzung mit beiden Gegenpolen. Nur durch die Religion des Geistes könne der Mensch sich über die Natur erheben, Gott als geistig und sich selbst als frei, nicht als kosmisch determiniert begreifen. Judentum sei daher ebenso notwendig ethische Religion wie Heidentum metaphysische. Formstechers Religionsgeschichte folgt im einzelnen Mustern des deutschen Idealismus. Judentum und (protestantisches) Christentum verfolgen dasselbe Ziel, das Judentum habe jedoch die Mission, sich selbst zu erhalten, bis es einst dem Christentum gelinge, die heidnischen Elemente zu überwinden und zur Religion des Geistes zu werden, im Sinne des von den Propheten für die Zukunft verkündeten religiösen Universalismus. Der Beitrag des Judentums für die gemeinsame Zukunft sei das allmähliche Aufgeben seiner besonderen Lebensform.

Fast gleichzeitig mit Formstechers Deutung des Wesens des Judentums in Anknüpfung an Schelling erschien ein anderes Buch, dessen Autor sich die gleiche Aufgabe stellte: Im Jahre 1842 veröffentlichte Samuel Hirsch seine „Religionsphilosophie der Juden", die den ersten Band eines Werkes „Das System der religiösen Anschauung der Juden und sein Verhältnis zum Heidentum, Christentum und zur absoluten Philosophie" bilden sollte, von dem jedoch weiter nichts erschienen ist. Hirsch (1815–1889) war Rabbiner und Anhänger einer radikalen Reform des jüdischen Kultus. Zunächst in

Deutschland tätig, siedelte er 1866 in die Vereinigten Staaten von Amerika über, wo er zu den führenden jüdischen Reformtheologen zählte.

Im Unterschied zu Formstecher geht Hirsch in seiner Grundlegung des Judentums von der Philosophie Hegels aus und will erweisen, daß das Judentum die Wahrheit des absoluten Geistes darstellt. Hirsch übernimmt von Hegel die dialektische Methode, aber inhaltlich muß er von ihm abweichen, denn die historische Stellung, die dem Judentum im Hegelschen System zugesprochen wird, nämlich als unterste Stufe derjenigen Religionen, in denen Gott als Subjekt angeschaut wird, und darum als inferior nicht nur gegenüber der absoluten Religion, dem Christentum, sondern auch im Verhältnis zur griechischen und römischen, kann Hirsch nicht akzeptieren. Zwar stimmt er Hegels historischem Entwicklungsschema insofern zu, als er wie dieser die enge Verbindung des Christentums mit der römischen Religion betont und es mehr aus ihr als aus dem Judentum herleiten will, aber gerade das ist für Hirsch Grund genug, die Mangelhaftigkeit des christlichen Monotheismus zu behaupten und die spezifisch christliche Form der Religion abzuwerten, die für ihn mit Paulus beginnt, während er Jesus als ganz dem Judentum zugehörig erachtet.

Die Aufgabe, die sich Hirsch stellt, besteht – im Unterschied zu Hegel, für den die Religion die Wahrheit des absoluten Geistes nur in der Form der Vorstellung enthält, ohne sie begrifflich erfassen zu können – darin, daß er die volle Identität von religiöser und philosophischer Wahrheit zeigen will. So wird für Hirsch die Religionsphilosophie als auf den Begriff gebrachter Inhalt der Heiligen Schrift zur Philosophie des Geistes schlechthin.

Der zentrale Punkt von Hirschs Gedankengebäude ist der Begriff der menschlichen Freiheit, die für ihn das Wesen des sittlichen Bewußtseins bedeutet. Konkrete Freiheit stellt die Unterordnung der Natürlichkeit des Menschen unter seine Freiheit dar, die als unendliche Aufgabe, die Sinnlichkeit der Vernunft zu unterwerfen, gedeutet wird. Nur das Judentum ist eine Religion, in der göttlicher und menschlicher Wille eins sind; nur die jüdische Religion ist aktive Religiosität, moralische Freiheit, während das Heidentum, in dem die Freiheit der Naturnotwendigkeit untergeordnet und damit geopfert wird, wertlos ist. Das Christentum wird erst dann die Mission, die Jesus begonnen hat, die jüdische Religion in der heidnischen Welt durchzusetzen, zum Erfolg führen können, wenn es den Irrweg des Paulus, sich dem Heidentum anzupassen, verläßt; dann wird es mit dem Judentum wesensgleich werden.

Um eine theoretische Begründung des Judentums unter den Bedingungen der Privatisierung der Religion bemühte sich auch Salomon Ludwig Steinheim. Als Sohn einer wohlhabenden, in Westfalen ansässigen Familie 1789 geboren, studierte er Medizin, wirkte dreieinhalb Jahrzehnte als Arzt in Altona, lebte dann in Italien und starb 1866 auf der Durchreise in Zürich.

Dem Problem, ob er seine Angleichung an die Umwelt durch den Übertritt zum Christentum vollenden sollte, ging Steinheim auf den Grund: Er setzte sich mit dem Gehalt beider Religionen auseinander und bekannte sich im Ergebnis mit stolzer Bewußtheit zum Judentum, das er als höchste Wahrheit erkannte.

Diese Auseinandersetzung hat in seinem vierbändigen, 1835 bis 1865 erschienenen Hauptwerk „Die Offenbarung nach dem Lehrbegriff der Synagoge“ ihren Niederschlag gefunden. Ausgehend von der grundsätzlichen Unterscheidung zwischen Natur- und Offenbarungsreligion, ist für ihn, wie auch für Formstecher und Hirsch, allein das Judentum reine Offenbarungsreligion, das Christentum hingegen eine Mischung aus beiden entgegengesetzten Typen.

Schroff wendet sich Steinheim gegen den Rationalismus der jüdischen Denker des Mittelalters und den von Formstecher und Hirsch, ohne jedoch – wie die polemische Schärfe erwarten lassen könnte – in bezug auf den Grundgehalt des Judentums zu anderen Ergebnissen zu gelangen als seine Zeitgenossen.

Seine Argumentation entlehnt er im einzelnen wesentlich der Philosophie Kants, mit der er sich kritisch auseinandersetzt. Steinheim ist nicht a priori ein Kantianer, der versucht, das Judentum in das Kantische Weltbild einzufügen, sondern das Suchen nach geeigneten Mitteln der philosophischen Begründung des Judentums führt ihn zur Theorie Kants als der für seine Zwecke brauchbarsten Lehre.

Steinheims antirationalistischer, jedoch keineswegs irrationalistischer Grundgedanke besteht in der Betonung des prinzipiell übervernünftigen Charakters der Offenbarung, die durch ihren Inhalt, nicht durch menschliche Zeugnisse, als göttlichen Ursprungs und somit als höchste Weisheit erwiesen ist. Die vom Autor nicht grundsätzlich abgewertete Vernunft bestätigt die göttliche Herkunft des Geoffenbarten, weil mit ihrer Hilfe erkannt wird, daß sein Inhalt über das hinausgeht, was menschliche Ratio hätte erdenken können. Darum gibt sich die Vernunft der Glaubenswahrheit „gefangen“, wie Steinheim sagt, denn es leuchtet ein, daß diese menschlichem Bedürfnis besser gerecht wird, als Vernunftweisheit es jemals könnte. Vernunft und Offenbarung stehen im Widerspruch zueinander, genau so wie Vernunft und Erfahrung, da die durch unsere Erfahrung begriffenen Tatsachen nicht den Vernunftkonstruktionen entsprechen. Es ist die Leistung der kritischen Vernunft, dieser Widersprüche innezuwerden und Offenbarung und Erfahrung den Vorzug vor rationalen Konstruktionen zu geben.

Diese Dialektik der Vernunft bringt es gemäß der antirationalistischen und dabei von Mystik weit entfernten Ausgangsposition des Autors mit sich, daß die Wahrheit des Judentums uns als exaktes Wissen gegeben ist: Der zweite Band seines Werkes, der mehr als zwanzig Jahre nach dem ersten erschien, trägt den Titel „Die Glaubenslehre der Synagoge als exakte Wissenschaft".

So ist es für Steinheim ein wissenschaftlich erwiesenes Faktum, daß Vernunft sich auf das Notwendige richtet. Naturreligion und philosophische Religion sehen die Welt als ein System von notwendigen Ursachen und Folgen. Doch auf Grund der Offenbarung, die über die Vernunft und ihre Zwänge hinausgeht, wissen wir, daß Gottes Wirksamkeit, seine Schöpfertätigkeit, Ausdruck der Freiheit ist, der die Freiheit des Menschen korrespondiert. Den zentralen Begriff der Freiheit wie auch andere Grundbegriffe seiner Philosophie interpretiert der Denker im Lichte der Lehren Kants.

Während Steinheim bei seinem Versuch, das Judentum philosophisch zu begründen, auf das System Kants zurückgriff, ging später Hermann Cohen den umgekehrten Weg: Er integrierte, und zwar erst in seiner letzten Lebenszeit, den Gehalt des Judentums in sein kantianisches Weltbild. Hermann Cohen (1842–1918) begann seine Studien am Breslauer jüdisch-theologischen Seminar, verließ dieses aber bald, um sich der säkularen Philosophie zu widmen. Nach Abschluß seiner akademischen Ausbildung (Breslau, Berlin, Halle) habilitierte er sich 1873 an der Universität Marburg, die ihn drei Jahre später zum ordentlichen Professor berief. Diese Tatsache ist darum erwähnenswert, da die preußischen Behörden bei der Berufung von Juden äußerst zurückhaltend waren.

Als säkularer Philosoph hat Cohen seinen Platz in der Geschichte des deutschen Idealismus und ist aus dieser nicht wegzudenken. Er gilt als Begründer der sogenannten Marburger Schule des Neukantianismus, d. h. derjenigen von der Kritik an Kant ausgehenden und seine Philosophie interpretierenden sowie auf eigenständige Weise weiterentwickelnden Richtung, die als logizistisch zu kennzeichnen ist.

Den Neukantianismus zu charakterisieren und zu bewerten ist hier nicht der Ort. Cohens Lehrgebäude gehört nicht in die Geschichte der jüdischen, sondern ausschließlich in die der deutschen idealistischen Philosophie. Die Stellung, die Cohen der Religion – nicht speziell dem Judentum, sondern der Religion überhaupt – in seinem System anweist, besteht in ihrer Unterordnung unter die Ethik, der sie als eine historische Voraussetzung dient.

Cohen war seinem Selbstverständnis nach ein deutscher Staatsbürger jüdischen Glaubens; er vertrat die These, die deutschen Juden seien Teil der deutschen Nation, ohne daß das Festhalten an der überkommenen Religion der vollen Zugehörigkeit zum Deutschtum hinderlich sei. Der Druck der Verhältnisse zwang allerdings den Denker, sich mit der Problematik der Situation der Juden in Deutschland auseinanderzusetzen. So reagierte er 1880 mit seiner Schrift „Ein Bekenntnis in der Judenfrage" auf Treitschkes antisemitische Auslassungen; in „Die Nächstenliebe im Talmud" (1888) trat er Anwürfen entgegen, die die Moral der Juden in Zweifel zogen, und begründete, daß die partikularistische Konzeption von Israel als dem erwählten Volk und die universalistische These der messianischen Erlösung widerspruchsfrei vereinbar seien.

Nach seiner Emeritierung im Jahre 1912 übersiedelte Cohen nach Berlin und war von 1915 bis zu seinem Tode an der Lehranstalt für die Wissenschaft des Judentums tätig. Seine Berliner Zeit stellt eine neue Epoche seiner Wirksamkeit dar durch die Zuwendung zu einer unter jüdischem Aspekt relevanten philosophischen Problematik. Zwar hat Cohen sein neukantianisches System, das er in Marburg aufgestellt hatte, nie offiziell aufgegeben, aber sein 1915 erschienenes Werk „Der Begriff der Religion im System der Philosophie" mißt der Religion größere Bedeutung bei und billigt ihr einen selbständigen Wert im Rahmen der Philosophie zu. Während es der Ethik nur um den abstrakten Menschen zu tun sei, ihr Sollenscharakter für den Menschen als denkendes Wesen Ziele setze, bleibe die Problematik des Individuums, jedes konkreten einzelnen außerhalb ihrer Sphäre, und hier habe die Religion durch die Einführung der Kategorien Sünde, Reue und Erlösung ihre spezifische legitime Aufgabe.

Diese Aufwertung der Religion kündigt seine geistige Heimkehr ins Judentum, von dem er sich nie losgesagt hatte, bereits an. Er selbst datiert die bewußte Rückwendung in das Jahr 1880, also in die Zeit, in der er sein „Bekenntnis" gegen Treitschke verfaßte, das durchblicken läßt, daß sein Vertrauen in die „Nation Kants" gebrochen und die alte Beklommenheit wieder erweckt sei.

Unter dem Gesichtswinkel der jüdischen Philosophie ist „Die Religion der Vernunft aus den Quellen des Judentums" als Cohens Hauptwerk zu betrachten. Während „Der Begriff der Religion im System der Philosophie" sich an die philosophisch interessierte deutsche Öffentlichkeit wendet, ist die „Religion der Vernunft" für den eigenen, jüdischen Kreis bestimmt. Dieses Werk entstand in den letzten Lebensjahren des Denkers und wurde erst nach seinem Tode publiziert (1919). Wahrt auch Cohen seinem ursprünglichen radikal rationalistischen Systemansatz – Reduktion der gesamten Wirklichkeit auf logische Relationen – insofern die Treue, als er, alle Mythen und jede Form der Mystik ablehnend, die Religion extrem ethizistisch auffaßt, so hat sich doch seine Einstellung zu ihr entscheidend gewandelt. Das zeigt sich am Gottesbegriff: Für den Marburger Ordinarius war die Gottesvorstellung ein hypothetischer Gedankeninhalt, ein sittliches Ideal, für den geistig ins Judentum Heimgekehrten ist Gott der Urgrund alles Seins. Gott ist der ewig Seiende und steht damit prinzipiell der Immanenz gegenüber, in der es kein Sein, sondern nur Werden gibt. Die Betonung der grundsätzlichen Verschiedenheit von Gott und Welt entspricht völlig der biblischen Lehre und ermöglicht Cohen den Anschluß an die jüdische Philosophie des Mittelalters. Er beruft sich nachdrücklich auf Maimonides und dessen Lehre von der Attributenlosigkeit Gottes. Von Gott kann man nur aussagen, daß er ist, und Cohen zitiert die biblische Formulierung „Ich bin, der ich bin". Gott offenbart uns sein Gesetz, nicht sein Wesen. Dieses zu ergründen ist nicht Sache des Judentums, während, wie der Denker meint, das Christentum dergleichen unternehme und dadurch in Mythologie befangen bleibe; auf diese Weise dokumentiert Cohen in vorsichtiger und delikater Weise die Überlegenheit der jüdischen über die christliche Religion. Indessen zeigt sich doch ein wesentlicher Unterschied zwischen den Auffassungen der mittelalterlichen jüdischen Philosophen und denen des Neukantianers, der Cohen auch in seiner Spätzeit geblieben ist. Für ihn besteht Realität nur in den Begriffen, so daß Gott und Welt, Sein und Werden, immer in ausschließlich logischen Beziehungen zueinander stehen. Werden setzt begrifflich mit Notwendigkeit Sein voraus, Sein involviert Werden. Auf diese Weise werden Gott und Mensch korrelative Begriffe. So ergibt sich durch den Gegensatz Sein – Werden auch die Korrelation Gott – Welt; da jeder einzelne Mensch Gott zugeordnet ist, sind folglich alle Menschen aufeinander bezogen.

Das Ziel jüdischer Existenz ist für Cohen die Herbeiführung des messianischen Zeitalters, das aus dem Geist der Propheten heraus universalistisch verstanden wird: Die Erlösung werde allen Menschen zuteil; den Juden komme die Aufgabe zu, bei dem Versuch voranzugehen, Lebensformen zu finden, durch die Gerechtigkeit, vor allem für die Armen, Frieden und Harmonie verwirklicht werden können. Darin liege der Sinn der Befolgung des Gesetzes, das der Philosoph, wiewohl liberal und nicht auf der strikten Erfüllung der Zeremonien bestehend, doch zur Pflicht machen will. Gott habe den Menschen nach seinem Bild geschaffen, und des Menschen Aufgabe sei die imitatio dei, und zwar mit dem erklärten Ziel, das messianische Zeitalter, Einheit und Glück der gesamten Menschheit, herbeizuführen. Die sittliche Pflicht des Menschen sei es, durch ethische Vervollkommnung an der Schöpfung mitzuarbeiten; denn Schöpfung bedeute nicht das Bewirken des Anfangs der Welt, sondern die Kontinuität ihrer Erhaltung.

Die Liebe zu Gott sei die Liebe zum ethischen Ideal, Mimesis der göttlichen Liebe, die sich als Menschenliebe manifestiere. Das Judentum basiere nicht auf Rasseneinheit, sondern auf der religiösen Literatur, deren Einheitlichkeit seine Lebensquelle sei, unerachtet der tiefgehenden inneren Kämpfe in Vergangenheit und Gegenwart.

Ohne Zweifel bestehen zwischen dem neukantianischen System, das Cohen in seiner Marburger Zeit aufstellte, und seiner Religionsphilosophie der letzten Lebensjahre Unterschiede, denn die Dimension des Absoluten wird nun dem bisherigen Gesamtsystem übergeordnet, das auf diese Weise relativiert wird. Wie weitgehend sich der Denker im Laufe seines Lebens aber doch gewandelt hat, ohne Rechenschaft abzulegen, in welcher Weise, wenn überhaupt, seine Gottesvorstellung noch mit dem ursprünglichen System übereinstimmt, zeigt sich an der Wahl des Mottos für sein Alterswerk. Dort stehen die Worte des Rabbi Akiba: „Heil Euch, Israel, wer reinigt Euch und vor wem reinigt Ihr selbst Euch? Es ist Euer Vater im Himmel." Auf der anderen Seite hält Cohen prinzipiell am Kantianismus als dem aufklärerischen Rationalismus fest, als dem theoretischen Ausdruck der Gesinnung, die die Judenemanzipation ermöglicht hatte, an deren Sinn und Vollendung er mit Leidenschaft glauben will, obwohl er ahnt, daß die gesellschaftliche Realität sein Ideal mehr und mehr als Illusion erweist.

Aus völlig assimiliertem Milieu stammend und dem Judentum entfremdet, war Franz Rosenzweig (1886–1929) zunächst entschlossen, die nur formal noch bestehende konfessionelle Zugehörigkeit zu beenden und durch die Taufe die letzten Spuren der Merkmale zu tilgen, die ihn von der Umwelt unterschieden. Diesen Schritt hatten mehrere seiner Verwandten und Freunde getan, damit etwas aufgebend, was ihnen nichts mehr bedeutete, und ein anderes annehmend, das ihnen im Grunde ebenfalls gleichgültig war, sie aber aus einer gesellschaftlichen Sonderstellung herausführte, in der man nur leben kann, wenn man sie innerlich bejaht.

Rosenzweig war entschlossen, den Übertritt zum Christentum bewußt, nicht aus Opportunitätserwägungen heraus, zu vollziehen. Seine historischen und philosophischen Studien hatten ihn zu einer kritischen Einstellung gegenüber den Systemen der klassischen deutschen Philosophie, besonders zur historischen Konzeption Hegels, geführt. Die politische Realität schien ihm die Behauptung der Vernünftigkeit der Weltgeschichte nicht zu bestätigen. Er fand den einzigen festen Punkt, der dem Leben als Orientierung dienen kann, in der göttlichen Offenbarung. Um sich bewußt ins Zentrum eines richtungweisenden Ordnungssystems zu stellen, glaubte Rosenzweig zwischen vollem Bekenntnis zum Judentum oder zum Christentum wählen zu müssen, da nur diese beiden Religionen mit der abendländischen Kultur, in der er heimisch war, verbunden seien. Aus allgemein religiöser Weltanschauung heraus, zu der er gelangt war, entschied er sich im Anschluß an Hegel für das Christentum als die höchste Stufe der Religion. Doch wollte er seinen Entschluß erst nach bewußtem Abschied von seiner jüdischen

Existenz in die Tat umsetzen und nahm darum an dem ganztägigen jüdischen Gottesdienst des Versöhnungstages teil. Das Erlebnis stimmte ihn um und bewirkte seine Entscheidung für das Judentum: Rosenzweig erfuhr die Herauslösung der betenden Gemeinde aus dem Zeitablauf, die völlige Konzentration auf das Absolute. Auf Grund seiner Eindrücke meinte er nun, im Judentum den diametralen Gegensatz zur Wechselhaftigkeit der Geschichte, das Ewige im Unterschied zum Vergänglichen zu finden.

Der Ausbruch des 1. Weltkrieges erschien ihm als Bestätigung seiner Ansicht, der Staat sei keineswegs die Wirklichkeit der sittlichen Idee, wie Hegel gemeint hatte; vielmehr erachtete Rosenzweig den Krieg, notwendiges Ergebnis des Versuches der Selbstbehauptung der Staaten, als sinnlose Katastrophe für das Individuum. Unter dem Eindruck seines Erlebens entstand im letzten Kriegsjahr sein Hauptwerk „Der Stern der Erlösung“, das er 1919 vollendete und 1921 veröffentlichte.

Die Situation legte es ihm nahe, vom Problem des Todes auszugehen. Er verfuhr wie Heidegger, ohne ihn zu kennen; wie dieser knüpft Rosenzweig an Kierkegaard und Nietzsche an, und sein philosophischer Ausgangspunkt ist als existentialistisch zu bezeichnen. Während aber Heidegger die Angst als Grundtatsache menschlicher Existenz zur Basis philosophischer Systematik nahm, gelangt Rosenzweig zur Verwerfung der Philosophie überhaupt. Nicht die Philosophie könne den Menschen von der Todesfurcht befreien, sondern allein das Vertrauen auf Gott. Tod sei nicht das Sterben ins Grab, sondern das Eingehen in die Ewigkeit; das jüdische Volk lebe in seinem ihm spezifischen Gesetz in einer Welt der Ewigkeit, außerhalb der Geschichte, denn auf Grund des Bundesschlusses mit Gott sei es in seinem Anfang bereits am Ziel, nämlich bei Gott. Das liturgische Jahr des Juden, das sich ewig erneuert, sei Ausdruck dieses ewigen jüdischen Lebens, das an der historischen Entwicklung nicht teilhabe.

Wie für Cohen sind Gott, Welt und Mensch für Rosenzweig die Grundelemente allen Seins. Während diese drei Prinzipien im Mythos unverbunden nebeneinanderstehen, sucht die Philosophie das Universum durch abstraktes Denken zu erfassen und auf den Begriff zu bringen. Die verschiedenen philosophischen Richtungen unterscheiden sich, wie Rosenzweig meint, darin, daß sie jeweils zwei dieser Elemente dem dritten unterordnen, es auf dieses zurückführen und dadurch zum Verschwinden bringen. Er lehnt Philosophie – nicht nur den deutschen Idealismus, mit dem er sich vornehmlich auseinandergesetzt hatte – im Prinzip ab, weil der Versuch, durch abstraktes Denken das Universum zu umfassen, ihm als Anmaßung erscheint. Vielmehr sei davon auszugehen, daß jedes dieser drei Grundelemente es selbst bleiben müsse. Hier haben Judentum und Christentum den rechten Weg gezeigt, indem sie die drei Kategorien zueinander in

Beziehung gesetzt haben, ohne ihre Ursprünglichkeit aufzuheben. Die Beziehungsformen sind Schöpfung, Offenbarung und Erlösung. Wären diese drei Elemente „nicht getrennt, so könnten sie einander nichts tun . . ." Diese vorausgesetzte Trennung wird in der Wirklichkeit „überbrückt, und alles, was wir erfahren, sind Erfahrungen solcher Brückenschläge. Gott selber, wenn wir ihn begreifen wollen, verbirgt sich, der Mensch, unser Selbst, verschließt sich, die Welt wird zum sichtbaren Rätsel. Nur in ihren Beziehungen, nur in Schöpfung, Offenbarung, Erlösung, tuen sie sich auf", formuliert Rosenzweig in seinem Artikel „Das neue Denken", der eine nachträgliche Einführung anstelle eines dem „Stern der Erlösung" fehlenden Vorwortes darstellt (in: Zweistromland, Berlin 1926, S. 254).

Offenbarung ist für Rosenzweig nicht historisches Ereignis, sondern jeweils persönlichstes Erlebnis. Das Phänomen des Erlebnisses muß für ihn entscheidende Bedeutung beanspruchen, da er Objektivität als im Prinzip unerreichbar erachtet: Jeder Denker ist mithin auf sich selbst zurückgeworfen und muß von der eigenen Persönlichkeit, den individuellen Erlebnissen ausgehen; Wahrheit ist subjektiv und nur durch individuelle Existenz verifizierbar. Diese Subjektivität, das bewußte Basieren des Erkenntnisprozesses auf das eigene Selbst, nennt Rosenzweig „das neue Denken". Es ist lebendiges Denken, das wie mündliche Rede einer konkreten Situation entspringt, und eben dadurch kann es Wahrheit ergreifen.

Wahrheit ist dem Judentum und dem Christentum gemeinsam, beide Religionen sind ein und derselben Wahrheit verpflichtet, jedoch auf verschiedene Weise: Das jüdische Volk lebt außerhalb der Geschichte, die Christenheit ist, unerachtet ihrer Teilhabe an der Ewigkeit, doch in die Geschichte eingebunden. Die Bekenner beider Religionen haben durch ihre unterschiedlichen Erlösungsvorstellungen eine notwendige Funktion für das Heilsgeschehen, weil ihnen jeweils nur Aspekte der Wahrheit zugänglich sind; die absolute Wahrheit erbringt erst die messianische Zeit.

Während traditionelle Philosophie monologisch ist, soll das neue Denken im Dialog philosophierend entwickelt werden. Dieses dialogische Prinzip bewirkt die Paradoxien in den Werken Rosenzweigs und entzieht ihren Gehalt weitgehend der Systematisierung, führt aber auch folgerichtig zur Hochschätzung des mündlichen Lehrens. So erklärt sich nicht nur die intensive pädagogische Wirksamkeit des Denkers, seine Gründung des „Freien Jüdischen Lehrhauses" in Frankfurt am Main (1920), sondern auch seine mit Buber gemeinsam begonnene Verdeutschung der Schrift, die auf denselben Übersetzungsprinzipien beruht wie bereits seine Übertragung der Gedichte des Jehuda Halewi (1924, erweiterte zweite Auflage 1927).

In freier und bewußter Wahl hatte Rosenzweig seinen Weg zum Judentum gefunden. Da die Liebesgebote nur persönlich-dialogisch erfüllt werden können und das Zeremonialgesetz, wie schon bei Mendelssohn, ihrer Verwirklichung Form gibt, lebte er als gesetzestreuer Jude. Seine Gedanken, die zunächst vor allem die jüngere Generation stark beeindruckt hatten, konnten in Deutschland auf Grund der historischen Entwicklung nicht kontinuierlich wirksam werden. Erst in den siebziger Jahren wurde der „Stern" ins Englische übersetzt. Rosenzweigs Gedanken erleben heute eine Renaissance, besonders in Amerika, aber auch im deutschen Sprachraum, wo die Werke wieder aufgelegt werden.

Als bekanntester jüdischer Denker unseres Jahrhunderts im deutschen Sprachgebiet ist zweifellos Martin Buber (1878–1965) zu betrachten. Diese Popularität beruhte und beruht in erster Linie auf der Neuerschließung der Bibel durch eine gemeinsam mit Franz Rosenzweig begonnene, das Original nachbildende Übersetzung des Textes und auf seinem erzählerischen, die Welt des osteuropäischen Chassidismus idealisierend gestaltenden Werk; innerhalb des deutschen Judentums hatte Buber eine erhebliche pädagogische Breitenwirkung, sowohl auf dem Gebiet der Erwachsenenbildung als auch durch seinen tiefgehenden Einfluß auf die jüdische Jugendbewegung.

Das Gesamtwerk ist zu vielschichtig, als daß es sinnvoll wäre, den Gehalt mit einem Schlagwort zu etikettieren. Stichworte wie Existentialismus, Mystik, Biologismus und andere werden dem Denker nicht gerecht, der selbst äußerte, dem, was er zu sagen habe, gezieme keine Systematik; er habe keine Lehre, führe aber das Gespräch.

Buber, der in Wien geboren wurde, verbrachte seine Jugend in Lemberg, und die enge Berührung mit dem osteuropäischen Judentum hat ihn nachhaltig beeinflußt. Im Gegensatz zu Cohen und Rosenzweig, für die Judentum ein geistiges Bekenntnis darstellte, hat daher bei Buber die Konzeption nationaler Besonderheit ein stärkeres Gewicht.

Das beherrschende Prinzip ist für Buber der Dialog, das Gespräch zwischen Ich und Du; das eigentliche Du, dem der Mensch gegenübersteht, ist Gott. Die Weltgeschichte wird als ein Dialog zwischen dem ewigen Du und der Kreatur verstanden; in diesem Zwiegespräch ist der Mensch ein echter Partner, der befugt ist, sein eigenes Wort zu sprechen. Die Beziehung Gottes zum Menschen ist es, in der sich Gott offenbart. Offenbarung ist daher kein einmaliges historisches Ereignis, sondern permanentes göttliches Wort, durch das dem Menschen Gottes Gegenwart enthüllt wird. Diese göttliche Gegenwart, und nur sie, ist der Inhalt der Offenbarung, nicht das Gesetz; denn die Verkündung von Vorschriften würde wahres Gespräch vereiteln und ist darum mit ihm unvereinbar. Vielmehr ist die Befolgung des Gesetzes, die Übernahme von Verpflichtungen die menschliche Antwort auf die göttliche Offenbarung.

Der Mensch, der in der dialogischen Situation steht, ist weder der Mensch als Spezies noch das abstrakte Individuum, noch das denkende und erkennende Subjekt, sondern der Jude. Buber betont zwar, er sei weit davon entfernt zu behaupten, daß das Erfahren der dialogischen Situation eine Besonderheit des Judentums sei, doch ist er davon überzeugt, die Juden hätten sich in dieser Hinsicht entschieden hervorgetan. Er geht vom Dasein des Juden als eigener, unverwechselbarer Existenzform aus. Die jüdische Eigenart gründe sich nicht nur auf religiöses Bekenntnis, sondern beruhe auf der Gesamtpersönlichkeit, die voll und ganz Jude und nichts sonst ist. Dieser existentialistische Ansatz des Denkers ist mit biologistischen Vorstellungen gepaart, denn stärker als die Eindrücke und Einflüsse der Umwelt wirkt nach Bubers Ansicht „die Folge der Geschlechter", und der Mensch „fühlt in dieser Unsterblichkeit der Generationen die Gemeinschaft des Blutes", das „die tiefsten Schichten unseres Wesens . . . bestimmt" (Drei Reden über das Judentum, Frankfurt a. M. 1920, S. 18 f.).

Den echten und wahren Juden, der im Gefühl dauernder Zwiesprache mit Gott lebt, fand Buber im Typus des jüdischen Mystikers, speziell bei den Chassidim in Osteuropa, so daß die chassidischen Geschichten, die das umfangreiche erzählerische Werk des Autors bilden, zur Illustration seines theoretischen Schrifttums dienen. Die gelebte ekstatische Religiosität der Chassidim, ihr unkonventioneller Umgang mit Gott, ist für den Denker der Inbegriff jüdischen Lebens, und er vermittelt mit beeindruckender Sprachgewalt einem breiten, weit über den jüdischen Kreis hinausgehenden Lesepublikum ein erbauliches Bild vom Judentum, allerdings in einseitiger Verabsolutierung, doch vielleicht gerade dadurch mit besonderer Wirksamkeit.

Für Buber ist die Zwiesprache zwischen Gott und Mensch nicht nur unmittelbar möglich, sondern sie wird auch ständig vermittelt, denn das Du ist auch der andere Mensch, so daß der Dialog die Grundlage der Bildung sozialer Gemeinschaft darstellt. Da alle Personen und alle Dinge einen göttlichen Funken potentiell enthalten, ist der innerweltliche Dialog auf Gott bezogen und Ausdrucksform des Zwiegesprächs mit Gott. Der Gedanke des Gesprächs mit dem anderen tritt bei Buber mit dem Pathos der Toleranz auf und legt Nachdruck auf das friedliche Zusammenleben der Menschen, die sich gegenseitig als gleichwertige Partner achten und nicht danach streben, einander als Mittel zu ihren eigenen Zwecken zu benutzen und dadurch die persönliche Begegnung zu verdinglichen.

Bubers Judentumsauffassung richtet sich gegen die rationalistische Traditionslinie. Seine Lehren hatten ihre Wirkung vornehmlich im deutschen Sprachgebiet und sind hier noch heute einflußreich, denn die Wurzeln seiner Gedanken liegen nicht nur im osteuropäischen Chassidismus, sondern mindestens im gleichen Maße in der deutschen Romantik. Im Jahre 1938 siedelte der Denker nach Palästina über. Äußere Ehrungen wurden ihm dort zuteil, Einfluß und Popularität hingegen gewann er kaum. Unerachtet seiner bewußten Abgrenzung vom Deutschtum ist er durch die Kultur des spezifisch deutschen Judentums geprägt und steht im Bann von geistigen Strömungen, die in Deutschland als Reaktion auf die Ideale der Aufklärung wirksam geworden waren.

Die Zerstörung der Zentren des Judentums in Mittel- und Osteuropa war notwendigerweise auch von tiefgreifender Wirkung auf die Entwicklung jüdischen Denkens. Seit der Zeit Mendelssohns bestand die Spezifik jüdischer Philosophie wesentlich in einer Standortbestimmung der Juden als religiöser Sondergruppe, die sich im übrigen der Kultur der Umwelt zugehörig fühlte. Kulturelle Assimilation und gleichzeitige Abgrenzung geistig zu bewältigen wurde vornehmlich im deutschen Sprachgebiet versucht. Obwohl analoge Probleme auch anderswo existierten, kamen sie dort nicht in gleichem Maße zu theoretischem Ausdruck.

Die Tatsache physischer Vernichtung hat das Interesse der Überlebenden zunächst auf Fragen gelenkt, die nicht zur Kontinuität der jüdischen Philosophie gehören. Jüdisches Selbstverständnis wurde großenteils neu interpretiert, weil die Geschichte den der Aufklärung entstammenden Optimismus widerlegt zu haben schien. Daher traten einerseits Versuche politischer Lösungen, andererseits spezifisch theologische Fragestellungen in den Vordergrund. Beide Problemkreise gehören zur Thematik jüdischen Denkens, jedoch nicht zur Philosophie im engeren Sinne.

Auch heute bestehen sowohl in Europa als auch in anderen Teilen der Welt jüdische Gruppen, die nach wie vor durchdenken müssen, wie Judentum – als geistige Realität verstanden – in säkularer Umwelt sich behaupten könne, wie es mit dem jeweiligen Stand der Wissenschaft zu vereinbaren und wie ein harmonischer Ausgleich mit der sich verändernden Umwelt herbeizuführen sei. Daher wird erneut versucht, an die philosophischen Ansätze anzuknüpfen, die im ersten Drittel unseres Jahrhunderts in Deutschland formuliert worden waren. Diese Entwicklung ist noch zu sehr im Fluß, als daß es empfehlenswert wäre, sie zu behandeln, wenn eine ausgewogene Darstellung angestrebt wird.

# Auswahlbibliographie


*Umfassende Darstellungen:*

Guttmann, Julius: Die Philosophie des Judentums. München 1933.

Husik, I.: A History of Mediaeval Jewish Philosophy. 2. Auflage, New York 1930.

Munk, S.: Mélanges de Philosophie juive et arabe. Paris 1859 (Neuausgabe Paris 1955).

*Zu Kapitel I:*

*Aristobul*

Walter, N.: Der Thoraausleger Aristobulos. Berlin 1964

*Philon*

Die Werke Philos von Alexandria in deutscher Übersetzung. Hrsg. von L. Cohn, I. Heinemann u. a. 1–7, Breslau–Berlin 1909–1964.

*Zu Kapitel II, 1:*

*Kalam*

Schreiner, M.: Der Kalâm in der jüdischen Literatur (= 13. Bericht über die Lehranstalt für die Wissenschaft des Judenthums in Berlin). Berlin 1895.

*Chiwi aus Balch*

Rosenthal, J.: Ḥiwi al-Balkhi. A comparative study. In: Jewish Quarterly Review (New Series), Vol. XXXVIII, 317–342, 419–430, Philadelphia 1947/48; Vol. XXXIX, 79–94, 1948/49.

*Dawid Almuqammis*

Vajda, G.: Le Problème de l'Unité de Dieu d'après Dāwūd ibn Marwān al-Muqammiṣ. In: Jewish Medieval and Renaissance Studies, ed. by A. Altmann, 49–73. Cambridge (Mass.) 1967.

*Saadia*

Saadiah Gaon: The Book of Beliefs and Opinions. Transl. by S. Rosenblatt. New Haven 1948.

Guttmann, Jacob: Die Religionsphilosophie des Saadia. Göttingen 1882.

Malter, H.: Saadia Gaon. His Life and Works. Philadelphia 1921.

*Zu Kapitel II, 2:*

*Isaak Israeli*

Altmann, A. – S. M. Stern: Isaac Israeli. His Works translated with comments and an outline of his Philosophy. Oxford 1958.

*Salomo ibn Gabirol*

Avencebrolis Fons Vitae ex Arabico in Latinum translatus. Ed. C. Baeumker (Beiträge zur Geschichte der Philosophie des Mittelalters I, 2–4). Münster 1895.

Munk, S.: Mélanges de Philosophie juive et arabe (s. unter „Umfassende Darstellungen". Enthält den hebräischen Textauszug des Schemtov ibn Falaqera mit französischer Übersetzung sowie eine ausführliche Darstellung.).

Guttmann, Jacob: Die Philosophie des Salomon ibn Gabirol. Göttingen 1889.

Schlanger, J.: La Philosophie de Salomon ibn Gabirol. Leiden 1968.

Simon, H.: Das Weltbild Gabirols – seine Bedeutung für die Geschichte der Philosophie. In: Wissenschaftliche Zeitschrift der Humboldt-Universität zu Berlin, Jg. VI (1956/57), 199–205.

Der philosophische Zusammenhang von Gabirols Werken Kether Malkhut und Meqor Hajjim. In: Studia semitica Ioanni Bakoš dicata, 227–233. Bratislava 1965.

Die Grundlagen der kosmologischen Ansichten des Salomo ibn Gabirol. In: Klio 59,2; 431–449. Berlin 1977.

Lost treatises of Ibn Gabirol? In: Proceedings of the 2$^{nd}$ International Congress of Studies on Cultures of the Western Mediterranean II, 264–267. Algier 1978.

*Bachja ibn Paquda*

Lehrbuch der Herzenspflichten ... mit einer ... deutschen Übersetzung von M. E. Stern. 2. verb. Auflage, Wien 1856.

Duties of the Heart. Transl. by M. Hyamson. 1–5, New York 1925–1947.

The Book of Direction of the Duties of the Heart. Transl. by M. Mansoor. London 1973.

Vajda, G.: La Théologie Ascétique de Baḥja ibn Paquda. Paris 1947.

*Pseudobachja*

Guttmann, Jacob: Eine bisher unbekannte dem Bachja Ibn Pakuda zugeeignete Schrift. In: Monatsschrift für Geschichte und Wissenschaft des Judentums 41, 241–256. Berlin 1897.

Plessner, M.: Das sogenannte „Buch vom Wesen der Seele" und seine Stellung in der mittelalterlichen Geistesgeschichte (= Nachrichten der Akademie der Wissenschaften in Göttingen, Philologisch-Historische Klasse 1971, Nr. 5). Göttingen 1971.

*Abraham bar Chija*

The Meditation of the Sad Soul. Transl. by G. Wigoder. London 1969.

Stitskin, L. D.: Judaism as a Philosophy: The Philosophy of Abraham bar Hiyya. New York 1960.

*Josef ibn Zadiq*

Vajda, G.: La Philosophie et la Théologie de Joseph Ibn Çaddiq. In: Archives d'Histoire doctrinale et littéraire du Moyen Age 24, 93–181. Paris 1949.

*Abraham ibn Esra*

Greive, H.: Studien zum jüdischen Neuplatonismus. Die Religionsphilosophie des Abraham ibn Ezra. Berlin–New York 1973.

*Jehuda Halewi*

Das Buch Al-Chazarî aus dem Arabischen ... übersetzt von H. Hirschfeld. Breslau 1885. (Englische Übersetzung London 1905, Neuauflage London 1931).

Das Buch Kusari. Übersetzt (aus dem Hebräischen) von D. Cassel. 2. Auflage, Leipzig 1869 (Nachdruck = 4. Auflage, Berlin 1920).

*Abraham ibn Daud*

Das Buch Emunah Ramah oder: Der erhaberre Glaube, herausgegeben und ins Deutsche übersetzt von S. Weil. Frankfurt am Main 1852 (Nachdruck Berlin 1919).

Guttmann, Jacob: Die Religionsphilosophie des Abraham ibn Daud. Göttingen 1879.

Simon, H.: Abraham ibn Daud – Verdienst und Grenzen. In: Kairos XVIII, 1; 60–71. Salzburg 1976.

*Zu Kapitel II, 3:*

*Maimonides*

Le Guide des Égarés ... Publié et accompagné d'une traduction française par S. Munk. 1–3, Paris 1856–1866.

Führer der Unschlüssigen. Übertragen von A. Weiß. 1–3, Leipzig 1923–1924.

The Guide of the Perplexed. Translated with an introduction and notes by S. Pines. With an introductory essay by L. Strauss. Chicago 1963.

Bamberger, F.: Das System des Maimonides. Berlin 1935.

*Hillel von Verona*

Geyer, M.: Hillel von Verona. Ein Psychologe nach Maimonides und sein Hauptwerk ... Vergeltung der Seele Kap. I bis IV, ... übersetzt ... (Diss. Bern) Frankfurt a. M. 1911.

*Isaak Albalag*

Vajda, G.: Isaac Albalag. Paris 1960.

*Nachmaimonidische Philosophie in Frankreich im 14. Jahrhundert*

Renan, E. (A. Neubauer): Les écrivains juifs français du XIV$^{e}$ siècle. In: Histoire Littéraire de la France XXXI, 351–789. Paris 1893. (Neubauers Arbeit erschien nach den Regeln der Französischen Akademie unter dem Namen ihres Mitgliedes Renan.)

*Gersonides*

Touati, Ch.: La pensée philosophique et théologique de Gersonide. Paris 1973.

*Chasdai Crescas*

Wolfson, H. A.: Crescas' critique of Aristotle. Cambridge (Mass.) 1929. (Enthält Edition und Übersetzung von Buch I, 1–2 des „Gotteslichtes" des Crescas.)

Bloch, Ph.: Die Willensfreiheit von Chasdai Kreskas. München 1879. (Übersetzung von II, 5).

*Josef Albo*

Buch Ikkarim, Grund- und Glaubenslehren der Mosaischen Religion. Übers. von W. Schlessinger und L. Schlesinger. Frankfurt am Main 1844 (Nachdruck Berlin 1922).

Book of Principles. Ed. and provided with a translation by I. Husik. 1–5, 2. Auflage, Philadelphia 1946 (1. Aufl. 1929–1930).

*Isaak Abravanel*

Guttmann, Jacob: Die religionsphilosophischen Lehren des Isaak Abravanel. Breslau 1916.

*Leone Ebreo*

Dialoghi d'amore. Hrsg. von C. Gebhardt (= Bibliotheca Spinozana T. 3). Heidelberg 1929. (Faksimiledruck der Erstausgabe Rom 1535 mit ausführlichen Erläuterungen.)

*Moses Mendelssohn*
Jerusalem oder über religiöse Macht und Judentum. Berlin 1783.

*Salomon Formstecher*
Die Religion des Geistes. Frankfurt am Main 1841.

*Samuel Hirsch*
Das System der religiösen Anschauung der Juden und sein Verhältniß zum Heidenthum, Christenthum und zur absoluten Philosophie. 1. Hauptabteilung: Die Apologetik. 1. Band (mehr nicht erschienen): Die Religionsphilosophie der Juden. Leipzig 1842.

*Salomon Ludwig Steinheim*
Die Offenbarung nach dem Lehrbegriff der Synagoge. 1–4, Frankfurt am Main–Leipzig–Altona 1835–1865.

*Hermann Cohen*
Die Religion der Vernunft aus den Quellen des Judentums. 1. Auflage, Leipzig 1919; 2. Auflage (unter Weglassung des ersten Wortes im Titel), Frankfurt am Main 1929.

*Franz Rosenzweig*
Der Stern der Erlösung. 2. Auflage, Frankfurt am Main 1930 (1. Auflage, Frankfurt am Main 1921).
Zweistromland. Kleinere Schriften zur Religion und Philosophie. Berlin 1926.

*Martin Buber*
Werke. 1–3, München–Heidelberg 1962–1964.

# Namenregister

*In der Reihe Texte zur Philosophie- und Religionsgeschichte erschienen bisher:*

## Bernard Bolzano – Ausgewählte Schriften

Herausgegeben und eingeleitet von Eduard Winter

Die religionsphilosophischen Ideen des Priesterphilosophen, Logikers und Mathematikers Bernard Bolzano (1781–1848) offenbarten im österreichischen Vormärz eine geradezu revolutionäre Sprengkraft. Es ist das Verdienst des Bolzano-Forschers Prof. Dr. Eduard Winter (gest. 1982), die zentrale Bedeutung der Religionsphilosophie im Gesamtwerk des böhmischen Denkers herausgearbeitet zu haben. Aus dem Inhalt: Selbstbiographie; Über die Schwärmerei; Von den Mißbräuchen der Religion; Athanasia oder Gründe für die Unsterblichkeit der Seele.

## Valentin Weigel – Ausgewählte Werke

Herausgegeben und eingeleitet von Siegfried Wollgast

Der pantheistische Philosoph und ketzerische Theologe Valentin Weigel (1533 bis 1588) steht in einer Traditionslinie, die vom linken Flügel der Reformation zu Jakob Böhme führt. Seine postum veröffentlichten Schriften erregten seinerzeit ungeheures Aufsehen. Sie sind Zeugnisse unorthodoxen Denkens. Der Auswahlband vereint die wichtigsten Werke des Zschopauer Pfarrers in neuhochdeutscher Fassung. Eine instruktive Einleitung und ein ausführlicher Anmerkungsapparat erleichtern den Zugang zu dem auch heute noch faszinierenden Gedankengebäude Weigels.
Inhalt: Nosce te ipsum; Vom Ort der Welt; Der güldene Griff; Predigt vom armen Lazarus; Dialog über das Christentum.

## Immanuel Kant – Schriften zur Religion

Herausgegeben und eingeleitet von Martina Thom

Dieser Band enthält Kants religionsphilosophische Hauptschrift mit dem programmatischen Titel „Die Religion innerhalb der Grenzen der bloßen Vernunft“, die „Reflexionen zur Religionsphilosophie“ und einschlägige Kapitel aus der „Kritik der praktischen Vernunft“ und dem „Streit der Fakultäten“. Kants Auseinandersetzung mit den Grundfragen der Religion führt ins Zentrum seines Philosophierens. Die umfangreiche Einleitung der Herausgeberin, Professor für Philosophie an der Leipziger Karl-Marx-Universität, gestaltet sich daher zu einer Einführung in Kants Denken.

# Friedrich Wilhelm Joseph Schelling – Schriften 1804–1812

Herausgegeben und eingeleitet von Steffen Dietzsch

In den vier letzten zu seinen Lebzeiten erschienenen größeren Schriften (Philosophie und Religion; Über das Verhältnis der bildenden Künste zu der Natur; Philosophische Untersuchungen über das Wesen der menschlichen Freiheit und die damit zusammenhängenden Gegenstände; F. W. J. Schellings Denkmal der Schrift von den göttlichen Dingen etc. des Herrn Friedrich Heinrich Jacobi) findet Schellings Identitätsphilosophie ihre tiefste Ausarbeitung. Letzte religiöse Fragestellungen werden zum Arbeitsfeld dialektischen Vernunftdenkens.
Von der Theologie seiner Zeit angefeindet, gewinnt Schellings Religionsphilosophie zunehmend an Faszination für das theologische Denken der Gegenwart.

# Friedrich Daniel Ernst Schleiermacher – Theologische Schriften

Herausgegeben und eingeleitet von Kurt Nowak

Diese Ausgabe spannt mit dem Abdruck zentraler theologischer Schriften des Charité-Predigers, Universitätslehrers und Pastors an der Berliner Dreifaltigkeitskirche den Bogen von den Anfängen Schleiermachers bis in die Reifezeit. Der für Schleiermacher charakteristische religiös-theologische Motivkomplex tritt dabei in seiner frühromantischen Erstgestalt ebenso hervor wie in seinen kirchlich-dogmatischen Weiterentwicklungen. Das Werk des berühmten Theologen wird so zum Paradigma der denkerischen Bewegung protestantischer Theologie zwischen „Heterodoxie“ und „Orthodoxie“, die zur Signatur christlichen Glaubens überhaupt gehört.
Inhalt: Über die Religion; Die Weihnachtsfeier; Kurze Darstellung des theologischen Studiums; Leitsätze der Glaubenslehre der 1. und 2. Ausgabe; Selbstzeugnisse zur Theologie.

# Philosophische Schriften

Herausgegeben und eingeleitet von Jan Rachold

Die originäre Stellung Schleiermachers in der Geschichte der deutschen Philosophie ist erst in jüngerer Zeit erkannt und gewürdigt worden. Ausgehend von der kritischen Auseinandersetzung mit Kant, aufklärerisches Gedankengut mit frühromantischem Geist konfrontierend und vertiefend, wurde die ethische Bestimmung des Menschen zum eigentlichen Schwerpunkt von Schleiermachers Philosophieren.
Inhalt: Versuch einer Theorie des geselligen Betragens; Monologen; Brouillon zur Ethik; Akademieabhandlungen; Briefe.

# Moses Mendelssohn – Schriften über Religion und Aufklärung

Herausgegeben und eingeleitet von Martina Thom

Moses Mendelssohn (1729–1786) ist der bedeutendste Philosoph des deutschen Judentums im Zeitalter der Aufklärung. Von Heinrich Heine als „deutscher Sokrates" gepriesen und wegen „seines Seelenadels und seiner Geisteskraft" gerühmt, belegte ihn Hegel mit dem Diktum des „Popularphilosophen". Gewissensfreiheit, Emanzipation, Toleranz und Gleichheit waren seine Grundanliegen. Er forderte Trennung von Kirche und Staat und bestritt beiden den Anspruch, in Religionssachen als Richter aufzutreten.
Inhalt: Sendschreiben an Lessing; Über die Evidenz; Phädon; Schreiben an Lavater; Rettung der Juden; Jerusalem; Was heißt aufklären?; Morgenstunden; An die Freunde Lessings.

## *In Vorbereitung*

# Sören Kierkegaard – Philosophische Brocken. Abschließende unwissenschaftliche Nachschrift zu den „Philosophischen Brocken"

Herausgegeben und eingeleitet von Hans-Martin Gerlach und Uta Eichler

Schuld, Leid, Angst, Verzweiflung – das sind die neuen Reizworte, die der dänische Theologe und Philosoph Sören Kierkegaard (1813–1855) dem Hegelschen Geschichtsoptimismus entgegenhält. Sein Werk wird zu einer einzigen Warnung vor der Opferung des einzelnen an einen vernunftlosen, veräußerlichenden Gesellschaftskorpus. Unermüdlich polemisiert er gegen die „pantheistisch ausschweifende Verachtung des einzelnen Menschen". Mit selbstzerstörerischer Konsequenz degradiert der Wahrheits- und Gottsucher die Wahrheit zu Befindlichkeitsbefunden des Individuums und Gott zur paradoxen Metapher. Alle Idealität soll in die Innerlichkeit des einsamen Individuums gerettet werden. Doch je bedeutungsvoller die Individualität, je intensiver die Innerlichkeit, desto schwerer wird die Erlösung. Als aufklärerischer Häretiker will er das Christentum von seiner Verkrustung befreien. Er bricht mit dem wohlfeilen Taufscheinchristentum und beschwört das „Martyrium des Glaubens". Im Freiraum des Absurden, mit dem unendlichen Gott in der vergänglichen Knechtsgestalt im Zentrum, entfaltet die exklusive Innerlichkeit ihr Leidensprogramm der Selbstfindung.
Den Zeitgenossen blieb Kierkegaard ein lächerliches Ärgernis. Erst das Krisenbewußtsein nach dem ersten Weltkrieg rückte seine Gedankengebilde ins Bewußtsein. Existentialistischen Denkern wie Jaspers, Bultmann oder Sartre wurde er zum faszinierenden Anreger.

# Lateinische Kirchenväter

Ausgewählte Texte zum Verhältnis zwischen Antike und Christentum

Herausgegeben und eingeleitet von Gert Haendler

Die Edition bietet aus der Fülle von überlieferten Kirchenvätertexten sieben Abhandlungen lateinischer Kirchenschriftsteller, die in der Zeit von 200 bis 430 n. Chr. lebten. Der Herausgeber hat die Texte durch eine Einführung, die den religions- bzw. kirchengeschichtlichen Hintergrund ihrer Entstehung systematisch darstellt, verständlich gemacht. Darüber hinaus werden alle einzelnen Texte speziell eingeleitet mit Angaben über Entstehungszeit und inhaltliche Akzente. Die ausgewählten Texte und Kommentare machen deutlich, daß das Christentum sich nicht nur von der antiken Welt zu distanzieren suchte und dadurch die alten Mysterienreligionen und den Kaiserkult zu überwinden trachtete, sondern daß klassische Philosophie und Bildung das Christentum auf vielfältige Weise mitgeprägt haben.
Inhalt: Tertullian: An die Märtyrer; Über die Geduld; Cyprian: An Donatus; Über die Sterblichkeit; Laktanz: Auszug aus den göttlichen Unterweisungen; Ambrosius: Von den Pflichten der Kirchenväter; Augustin: Über die christliche Lehre (II. Buch).

# Vom Gottesfrieden zum Ewigen Frieden

Friedensvorstellungen und Friedenspläne in Mittelalter und früher Neuzeit

Herausgegeben von Evamaria Engel und Sigrid Looß

Friedensvorstellungen als Gesellschaftsutopie, aber auch Friedensvorschläge und Friedensregelungen, die den einzelnen Konflikt betreffen, vereinigt dieser Längsschnitt durch eineinhalb Jahrtausende europäischer Geschichte vom frühen Mittelalter bis zum Umfeld der Französischen Revolution.
Jeder Beitrag ist ausführlich kommentiert und in den jeweiligen historischen Zusammenhang gestellt. Diese Dokumentation ist als ein Beitrag zur Untersuchung des Friedensgedankens in der Epoche des Feudalismus konzipiert. Neben großen Gestalten der Geschichte wie Thomas von Aquin, Dante, Zwingli, Thomas Morus, Erasmus, Luther, Grotius, Leibniz und Herder stehen der Nachwelt kaum noch bekannte Namen. Hinzu kommen Verlautbarungen von Päpsten und Bischöfen.

ISBN 3-372-00376-4

2. Auflage
Union Verlag Berlin 1990
für DDR und sozialistische Länder

Lizenz-Nr. 395/4075/90 · LSV 0115
Printed in the German Democratic Republic
Druck: Union Druckerei Berlin
Buchbinderische Verarbeitung: GG Interdruck Leipzig
Gestaltung: Horst Albrecht
700 002 4
01680